지역 상생 – 남북경제통합시대

메가 수도권의 발전 비전과 전략

이 도서의 국립중앙도서관 출판예정도서목록(CIP)은 서지정보유통지원시스템 홈페이지(http://seoji.nl.go.kr)와 국가자료공동목록시스템(http://www.nl.go.kr/kolisnet)에서 이용하실 수 있습니다. (CIP제어번호 : CIP2014021497)

지역 상생 - 남북경제통합시대

메가 수도권의 발전 비전과 전략

이상대 외 지음 | 경기개발연구원 엮음

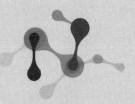

The Vision and Strategies of
the Mega-Capital Region for
the Era of the Inter-Regional Cooperation
and the Korean Unification

한울
아카데미

차례

발간사 | 홍순영 11

서론

왜 메가 수도권인가 | 이상대 ·················· 13
1. 수도권의 공간적 범위와 관점을 확대할 시점   13
2. 동아시아 5대 거대 도시권에 해당하는 한국의 수도권   20
3. 메가 수도권의 변화 요인과 발전 비전   24
4. 메가 수도권의 비전을 달성하기 위한 19대 어젠다   29

제1부 공간구조의 형성 비전

제1장 메가 경제권과 생활 도시권의 이차원 공간구조 형성 | 이상대 ·········· 33
1. 수도권과 주변 지역의 경제, 생활 통합 가속화   33
2. 메가 수도권 공간구조의 변화 요인 및 전망   39
3. 글로벌 경쟁력과 생활 인프라 확충을 동시에 달성하는 공간구조 형성 전략   44

제2장 중심시가지 활력 증진을 통한 도시 혁신 | 이상대 ·················· 52
1. 교외 확산 시대에서 도시재생 시대로의 변화   52
2. 도시재생과 중심시가지 활성화 전망   57
3. 구도심과 중심시가지의 활력 증진 비전 및 전략   61

제2부 신성장 산업과 산업 거점 형성

제3장 과학기술 신성장 산업의 발굴과 육성 | 유영성 ················· 69
  1. 미래 유망기술과 신성장 산업　　69
  2. 유망 과학기술 및 신성장 산업의 미래 전망　　75
  3. 과학기술 기반 신성장동력 산업 육성의 비전과 전략　　94

제4장 일자리 창출을 위한 신산업 거점 육성 | 김갑성 ················· 99
  1. 성장 역동성 및 잠재력 저하 요인　　99
  2. 수도권의 기존 산업 및 신성장 산업 클러스터　　105
  3. 기회 및 위협 요소 전망　　107
  4. 권역별 신산업 거점 조성을 통한 산업 비전과 전략　　108

제5장 경기만 복합리조트 개발 | 이수진 ················· 118
  1. 관광 수요 및 행태의 변화와 대응　　118
  2. 복합리조트 개발 전망　　127
  3. 경기만에 적합한 복합리조트 개발 비전과 전략　　135

제3부 문화, 건강, 삶의 질이 보장되는 지역

제6장 특화 창조지구 조성을 통한 문화 육성 | 이수진 ················· 143
  1. 문화를 통한 창조경제 실현　　143
  2. 메가 수도권의 창조 산업 기지인 문화예술 거점 형성 전망　　149
  3. 창조문화 산업 육성의 비전과 전략 구상　　153

제7장 건강한 삶을 위한 건강도시 네트워크체제 구축 | 김태환·김은정 ·········· 156
  1. 건강과 도시 환경의 관계　　156
  2. 건강도시의 여건과 전망　　164
  3. 건강한 삶, 건강한 도시의 비전과 전략　　172

제8장 고령사회에 대응한 무장애도시 실현 | 이상대·박신영·정유선 ················· 189

  1. 메가 수도권의 고령 인구 증가   189

  2. 고령사회에 대한 영향 변수와 지역사회 전망   206

  3. 고령사회를 준비하는 무장애도시의 비전과 전략   210

제4부 경쟁력 있는 메가 수도권 인프라

제9장 수도권·충청권·강원권을 포괄하는 메가 수도권 철도망 형성

| 김경석·지우석 ·· 223

  1. 수도권과 주변 지역인 충청권·강원권의 철도 인프라 현황   223

  2. 메가 수도권의 철도망 확대 전망   227

  3. 수도권·충청권·강원권을 통합 연계하는 메가 수도권 철도망 구축   229

제10장 광역 수도권의 3R 고속도로망 시스템 구축 | 지우석·김경석 ················· 233

  1. 광역 수도권의 고속도로망 여건과 과제   233

  2. 광역 수도권의 고속도로 수요 전망   236

  3. 3R 고속도로망 시스템 구축의 비전과 전략   237

제11장 초연결사회 실현을 위한 정보통신 인프라 구축 | 최민석 ················· 243

  1. 초연결사회의 도래와 정보통신 인프라의 현황   243

  2. 초연결사회의 형성 전망   253

  3. 초연결사회 정보통신 인프라의 비전과 전략   257

제5부 연안 자원과 에너지 이용체계 혁신

제12장 경기만 연안 자원의 이용과 관리 | 강상준 ································ 277

  1. 세계 5대 갯벌 중 하나인 경기만   277

  2. 연안 관리의 전망   282

  3. 메가 수도권의 환경 서비스 공급원 비전과 전략   286

제13장 메가 수도권의 에너지 수급체계 혁신 | 유영성 ·············· 292

   1. 메가 수도권의 에너지 수급체계   292

   2. 메가 수도권 에너지체계의 전망   299

   3. 메가 수도권의 스마트 그린 에너지 비전과 전략   311

제6부 지역 간 상생과 광역 거버넌스 실현

제14장 평택·아산만 광역도시권 공동 개발 | 오용준 ·············· 323

   1. 수도권·충청권 상생발전의 여건과 과제   323

   2. 상생발전의 흐름과 전망   329

   3. 수도권·충청권 상생발전의 비전과 전략   333

제15장 수도권-강원권 간 관광 3개 벨트 형성 | 이수진 ·············· 343

   1. 관광산업을 매개로 한 수도권-강원권 연관 산업 구조 형성   343

   2. 수도권과 강원권의 관광 전망   348

   3. 수도권-강원권 3개 벨트 형성의 비전과 전략   352

제16장 광역 거버넌스를 위한 6개 시·도 간 정책 협력체제 구축

| 이용환·임정빈 ·············· 361

   1. 메가 수도권의 광역 거버넌스 추진 여건   361

   2. 수도권-충청권-강원권 간 정책 협력의 비전과 전략   369

제7부 한반도 번영과 남북통합경제권 형성

제17장 한반도 번영을 위한 메가 경제권 발전 비전 | 박양호 ·············· 385

   1. 한반도의 잠재력과 새로운 물꼬   385

   2. 한반도 번영의 시나리오와 전망   391

   3. 한반도 번영을 위한 메가 경제권의 비전과 전략   393

   4. 한반도 대국과 메가 경제권의 실천   407

제18장 남북한 접경지역의 경제협력지대 건설 | 신종호 ································· 408

　　1. 남북한 접경지역의 협력 성과 및 해외 사례　　408

　　2. 남북경협과 남북통합의 전망　　418

　　3. 남북통합경제권 형성의 비전과 전략　　425

제19장 임진강 유역 통합 수자원 관리체제 구축 | 이기영 ································· 434

　　1. 임진강 유역과 개성공단 개발　　434

　　2. 남북관계 변화에 따른 임진강 유역의 전망　　441

　　3. 임진강 통합 수자원 관리의 비전과 전략　　443

결론

메가 수도권의 비전 실현을 위한 정책 제안 | 이상대 ································· 455

참고문헌 | 461

발간사

   관점을 바꾸면 새로운 세상이 열리는 법이다. 지난 50여 년 동안 수도권에 인구와 산업이 지나치게 집중되어 있다는 이유로 수도권 집중 억제정책을 통해 수도권을 관리해야 한다는 관점이 지배적이었다. 하지만 이제는 수도권을 한반도의 중심이라는 관점, 통일 한국의 거점이자 기반이라는 관점, 인근 충청권·강원권·개성권까지 포함하는 관점으로 접근할 때다. 즉, 서울·인천·경기의 대도시권 성격에서 탈피해 경제적·기능적으로 확대된 메가 대도시권 성격으로 수도권을 달리 인식하고, 이에 맞는 전략과 정책을 마련할때다. 이렇게 되면 인식과 정책 대상에 충청권·강원권·개성 황해권이 포함되어, 한반도의 중심 권역에 대한 비전과 전략을 새롭게 마련할 수 있다.

   한·중·일의 동아시아 경제권은 북미, 유럽연합(EU)과 함께 세계 3대 교역권으로 부상했다. 동아시아는 2012년 기준 인구 15억 명으로 세계 인구의 25%를 차지하며, 국내총생산(GDP)은 세계 총생산의 22%, 세계 상품 수출의 19%를 차지한다. 동아시아 경제권을 주도하는 중심 대도시권은 한국의 수도권, 일본의 도쿄권과 오사카권, 중국의 베이징권, 상하이권, 홍콩-선전권 등이다. 일본과 중국은 새로운 국토 모델로 메가 경제권을 제시하면서 메가 경제권 내부의 효율성을 높여, 다양한 생활권의 복합적인 연계 네트워크를 구성하기 위해 노력한다. 한국의 수도권도 국가의 번영과 국민의 복리 증진뿐 아니라 동아시아의 경제적 번영을 위해서라도 역내 및 역외의 다양한 경제권 및 생활권과 복합적인 연계 네트워크를 구성하는 비전과 전략을 세워야 한다. 특히 경기도는 서울·인천 등 수도권의 다른 지방정부뿐 아니라 충남·충북·강원 등의 메가 경제권 지역정부와 연계해 공동의 통합적인 메가 경제권을 형성해야 하며, 이를 통해 거대한 소비시장과 혁신의 근거지, 융합적 생산기지 등을 구축해야 한다. 또한 글로벌 경쟁력을 갖춘 광역경제 및 생활권을 형성하기 위해 노력해야 할 것이다.

이 책은 이러한 문제 인식하에 서울·인천·경기와 함께 충청권·강원권·개성 황해권까지 포함한 메가 수도권의 향후 20년을 내다본 비전과 전략 구상을 제안한 것이다. 먼저 '왜 메가 수도권인가'를 통해 확대된 수도권, 즉 메가 수도권에 대한 문제를 제기하고, 메가 수도권의 의의, 유용성 문제를 제시했다. 이에 대한 실천전략으로 공간구조의 형성 비전과 중심시가지 활력 증진 전략, 신성장 산업과 산업거점 형성 전략, 문화·건강·삶의 질이 보장되는 지역 전략, 경쟁력 있는 메가 수도권 인프라 확충 전략, 연안 자원과 에너지 이용체계 혁신 전략, 지역 간 상생과 광역 거버넌스 실현 전략, 한반도 번영과 남북통합경제권 형성 전략, 메가 수도권의 비전 실현을 위한 정책 제안 등 모두 19개 장에 걸쳐 아이디어를 제시했다. 여기에서 제안한 전략이 수도권의 새로운 미래를 열어가는 데 밑거름과 화두가 되기를 기대한다.

끝으로 경기개발연구원의 이상대 박사를 비롯해 이 책을 준비하고 저술하느라 애쓴 집필진의 노고에 감사드린다.

2014년 7월
경기개발연구원 원장 홍순영

1. 수도권의 공간적 범위와 관점을 확대할 시점

1) 수도권의 공간적 확장

한국학중앙연구원의 '한국민족문화대백과사전'[1]에 따르면 한국 역사에서 '경기(京畿)'[2]라는 명칭은 서기 1018년(고려 현종 9년)에 적현(赤縣)과 기현(畿縣)의 12개 현을 통합해 왕도의 외곽 지역을 정식으로 경기라 부르기 시작하면서 등장했다. 조선이 개국한 이후 1414년(태종 14년) 전국이 8도 체제로 나뉘면서, 1434년(세종 16년)에 이르러서야 조선 왕조의 주변 지역이 경

---

1) http://encykorea.aks.ac.kr/
2) 본래 '경기(京畿)'라는 말은 당나라 때 왕도의 주변 지역을 경현[京縣 또는 적현(赤縣)]과 기현(畿縣)으로 나누어 통치한 데서 유래한다. '경(京)'은 '천자가 도읍한 경사(京師)'를 의미하고 '기(畿)'는 '천자 거주지인 왕성(王城)을 중심으로 사방 500리 이내의 땅'을 의미했으나 점차 '왕도의 외곽 지역'이라는 개념으로 사용되었다.

기로 확립되었다. 이때의 '경기', 즉 수도권은 하나의 결절을 에워싸고 기능적으로 상호 의존하는 기능 권역의 의미가 아니라 경도를 중심으로 한 계층적 지역 편제로서의 개념이었다.

계층적 지역 편제의 위계질서를 나타내던 수도권의 개념은 기능 권역으로서의 수도권의 의미로 새롭게 다가왔다. 즉, 지역 편제의 위계질서로서의 수도권 지역 공간에는 수도인 서울특별시와, 주변 지역인 인천광역시와 경기도가 포함된다. 이러한 접근에 가장 충실한 대표적인 법은 「수도권정비계획법」이다. 「수도권정비계획법」은 3개 시·도를 공간적 범위로 설정해 수도권의 인구 및 산업 집중을 억제하려는 정책 목표를 지역 편제의 위계질서로서의 수도권에 적용한다.

그런데 교통 시설 발달과 수도 기능의 분산적 입지에 따라 기능 권역으로서의 수도권의 의미가 점점 익숙해지기 시작했다. 경부고속도로, 중부고속도로, 서해안고속도로, 경춘고속도로의 개통과 함께 고속철도(KTX) 및 경춘선 개통, 중앙선 전철화 사업 등 교통 인프라의 고속화·급행화에 따라 수도권 바깥 지역도 1시간 이내 도달 가능한 거리로 변한 것이다. 또 세종시로 정부 부처 및 공공기관이 이전함에 따라 국가 중추 행정 관리 기능이 충청권으로 확장되었다. 실제 천안시에서 주택 건설 사업을 하는 한 시행업체는 '서울특별시 천안구'라는 웃지 못 할 분양 광고 카피를 사용하기도 했다. 강원도도 수도권 경제와 밀접하게 통합되고 있다. 강원도 산업 생산의 1/3은 관광산업이고, 관광객은 대부분 수도권 주민이다. 평창 동계올림픽이 개최되고 기반시설 확충 사업이 완료되면 강원도의 교통권 및 지역경제권은 수도권 경제권에 더욱 크게 통합되는 형태로 진화할 것이다.

한편 그동안 단절되었던 북한의 개성과 황해도 지역도 남북한 교류협력 공간으로 탈바꿈할 가능성이 있다. 박근혜 정부가 들어선 뒤 우여곡절 끝에 개성공단이 재가동되었으며, 향후 개성공단 확장과 비무장지대(DMZ) 평화 생태공원 조성이 실현되면 개성 및 황해도 남쪽 접경지역은 수도권과 경제 적으로 밀접히 연관된 지역으로 발전해나갈 것이다. 중국 선전(深圳)특구가 조성된 뒤 선전이 인구 8,000여 명의 어촌에서 850만여 명의 대도시로 성장 한 가운데 홍콩이 중국의 성장을 활용하기 위해 신제(新界) 지역을 개발하는 사례에서도 잘 드러나듯이 한국의 접경지역과 개성 황해도 지역도 단절의 땅에서 연결의 거점 지역으로 탈바꿈할 수 있다.

이에 따라 지금까지와 같이 서울·인천·경기라는 600여 년의 공간적 영역 과 수도권으로의 집중 억제 관점에서 또는 중앙정부 정책을 시행하기 위한 지역 구분의 관점이 아닌 한국의 수도권이 가진 잠재력 활용 및 동아시아 내 지역경쟁력 확보라는 관점에서 수도권을 본다면 서울·인천·경기의 3개 시· 도, 면적 1만 1,819km^{2}의 기존 수도권을 확장시킬 필요가 있다. 현재 수도권 과 인접 시·도 지역은 인구 3,566만 명, 면적 6만 1,043km^2, 지역내총생산 (GRDP) 760조 원에 달하는 지역이다. 여기에서 북한 지역을 제외하면 인구 3,093만 명, 면적 4만 4,260km^2, 총사업체 수 194만 개, 종사자 수 1,079만 명에 달하는 지역이다. 그러므로 기능적·경제적으로 확대된 수도권, 즉 확 대된 대도시권(metropolitan area) 관점으로 접근해서 확대된 수도권의 비전 과 전략을 모색하는 개념이 필요한 시점이다.

물론 확대된 수도권 개념을 도입하는 것은 지방의 경계와 반발을 가져올 수도 있다. 현재 수도권과 지방 간 비중은 5 대 5 구도이지만, 메가 수도권 개 념에서는 확대된 수도권과 지방 간 비중이 7 대 3이 된다. 확대된 수도권 개 념을 도입해야 한다는 것은 수도권의 세를 키워 국가 정책의 주도권을 잡자 는 의미가 아니라 수도권의 기능적·공간적 현실을 인정하면서 수도권과 인 접 지역의 경쟁력을 강화하고 인접 지역의 주민 편익을 제고하는 한편 새로

<표 1> 수도권과 인접 지역의 현황

지역	면적 (km²)	인구 (천 명)	가구 (천 호)	GRDP (억 원)	총 사업체 수 (천 개소)	종사자 수 (천 명)
합계*	61,043 (44,260)	35,665 (30,932)	13,159 (12,045)	7,600,738	1,939	10,790
기존 수도권	11,819	25,715	9,915	6,001,180	1,580	9,064
서울특별시	605	10,442	4,178	2,886,258	730	4,487
인천광역시	1,041	2,891	1,097	606,348	164	828
경기도	10,173	12,382	4,640	2,508,574	687	3,749
인접 지역	32,442	5,217	2,130	1,599,558	358	1,726
충남	8,205	2,075	842	890,918	134	703
충북	7,407	1,590	633	395,025	106	534
강원	16,830	1,552	655	313,615	118	490
북한 지역	16,783	4,733	1,114	-	-	-

* 괄호 안 수치는 북한 지역 제외.
주: 인구는 내국인과 외국인 인구를 합산, 북한 인구는 2008년도 기준.
자료: 통계청, 「주민등록인구통계」(2012); 통계청, 「지역소득」(2012); 통계청, 「경제총조사」(2010); 국토교통부, 「지적통계」(2013); 국가지식포털 북한지역정보넷 행정구역정보관(http://www.cyber nk.net/).

운 지역발전 동력을 찾아보자는 것을 의미함을 분명히 짚고 넘어가야 한다.

2) 확대된 수도권의 공간적 범위 설정

확대된 수도권을 정의하려면 대도시권의 인구학적·도시학적·지역경제학적 특성을 살펴보는 데서 출발해야 한다.

먼저, 메가 수도권의 인구 증가율과 인구 밀도를 통해 지역의 개념을 이해해보자. 기존 수도권과 인접 지역의 인구 증가율 및 인구 밀도를 분석한 결과, 이제 경기도 지역뿐 아니라 수도권을 넘어선 지역에서도 인구가 증가하고 있다. 경기도 지역에서는 화성 등의 서해안축과 한강 하류의 고양, 김포 등에서 인구가 증가하고 있으며, 수도권을 넘어서는 아산·당진·천안 등의 충남 북부 지역, 청원 등 충북의 청주 인근 지역, 원주·춘천·홍천 등 경기

〈그림 1〉 메가 수도권의 인구 증가율과 인구 밀도(2011년)

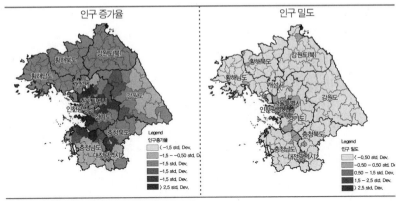

주: 범례 구간은 표준편차로 구분.
북한 인구 자료: 북한통계청, "DPR Korea 2008 population census national report"(2009) 참조.

도에 인접한 강원 지역 등에서 인구가 증가하는 것으로 나타났다. 인구 밀도 분석 결과에서는 경부선 철도와 경부고속도로변의 경기 및 충남 지역을 중심으로 인구 밀도가 높아지고 있는 것으로 나타났다.

북한 지역은 인구 증가율에 큰 변화가 없으며, 인구 밀도도 대체로 균질해서 대도시권으로 발달한 도시는 아직 없는 것으로 나타났다. 사회주의 도시계획 개념에 따라 아직까지는 농촌 도시 병진정책 틀에 큰 변화가 없는 것으로 추정된다.

이제 확대된 수도권의 공간적 범위를 설정해보자. 기능적·경제적 대도시권의 공간적 범위를 설정하는 가장 보편적인 방법은 중심도시에서의 통근율을 분석하는 것이다. 〈그림 2〉의 (A)는 수도권의 중심도시인 서울특별시로의 통근율을 분석한 것이고, (B)는 인접 지역에서 수도권(서울·인천·경기도)으로의 통근율을 분석한 것이다. 중심도시인 서울특별시로의 통근율 분석을 보면, 평택·안성·이천·여주 등 경기 남부 지역은 대체로 통근율이 5%

〈그림 2〉확대된 수도권의 공간적 범위를 설정하기 위한 기능적 영역 분석

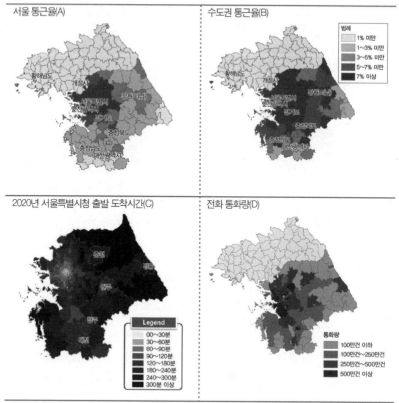

자료: 통계청, 「2011년 통행목적별 OD」; 이상대, 『수도권 메가트렌드 2030』(한울아카데미, 2013);
SK텔레콤 빅데이터 허브, '통화량 자료'(2013년 11월 24일에서 30일, 일주일 분량).

미만이다. 한편, 원주·횡성 등 영동고속도로 주변 지역은 통근율이 3% 이상
까지도 나타나, 강원도의 경우 서울과의 기능적 연계가 타 지역보다 강한
편이다. 수도권 지역으로 통근하는 비율이 높은 지역은 원주·횡성 등 영동
고속도로 주변 지역, 음성·진천 등 중부고속도로 주변 지역, 그리고 천안 등
경부고속도로 주변 지역 등 고속도로와 연결된 지역이다.

(C)는 현재 진행 중이거나 계획된 도로 및 철도 노선이 개통된다는 가정

<그림 3> 확대된 수도권 개념으로서의 메가 수도권의 공간적 범위

대한민국 전도(E)	메가 수도권(F)
	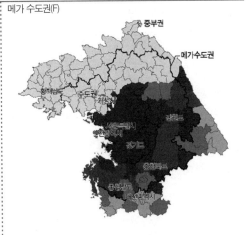

자료: 경기개발연구원 작성.

하에 2020년에 서울특별시청에서 최종 목적지까지 도달하는 데 걸리는 시간을 시뮬레이션한 것이다. 그림에서 보는 바와 같이 천안, 대전, 청주 등의 경부축과 원주 등 영동고속도로축은 2시간 이내에 도달하는 2시간 통행권에 진입할 수 있음을 알 수 있다.

(D)는 전화 통화량이라는 빅데이터를 이용해 분석한 통신량 밀도다. 2013년 11월 24일에서 30일까지 SK텔레콤의 빅데이터 허브에 집계된 일주일간 통화량을 분석했다(데이터 추출 범위는 서울·경기·인천·충북·충남·강원·대전 지역이며, 시·군·구별 발신량을 합산함). 그림에서 알 수 있듯이 지역 간 전화 통화량 패턴은 수도권 통근율(B) 패턴과 유사한 양상을 보인다.

이러한 현상과 트렌드를 종합하면 기존 수도권은 인구 및 지역경제의 성장, 활동권의 광역화, KTX 등 초고속 교통망의 발달과 확장계획, 충청권과 강원권 및 개성공단의 성장을 통해 거대 경제권(mega economic region)으로 확장되어왔음을 알 수 있다. 앞의 공간적 분석을 고려해 '확대되고(extend-ed)', '새로운(new)' 수도권의 공간적 범위를 설정할 때는 수도권 통근율을 기본으로 하되, 수도권에서 독립된 거점도시와 그 영향권 지역을 제외하는 원칙을 적용한다. 이에 따라 확대된 수도권의 공간적 범위는 그림 (F)로 설정한다. 확대된 수도권의 인구는 약 3,150만 명, 면적은 약 3만 4,000km²다.

확대된 수도권의 명칭도 필요하다. '확대 수도권', '수-청 대도시권',[3] '슈퍼 수도권' 등의 용어를 검토했지만, 이 책에서는 수도권의 기능적·공간적 범위가 확대된다는 인식을 중시해 '메가 수도권'으로 칭하기로 한다.

2. 동아시아 5대 거대 도시권에 해당하는 한국의 수도권

1) 동아시아 내 거대 도시권

동아시아에서 한국 수도권의 경쟁 지역인 도쿄 대도시권, 베이징 대도시권, 상하이 대도시권은 모두 면적, 인구, 경제 규모 면에서 한국의 수도권을 압도한다. 일본의 수도권광역권(도쿄도 및 11개 현)[4]은 인구 5,366만 명, 면적 8만 944km², GRDP 2조 8,143억 달러이고, 간사이연합권(오사카부, 교토부 등 2부 5현)은 인구 2,081만 명, 면적 3만 1,057km², GRDP 9,616억 달러다.[5] 중국의 징진지(京津冀)도시권(베이징, 톈진, 허베이)은 인구 1억 440만

---

3) 수도권-충청권을 줄여서 쓴 용어.
4) 일본의 도쿄권은 도쿄도를 포함한 1도 3현, 수도권은 1도 7현, 수도권 광역권은 1도 11현을 지칭함.
5) 인구는 일본 통계국 2012년 자료, 면적은 2012년 행정구역 면적, GRDP는 2010년 일본

〈그림 4〉 동아시아 내 주요 거대 도시권 현황

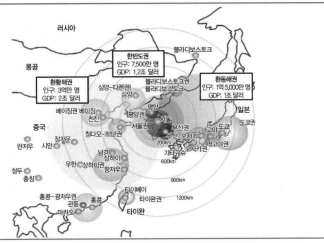

자료: 경기개발연구원 작성.

명, 면적 21만 6,327km², GRDP 1조 39억 달러, 장강삼각주(상하이, 장쑤성, 저장성)는 인구 1억 5,610만 명, 면적 21만 741km², GRDP 1조 9,107억 달러에 달한다.[6] 인구가 많고 면적이 넓은 것이 대수가 아니라고 여길 수도 있지만 경제력과 중심성에서는 규모가 상당 부분을 좌우한다.

2) 동아시아 내 거대 도시권 간 지역경쟁 전략

국가 간 경쟁시대를 지나 지역 간 경쟁시대로 진입하고 중국 대도시권이

내각부 자료를 참조.

6) 인구는 중국 통계국 2010년 자료, 면적은 중국중앙인민정부 자료, GRDP는 중국 통계국 2013년 4분기 자료를 참조.

〈표 2〉 동아시아 내 주요 거대 도시권의 비전 및 발전 전략

메가 경제권	일반 현황		비전 및 계획 수립	비전	경제 전략	공간 전략
	인구 (만 명)	면적 (km²)				
일본 수도권 광역권 (1도 11현)	5,366 (2012)	80,944 (2012)	수도권광역 지방계획	세계의 경제·사회를 리드하는 풍격(風格) 있는 권역 만들기	·일본 전체를 견인하는 수도권 국제경쟁력 강화 - 국제 비즈니스 거점 강화 프로젝트 - 산업 이노베이션 창출 프로젝트 - 태평양·일본해(동해) 게이트웨이 프로젝트	·인구 약 4,200만 명이 생활하기 좋은 아름다운 지역 실현 ·고령화에 적합한 모든 사람이 살기 좋은 지역만들기 프로젝트 ·수도권을 넘는 시책 횡단적 지역 연계 실현
간사이 연합권 (2부 5현)	2,081 (2012)	31,057 (2012)	광역 연합 광역계획 / 방재·감재 계획 등 5개 부문별 광역계획	중앙집권체제와 도쿄1극 집중 타파를 위한 분권형 사회구현	·산업비전 2011: 혁신 창출, 그린라이프, 중소기업 국제경쟁력 강화, 간사이브랜드 창출 ·아시아의 문화관광 도시로 육성	-
징진지 도시권 (2직할시 1성)	10,440 (2010)	216,327 (2014)	징진지 도시권 지역 계획(안)(국가발전개혁위원회)	베이징, 텐진, 허베이 각각의 지역경쟁력 강화	·국가 금융정책결정센터, 금융감독관리센터, 금융정보센터, 금융서비스센터 설립 등 금융센터 육성	·환베이징권(허베이성 등) 내 지역 간 격차 완화
장강 삼각주 (1직할시 2성)	15,611 (2010)	210,741 (2014)		장강삼각주 지역 확대 통합	·지역장벽을 해소해 인적·물적·자금교류 확대 ·국제경쟁력 향상을 위한 하이테크 제조업, 서비스업 추진 ·지역성 과학기술공공서비스 기반 마련	·고속철도·도시교통 건설 등 교통 인프라 확충

주: 일반 현황의 괄호 안은 연도.

부상하면서 동아시아 내 대도시권의 지역발전 전략은 더욱 적극적으로 전개되고 있다. 〈표 2〉는 동아시아 내 경쟁지역인 주요 거대 도시권(mega-city region)과 경제권의 비전, 경제 전략, 공간 전략을 정리한 것이다.

일본 수도권 광역권은 세계 경제 및 사회를 리드하는 권역 만들기를 비전으로 일본 수도권을 국제 비즈니스 거점으로 육성하는 한편, 고령화에 대응

하여 살기 좋은 지역 만들기 프로젝트를 추진한다. 또 간사이연합 지역은 도쿄 1극을 타파하기 위한 분권형 사회 구현을 비전으로 산업 비전과 아시아의 문화관광도시 전략을 추진 중이다. 베이징 대도시권인 징진지권은 베이징, 텐진, 허베이 각각의 지역경쟁력 강화를 비전으로 금융센터를 육성하는 한편, 환베이징권 내 지역 격차 완화 전략을 추진하는 중이다. 상하이권인 장강삼각주는 역내 확대 통합을 비전으로 금융·하이테크 산업·서비스 산업 육성과 고속철도 등 교통 인프라 확충 전략을 추진하고 있다. 이처럼 저마다의 비전과 전략을 내세우는 것은 동아시아 및 세계 속에서 각 메가 경제권이 경제적·사회적 주도권을 잡기 위한 노력의 일환이다.

3) 메가 대도시권 개념을 적용한 전략적 대응의 필요성

동아시아 내 경쟁 대도시권의 규모와 통합적 발전 전략에 대응해 한국 대도시권의 발전 전략도 기존 수도권이나 대도시권 단위보다 좀 더 확장시켜야 할 시점이다. 이에 따라 한국의 수도권과 인근 지방권역의 발전 전략은 기존과 같이 수도권－지방, 수도권과 개별 대도시권 단위로 분리해서 접근하는 것이 아니라, 기능적·경제적·공간적으로 더욱 확대된 메가 대도시권 차원에서 접근할 필요가 있다.

이 책은 이러한 메가 대도시권의 발전 비전과 전략의 필요성을 강조하는 한편, 확대되고 통합된 대도시권 발전정책과 전략 사업이 가져올 효과와 편익에 주목한다. 아울러 수도권인 서울·인천·경기와 지방인 충청권 및 강원권 간에 협력보다는 경쟁과 갈등 관계를 지속해온 과거에서 탈피해 하나의 비전과 목표를 설정함으로써 메가 경제권 내 도시권 간 협력과 공동 번영 모델을 만들어보려는 열망을 담고 있다. 이를 위해 한반도의 핵심 지역인

한강 유역과 금강 및 예성강·임진강 유역을 모두 포괄하는 메가 수도권의 미래 비전과 발전 전략을 새로운 각도에서 제시할 것이다.

3. 메가 수도권의 변화 요인과 발전 비전

1) 메가 수도권의 변화를 가져올 구조적 요인

현재의 수도권이 확대된 메가 수도권의 시대는 지금까지와 다른 사회경제적·공간적 변화를 보일 것이다. 이전과 달리 한국 경제 및 수도권 경제의 대외 개방이 훨씬 광범위하고 깊이 있게 진행되고 있으며, 수도권의 도시 기능도 기존 수도권을 벗어나 인근 시·도 지역까지 확산되고 있기 때문이다. 따라서 메가 수도권의 변화를 가져올 요인은 크게 수도 기능의 분할과 분산, 인구 정점 도달과 잠재 성장률 저하, 지식기반 사회화와 지식기반 산업의 성장, KTX와 수도권 광역급행철도(GTX) 등 광역철도망의 구축과 전기자동차 등 고효율 자동차의 대중화, 남북관계 진전 및 남북 경제통합 진전 등으로 집약할 수 있다. 〈그림 5〉의 다이어그램은 메가 수도권의 위상에 변화를 가져올 요인을 정리한 것이다.

먼저, 충청권의 세종시와 강원권의 원주 혁신도시로 정부 부처 및 정부기관이 이전함으로써 서울·경기·인천에 입지했던 국가 중추 행정기능이 분산 입지하게 되었는데, 이것이 수도권의 광역화와 확대를 주도할 것이다. 「행복도시특별법」에 따라 지식경제부 등 경제 관련 6개 부처와 10개 공공기관이 세종시로 이전했으며, 「혁신도시특별법」에 따라 원주 혁신도시에 12개 공공기관이 이전할 예정이다. 이에 따라 정부 및 공공기관 종사자뿐 아니라

〈그림 5〉 메가 수도권의 변화를 가져올 구조적 요인

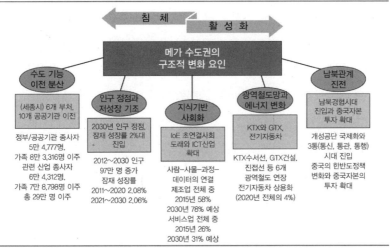

자료: 경기개발연구원 작성.

식당, 복사업체 등 관련 업체 종사자도 이동했으며,[7] 서울특별시와 세종시를 잇는 제2경부고속도로 건설도 가시화되는 양상이다.

둘째, 인구가 증가하고 인구 구조가 변화하며 잠재 성장률이 낮아짐에 따라 안정적 인구 증가 및 경제성장 구조 시대로 진입했기 때문이다. 통계청 인구 전망에 따르면 수도권의 인구 정점은 2030년, 경기도는 2035년으로 예상되며, 수도권의 최고 인구는 2,669만 명, 경기도의 최고 인구는 1,345만 명에 이를 것이라고 한다.[8] 앞으로 20년 전후로 수도권과 경기도에서는 1960년대부터 시작된 도시화와 거대 도시화 추세가 막을 내리는 것이다.

셋째, 정보통신기술(ICT)이 발달하면서 사물인터넷(Internet of Everything)

---

7) 이상대, 『수도권 메가트렌드 2030』(한울아카데미, 2013), 21쪽 참조.
8) 같은 책, 5쪽 참조.

으로 연결된 초연결사회(Hyper-connected Society)로 진입했기 때문이다. 기술과 통신의 발달로 모든 것이 연결된 초연결사회가 도래함에 따라 시공간을 뛰어넘어 사람과 시설, 시설과 시설 간 접속이 이뤄진다. 이에 따라 수직적 의사결정 구조는 수평화되고 지구촌과 국가 내 의사결정 과정에 여러 사람, 집단, 지역이 참여할 수 있다. 지식기반 산업은 전체 제조업 중 2015년 58%, 2030년 78%를 차지할 것으로 예상되며, 전체 서비스업 중에서는 2015년 26%, 2030년 31%에 이를 것으로 예상되어 경제 산업 구조가 고기술 구조로 발전할 것이다. 이에 따라 메가 수도권의 생산 방식과 생활체계 및 공간 이용 방식은 지금보다도 훨씬 정보통신기술 등 과학기술을 기반으로 하는 구조로 변화할 것으로 예상된다.

넷째, 수도권 광역철도망이 구축되고 화석에너지 의존도가 축소되는 것도 하나의 요인으로 작용한다. 2016년 KTX 수서선이 개통하면 서울 동남부 지역과 경기도 성남, 용인, 광주 지역은 중부 및 남부 지방으로의 철도 접근성이 대폭 확대될 전망이다. 한편, GTX 동탄~수서~삼성역~서울역~고양(A노선)이 개통되면 수도권 동남부축에 기업, 공장, 유통, 문화시설 등이 활발하게 입지하면서 공간구조가 변화할 것이다. 이와 더불어 상대적으로 전철 접근성이 떨어졌던 하남, 남양주 지역에 진접선 등 광역철도가 연장되어 수도권 동남부 지역과 동북부 지역 간 연결이 강화됨으로써 주거지 확산이 일어날 것이다. 한편 교통수단에 쓰이는 에너지도 석유 등 화석에너지에만 의존하던 양상에서 탈피할 것으로 보인다. 전기자동차가 크게 보급되어 2020년에는 차량 전체의 4%가 전기자동차로 바뀌고 도시 내 대기오염도도 감소하는 시대가 도래할 것이다.

다섯째, 남북관계 진전이 통일까지 이어지기는 어렵더라도, 남북 경협 시대를 맞는다면 메가 수도권에 큰 변화가 올 것이다. 개성공단 국제화 및 남

〈그림 6〉 메가 수도권의 발전 비전 설정

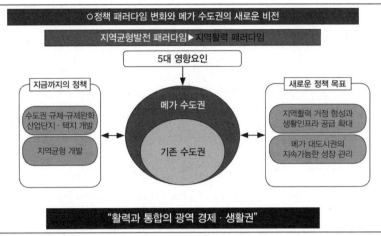

자료: 경기개발연구원 작성.

북 간 3통(통행, 통신, 통관) 시대로 진입하면 기존 수도권의 경제 및 인적 교
류의 범위가 북한의 개성과 황해도 지역까지 확대되어 수도권의 초광역화
가 진행될 것이다. 또한 중국의 한반도정책 변화로 통일 가능성이 높아질
것이며, 중국 자본의 대대적인 투자도 예상된다. 이에 따라 메가 수도권은
개방화되고, 한국의 수도권은 글로벌화된 동아시아 5대 메가 경제권으로
자리 잡을 것이다.

2) 메가 수도권의 발전 비전

그동안은 수도권의 성장 비전을 제대로 세울 수 없었다. 1977년 무임소
장관실의 『수도권인구소산책(首都圈人口疏散策)』, 1982년 제정된 「수도권정
비계획법」과 수도권 규제정책에 따라 성장이나 확장이 아닌 인구 및 산업

집중 억제 기조를 선택함으로써 수도권의 적극적인 성장과 확장을 정책 방향으로 잡지 못했기 때문이다. 이에 따라 그간 수도권에 대해서 국토계획의 인구 상한선 설정, 공장총량제 운영, 택지·산업단지·관광지 개발 사업 규모 제한, 대학 신증설 억제 등 세계에서 가장 강력한 수도권 집중 억제정책을 추진해왔다. 역대 정권 중 가장 기업친화적이었던 이명박 정부(2008~2013년)에서는 광역경제권 발전정책에 따라 수도권 등 '5+2 광역경제권 발전정책'을 추진하기도 했으나 지식경제부 중심의 산업지원정책 수단을 중심으로 전개했기에 수도권의 확장적 비전을 수립하지는 못했다.

수도권의 생산 및 생활 교류망이 인접 충청권, 강원권, 개성 황해권으로 확산되고, 도쿄, 상하이, 베이징 등 동아시아의 경쟁 경제거점 지역이 성장하면서 이제 메가 수도권 차원의 발전 비전을 모색할 때가 되었다. 메가 수도권의 비전 모색의 기본적인 접근방향은 단기적·점진적인 대안을 마련하기보다는 중장기적이고 혁신적이며 현행 법제도를 초월한 야심찬(visionary) 비전을 만드는 것이다. 비전을 만들 때 고려해야 할 중요한 접근법은 첫째, 현재의 핵심 문제인 일자리 창출을 고려해 잠재 성장률을 제고하기 위한 메가 경제권 경쟁력을 강화하고, 둘째, 수도권을 둘러싸고 끊임없이 갈등이 일어나는 수도권-지방 불균형 문제를 반영해 수도권과 주변 지역(충청, 강원, 황해도) 간 상생 협력의 거점을 조성하는 데 기여하며, 셋째, 장래 통일에 대비해 남북경제통합의 기반을 닦는 데 기여하는 비전을 제시하는 것이다.

이러한 방향과 고려사항에 기초해 메가 수도권의 비전을 '활력과 통합의 광역경제·생활권 공동체 형성'으로 설정했다. 이는 이 책에서 각론으로 제시할 19대 어젠다별 비전과 전략에 기본 가치와 목표로 적용될 것이다.

4. 메가 수도권의 비전을 달성하기 위한 19대 어젠다

비전 달성을 위한 어젠다를 설정하기 위해 먼저 기본 전제를 설정했다. 첫째, 수도 기능은 현재 서울과 과천의 수도권에서 서울·과천·세종의 메가 수도권역으로 전개된다는 점을 인식한다. 둘째, 「수도권정비계획법」 체제는 개편될 수도 있으므로 분야별 비전과 전략, 어젠다는 현행 규제 법령의 제약을 받지 않는다. 셋째, 고령화 시대는 지속되겠지만 저출산 추세는 완화될 수 있다. 넷째, 남북 간 통일이 진행되지는 않더라도 실질적인 남북 경제통합 시대로 진입할 것이며, 남북 간 영구적 이주는 불허하더라도 일시적 비즈니스 이동은 허용하는 상태를 가정한다.

이러한 고려사항에 기초해 〈그림 7〉과 같이 메가 수도권의 비전을 달성하기 위한 발전 전략 과제로 19대 어젠다를 제시한다.

30

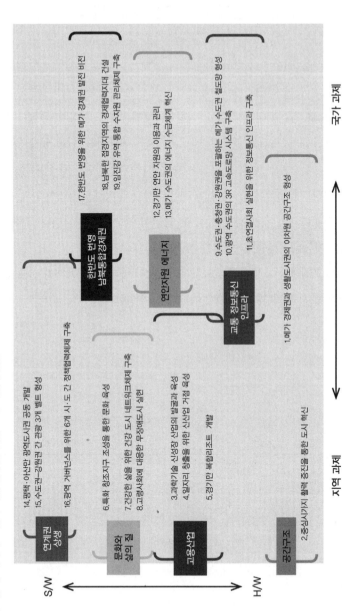

〈그림 7〉 메가 수도권의 비전 달성을 위한 19대 어젠다 설정

S/W ↔ 연계권 상생

14.평택・아산만 광역도시권 공동 개발
15.수도권-강원권 간 관광 3개 벨트 형성
16.광역 거버넌스를 위한 6개 시・도 간 정책협력체제 구축

문화와 삶의 질

6.특화 창조지구 조성을 통한 문화 육성
7.건강한 삶을 위한 건강 도시 네트워크체제 구축
8.고령사회에 대응한 무장애도시 실현

고용산업

3.과학기술 신성장 산업의 발굴과 육성
4.일자리 창출을 위한 신산업 거점 육성
5.경기만 북한리조트 개발

H/W ↔ 공간구조

2.중심시가지 활력 증진을 통한 도시 혁신

한반도 번영 남북통합경제권

17.한반도 번영을 위한 메가 경제권 발전 비전
18.남북한 접경지역의 경제협력지대 건설
19.인천공항 유역 통한 수자원 관리체제 구축

연안자원 에너지

12.장기간 연안 자원의 이용과 관리
13.메가 수도권의 에너지 수급체계 혁신

교통 정보통신 인프라

9.수도권・충청권・강원권을 포괄하는 메가 수도권 철도망 형성
10.광역 수도권의 3R 고속도로망 시스템 구축
11.초연결사회 실현을 위한 정보통신 인프라 구축

1.메가 경제권과 생활도시권의 이차원 공간구조 형성

국가 과제

지역 과제

자료: 경기개발연구원 작성.

제1부 공간구조의 형성 비전

제1장 메가 경제권과 생활 도시권의 이차원 공간구조 형성 | 이상대

제2장 중심시가지 활력 증진을 통한 도시 혁신 | 이상대

제1장

메가 경제권과 생활 도시권의 이차원 공간 구조 형성 _ 이상대

1. 수도권과 주변 지역의 경제, 생활 통합 가속화

1) 통근권 확대

1980년대부터 인천과 수원 등 수도권 지역 거점도시는 그 도시의 업무, 상업 기능 등과 관련된 일자리와 연계해 주거 기능이 함께 자리 잡으면서 기록적으로 성장했다. 주거 기능의 입지는 택지 개발 사업의 활발한 추진과 더불어 진행되었다. 수도권 지역의 택지 개발은 1980년대 중반에는 서울특별시청을 기점으로 15km 이내, 1980년대 후반에는 15~25km권이었다가 2000년대 이후 30~40km권으로 확대되었고, 2008년 이명박 정부 때에는 개발제한구역을 해제함으로써 보금자리주택사업으로 전개되었다.

이러한 주거 기능의 입지는 다시 일자리 입지로 연결되었다. 주거지 주변의 개인 서비스업 종사자, 산업단지 내 공장 종업원, 대기업 연구소의 연구

제1장 메가 경제권과 생활 도시권의 이차원 공간구조 형성 33

<표 1-1> 수도권 도시에서 서울로의 통근·통학 비율

(단위: %)

	20km 이내		20~40km		40~60km		60~80km	
50만 명 이상	고양시	29.3	남양주시	30.8	용인시	19.6		
	성남시	28.1	안산시	8.1				
	안양시	23.4	인천시	11	화성시	6.9		
	부천시	25.2	수원시	9.5				
30만~50만 명	광명시	42.6	파주시	13.1			평택시	2.5
	의정부시	27.7	시흥시	9.2				
10만~30만 명	구리시	34.6	하남시	35.9	포천시	3.7	여주군	1.7
			김포시	19.7				
			군포시	19.7	오산시	5.2		
			의왕시	22.1				
			양주시	17.3	이천시	2.4	안성시	1.7
			광주시	14.9				
10만 명 이하	과천시	40.4	동두천시	9.9	양평군	10.4		
					가평군	4.0		
					연천군	3.0		

주: 거리는 각 시·군의 시·군청과 서울특별시청 간의 거리임.
자료: 인구총조사(2010), 수도권 통근 통학(10% 표본) 데이터를 재구성.

인력 등이 인천과 경기도 내 도시에 입지하기 시작했다. 2000년대 이후 조성된 대표적인 일자리 중심지는 수원시의 삼성 R&D 캠퍼스, 파주 LG·필립스 LCD 공장(현 LG디스플레이), 판교 테크노밸리, 동탄 산업단지, 송도경제자유구역 등이다.

이 같은 주거 및 일자리 입지는 수도권의 통근권 확대로 이어졌다. 각 도시 시청과 서울특별시청 간의 거리를 기준으로 수도권 각 지역의 통근·통학 비율을 분석해보면 서울과 가까운 광명이나 과천 같은 도시에서는 40% 이상이 서울로 통근·통학하며, 40~60km 떨어진 용인 같은 지역에서도 19.6%가 서울로 통근한다. 지역에 따라 차이는 있으나 서울에서 60km 이상 떨어지면 통근·통학 비율이 3% 이내로 대폭 떨어지는 현상을 보인다.

<그림 1-1> 메가 수도권의 철도망 구축 계획 도면

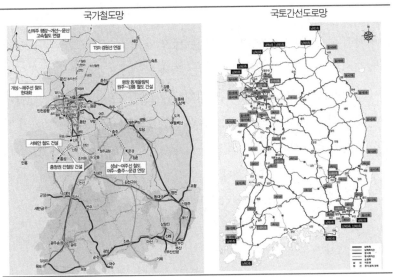

자료: 국토교통부, 「국가철도망 구축 계획」(2011).

2) 광역 지역 간 교통SOC 건설로 교통권역의 확대

한국의 메가 수도권 교통체계는 아직 국토기간교통망 계획의 지역 간 연결체계와 기존 수도권 단위 차원으로만 짜여 있다. 즉, 수도권이 확대되어 초광역화된 활동체계로 진화했지만, 교통체계는 기존 수도권, 대전-청주권, 강원도의 원주, 춘천 등 중규모 도시권 단위로 짜여 있는 상황이다.

한편, 교통 인프라 확충에서도 경제협력개발기구(OECD) 국가와 달리 중앙정부의 권한과 주도권이 유독 강해 국철, 국도 등 지역 간 교통 인프라 구축량 및 속도는 빠른 반면, 대도시권 단위마다 광역철도, 대도시권 광역 간선도로 구축량 및 수준은 미흡한 실정이다. 물론 지역 간 교통 인프라 투자 비중이 지역 내 교통 인프라 투자 비중보다 높고 시간적으로 앞서는 것이 메가 수도권이라는 거대 도시권 내 지역 간 접근성을 높이는 데 순기능으로 작용하기도 한다.

이처럼 고속철도 및 광역철도, 고속도로망의 확충으로 교통권역 도달거리가 좁아지고 교통 접근성이 개선되는 추세는 인근 충청권과 강원권 일부의 수도권화로 연결된다. 천안 아산까지 경부선이 전철화·고속화됨에 따라 천안시는 '서울특별시 천안구'라는 별명도 얻었으며, 경춘선과 중앙선의 전철화에 따라 춘천시의 한림대와 원주시의 상지대는 수도권 대학임을 강조하는 홍보전략을 펴고 있다. 실제 두 학교의 서울 및 수도권 출신 학생 비율은 경기도 내 대학과 비교해도 크게 뒤떨어지지 않는 실정이다.

3) 산업경제 활동의 광역화

수도권과 인근 지역을 연결하는 교통통신 인프라가 확충되고 기업의 활동 영역이 넓어지면서 메가 수도권의 산업경제 활동이 점점 광역화되고 있다. 북한 지역은 통계자료가 없으므로 0으로 보고, 최근 10년 동안 수도권의 사업체 및 종사자 수 증가율을 분석했다. 경기도 지역의 경우 용인·안성 등 경부축과 화성 등 서해안축에서, 서울과 인접한 지역의 경우 남양주·파주 등에서 사업체 증가 현상이 두드러지게 나타났다. 수도권 인근 지역의 경우 진천·음성 등 중부고속도로 연결 지역에서 크게 증가했으며, 당진·아산 등 서해안권에서도 높은 증가 추세를 확인할 수 있었다.

최근 10년 동안의 종사자 수 증가율도 비슷한 양상을 보였다. 화성·파주·진천·음성 등은 종사자 수가 크게 증가했으며, 나머지 지역은 평균적인 증가 수준을 보였다. 사업체 수 증가율은 지역 간 차이가 많으나 종사자 수 증가율은 지역 간 차이가 적게 나타났다.

〈그림 1-2〉 수도권 및 인근 지역의 사업체 및 종사자 수 증가율

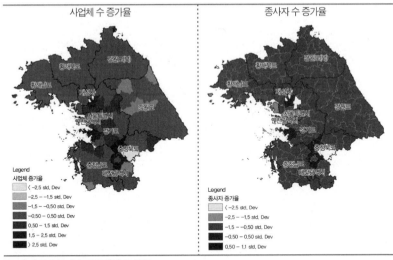

주: 범례에서 구간은 표준편차로 구분.
자료: 통계청, 「2011년 전국사업체조사」.

  물류 면에서도 수도권과 인근 충청권 및 강원권 간의 이동량과 이동권이
확장되었다. 물동량 통계를 분석한 결과, 전국 대비 수도권의 물동량은 발
생량 기준 30.5%, 도착량 기준 25.3%를 차지했다. 시·도별로 보면 당연히
내부 물동량이 가장 많은 비중을 차지했으며, 제조업이 발달한 경기도는 도
착량과 발생량 모두 가장 많았다.

  수도권과 인근 시·도 간 및 기타 지역 간 물동량을 보면 수도권의 발생 물
동량 총 5억 4,320만 톤 중 60.6%인 3억 2,928만 톤이 수도권에 도착했으며,
18.3%인 9,940만 톤은 인접 지역에, 21.1%인 1억 1,452만 톤은 기타 지역에
도착했다. 인접 지역인 충북·충남·강원 지역의 발생 물동량 총 3억 1,601만
톤 중 48%인 1억 5,174만 톤은 이 지역에 도착하며, 26.7%인 8,438만 톤은
수도권에, 25.3%인 7,989만 톤은 기타 지역에 도착한다. 기타 지역의 발생

제1장 메가 경제권과 생활 도시권의 이차원 공간구조 형성 37

〈표 1-2〉 메가 수도권의 시·도별 및 시·도 간 물동량과 비중

(단위: 천 톤)

OD	수도권	서울	경기	인천	인접 지역	충북	충남	강원	기타 지역	합계	발생 기준 비중(%)
수도권	329,277 (60.6)	80,308 (14.8)	161,775 (29.8)	87,194 (16.1)	99,396 (18.3)	31,920 (5.9)	47,132 (8.7)	20,344 (3.7)	114,522 (21.1)	543,195 (100)	30.5
서울	58,488 (79.2)	34,792 (47.1)	19,177 (26.0)	4,519 (6.1)	4,736 (6.4)	949 (1.3)	2,601 (3.5)	1,187 (1.6)	10,614 (14.4)	73,838 (100)	4.1
경기	135,377 (48.3)	32,652 (11.7)	91,683 (32.7)	11,042 (3.9)	68,590 (24.5)	19,321 (6.9)	38,730 (13.8)	10,539 (3.8)	76,277 (27.2)	280,244 (100)	15.7
인천	135,411 (71.6)	12,864 (6.8)	50,915 (26.9)	71,632 (37.9)	26,070 (13.8)	11,651 (6.2)	5,801 (3.1)	8,618 (4.6)	27,631 (14.6)	189,113 (100)	10.6
인접 지역	84,384 (26.7)	19,316 (6.1)	49,584 (15.7)	15,485 (4.9)	151,739 (48.0)	31,659 (10.0)	77,372 (24.5)	42,708 (13.5)	79,886 (25.3)	316,009 (100)	17.7
충북	28,731 (40.4)	9,155 (12.9)	17,379 (24.5)	2,197 (3.1)	25,341 (35.7)	13,639 (19.2)	6,650 (9.4)	5,052 (7.1)	16,993 (23.9)	71,066 (100)	4.0
충남	40,092 (25.5)	6,576 (4.2)	24,184 (15.4)	9,332 (5.9)	83,455 (53.0)	9,691 (6.2)	67,316 (42.8)	6,447 (4.1)	33,877 (21.5)	157,425 (100)	8.8
강원	15,560 (17.8)	3,585 (4.1)	8,020 (9.2)	3,955 (4.5)	42,943 (49.1)	8,329 (9.5)	3,405 (3.9)	31,208 (35.7)	29,015 (33.2)	87,518 (100)	4.9
기타 지역	127,044 (13.7)	24,690 (2.7)	76,105 (8.2)	26,249 (2.8)	102,112 (11.1)	40,197 (4.4)	32,632 (3.5)	29,283 (3.2)	694,866 (75.2)	924,022 (100)	51.8
합계	450,705	124,314	287,463	38,928	353,248	103,777	157,136	92,335	889,274	1,783,226	100
도착 기준 발생(%)	25.3	7.0	16.1	2.2	19.8	5.8	8.8	5.2	49.9	100	

주: 괄호 안은 비율(%)을 나타냄.

물동량은 총 9억 2,402만 톤으로 이 중 75.2%인 6억 9,487만 톤이 기타 지역에 도착하며, 13.7%인 1억 2,704만 톤은 수도권에, 11.1%인 1억 211만 톤은 인접 지역에 도착한다.

이렇듯 지역 간 물류 의존도는 수도권 발생-인접 지역 도착 기준으로는 18.3%, 수도권 발생-기타 지역 도착 기준으로는 21.1%이며, 인접 지역 발생-수도권 도착 기준으로는 26.7%, 기타 지역 발생-수도권 도착 기준으로는 13.7% 수준을 나타낸다.

2. 메가 수도권 공간구조의 변화 요인 및 전망

동아시아 5대 거대 도시권의 위상을 가진 메가 수도권 공간구조에 변화를 가져올 요인 중 첫 번째 요인은 중국과 북한 변수다. 즉, 중국 연안 경제권의 영향력과 중국 자본의 투자, 남북한 통합경제권 형성에 따른 메가 수도권 경제의 대외 개방화 요인이 메가 수도권의 공간구조를 상당 부분 결정할 것이다.

메가 수도권은 한반도에서 가장 개방되고 국제화된 지역이다. 다시 말해 한반도의 대외적 창(window)이다. 21세기는 지식기반 경제 시대로 대도시권이 경쟁의 주체로 기능하기 시작했으며, 특히 대외 개방형 경제체제인 한국의 수도권은 지경학상 국제적 요인이나 중국·북한과의 교역 및 투자 관계에 따라 역내 지역의 기능과 역할이 규정될 수밖에 없다.

〈그림 1-3〉과 같이 이미 한·중·일, 그리고 서울·인천·경기·충청권에는 지식정보, 자금, 물자가 흐르는 패턴이 형성되었는데, 지식정보와 자금은 서울 및 수도권에서, 물자 중 재료는 지방과 중국에서 시작되고 있음을 알 수 있다. 그런데 중국 경제가 성장함에 따라 이제는 자금뿐 아니라 완제품 물자까지도 수도권에 유입되는 시대로 바뀌었다. 이러한 지식정보, 자금, 물자의 흐름은 지역별 기능과 토지 이용에 변화를 가져올 것이다.

이미 수도권의 국제금융 기능은 서울 시내 여의도 금융가 개발이나 인천시 청라경제자유구역 개발 방향에 영향을 미치고 있고, 인천시 영종도의 복합리조트 인허가 문제는 영종경제자유구역의 개발 진행에 큰 반향을 일으키고 있다. 경기도 내 시화간척지에는 유니버설 스튜디오 코리아 리조트(USKR)를 유치하기 위한 토지 이용계획이 세워지는 한편, 철도 연장도 진행되고 있다. 더욱이 2013년 수도권 내 외국인 인구가 150만 명에 달해 도시

<그림 1-3> 환황해권인 한·중·일 간의 지식정보, 자금, 물류의 흐름도

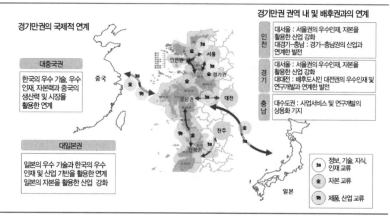

자료: 노무라종합연구소, 「환황해 경제권 시대의 서해안지역의 발전전략과 개발 방향성」, 『서해안 권발전 종합계획 수립을 위한 국제세미나 자료집』(국토연구원, 2009)을 토대로 저자가 메가 수 도권 여건을 분석하여 재작성.

계획이나 주택공급계획에서 외국인 인구를 고려하지 않을 수 없게 되었다.
　남북관계 개선과 경제통합 및 통일은 메가 수도권 공간구조 변화의 가장 큰 요인이 될 수 있다. 개성공단은 현재 123개 업체 5만 3,000여 명의 종업 원이 근무하는 북한 내 특구지역이지만, 사실상 기업 활동이 서울 및 수도 권 내 기업과 연계되어 있으며 종업원만 개성 등 북한에 거주하는 셈이다. 향후 남북경제가 실질적 무역 및 교류협력체제로 진입하고 통합되는 시점 에는 개성뿐 아니라 해주 등 황해도 지역까지 시·도권의 경제권역으로 통합 될 것이다. 특히 2012년 한국개발연구원(KDI) 연구에서 "정치통합은 급진 적으로 이루어지나 북한 경제의 분리가 가능한 상황을 전제할 때 북한 인구 의 남한 취업을 위한 이주 규모는 110만 명"으로 전망한 것은 그 파급효과를 잘 보여주는 사례다. 2010년 국토연구원 조사에서도 일반 국민과 전문가 모 두 북한 주민의 체류 예상 지역으로 서울과 경기 북부 지역을 압도적으로

〈그림 1-4〉 서울 및 수도권으로의 교통 접근성 시뮬레이션 결과

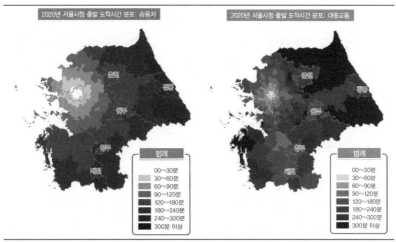

자료: 이상대, 『수도권 메가트렌드 2030』(한울아카데미, 2013).

꼽았다.[1)]

공간구조에 변화를 가져올 두 번째 요인은 수도권과 충청권 및 강원권을 연결하는 고속철도망·고속도로망의 건설과 추진 속도다. 수도권의 대도시권 내 지역뿐 아니라 충청권과 강원권 내 지역을 연결하는 고속철도 및 고속도로망의 확충으로 교통권역 도달거리가 좁혀지고 있다. 특히 KTX 건설 후 경부선축의 교통 접근성이 대폭 개선되었다. 2016년에는 KTX 수서선이 개통될 예정인데, 평창 동계올림픽 지원 인프라로 중앙선과 원주~강릉 고속화철도까지 개통되면 충청권 및 강원권과의 교통 접근성은 2시간대로 접어들게 된다. 또한 제2경부고속도로와 제2영동고속도로가 건설되면 그동안 경부고속도로와 영동고속도로를 통해 접근하기 어려웠던 사각지대의 교

---

1) 이상대, 『수도권 메가트렌드 2030』, 322쪽.

통 접근성이 대폭 개선될 것이다.

특히 평창 동계올림픽 준비에 따라 추진되는 영동축 교통 인프라 투자로 기존 수도권과 강원권 간 지리적 장벽이 상당 부분 허물어질 것이다. 중앙선 고속철도화 사업, 원주~평창~강릉선 건설, 여주~원주선 전철 건설 등으로 강원도의 접근성이 높아져 이제 실질적인 수도권화가 진행될 것이다.

세 번째 요인은 수도 기능의 일부가 이전한 세종시와 그 주변 지역의 성장이다. 행정중심 복합도시로 조성된 세종시에 정부 부처 및 국가 공공기관이 입주하면서 세종시는 수도권 기능을 분담하는 지역이 되었다. 국가 중추 행정기관의 입지는 고급 도시 기능을 끌어들이고, 상대적으로 양호한 교육환경을 조성해 인근 지역 주민까지 흡수하는 효과를 유발한다. 아울러 최근 이슈화된 바 있는 KTX 세종역 신설, 제2경부고속도로 건설 등과 같이 국가 교통 사회간접자본(SOC) 투자 사업이 계획되고, 앞당겨질 수밖에 없다.

이에 따라 세종시에서 기존 수도권으로 연결되는 교통 인프라가 조기 확충되고, 각종 도시 기능이나 인구가 세종시, 조치원, 공주, 천안시 등의 지역에 입지할 것이다. 또한 분산된 국가 중추 행정기능의 비효율성을 극복하기 위해 스마트오피스(smart office)나 초고속 정보통신기술 시설을 확충함으로써 초연결사회로 성큼 진입할 것이다.

네 번째 요인은 정부의 수도권 정책에서 규제적 요소 탈피 여부와 수도권–충청·강원권 간 경제통합·공간통합적 지역발전정책의 추진 여부다. 수도권 규제정책에서 탈피하는 문제는 지방의 균형발전 요구와 맞물려 있어 정치적으로 민감한 사안이지만 동아시아 내 대도시권과의 글로벌 경쟁에 대응하고 현재 심각한 문제인 일자리 부족을 해결하기 위해서는 수도권을 규제 상태로 두어서는 안 된다. 특히 현재 수도권 정비계획은 규제계획의 한계를 벗어나지 못하고 있으며, 대도시권으로 발돋움하고 있는 충청권의 경

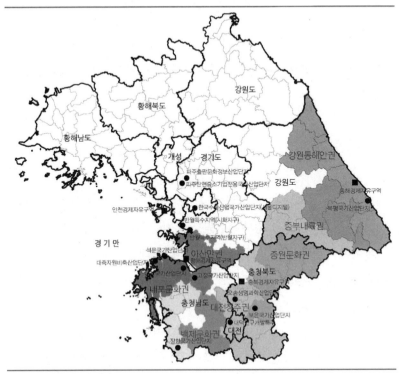

자료: 경기개발연구원 작성.

우 대전, 청주의 광역도시계획 외에 대도시권 발전계획이 없는 상태다.

또한 한국 지역계획의 경우 특별시·광역시는 도시기본계획을 수립하고, 각 도는 도 종합계획을 수립하는 체제인데, 시·도 간 접도 지역의 발전계획은 서로 연계되지 않은 실정이다. 그런데 최근 선진 지역의 도시계획이나 지역계획에서는 지방자치단체 접경지역의 공동발전계획을 세우는 사례가 유행처럼 나타났다. 이제 메가 수도권도 확대된 거대 도시권에 맞는 계획법과 비전 계획을 마련해야 할 시점이다. 이는 기존 수도권과 인접 지역 간 충돌과 갈등을 완화하고, 공동 이익을 추구하는 첫걸음이 될 것이다.

3. 글로벌 경쟁력과 생활 인프라 확충을 동시에 달성하는 공간구조 형성 전략

1) 메가 대도시권의 공간구조 개편에 대한 두 가지 접근법

공간구조는 크게 두 가지 철학에 따라 디자인된다. 전자는 지역경쟁력을 구성하는 토지 이용 효율성과 관련되고, 후자는 공간 이용의 정의를 결정하는 토지 이용 접근성 및 형평성과 관련된다. 오래 전부터 토지 이용의 효율성 제고와 접근성 확보는 공간구조를 개편하기 위한 가장 기본적인 접근법으로 간주되어왔다.

토지 이용의 효율성을 강조하는 공간구조 전략은 이명박 정부의 '5+2 광역경제권 전략'에서 대표적으로 나타난다. 이명박 정부는 지역발전정책의 목표를 지역경쟁력 강화에 두고 5개 시·도 지역과 2개 지역(강원도 및 제주도)을 대상으로 일자리 창출과 광역경제권 간 상호 경쟁과 협력 사업을 추진했다. 광역경제권 전략은 대도시를 중심으로 대도시권 주변 지역을 묶어 중복·과잉 투자를 지양하고, 연계협력 사업을 우선 추진한다는 점에서 지역경쟁력을 강조한 정책이었다.

그러나 경쟁력에만 관심을 집중시킴으로써 정작 주민이 피부로 느끼는 정책이나 사업을 추진하는 데에는 한계가 있었다. 즉, 지역발전을 위한 정부 지원은 확대되었지만 주민이 필요로 하는 교육, 의료, 생활 서비스 등 주민 삶의 질과 관련된 분야에 대한 지원은 소홀하게 취급했으며, 그 결과지

<그림 1-6> 이명박 정부의 '5+2 광역경제권' 전략정책

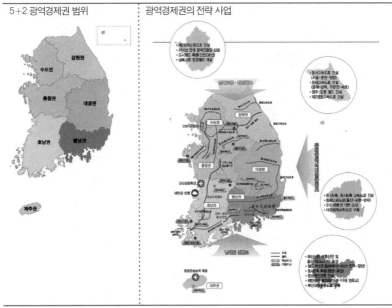

자료: 지역발전위원회

역발전정책이 주민의 편익과 행복으로 연결되지 못했다.[2]

토지 이용 접근성과 형평성을 강조하는 공간구조전략은 노무현 정부의 국토 균형발전정책과 박근혜 정부의 지역행복생활권정책에서 잘 나타난다. 노무현 정부의 국토 균형발전정책은 국토의 균형발전을 촉진하기 위해 국가 중추기관의 지방 분산을 추진하는 한편, 농촌 지역에 대해서는 최소기준선(national minimum) 전략을 추진한 바 있다. 지역경쟁력을 추구하기보

<hr>

2) 지역발전위원회, 「골고루·더불어·균형 있게(국가균형발전특별법의 개념과 법체계)」, ≪지역과 발전≫, 봄호(2014), 15쪽.

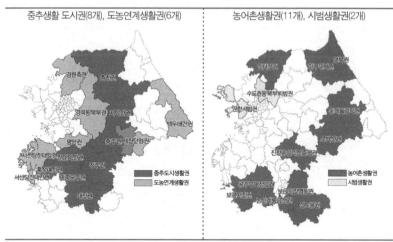

중추생활 도시권(8개), 도농연계생활권(6개)

농어촌생활권(11개), 시범생활권(2개)

자료: 지역발전위원회 '지역행복생활권' 자료를 바탕으로 재구성.

다는 기능과 시설의 분산 배치를 통해 전국 어디서나 고른 접근성을 추구한 전략이라 할 수 있다.

　박근혜 정부는 2013년 '지역희망(HOPE) 프로젝트'를 발표하고 '지역행복 생활권' 개념을 도입했다. 지역행복생활권은 주민의 삶의 질 향상에 필요한 일자리, 교육, 문화, 복지, 환경 등의 생활 기반을 확충하기 위해 두 개 이상 의 시·군·구가 자율적으로 협의해 생활권을 설정하는 상향식 지역발전 전 략이다. 이는 이전의 광역경제권 발전 전략이 체감할 수 있는 일자리 및 생 활 개선책을 제시하지 못한 한계점을 극복하기 위해 일자리, 교육, 문화, 의 료 복지시설에 대한 접근성을 높이는 것을 목표로 세워진 전략이다.

　이러한 토지 이용 접근성과 형평성을 강조하는 공간구조 전략은 지역 주 민의 체감도를 높일 수는 있으나 근본적으로 지역경쟁력을 제고하고 토지 이용 효율성을 높이는 데에는 한계가 있을 수밖에 없다. 실제 국비 지원 대상 사업을 선정할 때 경제적 효율성과 중장기적 편익 효과를 엄격히 따지지 못하는 것에서 이러한 한계를 엿볼 수 있다.

2) 메가 경제권과 생활 도시권으로 이루어진 이차원적 공간구조 형성

앞서 논의한 공간구조 전략의 두 가지 접근법을 토대로 할 때 확대된 수도권의 발전된 미래를 만들기 위해서는 대도시권 경쟁력 확보와 3,150만 명 주민의 행복 실현을 위한 생활 인프라 공간 실현이라는 두 가지 목표를 균형적으로 모색할 필요가 있다. 이에 따라 메가 수도권의 공간구조 전략은 생활 인프라 개선을 중심으로 하는 '생활 도시권'과 대도시권의 지역경쟁력을 확보하는 '메가 경제권' 두 가지를 모두 충족시킴으로써 효율성과 형평성을 동시에 확보하는 전략을 채택해야 한다.

메가 경제권은 국제적·광역적 관점에서 메가 경제권 블록을 형성함으로써 대외적·국제적인 창구와 활동 거점으로 기능하는 것이다. 이 블록은 국제적 기능과 대외 경쟁력을 갖추기 위해 3,000만 명 이상의 인구를 확보해야 하고, 국제적 허브공항, 기술 혁신을 선도하는 글로벌 기업의 본사, 국제 수준의 대학, 유엔(UN) 산하기관 등 국제기구를 갖추어야 하며, 영역 내 대도시 및 도시권이 고속교통수단으로 연결되어야 한다.

생활 도시권이란 지역 내 직장과 주거지가 일치하는 직주근접 통근구조가 형성되어 있고, 일상적인 교육·복지·문화 서비스의 공급 범위가 구성되어 있으면서, 사람들과 교류하는 지역 커뮤니티 단위를 의미한다. 생활 도시권에서는 교통 인프라도 생활교통 단위로 형성되어 있어야 한다.

〈그림 1-8〉 이차원적 광역권 공간구조 형성의 개념도

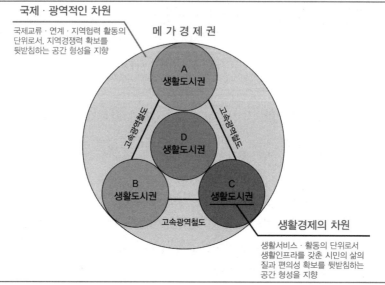

자료: 경기개발연구원 작성.

3) 메가 수도권의 공간구조 형성 전략

먼저 국제적·광역적 관점에서 메가 경제권 블록을 형성하는 공간구조는
메가 수도권 내 각 지역이 대외 개방적이고 역내 및 역외 지역과 교류망을
가지면서, 주요 전략 거점에서는 지식과 기술을 발신하고 고부가가치를 생
산해야 한다. 현재의 자원과 잠재력에 기초한다면 메가 수도권에서 대외 개
방적이면서 역내외 지역과 교류망을 강화할 수 있는 축으로는 서울 김포공
항~부천~인천공항 및 송도축, 서울 강남~판교~광교~동탄~아산축을 들
수 있다. 이들 지역은 메가 수도권의 국제교류축이다. 한편 앞으로 발전할
수 있는 잠재력을 지닌 지역은 서해안축이다. 인천 청라~경기 시화~화성

호 간척지~평택 당진항 배후지축은 대규모 개발 가능지를 보유한 데다 지가도 상대적으로 싸기 때문이다.

남북한 3통(통행, 통신, 통관)이 원활해지고 통일까지는 안 되더라도 경제통합이 추진될 경우 서울~파주~개성~평양이 새로운 국제적 성장축으로 형성될 것이다. 점적인 개성공단을 넘어 파주~개성~해주 남북 접경지역에 경제협력지대(Korea Prosperity National Belt: KPNB)가 건설된다면 이곳은 4대 과학, 기술, 문화의 발신 거점으로 조성될 것이다.

메가 수도권의 주요 전략 거점은 서울 마곡·상암지구, 인천 송도지구, 경기 과천·판교·광교·기흥지구, 충남 아산·세종·대덕지구 등이다. 이들 지역은 정보통신기술 기업을 중심으로 하여 수도권의 과학기술 및 신제품 개발 기지로 조성하는 것이 바람직하다.

이와 같은 비전을 실현하기 위해서는 먼저 기존 수도권과 충청권, 강원권, 개성 황해권까지 대중교통 1시간 통행권을 형성해야 한다. 또한 경기~평창축, 경기~경춘축, 경기~금강산축 등 3대 여가체육관광밸리를 형성해야 하며, 경기~충남 서해안 철도 및 충청권 전철망(천안~세종~대전~청주)을 건설해 메가 수도권의 GTX망을 형성해야 한다. 이를 통해 서울~과천~세종시~대전으로 연결되는 국가 중추 행정축의 효율성을 확보할 수 있을 것이다.

아울러 생활 도시권을 형성하는 것도 3,150만 명 주민이 생활하기 편한 공간구조의 형성 못지않게 중요하다. 생활 도시권 형성과 직주 균형 달성을 통해 생활 도시권 내 통근거리, 시간, 비용을 저감하고 지역성을 강화해야 한다. 또한 저출산 고령사회에 대응해 콤팩트한 도시 공간구조를 형성함으로써 모든 계층의 주거생활 편의성을 증진시켜야 한다.

한편, 지금의 시·군·구라는 행정구역은 이전의 역사성과 전통에 따라 구

〈그림 1-9〉메가 수도권의 공간구조 형성 전략도

메가 수도권 내 도시권 현황

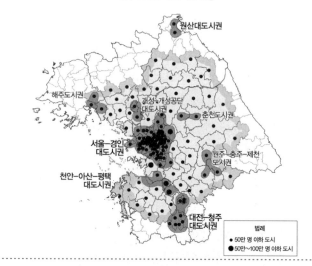

메가 수도권의 공간구조 형성 전략도

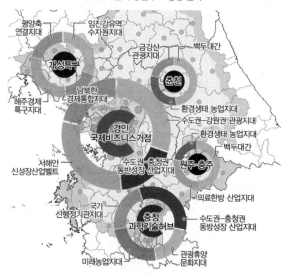

자료: 경기개발연구원 작성; 인구는 통계청, 「주민등록인구통계」(2011).

획되었고, 현재의 주된 통행수단인 자동차와 철도가 도입되기 전에 형성되었기 때문에 재구성할 필요가 있다. 현재 추진 중인 지역행복생활권은 상향식으로 시·군·구 간 자율적으로 형성된다는 장점이 돋보이지만, 실제 주민의 생활 인프라권과는 거리가 멀고, 국비 지원 사업을 따내기 위한 수단이라는 성격이 짙다. 따라서 사업이 완료되면 소멸되는 구조라는 한계가 있다. 지금은 역사성과 현재의 이해관계를 고려하면서 새로운 교통수단과 장래 발전 전략을 반영한 생활 인프라권을 형성할 때다.

새로운 인프라권을 형성할 때에는 전 지구적 환경 보호와 도시의 지속가능성 확보라는 기준을 간과해서는 안 된다. 1일 차량통행거리(Vehicle KM Travel: VKT)를 10% 줄이고, 탄소 배출량도 10% 줄이는 등 도시 환경을 보존하고, 지속가능성을 확보하는 방향으로 생활 인프라권을 형성해야 한다.

또한 수도권에 대한 지방의 뿌리 깊은 소외의식을 반영해야 한다는 사실도 간과해서는 안 된다. 메가 수도권의 지방 영역인 충청권과 강원권의 수도권 귀속 우려를 불식시키기 위해 메가 수도권의 공간구조 형성 시 메가 수도권이라는 초광역 거대 도시권을 형성하면서도 세부적으로는 서울대도시권, 충청권, 강원영서권, 개성 황해권 등 각각의 자립적 생활 도시권을 형성시키고, 각 지역의 기능적 전문화를 실현하는 구조로 추진해야 한다.

이와 같은 메가 수도권의 공간구조 전략이 생활 인프라 개선을 중심으로 하는 생활 도시권과 대도시권의 지역경쟁력을 확보하는 광역 메가 경제권 두 가지를 모두 형성하는 데 성공해야만 3,150만 명 규모 메가 수도권의 생활 편익과 접근성이 보장되고, 동아시아 대도시권 간 지역경쟁력을 확보해 지속가능한 성장과 행복을 보장할 수 있을 것이다. 이를 통해 이 책의 기본 가치와 목표인 '활력과 통합의 광역경제·생활권 공동체 형성'을 공간구조 차원에서 실현할 수 있을 것이다.

제2장

중심시가지 활력 증진을 통한 도시 혁신

_ 이상대

1. 교외 확산 시대에서 도시재생 시대로의 변화

1) 수도권의 발전단계는 교외화·광역화의 마지막 단계로 진행

1960년대부터 시작된 본격적인 근대화·공업화 정책 추진으로 대도시권인 수도권은 계속 개발, 확장되어왔다. 언제까지 개발이 지속될 것인지, 또 수도권 내 도시들이 언제까지 성장할 것인지에 대한 답을 찾기 위해서는 우선 수도권의 성장단계를 살펴볼 필요가 있다.

필자는 수도권의 발전단계를 진단하기 위해 전체 지역을 서울 도심 3구, 도심 제외 구, 서울 인접 위성도시, 거점도시, 교외도시, 대도시권 주변 지역 등 6개 지역으로 구분해 대도시권 공간적 발전모델로 분석한 바 있다.[1] 교

---

1) 대표적인 진단 모형은 레오 반 덴 버그(Leo van den Berg)와 레오 클라센(Leo Hendrik

〈그림 2-1〉 지역 유형별 인구 변화

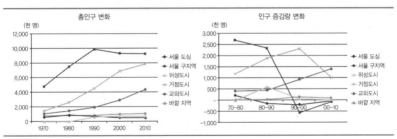

자료: 이상대, 『수도권 메가트렌드 2030』(한울아카데미, 2013), 48~49쪽.

외화 단계는 주변부 인구가 증가(+)하거나 도시권 전체 인구가 대폭 증가 (++)하는 가운데 중심부 인구가 증가(+)하면 상대적 분산단계의 교외화에 해당하며, 중심부 인구가 감소(-)하면 절대적 분산단계의 교외화에 해당한 다. 분석 결과, 중심부 지역이라 할 수 있는 서울 도심 3구와 도심 제외 구 지 역은 1990년대부터 인구가 감소했으며, 주변부 지역이라 할 수 있는 서울 인접 위성도시, 거점도시, 교외도시, 대도시권 주변 지역은 위성도시와 대 도시권 주변 지역을 제외하고 여전히 인구가 증가하는 것으로 나타났다.

대도시권 전체적으로 보면 인구가 증가했지만 중심부 지역은 인구가 감 소해 이제 수도권에서도 교외화 단계의 막바지라고 할 수 있는 절대적 분산 단계가 진행되고 있음을 시사해준다. 이에 따라 한국 수도권의 교외화·광 역화 현상은 막을 내리고 한동안 탈도시화(deurbanization) 단계가 진행될 것 으로 전망된다.[2]

Klaassen)의 대도시권 공간적 발전단계론을 들 수 있다. 자세한 내용은 이상대, 『광역 수 도권의 발전단계에 따른 경기도 계획과제 변화 연구』(경기개발연구원, 2010).

2) 이상대, 『수도권 메가트렌드 2030』, 47~49쪽.

2) 도시 내부 정비 사업의 비중 증대

지금은 교외화·광역화 단계에서 주를 이루던 신개발 사업이 주춤하고 기존 도시 및 구시가지를 정비하기 위한 정비 사업의 비중이 점차 늘어나는 추세다. 수도권 전체적으로 볼 때 도시정비 사업은 지구 지정 기준으로 총 975개소, 총면적 5,103만 7,000m², 총 주택 공급호수 83만 512호에 달하는 사업량이다.[3] 수도권 내 신규 택지 사업과 도시정비 사업의 비중을 분석한 결과, 사업 수 기준으로는 2000년대 이후 도시정비 사업이 압도적으로 많아진 것으로 나타났다. 또한 경기도 내 신규 택지 사업과 도시정비 사업의 비중을 분석한 결과 역시 비슷한 양상으로 나타났다.

주택 공급량을 비교하면 주택 공급호수 기준으로는 아직 신규 택지 사업이 압도적으로 많지만, 2000년대 이후 도시정비 사업을 통한 주택 공급의 비중이 점차 늘어나고 있다. 서울특별시는 지난 5년 동안(2006~2010년) 신규 개발 가용지 고갈로 신규 택지개발 사업과 도시정비 사업에 따른 주택 공급 비율이 2 대 8 정도였다. 같은 기간 경기도의 비율은 9 대 1 정도였다.

3) 수도권 도시 내에서도 쇠퇴 현상 발생

일반적으로 한국에서 개발 수요가 가장 많고, 성장이 계속된다고 여기는 수도권에서도 일부 쇠퇴 현상이 나타난다. 도시 차원에서는 아직 쇠퇴도시

---

3) 사업 시행 인가 기준으로 사업지구의 면적 합계는 1,655만 6,000m²로, 2010년까지 1,373만 1,000m², 2011~2015년 동안 282만 5,000m² 규모다. 지구 지정 기준보다 사업 시행 인가 기준이 훨씬 적은 것은 지구 지정 이후 사업 진척이 부진한 상태이기 때문이다.

<표 2-1> 도시 규모별 쇠퇴 유형 분석 결과

도시 전체	도시 내부	유형	대상 도시(인구 규모)						도시 수
			100만 명 이상	80~100만 명	40~80만 명	20~40만 명	10만~20만 명	10만 명 미만	
성장 도시	구시가지 쇠퇴	A-1형	서울	성남 고양 부천	창원	시흥 평택 군포	오산 하남		11
	구시가지와 주변부 면 쇠퇴	A-2형	수원		용인 남양주 천안 김해 안양	구미 아산	거제 김포		10
	주변부 면 쇠퇴	A-3형				화성 파주 광주	이천		4
안정 -정체 도시	구시가지 쇠퇴	B-1형	부산 대구 인천 울산 대전 광주		포항 안산 청주 전주	광명 의정부 제주	의왕 구리 진해		16
	구시가지와 주변부 면 쇠퇴	B-2형				순천 진주 경주 강릉 원주 경산 춘천	사천 안성 서산 광양 통영	태백	13
	주변부 면 쇠퇴	B-3형				양산	양주 포천	보령	4
쇠퇴 도시	구시가지 쇠퇴	C-1형			마산	목포 군산		속초 동두천 동해 서귀포	7
	구시가지와 주변부 면 쇠퇴	C-2형				익산 여수 충주	정읍 공주 밀양 논산 김천 안동 영주	나주 남원	12
	주변부 면 쇠퇴	C-3형					상주 제천 영천	삼척 김제 문경	6

자료: 도시재생사업단 홈페이지, "1-1. 도시쇠퇴 실태자료 구축"(2010).

가 없다고 할 수 있지만, 시가지 차원에서는 구도심, 구시가지의 쇠퇴 현상이 나타난다.

2010년 국토해양부 도시재생사업단은 도시쇠퇴에 대한 진단을 실시했다. 35개 항목으로 구성된 종합 도시쇠퇴 진단지표를 만들어 전국 84개 도시, 2,156개 동·읍·면을 평가한 것이다.[4] 지표는 인구 증가율, 순이동률, 노령화지수 등 인구·사회영역 7개 지표, 인구 1,000명당 종사자 수, 사업체당 종사자 수, 제조업 종사자 비율 등 사회·경제영역 10개 지표, 노후 주택 비율, 신규 주택 비율 등 물리·환경영역 3개 지표, 인구 증가율, 순이동률, 지가(주거지, 상업용지) 변화율, 1인당 보험료를 제외한 15개 지표의 변화율로 구성되었다.

도시쇠퇴를 진단한 결과, 서울·성남·고양·부천·시흥·평택·군포·오산·하남은 비록 성장도시이지만 구시가지가 쇠퇴하는 것으로 분류되었다. 수원·용인·남양주·안양·김포는 구시가지와 주변부 면 지역이 쇠퇴하는 것으로 나타났으며, 인천·안산·광명·의정부·의왕·구리는 안정－정체 도시로 구시가지가 쇠퇴하는 지역으로 나타났다.

4) 도시재생 시대 진입에 따른 과제

구도심 및 구시가지 쇠퇴 문제 해결을 넘어 중심도시, 중심시가지의 활력을 회복하는 것이 미래의 도시 과제다. 중심시가지에는 가장 많은 인구가 살고 취약계층이 집중되어 있어 사회통합을 위해서라도 중심시가지 활성화가 필요하다. 또한 도시재생은 중심도시의 토지 자원, 도로 등 공공 인프라

---

4) 도시재생사업단, 「도시쇠퇴 실태 자료구축 및 종합정보시스템 구축」(2010) 참조.

활용을 극대화해 도시경쟁력 제고에도 기여한다. 마지막으로 고령사회에서는 노인층의 도시 집중도 예상되므로 중심시가지 활성화 정책은 노인정책, 복지정책의 성격도 띤다.

그러나 도시재생 사업은 신개발 사업에 비해 지가가 높아 사업성이 떨어지는 데다 이해관계자가 많고 복잡해 원활하게 추진되는 곳이 적다. 그동안 한국 도시 개발의 주된 방식은 교외의 싼 농지나 임지를 개발해 공동주택을 건설하고 도로, 공원 등 도시 기반시설 및 공공시설을 확보하는 방식의 민간 개발 이익 주도형이었다. 따라서 도시재생 사업의 사업성을 확보하는 한편, 일자리와 복지시설 등 도시 서비스 시설도 동시에 확보해 물리적인 주택 개선뿐 아니라 주민의 경제적·사회적 기반과 삶의 질을 개선하는 사회개발 방식을 실현해야 한다.

2. 도시재생과 중심시가지 활성화 전망

1) 도시재생에 영향을 미치는 변수

도시재생의 원활한 추진에 영향을 미치는 변수로는 첫째, 장래 주택부동산 경기의 정상화 가능성을 들 수 있다. 현재의 저출산 고령화 추세와 2008년 미국을 중심으로 한 금융위기로 말미암아 주택부동산 경기는 장기 침체 국면에서 벗어나지 못하고 있다. 아울러 베이비붐 세대의 은퇴와 젊은 세대의 주택 구매 의사가 줄어들어 택지개발지구의 택지 및 주택 분양이 저조한 실정이다.

일본의 장기 불황과 주택부동산 버블 붕괴 패턴이 한국에도 똑같이 되풀

이될 것인지에 대한 우려가 많다. 주택부동산 경기가 장기간 침체되고 개발 수요가 확대되지 않으면 도시재생 사업 추진이 부진해져 중심시가지는 침체 상태를 벗어나기가 어렵다. 특히 구도심과 구시가지에 대한 주거 소비 패턴과 자산투자 선호도는 도시재생과 중심시가지 활성화에 매우 중요한 요인이다.

둘째, 인구 구조 변화에 따른 고령화 요인과 속도도 중요한 영향 변수다. 인구 구조가 고령화되고 1~2가구화되면서 구도심, 역세권, 대중교통 결절지 등 접근성이 높은 곳에 주택 수요가 집중되고 있다. 이에 따라 소형주택 선호 현상이 확대되고, 도심과 역세권 주택에 대한 수요가 증가하는 추세다. 서울과 강남지역, 수도권 내 대도시의 전철역 주변에는 독신자 전용 고급 소형주택이 들어서고 있으며, 의료시설 접근 가능성이 높은 지역에 대한 노인층의 선호도도 점점 높아지고 있다. 고령화 시대에는 구매력 있고 활동적인 노인층(active senior)이 구도심과 구시가지의 활력도를 높일 수 있다. 의료 서비스, 응급구조체계가 발달한 도심이나 역세권의 주상복합건물, 오피스텔, 도시형 생활주택에 대한 수요가 확대되어 은퇴 노인층의 도심 및 역세권 거주 수요가 도시재생의 중요한 요인으로 작용할 것이다.

셋째, 재미와 창조성을 추구하는 계층이 구도심 및 구도시에 입지하는 것도 하나의 영향 변수로 작용한다. 창조성을 주요 업무 요소로 활용하는 전문가집단이나 계층은 도심 및 중심도시 거주를 선호하는 경향이 있다. 유럽과 미국 도시에서 나타나는 고급계층의 도심거주 집적 현상(gentrification)이 수도권 도시에서도 나타날 가능성이 있다.

넷째, 정부의 도시재생정책 추진과 사업지원시책의 실효성 여부다. 박근혜 정부는 이전 정부와 달리 신도시 택지 개발보다는 도시재생정책을 중시하고, 이를 국정의 기본 과제로 추진한다. 이는 지난 50년 동안 실시된 교외 확장형 도시 개발정책을, 기존 도시 내부의 재생을 중시하는 정책으로 바꾼 역사적인 정책 전환이라고 평가할 수 있다. 이에 따라 국토교통부는 2013년 12월 31일 '국가도시재생기본방침'을 발표했다. 즉, '저성장, 저출산·고령화 등으로 외곽 위주의 도시정책이 한계에 도달하고, 생활밀착형 도시재생정책의 중요성 증대'에 따라 '국민이 행복한 경쟁력 있는 도시 재창조'를 비전으로 제시하면서 '① 일자리 창출 및 도시경쟁력 강화, ② 삶의 질 향상 및 생활복지 구현, ③ 쾌적하고 안전한 정주 환경 조성, ④ 지역 정체성 기반 문화 가치·경관 회복, ⑤ 주민 역량 강화 및 공동체 활성화'를 전략으로 담고 있다.

2014년에는 도시재생 시범 사업을 추진해 4월에 선도 지역 11~13곳(경제기반형 2곳, 근린재생형 9~11곳)을 지정했으며, 하반기부터 사업 지원에 착수할 예정이다. 2015년 이후부터는 도시재생 사업을 전국으로 확산시키려는 목표를 설정했다. 이에 따라 2014~2015년 지방자치단체가 수립하는 도시재생계획에 따라 지원 규모를 검토·확정하고, 2016년부터 매년 35곳(경제기반형 5곳, 근린재생형 30곳)을 지원할 계획이다. 이 사업의 성공 여부는 지금까지 실시해온 용적률 상향 조정 방법이 아닌 선도 사업을 통한 공공시설 설치 지원 등 도시재생 차원의 시책 추진 방법을 현장에서 얼마나 지속적으로 일관성 있게 추진하느냐에 달려 있다.

2) 중심시가지 활성화 시나리오

중심시가지 활성화에 대해서는 두 가지 시나리오가 가능하다. 첫째, 현재의 추세(base line)가 지속되는 것이다. 정부와 지방자치단체가 인구 성장에 따른 수요 수용형 교외도시 개발정책을 계속 추구하고, 외곽 지역에 도로,

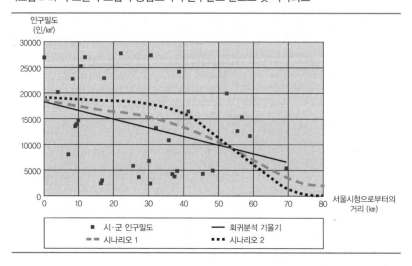

〈그림 2-2〉 수도권 구도심과 중심도시의 인구밀도 분포도 및 시나리오

철도 등 SOC 투자를 우선시하는 정책을 지속할 경우 구도심과 구시가지의 침체는 지속될 수밖에 없다.

둘째, 구도심과 구시가지가 다시 살아나 중심시가지가 활성화되는 것이다. 교외 지역의 택지 개발을 조정해 현재 부진하거나 과다 책정된 규모를 축소하고, 향후 도시 개발 투자를 구도심 및 중심시가지에 집중하는 정책을 시행한다면 쇠퇴하던 구도심과 구시가지가 재활성화될 것이며, 상주인구 및 주간인구 감소 현상도 반전되어 중심시가지에 활기가 되살아날 것이다.

이러한 시나리오에 따른 대도시권 인구 밀도 변화는 〈그림 2-2〉와 같이 나타날 것이다. 시나리오 1은 현재의 추세가 지속되는 시나리오이고, 시나리오 2는 구도심과 구시가지가 다시 살아나 중심시가지가 활성화되는 시나리오를 나타낸 것이다.

도로·상하수도 등 인프라 투자의 최소화, 통근·통학에 소요되는 교통 에너지 및 시간비용의 최소화, 농지·산지 훼손의 최소화 측면에서 가장 바람직한 것은 시나리오 2다. 수도권에 철도를 건설하면서 역세권 개발과 같은 콤팩트시티(Compact City) 개발과 공간구조 형성을 일관성 있게 추진해나간다면 시나리오 2를 실현할 수 있을 것이다.

3. 구도심과 중심시가지의 활력 증진 비전 및 전략

1) 중심시가지 활력 증진의 비전

전 세계적인 금융위기에 따른 경기 침체와 내수 침체는 도시의 활력을 떨어뜨리고, 도시경제를 침체시키며, 서민경제의 어려움을 가중시킨다. 중심시가지 활성화는 도시계획과 공간의 문제가 아니라 도시경제와 시민의 삶과 관련된 문제다.

이제는 지금까지 추진해온 도시 인구의 증가에 대응한 신개발 택지 공급과 주택 공급 확대정책이나 재개발·재건축·뉴타운 사업 등 도시정비 사업에서 벗어나, 구도심 및 구시가지를 부활시키고, 이곳에 활력을 불어넣는 시대를 열어야 한다. 현재 추진 중인 도시재생정책도 도시재생과 근린재생이라는 목표를 넘어 중심시가지 활력 회복이라는 차원으로 높여야 한다. 이에 따라 중심시가지 활성화의 비전을 '구도심 및 구시가지의 르네상스: 중심시가지 활력 증진'으로 제시하려고 한다.

2) 중심시가지 활력 증진 전략

(1) 창조 비즈니스·문화 특구 조성

도시의 활력을 회복하기 위해서는 이제 도시를 어메니티와 창조성을 갖춘 중심시가지로 만드는 전략이 필요하다. 20세기의 도시는 제조업의 시대에 근력(筋力)을 이용한 노동의 도시였지만, 현 세기의 도시는 창조 산업의 시대에 지력(智力)을 이용한 노동의 도시다. 따라서 도시 내에 창조 산업과 창조적 생산 활동을 효율적·집중적으로 유치하기 위해서는 중심시가지에 창조 비즈니스·문화 특구를 지정할 필요가 있다.

과거 산업단지나 비즈니스 특구는 저렴한 토지를 확보하기 위해 도시 외곽부에 지정하는 것이 일반적이었으나, 창조형 비즈니스나 문화 산업은 구도심과 구시가지에 더 많은 자원과 잠재력을 가지고 있으므로 중심시가지에 유치하는 것이 효과적이다. 일본 아베 정부의 도쿄, 오사카, 나고야 등 국가전략특구도 기존 도시에 지정한다는 점에서 진일보한 접근이다. 창조 비즈니스·문화 특구에는 창조적인 비즈니스 활동 및 문화 활동을 지원하는 지원 시설이 입지하고, 창의적으로 건축할 수 있도록 건축 규제의 특례를 인정하며, 다른 종류의 시설 간 용도복합 등을 통해 창조적 비즈니스 활동과 수준 높은 주거 활동을 보장해야 한다.

공공기관 이전 종전 부지나 대규모 공장 이전 적지 등 도시 내 재활용 토지를 활용해 도심형 및 도시형 창조 산업의 거점으로 조성하는 것도 좋은 방안이다. 가령 서울 삼성역 주변의 한국전력 부지, 군포시 군포역 주변의 공업 지역 등을 특구로 지정하고, 이곳에 마이스(MICE)[5] 산업 등의 창조 산

---

5) 회의(Meeting), 포상여행(Incentive trip), 컨벤션(Convention), 전시(Exhibition)의 약자.

업 종사자와 젊은 비즈니스 종사자를 위한 주택 및 생활 인프라[6]와 상업 시설을 구축한다면 도시 활력을 이끄는 거점 지역이 될 것이다.

아울러 중심시가지의 활력 증진을 더욱 강화하기 위해서는 특별법의 제정도 검토할 만하다. 기존 「도시재생특별법」은 도시재생사업의 지원에 초점을 두기 때문에 경제기반형 사업과 근린재생형 사업 등에 초점을 맞추고, 필자가 제안하는 '중심시가지 활력 증진 특별법'에서는 도시 활력 증진을 위한 특구 지정, 창조 비즈니스 및 문화 산업의 활성화를 위한 시책 지원, 중복 사업의 통합적 운영 등에 초점을 맞추는 방식으로 역할을 분담하면 좋을 것이다.

(2) 콤팩트시티 조성 전략 추진

중심시가지의 활력을 증진하기 위해서는 도시 기능을 압축해 입지시킴으로써 이동거리를 최소화해야 하며, 도시 중심부의 거주 환경을 충실하게 조성함으로써 비즈니스 환경이나 주거 환경 측면에서 교외 지역보다 우수한 입지적 편익을 만들어야 한다. 이를 위해서는 도시 내부의 복합적인 토지 이용, 대중교통의 효율적인 구축, 도시 외곽 및 녹지 지역의 개발 억제, 도시 정체성을 유지하기 위한 역사성 보전 등을 고려해 도시정책을 재편해야 한다. 이것이 바로 콤팩트시티 공간구조정책이다.

콤팩트시티 공간구조는 구도심과 구시가지에 활력을 증진시킬 뿐 아니라 임신·출산 여성, 고령자가 살기 편한 무장애도시, 유니버설 디자인 도시계획 개념과도 부합한다. 실천 전략으로는 시·도 및 시·군에 '임신·출산 여

---

6) 창조도시 실현에 필요한 추가적인 생활 인프라 시설로는 정보통신기술 산업의 경우 과학자·엔지니어카페, 스마트워크센터 등이 있다.

성 및 고령자 친화형 지역사회 만들기 조례(가칭)'를 제정하고 무장애도시-유니버설 디자인 지침을 제정해야 한다.

(3) 도시 내 역세권 개발 우선 전략 추진

구도심 및 구시가지의 활력을 증진시키기 위한 실천 전략으로 잠재력이 큰 방법은 역세권 개발 활성화다. 장윤배의 연구에 따르면 경기도 내 역세권의 개발 가능 연면적은 98.6km²인데 그중 61.1km²가 건설되어 실제 개발된 비율은 62.0%다.[7] 개발 비율은 주거 지역이 가장 높아 69.5%이며, 녹지 지역과 공업 지역이 24.8%, 30.8%로 낮은 수준이다. 역세권의 실현 용적률은 상업 지역이 284.7%이며, 주거 지역이 152.9%다. 전체 토지 중에서 개발된 대지의 비율은 44.2%인데, 주거 지역이 가장 높은 67.1%이고, 상업 지역이 51.1%이며, 공업 지역이 65.4%다. 역세권의 녹지 지역은 토지 면적이 37.9km²에 달하며, 개발된 대지 비율은 22.2%로 낮아 개발 잠재력이 크다.

중심시가지 활성화의 수단으로 GTX 역세권 개발을 추진할 경우 개발 밀도를 높이고 많은 인구와 주택을 수용할 수 있다. 〈그림 2-3〉은 경기도가 제안해 국가사업[8]으로 추진 중인 GTX의 역을 대상으로 완충 지역 분석을 통해 역세권을 분석한 결과다. 역세권의 범위를, 역사 기준 반경 500m 이내(도보 5분 거리)는 1차 역세권, 반경 1km 이내(도보 15분 거리)는 2차 역세권, 4km 이내(대중교통 15분 거리)는 영향권역으로 구분했으며, GTX 역세권에 위치한 건축물의 용도별 용적률 분석은 건축물 대장(AIS)과 KLIS 지적 데이

---

7) 장윤배, 『경기도 용적률 현황과 관리방안』(경기개발연구원, 2012), 20쪽.
8) 2014년 정부는 동탄~삼성역~고양의 A노선만 타당성이 있는 것으로 발표하고 우선 추진하기로 결정했다.

〈그림 2-3〉 추진 중인 개발 사업지 분포와 GTX 역세권 개발 가능지 분석

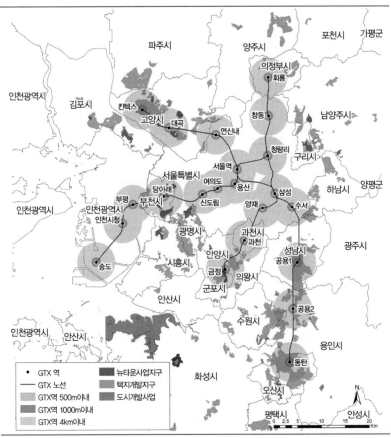

자료: 경기도, 「광역 토지 이용관리를 위한 도시계획 관리기준 연구」(경기개발연구원, 2014), 146쪽.

터를 이용했다.[9)]

_____

9) 1필지당 2개 이상의 건축물이 존재하는 경우 건축 면적을 합산해 용적률 및 건폐율을 재
   계산했으며, 건축물 정보에 연면적이 누락된 경우 연속 지적의 필지 면적으로 대체해 용
   적률을 계산했다.

〈그림 2-4〉 성남역과 회룡역의 건축물 용도별 용적률 비교

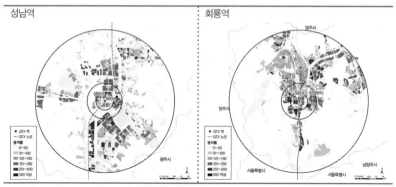

자료: 경기도, 「광역 토지 이용관리를 위한 도시계획 관리기준 연구」, 155~156쪽.

분석 결과 신도시로 개발되었지만 오랜 시일이 경과된[10] 성남역의 경우 500m권의 건축물 용적률은 주거 162.7%, 상업 256.9%, 업무 86.2%, 기타 65.2%이고, 4km권의 건축물 용적률은 주거 93.0%, 상업 28.5%, 공업 7.2%, 업무 105.0%, 기타 20.4%로 분석되었다. 또 구시가지라 할 수 있는 의정부시 회룡역의 경우 500m권의 건축물 용적률은 주거 286.3%, 상업 127.0%, 공업 55.8%, 업무 48.8%, 기타 68.5%이고, 4km권의 건축물 용적률은 주거 144.9%, 상업 117.0%, 공업 80.3%, 업무 61.0%, 기타 13.1%로 분석되었다.

이와 같이 수도권의 역 주변은 다른 대도시나 대도시권과 비교할 때 실현 용적률이 낮고 철도 및 도로 등의 인프라가 이미 갖춰져 있기 때문에 중심 시가지 활력을 증진시키기 위한 개발 사업의 여지가 많다고 할 수 있다.

---

10) 분당 지역은 신도시로 개발된 지 20년, 판교 지역은 5년 이내인 도시다.

제2부 신성장 산업과 산업 거점 형성

제3장 과학기술 신성장 산업의 발굴과 육성 | 유영성
제4장 일자리 창출을 위한 신산업 거점 육성 | 김갑성
제5장 경기만 복합리조트 개발 | 이수진

제3장

과학기술 신성장 산업의 발굴과 육성 _ 유영성

1. 미래 유망기술과 신성장 산업

1) 한국 경제의 정체와 돌파구 찾기

한국 경제는 외환위기 이후 성장세가 약화되는 중진국 함정에 빠져들어, 2013년 현재 잠재 성장률이 3% 내외로 급락하고 일인당 국민소득이 2만 달러 수준에서 정체되는 저성장 상태에 고착되어 있는 실정이다. 특히 투자와 노동 등 투입요소 증가의 둔화와 연구 개발 역량의 취약에 따른 총 요소 생산성 부진으로 잠재 성장률이 급속히 하락하는 양상을 보이고 있다.

경제발전 단계는 일반적으로 요소 투입 → 자본 투자 → 혁신 창조의 3단계를 거치며 발전하는 것으로 평가된다. 대부분의 국가는 노동집약적 산업에 대량의 노동을 투입해 요소투입형 성장(단순가공 경제체제)으로 경제가 성장하기 시작해, 중화학공업에 대량 자본을 투자하는 투자주도형 성장(모방형 경제체제)으로 중진국 수준까지 도달한다. 이후 선진국 경제로 발전하기

⟨그림 3-1⟩ 혁신 창조력과 경제발전 단계

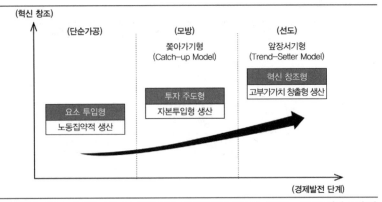

자료: 유병규, 「창조 경제와 과학기술 정책 방향: 경제적 관점에서 과제 도출」, STEPI 정책 포럼(현대경제연구원, 2013).

⟨그림 3-2⟩ 한국의 경제성장률 및 잠재 성장률 추이

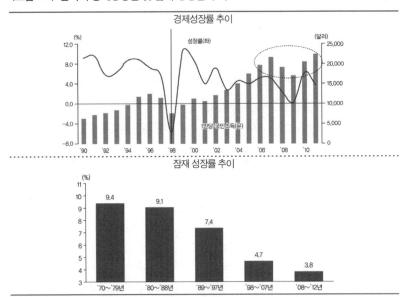

자료: 유병규, 「창조 경제와 과학기술 정책 방향: 경제적 관점에서 과제 도출」, STEPI 정책 포럼(현대경제연구원, 2013).

위해서는 자체적인 기술 혁신력을 바탕으로 제품과 서비스에서 고부가가치를 창출하는 선도적 혁신 창조형 경제체제로 성장해야 한다. 따라서 한국이 잠재 성장률이 하락하는 지금과 같은 중진국 수준의 정체 상태에서 벗어나기 위해서는 혁신 창조형의 새로운 성장동력을 찾아야 한다.

2) 과학기술의 문제 및 극복 과제

한편 잠재 성장률이 하락하는 이면에는 과학기술이 경제성장에 기여한 과정의 역사적 굴곡이 자리하고 있다고 할 수 있다. 한국의 과학기술은 그 동안 선진국의 과거 기술을 모방하거나 추격하면서 고도성장에 기여해왔다. 이러한 흐름 속에서 과학기술의 발전을 위해 연구개발에 대한 투자를 꾸준히 늘려온 게 사실이다.[1]

한국의 연구개발(R&D) 투자비는 지난 5년 동안(2006~2010) 연평균 증가율이 10.8%에 이를 정도로 커져 OECD 주요국 중 중국을 제외하고 가장 높은 수준이다. 연구개발비의 GDP 대비 비중은 2006년 3.01%에서 2010년 3.74%로 상승해 2010년 기준 세계 3위권이며, 규모로는 세계 7위권(379억 달러)에 해당할 정도다. GDP 대비 정부 R&D 예산도 2010년 1.02%로 주요국 대비 상위권이다[참고로 미국 1.18%(2009), 독일 0.90%(2010), 일본 0.74%(2010)]. 더욱이 신성장동력, 녹색기술 등 주요 정책 분야별 정부 R&D 투자

---

[1] 과학기술 개발은 대단히 중요하지만 과학기술과 핵심 원천기술에 대한 R&D가 이루어지는 것만으로는 안 되고 과학기술 기반 확충과 R&D 이후 금융 및 세제상의 지원, M&A 활성화, 신규 투자 여건 조성, 초기 시장 형성 등의 다양한 정책 지원 및 제도 개선이 이루어져야 경제적 효과를 보장할 수 있다. 그런 점에서 과학기술 개발은 경제성장에 기여하는 하나의 필요조건에 해당한다.

<표 3-1> 정책 분야별 연구개발비 변화(2009~2011년)

(단위: 억 원)

구분	2009년	2010년	2011년	연평균 증가율
신성장동력 분야	15,655	19,564	23,733	23.1%
녹색기술 분야	19,074	21,935	25,493	15.6%
기초연구 비중	27.6%	29.2%	33.1%	-

주: 2009~2010년은 집행 기준, 2011년은 예산 편성 기준.
자료: 국가과학기술위원회, 「국가과학기술 중장기 발전전략」(2012).

<그림 3-3> 기술 수준 및 기술 격차

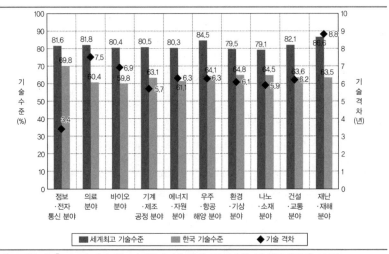

자료: 권오진, 「KISTI가 바라보는 미래유망기술 탐색」(한국과학기술정보연구원, 2012).

는 지속적으로 확대되어왔다.

그럼에도 한국의 과학기술은 2000년대 이래 신성장동력 창출에 대한 기여의 약화, 기술무역 적자 등 구조적 문제의 지속, 취약한 R&D의 질적 성장 구조, 선진국과의 기술 격차 상존 등의 문제를 보인다. 이러한 과학기술상의 문제를 극복하는 것은 향후 경제성장의 추동력을 확보하는 데 중요한 과제다.

한국 과학기술의 문제점의 기저에는 그동안의 과학기술 개발 방식의 문제, 즉 공급자 관점의 과학기술 미래 예측과 기술 주도(push)의 기획·발굴·육성 구도가 자리하고 있다. 이를 극복하기 위해서는 과학기술 개발 방식을 좀 더 미래형으로 전환하는 것이 중요하다. 특히 과학기술 개발 방식이 창의적 과학기술의 도출 방식에 해당하는 '미래 유망기술(Key Technology) 발굴 → R&D 기획 → R&D 및 기술 확보 → 미래 유망 사업 발굴 → 사업 기회 기획'의 흐름에 부합하도록 할 필요가 있다. 즉, 자원 활용 중심이던 과거의 선진기술 모방형 기획에서 기회 창출 중심의 창조형 미래기술 발굴로 전환해야 하는 것이다. 이는 현 정부의 국정 기조인 창조경제의 실현, 즉 '일자리 중심의 창조경제 실현'과 '창조경제 생태계 조성'에 필요한 과학기술을 기획·발굴·선정하는 것과 부합하기도 한다. 창조경제에 부합한 과학기술은 다분히 창의적일 수밖에 없고, 이러한 과학기술은 대체로 미래 유망기술로 집약되어 나타나므로 이러한 미래 유망기술을 발굴하는 작업이 미래형 과학기술 개발의 시작이 되어야 하는 것이다.

이러한 관점에서 봤을 때 그동안 실시된 수많은 미래 유망기술에 대한 예측, 선정, 발표는 여러 가지 측면에서 많은 문제점을 지니고 있으므로 비판적 성찰이 필요하다. 〈표 3-2〉에서 제시한 미래 유망기술 선정 사례를 보면 대체로 일회적 이벤트성으로 아이템을 발굴·조사하거나 단기간 동원된 전문가에게 과도하게 의존하는 문제가 있다. 지속적으로 스캐닝·모니터링한 결과물을 활용하지 못하는 실정이기도 하다. 이 외에도 미래 유망기술 도출 과정에서는 기술 관련 이슈, 트렌드, 시그널 등에 대한 광범위한 사전탐색(Horizon Scanning)이 강조되는데, 이 부분이 상대적으로 매우 취약하다. 이런 문제를 극복하는 것이 또 하나의 과제가 될 것이다. 앞으로는 일회적 미래 전략 기획에 종속되어 미래 유망기술 도출을 수행하는 형태가 아니라 상

기관	명칭	연도	아이템 출처	선정 방법
한국전기 연구원	미래유망전기 융합기술 11선	2011	한국, 일본 등에서 발표한 미래전략· 비전 등 수록 자료	FGI, 델파이
한국정보화 진흥원	10대 미래기술 선정	2011	기술아이템 풀 조사	전문가 평가
국방기술 품질원	미래 국방 유망기술 30선	2010	군사 전략 시에 대응한 미래 무기체계 분류에서 세부 아이템 전문가 도출	브레인스토밍, 설문, 토론회 등
삼성경제 연구소	2011년 글로벌 10대 유망기술	2011	전문가 및 네티즌이 후보 기술 제안	전문가/ 일반인 평가
한국과학기술 기획평가원	2012년 10대 미래유망기술	2012	출연연·국가 R&D 참여자 인터뷰 및 설문조사	전문가/ 일반인 평가
한국과학기술 정보연구원	미래유망기술 10선	2011	논문계량분석에 따른 연구영역 확인	전문가 검증 및 평가

자료: 권오진, 「KISTI가 바라보는 미래유망기술 탐색」(한국과학기술정보연구원, 2012).

시적인 독립형 탐색 시스템을 구축해야 하며, 미래 예측 활동의 원천을 균형적으로 안배하되 이러한 제반 활동을 뒷받침할 체계적인 지원 방안을 마련해야 할 것이다.

3) 메가 수도권 차원의 과학기술의 시사점

한국의 잠재 성장률 하락과 과학기술상의 문제는 메가 수도권 지역에 그대로 적용되는 문제라 할 수 있다. 그뿐 아니라 이를 극복하기 위한 과제 또한 마찬가지다. 다만, 한국의 현실에서는 과학기술이 별도의 지역적 특성을 지닌다고 보기 어려우므로[2] 메가 수도권 차원에서 과학기술을 따로 논의할 필요는 없겠지만 신성장동력 확보의 경우 메가 수도권 차원에서 지역 산업

---

2) 필요한 기술은 어느 지역이든 가져다 사용할 수 있고 그런 만큼 지역적 특성은 희석되기 때문에 일반적으로 과학기술 또는 미래 유망기술의 경우 전국과 수도권 또는 그 밖의 지역을 구분할 필요가 없다.

으로 부각될 수 있는 만큼 이에 대한 심도 있는 고찰이 필요하다. 과학기술이 신성장동력 산업의 발전에 기여한다는 측면에서 메가 수도권의 신성장동력으로 작용할 미래 유망 지역 산업 육성에 과학기술을 함께 논하는 것은 유의미할 것이다.

메가 수도권은 작은 대한민국으로 봐도 무방할 정도로 인구 규모나 지역 경제 규모가 절대적이다. 따라서 한국의 신성장동력 산업과 관련된 경제·사회의 환경 변화 트렌드나 주된 미래 유망 산업, 그리고 이와 관련된 정책 흐름이 그대로 메가 수도권 지역에 반영된다고 볼 수 있다. 비록 메가 수도권 구상이 향후 20년 뒤를 내다보는 미래의 일일지라도 현재 흐름의 연장선상에서 이루어지는 일이니만큼 정보통신기술 융합 산업은 미래에도 주요 유망 산업일 것으로 예측된다. 여기에 부가적으로 몇몇 산업이 미래 신성장동력으로 부각될 것으로 예측되며, 이 흐름은 향후 형성될 메가 수도권에서 그대로 나타날 것으로 보인다.

2. 유망 과학기술 및 신성장 산업의 미래 전망

1) 미래 경제·사회·환경의 메가트렌드

하나의 산업이 유망한 신성장동력 산업으로 부상하는 것은 당시 처한 경제적·사회적 환경 변화의 영향을 크게 받는다. 이를 고려할 때 향후 유망할 신성장동력 산업을 전망하기 위해서는 다음과 같은 여섯 가지 미래 메가트렌드를 살펴볼 필요가 있다. 여섯 가지 미래 메가트렌드의 주요 내용은 다음과 같다.

첫째, 산업의 글로벌화 및 가치사슬의 글로벌 네트워크화가 더욱 확대된다. 스마트폰 등 정보통신의 발달로 자본, 노동, 정보와 같은 생산요소는 물론 재화와 서비스의 이동도 활발해지면서 경제적 의미의 국경이 점차 사라지고 있다. 이에 따라 세계 시장이 점차 동질화되면서 기업은 거대한 기회를 제공받지만, 한편으로는 무한 경쟁이라는 위협에 직면한다. 기업은 이러한 기회와 위협에 대응하기 위해 제품의 기획 및 개발, 생산, 부품 조달, 판매, 서비스 등의 기업 활동을 자국 내에서만 수행하지 않고 국경을 초월해 수행함으로써 가치사슬의 글로벌 네트워크화가 확산된다. 이에 따라 제조업의 단순 생산 기능은 후발개도국으로 이전되고, 경쟁우위를 결정하는 핵심 요소는 비즈니스 서비스, R&D, 브랜드 개발 등 지식집약적 서비스 활동으로 전환된다. 또한 글로벌 소싱 및 해외 진출 등이 촉진되고, 중국 등 신흥개발도상국의 추격으로 경쟁이 격화되면서 취약 부문이 더욱 취약해져 양극화가 심화된다.

둘째, 신흥개발도상국 및 중국 시장이 급부상한다. 글로벌 금융위기 이후 선진국 시장의 수요가 급속히 위축되는 가운데 생산기지에 머물던 신흥개발도상국이 선진국의 위축된 소비를 보완할 새로운 시장으로 급부상했다. 그동안 다국적 기업의 글로벌 소싱 증가로 신흥개발도상국은 범용 부품 및 제품, 정보기술(IT) 서비스의 공급기지로서의 역할을 수행해왔는데, 이 과정에서 소득이 높아지면서 신흥개발도상국이 새로운 시장으로 급부상한 것이다. 이에 따라 세계 시장이 다변화되고 확대되었으며, 급속한 경제성장을 이룬 신흥개발도상국은 고가격·고품질을 선호하는 선진국 시장과는 달리 중가격·중고품질의 차별화된 시장을 형성한다. 특히 중국은 1978년 개혁개방 이후 연평균 10%에 가까운 고성장을 지속해오면서 세계의 공장에서 세계의 소비 시장으로 급부상했다.

셋째, 신기술 및 융합기술의 발전이 가속화된다. 나노 산업(nano tech-nology: NT), 바이오 산업(Bio Technology: BT), 문화기술 산업(Culture Tech-nology: CT), 환경기술 산업(Environment Technology: ET) 등 주요 신기술의 발달 및 기술융합이 본격화되면서 삶의 질, 부품·소재, 제조 공정, 환경 등 다양한 측면에서 혁신적인 발전 및 신기술 융합에 기초한 새로운 패러다임이 출현했다. 신기술 융합의 가속화로 향후 융합기술 시대가 도래하고 산업 간 융합화가 심화되어 신제품·서비스가 지속적으로 출현할 것으로 예상된다. 미국, 일본, EU 등 선진국은 이러한 기술융합 추세에 대비해 다양한 전략을 수립했으며, 기업도 적극적으로 기술융합 추세에 합류 중이다. 세계적인 글로벌 기업은 융합기술 관련 시장을 선점하기 위해 다각적인 융합기술 개발에 박차를 가한다. 신기술 및 융합기술 발전의 가속화는 새로운 제품 및 공정, 서비스의 개발을 촉진하고 새로운 시장을 창출하지만 기술 변화에 대응하기 못할 경우 선진국과의 기술 격차가 확대되면서 세계 시장에서의 경쟁력이 약화될 가능성이 높다.

넷째, 환경·자원 문제가 심화된다. 최근 에너지와 천연 자원을 중심으로 한 주요 원자재 소비가 선진국에서는 감소하고 있지만, 신흥개발도상국에서는 산업화와 도시화로 인해 큰 폭으로 증가했다. 산업화와 도시화로 화석 연료의 사용이 증가하면 온실가스 배출이 증가해 지구온난화가 촉진되고, 나아가 이는 전 지구적 위협 요인으로 작용한다. 2000년대 중반 이후 국제 환경협약으로 지구온난화 문제에 대한 국제적인 대응공조체제가 구축되면서 세계 경제와 산업 전반에 저탄소, 친환경이라는 새로운 성장 패러다임이 등장했다. 선진국은 물론이고, 중국에서도 환경 규제를 도입하면서 전 세계적으로 제품의 환경 문제를 고려하지 않고는 제품을 수출할 수 없게 되어 환경 규제가 강력한 무역장벽의 역할을 한다. 환경 규제의 대상은 오염물질

배출 규제와 같은 사후 처리 중심에서 제품으로 확대되었으며, 제품의 설계 단계에서부터 생산 및 사용 후 폐기에 이르기까지 제품 전 과정에 걸친 통합적인 규제가 추진된다.

이처럼 환경 문제에 대한 관심 증가, 국제적 환경 규제 강화 등으로 산업 구조의 에너지 효율성을 제고할 필요성이 높아졌지만, 이러한 현상은 단기적으로는 산업의 생산성에 부정적인 영향을 미칠 수도 있다. 한편, 기존 산업의 녹색화에 대한 중요성이 높아지면서 녹색기술에 대한 투자가 활발해졌다. 또한 녹색 제품 및 서비스에 대한 수요 증대로 녹색 산업이 정보통신, 바이오와 함께 주요 성장 산업으로 급부상할 것으로 예상된다.

다섯째, 저출산·고령화로 인구 구조에 변화가 나타난다. 전 세계적으로 고령화가 진전되었는데, 특히 선진국을 중심으로 고령화가 급속히 진전됨에 따라 생산 가능 인구가 부족해져 선진국은 생산 인력 확보 문제에 직면했다. 반면, 의료·보건 환경이 개선된 개도국은 젊은 인구의 폭발적인 증가가 예상된다. 이에 따라 생산의 중심이 저렴한 인건비와 높은 노동 생산성을 보유한 개도국으로 이전되면서 국제 분업 구조의 변화가 가속화되고, 선진국으로 유입되는 개도국의 전문 인력 및 단순노동 인력이 증가할 것이다. 생산 가능 인구 부족에 직면한 선진국의 경우 고령·여성 인력의 비중이 확대되고 해외 인력에 대한 의존도가 높아질 것이다. 또한 고령사회의 도래로 고령층의 소비가 급속하게 확대되고 웰빙 상품 등 건강 상품에 대한 수요가 증가하면서 의료 산업, 전자의료기기 산업, 고령친화 산업 등 실버 산업이 발전할 것이다.

여섯째, 경제의 지식기반화·서비스화가 확산된다. 세계 경제에서는 지식·기술 등 무형 자산이 노동·자본 등 유형 자산보다 성장 동인으로서 상대적으로 중요해지는 경제의 지식기반화가 확산되고 있다. 이러한 지식기반

경제화를 촉진하는 주요 동인은 IT 등 신기술의 발전, 글로벌화, 경제의 서비스화 등이다. 글로벌화는 경쟁을 촉진하고 새로운 지식·기술을 창출하도록 유인을 제공하는 한편, 지식·기술의 국가 간 이동을 확산함으로써 지식기반 경제화를 촉진한다. 경제의 서비스화는 무형 자산의 역할 증대를 통해 지식기반 경제화를 촉진하며, 향후 지식서비스 산업을 신성장동력으로 부상하게 한다.

한편, 제조업의 부가가치 원천이 가치사슬상 조립·가공에서 서비스로 확산되었으며, 서비스에 대한 수요가 증가하는 등 수요 패턴의 변화에 따라 기존 제품뿐 아니라 관련 서비스를 제공하는 제조업의 서비스화 및 제조업·서비스업의 융합화도 진행되었다. 가치사슬 중 고부가가치 단계에의 집중 및 제조업의 서비스 강화 추세로 생산 기능이 개도국으로 이전함에 따라 생산 이외의 가치사슬 기능을 지원하기 위한 제조업 관련 서비스업의 중요성이 높아졌다.

2) 신성장동력의 원천인 유망 과학기술

그동안 여러 전문가가 다양한 측면에서 미래에 유망한 과학기술 분야 및 그 구체적 항목을 전망해왔다. 미래 과학기술은 그 자체로 아무리 뛰어나고 독창적이라 하더라도 사회적 맥락(사회 변화 흐름과 사람들의 선호 및 시장에서의 수요)에서 관심을 끌지 못하면 사장되어 실질적으로 경제적 성장이나 일자리 창출 등에 기여하지 못할 수 있다. 따라서 미래 과학기술은 기술을 개발, 공급하는 입장에서 볼 때 우수한지, 사회 트렌드 및 미래기술 트렌드 맥락에서 유효한지를 검토하고 이러한 토대하에 전망·발굴하는 것이 중요하다. 이러한 사회 트렌드와 미래기술 트렌드를 상당 부분 고려해 미래 유망

〈표 3-3〉 국내 미래기술 트렌드 조망 및 미래기술 선정 사례

보고서명	작성 기관	주요 내용

미래기술백서	한국과학기술
	정보진흥원
	(2013)
		· 5개 목표 아래 19가지 미래사회 니즈와 54개 어젠다별로 미
		  래기술을 제시
		· 5대 목표: ① 건강한 사회, ② 스마트한 사회, ③ 안전한 사
		  회, ④ 창의적 융합사회, ⑤ 지속가능한 자연과 사회

10대
미래유망기술
	한국과학기술
	기획평가원
	(2013)
		· 미래사회의 핵심 트렌드를 선정하고 이에 대한 미래 유망기
		  술 10가지를 선정
		· 10대 주요 트렌드와 핵심 트렌드: ① 인구 구조의 고령화, ②
		  글로벌 경제위기 지속, ③ 양극화 심화, ④ 에너지 자원 고
		  갈, ⑤ 기후 변화 심화, ⑥ 환경 오염 심화, ⑦ 네트워크 사회
		  화, ⑧ 가치관의 변화, ⑨ 기술의 진보, ⑩ 불안 요소의 증가

IT 기술예측조사
2025
	한국산업기술
	평가관리원
	(2012)
		· 10대 메가트렌드와 미래 유망기술 20선 선정
		· 10대 메가트렌드: ① 생활환경의 다변화·다각화, ② 누적된
		  사회 문제 표출, ③ 차세대 융합 신기술의 발전, ④ 소프트웨
		  어 견인형 산업 구조, ⑤ 경제 주체의 글로벌화·대형화, ⑥
		  신경제 인프라 시스템, ⑦ 기후 변화 에너지 자원 부족 대응,
		  ⑧ 녹색기술 성장, ⑨ 외교와 국방의 중요성 증가, ⑩ 정치
		  문화 구조 변화

제4회 과학기술
예측조사
	한국과학기술
	기획평가원
	(2013)
		· 8대 메가트렌드와 미래사회 수요 변화, 과학기술 발전에 따
		  라 2035년까지 등장할 미래기술 발굴
		· 8대 메가트렌드: ① 글로벌화의 심화, ② 갈등의 심화, ③ 인
		  구 구조의 변화, ④ 문화적 다양성 증가, ⑤ 에너지 자원의
		  고갈, ⑥ 기후 변화 및 환경 문제 심화, ⑦ 중국의 부상, ⑧ 과
		  학기술의 발달과 융복합화

IT 10대 핵심기술	지식경제 R&D 전략기획단 (2012)	· 대한민국 IT 산업 전반의 대혁신에 필요한 10대 기술 선정

3대 산업 분야
10대 유망기술
	특허청
	(2012)
		· 향후 3~5년 이내 원천/핵심 특허 선점이 가능한 유망기술을
		  3대 산업 분야(바이오/로봇/이동통신)별로 10대 미래 유망
		  기술로 선정

미래 산업을 바꿀 7개 파괴적 혁신기술	삼성경제 연구소 (2013)	· 10년 내에 등장할 가능성이 큰 7대 파괴적 혁신기술 선정

자료: 한국산업기술진흥원, 「2013년 산업기술분야 유망직업 분석 보고서」(2013).

기술을 예측한 사례들이 있다(〈표 3-3〉 참조). 이들 보고서에서 제시하는 미
래 유망 과학기술에 대한 전망을 보면 세부 내용에서는 다양하고 차이가 있
으나 큰 차원에서는 중복되거나 비슷한 내용이 많다.

특히 신성장동력 산업과 관련된 맥락에서 거론되는 미래 유망 과학기술
분야 트렌드 및 구체적인 세부기술 항목에 대한 전망 가운데 2013년 현재

〈표 3-4〉 미래 핵심 기술 트렌드 7선 및 관련 기술과 제품

기술의 발전 방향	주요 내용	파괴적 혁신기술 및 제품
기기의 소형화	• 기능집적화, 설계 기술 발전으로 기기의 소형화 지속 - 소비자의 다기능, 휴대성 증대 니즈의 충족 - 마이크론, 나노 단위의 초소형 기기도 점차 등장할 전망	• 미세 설계: 고밀도 3차원 실장 기술 • 소형화 부품: 1인치 하드디스크 드라이브(HDD) • 소형화 전원: 아웃도어용 연료 전지팩
생명 연장의 숙원 현실화	• 의학, 생체공학, 바이오 기술의 비약적인 발전으로 다양한 돌파성 기술이 등장 - 인간의 본원적인 욕망인 불로장수의 꿈을 실현	• 난치성 치료제 • 맞춤형 치료: 유전자카드 및 판독기 • 바이오닉스: 줄기세포, 고분자 생체 소재
생태 추구	• 환경친화적 에너지 및 부품, 소재의 채용 확산 - 환경 파괴를 최소화해 산업 문명의 지속가능성 확보 - 쾌적하고 자연지향적인 생활환경과 관련된 시장 대응	• 차세대에너지: 융합 • 신재생에너지: 태양열, 바이오 연료 • 응용제품: 하이브리드카 • 부품, 소재: 차세대 분해성 플라스틱
전자기술 패러다임의 근본 변화	• 유기(organic), 광자(photo), 양자(quantum) 등 새로운 기술 패러다임이 대두	• 유기전자: 유기반도체, 유기태양전지 • 광자: 광전자, 홀로 그래픽스토리지 • 양자: 양자 컴퓨터
상호연결성의 폭발적 증대	• 글로벌 단위의 초고속 교통망, 통신 네트워크, 물류 정보망 구축 - 시공간을 초월한 인간, 사물, 정보의 자유로운 이동에 대한 갈구	• 교통: 무인항공기, 위그선(Wing In Ground Craft) • 초고속 통신망: 4G, 메쉬(MESH) • 물류정보망: 전자출입체계(RFI D)
융복합화의 고차원화	• 다양한 기술, 산업, 네트워크의 융합 • 편의성, 휴대성, 경제성 제고 측면에서 소비자의 올인원(all-in-one) 니즈 충족 • 궁극적으로 인간, 사물, 정보의 융합으로 고도화	• 산업 내/간 융합: 플랫폼 부품, 통합 반도체, 모듈 부품 • 네트워크 간 융합: 재설정 반도체, 소프트웨어 정의 무선(Soft ware Defined Radio: SDR)*
사물의 인간화	• 오감 인식, 자율 구동 등 인간의 능력이 사물에 접합 - 3D, 저부가가치 노동을 대행할 인간의 보조자(agent)의 필요성 증가에 따라 지속 확대	• 오감: 스마트 센서, 상보성 금속 산화물 반도체(CMOS) 센서 • 사고: 음율 통제(Controlling Unis) • 동작: 인공근육 • 소통: 음성인식 알고리즘

* 동일 HW에 SW를 변경하는 것만으로 다양한 이종 네트워크에 대응할 수 있는 4G 핵심 기술 중 하나.
자료: 조용수, 「미래 트렌드와 차세대 유망산업」(LG경제연구원, 2008).

여전히 주목할 만한 가치가 있는 것으로는 조용수가 「미래 트렌드와 차세대 유망산업」(2008)에서 제시한 미래 핵심 과학기술을 들 수 있다. 이는 2008년 국내 기술 예측 전문가들이 향후 10~20년에 걸쳐 전 산업에 적용되며 사회 및 경제 변화에 지대한 영향을 줄 것으로 예상되는 미래 핵심 기술 트렌드를 7가지로 전망하고, 이에 따른 주요 미래 유망기술 및 제품을 제시한 것이다. 여기서 제시한 미래 핵심 기술 트렌드 7선인 기기의 소형화, 생명 연장의 숙원 현실화, 생태 추구, 전자기술 패러다임의 근본 변화, 상호연결성의 폭발적 증대, 융복합화의 고차원화, 사물의 인간화는 현재진행형이며 동시에 미래의 일정 기간 동안 여전히 강력한 관성을 유지할 현상이라 할 수 있다.

3) 신성장동력 육성을 위한 국가 정책

(1) 미래 산업기술 정책

현실사회에서는 기술, 시장, 정책 삼자가 상호작용을 하면서 공진화하므로 사회적 맥락에서 미래 과학기술을 전망할 때에는 정부의 정책적 개입이 중요한 위치를 차지한다. 구체적으로 미래 과학기술을 산업과 연결하려는 차원에서 펼치는 정부의 정책, 즉 미래 산업기술정책이 이 장의 주된 관심사인데 최근의 정부정책을 살펴보면 〈표 3-5〉와 같이 제시할 수 있다.

이밖에도 지난 이명박 정부에서는 지식경제부, 보건복지부, 국토해양부, 방송통신위원회 등 정부 R&D 부처가 2012년 12월 합동 참여해 바이오, 로봇, 이동통신의 3대 산업 분야에 대한 특허 분석을 기반으로 한 각 분야별 10대 미래 유망기술을 선정한 적이 있다. 특허 기반 유망기술을 선정하는 주요 추진 프로세스는 IP 전략기술체계 → 유망기술 후보 선정 → 유망기술

〈표 3-5〉 주요 미래 산업기술 정책

보고서명	작성 기관	주요 내용
미래선도 산업	산업통상 자원부 (2013)	· 산업통상자원부는 발전 가능성 높은 산업 중 국가 미래를 선도하고 차세대 성장동력이 될 5개 산업을 선정해 비전 및 목표를 제시 · 미래선도 산업으로 선정된 5개 산업: ① 그린카, ② 로봇, ③ 바이오/나노, ④ 차세대 반도체, ⑤ 신재생에너지
지식경제 백서	지식경제부 (2012)	· 지식경제부가 2009년부터 2011년까지 시행한 산업정책을 종합적으로 정리하여 정책의 추진 방향과 이에 따른 기대효과를 제시 · 국내 산업을 신산업군(바이오, 나노, 로봇 등), 정보통신 산업(IT 분야), 주력 산업(자동차, 기계, 에너지 등)으로 구분하여 분석
산업기술 비전 2020	지식경제부 (2010)	· 글로벌 환경 변화와 미래사회 트렌드 분석 등의 대외환경 분석과 국내 산업 분석을 통해 '2020년 국민소득 4만 달러', '과학기술 세계 5대 강국 도약'이라는 비전으로 한국 산업의 미래상을 제시 · 15개 핵심 분야별 발전 전략과 34개 산업별 비전 2020을 제시 · 15개 핵심 분야: 스마트그리드(Grid), 탄소섬유 복합소재, 서비스로봇, 신소재 태양광 발전, 가정용 의료기기, 유전자 분석, 천연의약물, 원전플랜트, 전기자동차, 차세대 고속철, 고부가가치 선박, 모바일 반도체, 개인 정보기기, 차세대 디스플레이, 실감형 스마트 TV · 34개 산업 - 주력 산업: 자동차, 조선해양, 기계/생산시스템, 플랜트엔지니어링, 항공우주, 섬유의류, 철강/비철, 화학 - 신산업: IT융합, 로봇, 바이오, 의료기기, 지식기반 서비스 - 정보통신: 반도체, 디스플레이, 발광다이오드(LED)/광, 정보통신 미디어, 차세대 통신 네트워크, 차세대 컴퓨팅, RFID/USN, 소프트웨어, 지식정보 보안 - 부품소재: 금속, 화학/고분자, 세라믹, 융복합, 나노융합 - 에너지: 자원, 원자력, 화학, 신재생 에너지 효율, 전략/스마트그리드, 온실가스

선정 → 유망 R&D 과제 선정으로 진행된다.

특허청은 이에 근거해 2012년 이 3개 산업 분야를 시작으로 연차적으로 총 18개 산업 분야에 대해 특허 관점에서 유망 R&D 과제를 선정할 계획이다. 이러한 정부의 육성 차원의 관여로 바이오, 로봇, 이동통신 분야의 특허기술이 미래에 더욱 유망해질 것으로 전망된다.

〈표 3-6〉 정부의 특허 분석에 근거한 3대 산업 분야의 10대 유망기술

연번		유망기술	개요
바이오분야	1	성체줄기세포 기술	특정 조직의 세포로 분화 가능한 미분화 상태의 세포로서 장기 재생이 가능하며 윤리 논쟁을 피할 수 있는 줄기세포
	2	암 바이오 마커 기술	DNA, RAN, 대사물질, 단백질 등에서 유래된 단일분자 또는 분자 패턴을 근거로 암을 조기에 진단할 수 있는 분산 진단 마커 기술
	3	단백질 안정화/제형 기술	단백질 의약품의 안정성을 높이기 위해 정제, 캡슐, 주사제 등으로 제형화하는 기술
	4	인간항체 제조 기술	파지/리보솜 디스플레이 기술, 형질전환 마우스 기술을 이용하여 100% 인간 유래 항체를 제조하는 기술
	5	생물학적 CO_2/메탄 전환 기술	메탄/CO_2를 유용한 물질로 전환하여 재사용하는 기술
	6	바이오플라스틱 중간체 제조 기술	바이오플라스틱 제조를 위한 바이오매스 유래 화학중간체 제조 기술
	7	원격 치료 기술	센서, 통신기기 등을 이용하여 원격지의 환자를 진단하고 치료하는 기술
	8	나노바이오센서 기술	생체감지 물질과 신호변화기로 구성되어 분석 대상을 선택적으로 감지하는 장치
	9	식물공장 인공조명 기술	통제된 시설 내에서 생물의 생육 환경을 인공적으로 제어하여 공산품처럼 계획 생산이 가능한 시스템 농업 기술
	10	유해 해양생물 제어 기술	녹조, 적조 등 부영양화 현상 및 공격성 어류 등의 유해해양생물 제거 및 발생 방지 관련 기술
로봇분야	1	사용자 신원 및 특성 인식 기술	영상, 촉각 또는 준생체정보(체형, 피부색, 헤어스타일)를 이용한 신원 인식 기술
	2	음원추적 및 음향 분류 기술	음원 발생 위치 및 생활환경에서 발생하는 소리(복수 화자)를 구별·인식하는 기술
	3	대용량 분산 추론 기술	사용자 또는 환경의 누적 정보를 DB화하여 로봇의 인지 판단에 필요한 정보로 추론하는 기술(클라우딩 컴퓨팅 활용)
	4	인간모사 메커니즘 기술	인간의 근육 및 관절 구조의 형상 및 작동 메커니즘을 모사
	5	형상 강성 추정 기술	작업 대상의 형상 및 강성을 센서 정보에서 받아들여 추정하는 기술
	6	로봇-인간 협업작업 기술	인간-로봇이 동일 작업물을 함께 취급하는 협업작업기술
	7	3D 환경모델링 기술	3D 지도 생성 및 주변 환경 인식 기술
	8	실외 위치 인식 기술	실외 정형/비정형 환경에서 인공/자연 표식을 기반으로 위치를 인식하는 기술
	9	3차원 환경 로봇 주행경로계획 기술	실외 환경에서의 이동 조건 등 장애물 감지 및 회피 기술
	10	로봇 운동 상태 종합 측정 센서모듈 기술	엔코더, 자이로, LVL, 가속센서 등으로 로봇의 운동 상태(자세, 무게중심 등) 측정 센서 및 방법 개발
이동통신	1	소형셀 제어 기술	데이터 위주의 트래픽 밀집 지역에서 안정적으로 트래픽을 수용하기 위해 구축한 커버리지 반경 30m 이내의 소형 기지국 장비
	2	매시브 MIMO 기술	대규모의 2차원 구조 안테나 어레이를 이용하는 기술
	3	스펙트럼 공유 기술	사용하지 않고 있는 주파수대역을 인지하여 사업자 간에 주파

			수 공유에 대한 규칙을 마련함으로써 주파수를 공유
분야	4	트래픽 상태에 따른 시스템 제어 및 오프로딩 기술	트래픽 상태를 실시간으로 감지, 주변의 무선망으로 분산 제어하고 증가되는 데이터 트래픽을 망으로 분산시키는 기술
	5	모바일 증강현실 기술	스마트폰 기반의 증강현실 환경에서 실세계 정보와 모바일 인터넷으로 획득하는 외부 정보 자원을 결합한 서비스를 제공하는 기술
	6	기지국 간 협력통신 기술	기지국 간의 협력으로 기지국 셀 경계 부분에 있는 단말의 간섭을 감소시키는 기술
	7	셀룰러 기반 M2M(MTC) 기술	사물 대 사물(Machine To Machine: M2M), 사물 대 통신(Machine Type Communication: MTC)은 모바일 네트워크를 통한 머신-타입 통신(사물통신)임
	8	이종망 간섭 제거 기술	서로 다른 출력을 가지는 셀들이 서로 인접하거나 중첩되어 있는 환경에서 이종망 간의 간섭을 관리하는 기술
	9	모바일 이동통신 안테나 기술	이동통신 안테나로서 모바일 단말기나 기지국 등에 쓰이는 안테나 기술
	10	무선 충전 기술	자기유도 방식, 자기공진 방식, 비접촉 방식 등의 무선 에너지 전송 기술

(2) 신성장동력 산업 정책

2000년대 들어서면서 주력 산업의 성숙과 경제 전반의 저성장 및 고용 창출 여력 저하 등 우리 경제의 체질 변화로 기존 산업 내 기술 혁신, 융합, 서비스화 등을 통해 성장성을 높이고 지속적인 고부가가치화를 달성할 수 있는 새로운 성장동력을 발굴할 필요성이 제기되었다. 이에 정부는 2009년 1월 '신성장동력 비전과 전략'을 발표하고, 후속 조치로 11개 부처가 공동 작업으로 동력별·기능별 정책을 망라한 '신성장동력 종합 추진계획'을 2009년 5월 확정·발표했다.

신성장동력은 ① 현재와 미래의 시장 잠재력, ② 다른 산업과의 융합 가능성 및 전후방 연관 효과, ③ 녹색성장 연관성 등을 기준으로 선정되었는데, 녹색기술, 첨단융합, 고부가서비스 등 3대 산업 분야 17개의 세부 분야로 구성되어 있다. 정부는 신성장동력을 육성하기 위해 민간 중심·기업 중심의 성장동력 추진체계를 정립했으며, 전략적 기술 개발뿐 아니라 인력 양성, 경제제도 개선 및 문화 개선도 폭넓게 추진하고 있다. 구체적으로는 관

〈표 3-7〉 신성장동력 현황

3대 분야	17개 신성장동력
녹색기술(6)	신재생에너지, 탄소저감 에너지, 고도 물처리, LED 응용, 그린수송, 첨단 그린도시
첨단융합(6)	방통융합, IT융합, 로봇응용, 신소재·나노융합, 바이오제약·의료기기, 고부가식품
고부가서비스(5)	글로벌 헬스케어, 글로벌 교육 서비스, 녹색금융, 콘텐츠·SW, MICE·관광

〈표 3-8〉 신성장동력 추진 전략

구분	단기(3~5년)	중기(5~8년)	장기(10년 내외)
분야	· 시장성숙도가 높아 단기적인 부가가치 창출이 가능한 분야 · 고용 창출 효과가 큰 분야	· 핵심 원천기술 등 기술력을 보유하고 있어 신규 시장 창출 가능성이 큰 분야 · 융합 등을 통해 새로운 비즈니스 모델을 창출할 수 있는 분야	· 시장 형성은 초기이나 미래 잠재력이 높은 분야 · 핵심 원천기술 확보를 통해 녹색성장의 미래 원동력이 되는 분야
상세 사업	· 신재생(조력·폐자원) · 방송통신융합 산업 · IT융합 시스템 · 글로벌 헬스케어 · MICE·관광 · 첨단 그린도시	· 신재생(태양연료전지) · 고도 물처리 · 탄소저감 에너지(원전플랜트) · 고부가 식품산업 · LED 응용 · 글로벌 교육 서비스 · 녹색금융 · 콘텐츠·SW	· 신재생(해양바이오연료) · 탄소저감 에너지(CO_2 회수 활용) · 그린수송시스템 · 로봇 응용 · 신소재나노 · 바이오제약·의료기기
전략	· 응용 기술 개발 · 제도개선, 투자환경 조성등	· 핵심 기술 선점 · 시장 창출 등	· 기초 원천기술 확보 · 인력 양성 등

련 산업의 활성화를 위해 초기 시장 창출 기반을 조성하는 데 기여할 수 있는 예산집행 계획을 수립했으며, 관련 산업에 대한 R&D 투자, 세제 지원, 제도 개선 및 인력 양성 등 성장동력별로 차별화된 정책을 구사한다.

한국의 신성장동력 사업은 신성장동력 세부 추진계획(Action Plan), 기술 전략 지도, 인력 양성 종합대책, 중소기업 지원 방안 등 네 가지 계획으로 구성되어 있다. 특히 각 성장동력별 시장성숙도 및 기술 라이프사이클을 고려해 성장동력화 시기를 단기·중기·장기로 나눔으로써 추진 전략의 실효성을 확보하고자 노력했다.

(3) 산업기술혁신 5개년 계획의 14대 산업별 유망기술

정부는 2009년 1월 대통령 주재로 열린 제29회 국가과학기술위원회에서 경제위기 극복과 활기찬 시장경제를 목표로 '제5차 산업기술혁신 5개년 계획(2009~2013)'을 확정했다. 동 계획에서는 기술혁신형 산업경제 구조로의 전환 촉진과 한국 제품의 글로벌 경쟁력 확보라는 목표 아래 8대 핵심 추진 전략과 14대 분야 31개 기술을 제시한다.

(4) 산업융합 촉진을 위한 계획

글로벌 트렌드에 대응하고 신성장동력을 내실 있게 준비해야 한다는 주장이 제기되면서 2011년 4월에 「산업융합촉진법」이 제정되고 패스트 트랙(Fast-Track, 신속처리절차) 인증제가 도입됨에 따라 융합 산업 활성화를 위한 기반이 마련되었다. 패스트 트랙 인증제는 개별 법령상의 기준 미비 등으로 제품 출시가 지연되는 융합 신제품의 경우 최대 6개월 이내에 인증 절차를 거쳐 출시할 수 있도록 하는 제도다. 이와 함께 산업융합 관련 기업이 사업 과정에서 겪는 각종 인허가 등의 애로사항과 건의사항을 지경부 장관이 위촉한 산업융합 관련 전문가(옴부즈만)가 판단해 정책 개선에 반영할 수 있도록 제10조에 이를 명시했다.

「산업융합촉진법」은 나노융합기술을 기반으로 산업의 발전을 촉진하고 산업의 활성화를 도모하기 위해 제정된 것으로, 정부는 전문 인력 양성과 연구 활성화, 사업 모델의 개발과 확산, 표준화와 보급, 융합 신산업 분야를 발굴하고 출연·보조·융자 등을 할 수 있도록 규정한다(제17조). 산업융합의 특성상 연구 개발 인력 및 자금의 확대와 이종 산업 간 교류와 협력이 긴요

〈표 3-9〉 산업기술혁신 5개년 계획의 14대 산업별 기술 개발 분야

14대 분야	세부 산업 분야	최정상 브랜드
청정 기반 제조	생산시스템	차세대 초정밀 생산 시스템, 지능형 가공 시스템, 신개념 융합 가공 시스템, 친환경 지능형 건설기계, 친환경 에너지기계, 혁신적 설계 프로세스
	청정기반	유니 소재, 자연생태계 모사, 그린프린팅 제품
	생산기반	고신뢰도 초정밀 기계·전자부품 제조기술, 컨버전스 제품화 대응 융복합 생산기술, 인간친화적 ACE(Automatic/Clean/Easy) 생산기술
수송 시스템	자동차	고효율 하이브리드 자동차, 연료전지 자동차, 고안전 지능형 자동차
	조선	차세대 선박(Green Ship), 고부가가치 선박(Smart Ship), 해양에너지/자원 플랜트(Extreme Ocean Plant), 레저 선박(Leisure boat)
	항공우주	친환경 고효율 항공기, 차세대 민군겸용 헬기, 개인용 항공기(PAV)
로봇	로봇	시장확대형 로봇, 신시장창출형 로봇, 기술선도형 로봇
산업소재	금속소재	이동 금속(Moving Metal), 녹색 공정(Green Process), 에너지 금속(Energy Metal)
	화학공정소재	혁신 화학공정 기술, 융복합 화학신소재, 탈석유 화학제품
	섬유의류	생각하는 섬유, 건강복지 섬유, 극한환경 섬유, 융합기술 섬유
바이오· 의료기기	바이오	신개념 치료제, 친환경 바이오화학소재, 생체신호 진단기기
	의료기기	U-헬스 의료기기, 디지털 병원, IT융합 첨단의료 영상
전자정보 디바이스	반도체	차세대 메모리반도체, 융복합형 시스템반도체, 차세대 장비·소재
	디스플레이	초저가 및 친환경 디스플레이, 벽걸이형 디스플레이, 두루마리형 디스플레이, 실감형 및 융복합화 시스템 디스플레이
	LED	LED 에피/칩/패키지, LED 모듈·소재, LED 조명 및 응용
전자정보 통신 미디어	디지털TV/방송	차세대 실감미디어, 방송·통신 융합, 디지털방송 성능 고도화 및 활성화
	홈네트워크/ 정보가전	실감/감성형 홈서버, 무선통신 시스템, 지능형 융합단말
차세대 이동통신 네트워크	차세대이동통신	서비스 플랫폼, 액세스 시스템, 단말 및 부품
	광대역 통합망(BcN)	초고속/대용량 네트워크, 품질보장 네트워크, 이용자 중심 네트워크
SW· 컴퓨팅	SW	고신뢰성 임베디드 SW, 고가용성 공개 SW, 사용자 친화형 HCI, 지능형 차세대 웹
	컴퓨팅	인간 중심(Human-Centric) 컴퓨팅, 끊김 없는(Seamless) 컴퓨팅, 테라 규모(Tera-Scale) 컴퓨팅
	지식정보 보안	클린 인터넷 경제를 위한 정보보안, 안전·안심 생활을 위한 물리보안, 안전성 강화를 위한 융합보안
지식 서비스· USN	지식기반 서비스	경영전략/무역/금융 서비스, 연구개발/엔지니어링 서비스, 인적 자원 서비스, 유통/물류/마케팅 서비스, 부가가치/사후관리 서비스
	USN	차세대 RFID, USN 요소기술, RFID/USN 융합기술
산업융합 기술	나노기반	초고속 초집적 3차원 나노소자 기술, 신기능 나노소재, 스마트 나노공정, 개인맞춤형 디지털 나노의류
	IT융합기술	개인 맞춤형 의료 시스템, 지능형 선박 및 운항 통합 관리, 운전자친화형 지능형 자동차, 지능형 건설 자동화 시스템, U-라이프스타일 패션, 무인 감시 지능형 국토 안전시스템, 공항 및 항공기 통합 관리 시스템, VR 증강현실 교육
전력· 원자력	전력원자력	전력IT, 원자력
신재생 에너지	신재생에너지	고효율·저가 태양전지, 초대형 해상 풍력발전, 차세대 연료전지
에너지· 자원	자원기술	자원 조사 탐사, 자원 개발, 자원 활용
	에너지효율향상	에너지저장, LED, 청정연료
	온실가스	연소후 CO_2 회수, 연소전·연소중 CO_2 회수, CO_2 저장

<표 3-10> 나노융합 관련 정책 및 제도의 추이와 주요 내용

나노융합 관련 정책·제도	연도 및 주체	주요 내용
국가융합기술 발전 기본방침	2007. 4 (국가과학 기술위원회)	부처별로 독자적이고 산발적으로 추진 중인 융합기술 개발에 대한 국가융합기술 발전 기본 방침의 필요성 제기
국가융합기술 발전 기본계획	2008. 11 (부처 합동)	국가융합기술 발전 기본 방침에 결여된 세부적 실행 계획을 보완하고 부처 간 연계·협력 활성화를 강조
제1기 나노융합산업 발전계획	2009. 3	나노 분야 원천기술 연구 개발 성과와 산업화 간 연결고리 강화
K-NANO 전략 2020	2011. 12 (지식경제부)	나노기술 투자가 신산업 창출까지는 이르지 못했다는 인식하에 나노융합 산업의 활성화를 준비

하다는 점에서 「산업융합촉진법」은 향후 융합 산업의 발전에 중요한 제도적 기반이 될 것으로 전망된다.

이와 관련해 2011년 12월 정부에서는 2020년 세계 일류 나노융합 선도국가로 도약하기 위해 'K-NANO 전략 2020'을 수립했다. 동 계획은 나노융합 산업화 촉진을 통한 글로벌 나노융합 신시장 선점을 비전으로 2020년 세계 나노융합산업 시장 20% 점유(5,000억 달러 수준), 글로벌 강소기업(Nano-Giant) 30개 설립, 세계 시장 선점형 나노융합 스타 상품 10개 창출을 목표로 한다.

이를 위해 구체적으로 다음과 같은 5개의 추진 전략을 수립했다. 첫째, 나노 기업과 수요 기업 간의 융합 촉진과 우수 나노 제품의 판로 개척 지원 등을 통해 나노융합 시장을 창출할 계획이다. 둘째, 기존 R&D 성과를 바탕으로 한 나노기술 상용화 연구개발사업(R&BD), 사업화 자금 조달, 전문가 그룹 활동 등으로 나노 기업의 경쟁력 제고에 중점을 둘 계획이다. 셋째, 나노융합을 선도할 수 있는 고급 인력과 타 산업 현장 인력 재교육, 현장 맞춤형 교육 지원을 실시함으로써 나노융합 전문 인력의 원활한 수급을 위해 노력할 계획이다. 넷째, 나노융합 산업의 지속가능한 발전과 나노 제품의 안전한 사회적 수용을 위해 나노 안전성 기반을 구축할 계획이다. 마지막으로 나노융합 산업의 발전을 촉진하기 위해 다양한 기능의 인프라를 개발하고 연계·운영을 강화할 예정이다.

4) 유망 신성장 산업으로서 IT 산업 전망

미래 전문가들은 IT 활용 신기술이 지속적으로 발전할 것이라고 예측한다. 최신 IT 트렌드를 진단하면 크게 컨버전스와 스마트화로 대별할 수 있다. 컨버전스의 경우 기기 융합, 네트워크 융합, 서비스 융합, IT와 전통 산업 융합을 들 수 있으며, 스마트화의 경우 다음 네 가지 영역에서 급격한 기술 발전을 현시한다. 즉, ① 기기(스마트폰, 스마트가전, 스마트자동차) → 자연형 사용자 인터페이스(Natural User Interface)(UI, UX) 이슈, ② 서비스(소셜, M2M, 헬스, 금융, 교육) → 빅데이터 이슈, ③ 네트워크(LTE, 와이파이, NFC), ④ 웹(HTML5)이다.

이처럼 IT기술이 발전하는 환경에서는 향후 사람들의 행태가 모바일 방식에 의존하는 특징이 특히 두드러질 것으로 보인다. 2006년 미국의 미래 예측 전문지 ≪퓨처리스트(Futurist)≫는 전 세계 100명의 전문가가 참여한 기술 예측 조사의 결과를 발표했다. 이에 따르면 2015년에는 IT기술의 도움으로 원거리 교육이 모든 이의 필수 과목이 될 것이며, 1억 명이 넘는 사람이 컴퓨터 원격 시스템으로 재택근무를 하고 네트워크상에서 가상회의를 할 것으로 전망되었다.

이러한 추이를 타고 IT 산업은 급격한 기술 혁신 및 신시장 형성의 흐름을 보이는 실정이며, 향후 이 흐름은 지속될 것으로 전망된다. 특히 IT융합 분야는 기술 혁신이 급격히 일어나 새로운 시장 창출을 일으키는 용광로 역

〈그림 3-5〉 국내 IT융합 시장 전망 및 2012년 ICT 성장률 전망

(단위: 억 달러)

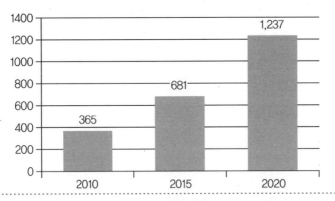

국내 IT융합 시장 전망

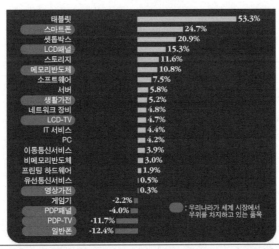

2012년 ICT 성장률 전망

자료: 지식경제부, 「IT융합 확산전략」, Smart Korea 2010 발표 자료(2010); 정보통신산업진흥원, 「2012 IT산업 10대 이슈」, ≪IT INSIGHT≫, 2011-06호(2011).

〈표 3-11〉 2000년 이후의 성장 주도 업종

(단위: %)

	5대 성장 주도 업종				5대 고성장 업종	
	전 산업 기준		제조업 기준		전 산업 기준	
1	반도체 및 전자부품	0.84	반도체 및 전자부품	0.84	영상, 음향 및 통신기기	28.82
2	통신	0.52	영상, 음향 및 통신기기	0.44	반도체 및 전자부품	21.80
3	금융 및 보험	0.45	자동차	0.17	통신	20.91
4	영상, 음향 및 통신기기	0.44	특수산업용기계	0.13	특수산업용기계	15.23
5	사업관련 서비스	0.26	산업용화합물	0.12	가스, 증기 및 온수공급업	15.05
5대 업종의 기여도(%p)		2.51	5대 업종의 기여도(%p)	1.71		
5대 업종의 기여율(%)		47.24	5대 업종의 기여율(%)	32.21		

할을 한다. 세계 IT융합 시장의 규모는 2010년 1조 2,000억 달러에서 2020년 3조 6,000억 달러로 연평균 11.8%의 고성장이 전망된다. 이는 최근 세계 경제성장률보다 3배나 높은 수준이다. 구체적으로 2012년 가트너(Gartner, Inc.)의 전망에 따르면 정보통신기술 분야에서 태블릿(53.5%)이나 스마트폰 (24.7%) 등에는 엄청난 성장 가능성이 있다. 국내 IT융합 시장은 2010년 365억 달러에서 2015년 681억 달러, 2020년에는 1,237억 달러로 세계 시장 성장률보다 높은 13%대의 성장을 달성할 것으로 전망되었다.

일반적으로 산업 구조의 변화는 산업 성장 과정에서 발생하는 산업 간 성장의 차이에 기인해 나타나는데, 한국 또한 성장 과정에서 산업 구조의 변화와 더불어 전체 경제성장을 주도하는 산업 내용이 변화해왔다. 1970년대부터 1980년대 중반까지는 섬유, 1980년대 중반부터 1990년대 중반까지는 자동차, 1990년대 중반 이후로는 반도체 및 전자부품이 한국 경제발전에 가장 크게 기여했다. 2000년 이후의 업종별 성장 기여 추이를 살펴보면 정보통신 업종의 약진이 두드러짐을 알 수 있다(〈표 3-11〉 참조).

2000년 이후 성장 주도 업종의 변화 추이를 보면 성장 주도 업종의 성장 기여율이 과거에 비해 더욱 높아졌음을 알 수 있다. 이와 같은 변화는 한편

〈표 3-12〉 정부 육성 대상인 특허기술 기반 18대 산업 분야

	대분류	18대 산업 분야	관련 부처	기술 발전 속도 및 특징	특허 분석 필요 주기	특허 분석 중점사항
1	정보 통신	정보통신 미디어	2개 부처	빠름	2년	핵심특허* 확보
2		차세대 이동통신	3개 부처	빠름	2년	핵심특허 확보
3		반도체/디스플레이	2개 부처	빠름	2년	핵심특허 확보
4		LED/광	2개 부처	빠름	2년	핵심특허 확보
5		지식서비스/USN	3개 부처	빠름	2년	핵심특허 확보
6		SW/컴퓨팅	4개 부처	빠름	2년	핵심특허 확보
7	산업·바이오	산업융합기술	4개 부처	느림	3년	원천특허** 확보
8		차세대 로봇	6개 부처	느림	3년	원천특허 확보
9		전력/원자력	2개 부처	느림	4년	원천특허 확보
10		농림수산식품 가공	4개 부처	느림	3년	원천특허 확보
11		바이오/의료	4개 부처	느림	3년	원천특허 확보
12		산업소재	2개 부처	느림	3년	원천특허 확보
13	운송·에너지	환경/기상	2개 부처	-	3년	복합
14		육상수송	2개 부처	-	3년	복합
15		제조기반	3개 부처	원천기술	3년	원천특허 확보
16		해상 및 항공 수송	4개 부처	원천기술	3년	원천특허 확보
17		에너지 자원	4개 부처	-	3년	복합
18		신재생에너지	4개 부처	실증 위주	3년	핵심특허 확보

* 기술을 구체화·고도화·제품화하기 위한 핵심 기술에 대한 특허, 또는 독자적 제품 및 핵심 양산 기술로 전략적 제휴(cross license)가 가능한 특허.
** 기술적 기초 개념 또는 이에 근접한 기술을 구현한 특허.

으로는 국내 산업이 IT기술 혁신의 흐름을 잘 활용하고 있음을 보여준다. 특히 정보통신 업종은 이러한 IT기술 혁신의 흐름에 부응하면서 산업 라이프사이클의 성장기/성숙기 초기 산업의 특성을 나타내므로 여전히 향후 경제성장을 주도할 것으로 보인다.

더군다나 정부는 특허기술 기반 18대 산업을 집중 육성할 계획인데, 이 가운데 정보통신 분야의 주요 6대 산업은 핵심 특허를 이미 확보해 산업 육성 차원에서 유리한 입장이다.

3. 과학기술 기반 신성장동력 산업 육성의 비전과 전략

1) 메가 수도권 경제 활성화의 원동력

메가 수도권은 기존 수도권을 지역적으로 크게 확장한 경우로 경제 활동 측면에서 자칫 기존 수도권의 활력을 지탱하는 구심력을 약화시킬 소지가 크다. 특히 메가 수도권의 위용을 갖추기 위해 메가 수도권 규모에 걸맞게 인프라를 확장하고 메가 수도권 내 상대적 저개발 지역이나 주변부를 개발하려는 정책적 의지가 발휘될 수 있다. 그 결과 규모가 확장되어 메가 수도권 전체의 경제적 역동성을 떨어뜨릴 수 있다. 이는 경제적 저성장을 초래할 수도 있으므로 이에 대한 대비책을 마련해야 한다.

그런데 이러한 문제는 메가 수도권 내 유망 산업을 육성함으로써 일정 부분 해소할 수 있을 것으로 보인다. 특히 미래 과학기술을 기반으로 한 미래 유망 산업을 육성해 지역적으로 적절히 안배하면 메가 수도권에 균형 잡힌 경제 활성의 원동력이 확보되므로 규모 확장에 따른 구심력 약화 현상은 자연스럽게 사라질 것으로 보인다.

2) 메가 수도권 경제를 선도할 미래 유망 산업 육성 전략

(1) 미래 과학기술을 반영한 향후 10년 미래 유망 산업 발굴

향후 10년을 내다보고 미래에 부각될 과학기술과 이 과학기술을 기반으로 미래 유망 산업을 발굴하는 것은 국가 차원의 과학기술 및 신성장동력 육성의 과제이기도 하지만, 메가 수도권 성장 및 발전 차원에서도 중요한 전략이다. 미래 유망 산업이란 사회·경제적 변화에 따라 미래에 부각될 산업이나 미래의 경제성장 차원에서 전략적으로 육성할 필요가 있는 산업으로, 미래의 특정 기간을 전후해 현재의 주력 산업 부문의 성장동력을 보완하거나 대체할 수 있는 신산업 또는 국가전략적 중요성이 높은 산업을 의미한다.

이러한 미래 유망 산업은 다음과 같은 분석 및 검토 절차를 거쳐 선정할 수 있다. 첫째, 미래 과학기술과 미래 유망 산업의 선정 사례를 검토한 후 미래 유망 과학기술 기반의 미래 산업 후보군을 선정한다. 둘째, 산업 환경과 미래기술의 트렌드, 산업 구조 전망, 델파이 조사(Delphi Method) 등에 대한 검토와 정부정책의 분석 결과에 입각해 최종 미래 유망 산업 후보군을 선정한다. 셋째, 최종 미래 유망 산업 후보군에 대한 적절한 선정 기준을 정한 뒤 이 기준에 따른 정량적 지표를 적용하고, 동시에 정성적(定性的) 판단을 위한 전문가 의견을 반영해 최종 미래 유망 산업을 도출한다. 이 최종 미래 유망 산업에 대한 메가 수도권 내의 지역적 안배를 검토하고, 나아가 각 산업의 세부 항목과 항목별 선도 제품 및 서비스를 제시하는 후속 작업을 진행하면 일반적인 미래 유망 산업의 선정에 따르는 추상성을 극복하고 구체성을 확보할 수 있다.

메가 수도권에 적용할 미래 유망 산업 선정에 참고가 될 만한 것으로는 메가 수도권의 일부인 경기도에 적합한 향후 10년 미래 유망 산업 선정 사례를 들 수 있다.3) 이 사례가 비록 경기도에 국한되어 있어 소수도권이라는 한계가 있기는 하지만 메가 수도권은 수도 서울을 제외하면 비록 면적이 대규모로 커진다고 하더라도 산업적 차원에서는 실질적으로 경기도의 외연적 확장이라고 할 수 있으므로 경기도에 적용되는 미래 유망 산업은 메가 수도

---

3) 유영성, 『경기도 유망 미래산업 발굴 및 육성, 정책과제』(경기개발연구원, 2012).

〈표 3-13〉 경기도형 미래 유망 산업의 선정 기준 사례

선정 기준	세부 내용
입지적합성	특정 산업의 물리적·기술적 특성에서 발견되는 입지인자를 경기 지역이 구비하고 있는가를 분석
입지우위성	특정 산업이 경기 지역에 상대적으로 많이 집적되어 있는지를 분석
성장성	동 산업의 세계 시장 수요가 빠르게 증가할 것인지, 세계적인 기술 라이프사이클상 부상할 가능성이 큰 분야인지 등을 분석
경제성	지역 내에서의 부가가치 및 고용 창출 효과가 큰 산업인지를 분석
정책부합성	국가나 경기도에서 추진하고 있는 정책과의 부합성이 높은지를 분석

권의 미래 유망 산업과 상당수 중복되거나 대동소이하다고 판단해도 무리는 아닐 것이다.

이 사례에서는 경기도의 미래 유망 산업 후보군을 앞에서 언급한 절차를 거쳐 총 22개로 축약해 선정했다. 그리고 이 22개 후보 산업에서 경기도형 미래 유망 산업을 선정하기 위해 5가지 선정 기준, 즉 입지적합성, 입지우위성, 성장성, 경제성, 정책부합성을 적용했다.

이러한 다섯 가지 기준을 각기 적용한 평가 결과를 종합해 최종 평가를 내렸는데, 여기에는 다음과 같은 원칙을 적용했다. 첫째, 이러한 기준을 적용하는 데 상대적 우열성은 부여하지 않는다. 둘째, 각각의 기준에 대한 충족성 등급은 애초의 상, 중, 하 그대로 구분한다. 셋째, 산업을 1순위, 2순위, 3순위로 구분한다. 다만, 3순위는 별도로 표기하지 않는다. 해당 산업이 5가지 기준 중 3개 이상 '상' 등급을 충족할 경우 경기도형 미래 유망 산업 선정에서 제일의 우선순위(1순위)를 부여한다. 반면, 3개 이상 '상' 등급을 충족하지 못할지라도 2개의 '상' 등급과 2개 이상의 '중' 등급을 충족하거나 1개의 '상' 등급과 3개 이상의 '중' 등급을 충족할 경우 2순위 산업으로 선정 대상에 포함시킨다. 이 같은 과정을 거쳐 선정된 최종 경기도형 미래 유망 산업은 〈표 3-14〉와 같다.

〈표 3-14〉 최종 경기도형 미래 유망 산업 선정 결과

순번	산업	입지 적합성	입지 우위성	성장성	경제성	정책 부합성	선정 결과 1순위	2순위
1	IT융복합 산업	△	×	○	○	○	선정	
2	방송통신 산업	×	×	×	○	×		
3	차세대자동차 산업	○	×	△	×	○		
4	녹색 산업*	○	△	○	×	×		
5	생명 산업	○	○	○	○	○	선정	
6	지능형로봇 산업	△	△	△	×	○		선정
7	나노 산업	○	×	△	×	○		
8	차세대반도체 산업	○	△	○	×	△		선정
9	디스플레이 산업	○	×	△	×	○	선정	
10	디지털콘텐츠 산업	△	×	△	×	○		
11	소프트웨어 산업	△	○	△	×	△		선정
12	항만물류 산업	×	△	△	△	○		
13	첨단기계설비 산업	△	△	×	×	×		
14	정밀기기 산업	○	○	△	×	×		
15	고분자화학 산업	△	○	×	×	△		
16	금융 서비스 산업	×	△	×	×	○		
17	교육 서비스 산업	×	△	×	×	×		
18	고령친화 산업	△	△	△	×	○		선정
19	해양레저 산업	×	△	△	△	○		선정
20	MICE 산업	○	×	○	×	○	선정	
21	섬유 산업	△	×	△	×	○		
22	가구 산업	△	×	△	×	○		

* 녹색 산업은 분석 당시 정책적 부합성이 높아 1순위 유망 산업으로 선정되었으나 2013년 현재 녹색성장 관련 정책의 추진 동력이 상대적으로 약화됨으로 인해 정책부합성이 낮아져 유망 산업에서 탈락됨.
주: ○=상, △=중, ×=하

평가 결과를 세부적으로 살펴보면 크게 순위에 따라 두 개의 그룹, 즉 1순위 그룹 및 2순위 그룹으로 구분된다. 1순위 그룹 산업은 4개 산업으로 생명 산업(의료/제약/BT 산업), IT융복합 산업, 디스플레이 산업, MICE 산업이다. 2순위 그룹 산업은 5개 산업으로, 지능형로봇 산업, 소프트웨어 산업, 차세대반도체 산업, 고령친화 산업, 해양레저 산업이다.

(2) 미래 창조 산업 중심의 지역 산업 구조 개편에 능동적으로 대응

박근혜 정부에 들어서서는 한계에 직면한 대기업 주도의 성장 중심 전략을 대체할 새로운 성장 모델이 '창조경제'라는 이름으로 제시되었다. 이는 지속 성장과 일자리 창출을 위한 새로운 경제 패러다임으로 주창되며, 과학기술 및 정보통신기술의 활용과 융합, 고용과 창업, 소프트파워와 균형 성장에 중점을 두는 새로운 경제성장 전략으로 인식된다. 이는 경제성장률 대신 총 238만 개의 일자리 창출, 고용률 70% 달성을 제시해 경제 운용 패러다임의 전환 차원에서 이해되기도 한다. 문화 산업 중심의 창조 산업에 대한 해외에서의 논의를 정보통신기술 생태계를 기반으로 한 광의의 개념으로 확대하는 것이다.

특히 저성장에 처해 있는 지역경제가 창조경제로 거듭날 것이며, 그 연장에서 지역의 산업정책 또한 기존의 산업에 과학기술과 정보통신기술을 접목한 새로운 창조 산업 육성정책으로 발전할 것으로 보인다. 이런 맥락에서는 이 국가 차원의 전략이 그대로 지역발전 전략 차원으로 전환되어 10~20년 후 메가 수도권 상황에 적용되더라도 전혀 문제가 되지 않는다. 오히려 과학기술 및 정보통신기술의 활용과 융합이라는 측면에서 미래기술 기반 미래 산업의 메가 수도권 경제 원동력화라는 비전에 매우 부합한 전략이라 할 수 있다. 따라서 메가 수도권의 미래 산업 발굴 및 육성 및 지역적 안배 차원에서 창조 산업을 중심으로 개편되는 기존 수도권 지역 산업의 구조 변화를 능동적으로 반영하는 전략적인 입장을 취할 필요가 있다.

제4장

일자리 창출을 위한 신산업 거점 육성

_ 김갑성

1. 성장 역동성 및 잠재력 저하 요인

2008년 세계 금융위기 이후 한국에서는 고용 없는 저성장이 지속되었다. 88만 원 세대, 5무(無) 세대 등 젊은이의 꿈이 사라졌다는 의미의 수식어가 사회를 더욱 우울하게 만든다. 세계적 기업인 삼성전자와 현대자동차의 수출 호조에 힘입어 한국 경제가 순항한다고 생각하는 것은 큰 착각이다. 중소기업은 물론 대기업 중에서도 파산 우려가 높아진 기업이 많아져 마냥 현재의 경제지표에 안주할 수 없는 실정이다. 반면, 중국 정부는 시진핑(習近平) 정권이 출범한 이후 연 10%에 가까운 경제성장률을 기록했음에도 위기의식을 느껴 환태평양 경제동반자 협정(TPP)을 통해 중심 국가로 부상하기 위한 전략을 추진한다. 시진핑 정부는 2013년 10월 상하이 자유무역시범지구 지정을 선언했는데, 이는 1979년 선진 개혁특구 지정 이후 '제2의 경제개혁·개방'을 천명한 것으로, 기존의 4개구 지역을 자유무역지대로 승격 재편해 상하이를 세계 금융 및 물류의 중심지로 육성하려는 야심찬 계획에서 비롯되었다. 일본은 장기 불황의 늪에서 헤어나지 못해 경쟁력을 잃었으나, 아베 정권은 이른바 아베노믹스를 앞세워 3개의 화살론을 피력하며 대담한 금융정책, 기민한 재정정책, 민간 투자를 유발하는 성장 전략을 추구하고 있다. 이를 통해 거시경제 환경의 호전과 성장 전략 추진, 기업의 실적 개선과 고용 및 소득 증가, 경제 재생과 재정 건전화 등 3개 축의 선순환 구조를 형성해 경제 부흥을 실현하려고 노력한다.

이와 비교해 한국 경제는 뚜렷한 방향을 잡지 못한 채 복지 확대와 진영 논리에서 벗어나지 못하는 여야 대치정국 등으로 표류하고 있다. 규제 완화의 필요성에는 모두 동의하지만 경제민주화와 기업의 자율 강화라는 두 가지 방향 사이에서 갈팡질팡하고 있다. 특히 이명박 정부에서는 녹색성장이라는 뚜렷한 목표가 있었음에도 이를 달성하지 못했다. 박근혜 정부는 경제민주화라는 화두를 선점하고 취임했으나 장기적인 경제 침체에 따라 투자확대를 위한 규제 완화로 선회함으로써 야당의 반발을 야기했다. 한국은행은 2014년 한국의 경제성장률을 4.0%로 발표하며 다소 긍정적으로 전망했으나 부동산 시장의 장기 침체와 양극화의 확대, 가계 부채 증가 등 부정적 요인이 잔존해 향후 경제 전망은 불확실하다. 더욱이 최근 발생한 북한의 장성택 실각으로 한반도를 둘러싼 여건은 매우 불안정해졌다.

이와 더불어 저출산, 고령화 등 인구 구조의 급격한 변화는 경제 여건, 특히 고용과 소비 분야에 큰 변화를 예고한다. 통계청의 「장래가구추계」에 따르면 1인 가구의 비중은 1990년 9%에서 2010년 현재 24%로 늘어났으며 2020년에는 30%, 2035년에는 34.3%에 달할 것으로 예상되어, 기존 4인 가구를 중심으로 한 가구체계가 무너지고 1~2인 가구를 중심으로 가구체계가 재편되고 있음을 알 수 있다. 또한 이에 따르면 현재와 같은 인구 추세가 지

<그림 4-1> 한국의 1~2인 가구 추이

(단위: 만 가구)

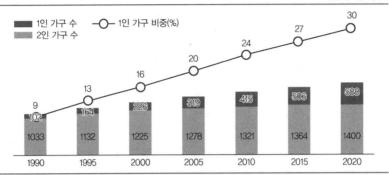

자료: 통계청, 「장래가구추계」(2010).

속될 경우 1980년 피라미드형에 가까웠던 인구 구조가 2050년에는 저출산 및 고령화로 아래는 좁고 위는 넓은 항아리형 구조를 띨 것으로 예상된다. 2050년에는 생산 가능 인구가 53.7%, 노인 인구가 37.3%로 예측되어 생산 인구의 감소가 심각할 것으로 예측된다.

저출산 고령화로 인한 생산 인구의 지속적인 감소와 복지 수요의 증가는 성장 역동성 및 잠재력을 크게 저하시킬 위협 요인으로 작용한다. 게다가 혼인 연령의 상승 및 과도한 양육비 부담으로 출산 기피 현상이 지속되고, 베이비붐 세대가 은퇴하기 시작하면서 생산 인구 감소 현상이 점차 발생하고 있다. 한국은 지난 2000년 이미 전체 인구의 7% 이상이 고령인 고령사회를 지났으며, 2018년에는 전체 인구의 14% 이상이 고령인 고령사회로 진입하고, 2026년에는 전체 인구의 20% 이상이 고령인 초고령사회로 진입할 것으로 예상된다. 특히 심각한 것은 외국과 달리 고령화사회에서 고령사회로, 고령사회에서 초고령사회로 진입하는 시차가 각각 18년과 8년으로 매우 짧아 이를 준비할 시간적 여유가 없다는 사실이다. 이러한 급격한 노령화로 2020년 한국의 잠재 성장률은 2%대로 추락할 것으로 예상되며, 이로 인한 복지비용의 지출, 연금재정의 부담 등에 대한 우려가 높다. 조세연구원은 향후 급속한 인구 구조의 변화로 복지 재정 지출 규모가 2050년까지 GDP 대비 13.9%까지 증가할 것으로 전망한다.[1] 또한 상대적으로 낙후된 지역의 노령 인구 비율이 더 높아 결과적으로 재정자립도가 낮은 지역에서 복지 비용이 더 높게 발생해 지방자치제 운영에 실질적 어려움을 초래할 뿐 아니라 지역 간 격차도 확대될 것으로 전망된다.

서울을 중심으로 한 메가 수도권은 비교적 젊은 층이 선호하는 지역이며, 박근혜 정부가 추구하는 창조경제를 수용하기에 가장 적합한 지역이다. 또한 기존의 대기업 중심 투자와 함께 신산업이 발전할 수 있는 제반 여건을 갖춘 가장 경쟁력 높은 지역이기도 하다. 「수도권정비계획법」으로 대표되는 수도권 입지 규제는 현재와 같은 경제 여건하에서는 반드시 조정이 필요하며, 국내외 기업의 투자를 유치하기 위해서는 획기적인 변화가 필요하다. 또한 향후 수요 확대가 예상되는 신재생에너지 부품 산업, 2차 전지 산업, 항공 산업, BT 및 IT융합 산업, MICE 산업, 의료 산업, 교육 서비스 산업, 금융 서비스 산업, 물류 산업 등의 육성이 필요하다.

한편 메가 수도권의 산업 입지 여건에는 다음과 같은 문제점 및 한계가 있다. 첫째, 노후화 때문에 인프라 수준이 매우 열악하다. 산업연구원의 분석에 따르면 수도권 산업단지의 핵심 역할을 하는 국가산업단지의 경우 혁신 잠재력은 우수한 편에 속하나 인프라 수준은 열악한 것으로 나타났다. 둘째, 수도권 소재 일반산업단지 또한 국가산업단지보다는 상대적으로 양호한 편이나 타 지역 소재 산업단지에 비해 열악한 것으로 분석된다. 셋째, 서울 및 인천에 입지해 있는 대부분의 산업단지는 설립된 지 오랜 시간이

1) 전병목, 「복지재정 전망과 대응방안」, ≪조세재정 브리프≫(조세연구원, 2010).

지난 노후산업단지여서 인프라 시설이 열악해 생산성 및 효율성이 현저히 떨어진다. 따라서 수도권 소재 국가산업단지를 중심으로 용지 가격을 인하하고 우수한 인적 자원을 확보해야 하며, 주차 시설 및 진입도로 확충 등을 통해 교통 접근성을 제고해야 한다. 수도권에 위치해 있는 산업단지 현황을 살펴보면, 2010년 현재 서울에는 국가산업단지 1개, 일반산업단지 2개가 위치해 있으며, 경기도에는 국가산업단지 4개, 일반산업단지 96개, 농공산업단지 1개가, 인천에는 국가산업단지 2개, 일반산업단지 7개가 위치해 있다. 수도권 소재 산업단지의 지정 면적이 차지하는 비율 또한 전국 대비 19.9%로 높은 수준은 아니다. 메가 수도권 내 산업단지가 전국에서 차지하는 질적 수준을 살펴보면 업체 수는 총 3만 4,930개로 전국 산업단지의 기업 중 52.3%가 서울·경기·인천에 위치해 있다. 고용 측면에서는 전국 대비 38.5%를 수도권에서 고용하는데, 세부적으로는 경기도가 가장 많은 23%를 차지하며, 서울이 8.1%, 인천이 7.3%다. 산업단지의 생산액은 전국 대비 19.2%인데, 이 중 77%(전국 대비 14.8%)가 경기도에서 생산되고 있어 경기도의 비중이 수도권뿐 아니라 전국에서도 상당히 높음을 알 수 있다. 또한 수출은 전국 대비 13.2%가 수도권에서 발생하는데, 경기도의 수출이 전국 대비 10.8%로 수도권에서 창출되는 수출은 대부분 경기도에서 이루어지는 것으로 나타났다.

수도권의 입지 규제에 관한 논의를 살펴보면, 기본적으로 한국의 수도권 규제는 정책 규제로 과학적 비용 편익 분석보다는 감성적 당위론에 의해 지배되는 경향이 있다. 수도권 정책은 집중의 원인을 해소하기보다 입지를 규제하는 소극적인 접근에 치중해 있으며, 수도권의 발전보다는 지방과의 상생에 초점이 맞추어져 있다. 그러나 수도권 입지 제한정책으로 외국인 투자 유치, 새로운 산업 육성 등에 상당한 제약(「산업집적활성화 및 공장설립에 관한

〈표 4-1〉 수도권의 산업단지 현황(2010년)

구분	유형	단지 수(개)	지정 면적(㎡)
전국	국가	40	802,345
	일반	434	465,315
	도시첨단	6	745
	농공	421	67,201
전국 계		901(100%)	1,335,607(100%)
서울	국가	1	1,982
	일반	2	1,269
경기	국가	4	193,367
	일반	96	49,835
	농공	1	117
인천	국가	2	11,320
	일반	7	7,331
수도권 계		203(22.5%)	265,221(19.9%)

자료: 한국산업단지공단(www.kicox.or.kr).

법률」에 따라 원칙적으로 수도권 내 대기업의 공장 신설이 제한됨)을 받는다. 이에 따라 기업의 지방 이전보다 해외 이전이 촉발되고 외국인 투자 유치에 실패하는 사례가 빈번해져 수도권의 산업 경쟁력 약화를 초래한다.

이와 같은 대내외 여건을 극복하기 위해서는 청년의 기호에 맞는 서비스업 등 새로운 고급 일자리 창출, 고령 인구의 활용 방안 마련, 신성장 산업을 육성하기 위한 규제 완화 등이 필요하다. 이를 자세히 살펴보면 첫째, 1인당 소득 및 교육 수준이 높아짐에 따라 건설 노동, 제조업 등과 같은 3D 업종 기피 현상이 팽배해 있으므로 청장년층의 고용률을 높이기 위해서는 기존의 중후장대형 제조업 위주에서 청년층이 선호하는 서비스업으로 전환함과 동시에 고급 일자리를 창출해야 한다. 둘째, 늘어나는 고령 인구가 경제에 부담이 되는 것이 아니라 새로운 성장의 원동력이 될 수 있도록 활용해야 한다. 예를 들어 은퇴 이후에도 풍부한 사회 경험을 토대로 지역 사회에 재능을 기부할 수 있는 여건을 마련하고, 재취업 기회를 확대하거나 적합 업종을 개발함으로써 유휴 노동력을 활용할 수 있는 방안을 마련해야 한다. 셋째, 경쟁이 치열해지는 국제 경제 환경하에서 기업의 유치 및 투자를 활성화하기 위해서는 법인세 인하, 각종 부담금 감면 등 세제 혜택을 부여해야 한다. 이를 위해서는 새로운 세원 확보가 불가피하다. 늘어나는 복지 재원을 확충하기 위해서도 소비세 인상 및 지하경제 양성화를 통한 신세원 발굴이 필요한 실정이다.

2. 수도권의 기존 산업 및 신성장 산업 클러스터[2]

산업이 성장하려면 기존 산업과 신성장 산업 집적지, 대학, 연구기관, TP 등 지원기관의 역량을 엮어줄 수 있는 상징적·실질적인 구심점이 필요하다. 메가 수도권에는 연구 개발, 지식기반 서비스, 지식기반 산업 등 혁신 거점이 산재한다. 대부분 국소 지역에 연구개발-대학-생산 기능이 집적되어 있으며, 주로 수도권의 서울 지역과 가치사슬 연계를 갖는다. 바이오·IT 등 융복합 과학기술 산업을 중심으로 대도시 경제를 활용한 산업의 공진화(related variety)와 사회자본의 증진을 통한 혁신 클러스터화에 주축이 되는 역할을 담당한다.

생산 클러스터와 연구 개발 간의 연계가 중요하다. 첨단 산업 분야의 고도기술을 중심으로 과학기술 분야에 대한 연구의 추진, 기술 이전, 창조적인 인재의 육성, 과학 문화의 진흥 등을 산학연 연계하에 추진한다. 혁신 주

---

2) 이 절의 내용은 남기범, 「메가 수도권 비전과 전략: 산업 클러스터」(2013), 워크숍 자료(내부 자료)를 요약한 것이다.

〈표 4-2〉 메가 수도권의 신성장 산업 클러스터

구분	시·군	특화 산업 및 기술	혁신 클러스터(거점)		주요 산업 단지
			대학(특화 분야)	거점 및 단지	
연구 개발	수원 용인	· 연구 개발, 과학기술 서비스 · 바이오의약/나노소자 · 전시 및 컨벤션	성균관대학교(IT, NT) 아주대학교(BT) 경기대학교(ET)	광교테크노밸리	고색
지식 기반 서비스	성남 용인 이천	· 성남(IT 서비스, 반도체 설계, 소프트웨어, 문화 콘텐츠, 섬유·신발) · 용인(정보통신기기)	경원대학교 (소프트웨어, 신소재) 경희대학교(영상정보)	판교테크노밸리 기흥벤처밸리 KINS타워	성남
	안양 부천 군포 과천	· 부천(만화영상, 로봇, 금형, 조명) · 안양(소프트웨어, 정밀기기, 정보기기)	안양과학대(정밀기기) 유한대학교(금형, 금속) 한세대학교(정보통신)	안양 K-센터 부천테크노파크 과천지식정보타운	부곡
	고양 파주 (일부)	· 파주(출판) · 고양(전시컨벤션, 정보통신)	항공대학교 (소프트웨어, 정밀기계)	삼송기술단지 (고양)	-
지식 기반 산업	안산 시흥 김포 화성 오산 평택 안성	· 안산 시흥(메카트로닉스, 부품소재, 정밀화학, 바이오) · 화성(제약, 자동차 부품, 반도체) · 김포(정보통신 부품소재) · 오산(정보통신기기)	한양대(정보통신, BT) 산업기술대(정밀기기) 경기공업대(부품소재) 한경대학교(청정농업) 수원대학교(환경기술)	경기테크노파크 송산테크노밸리	시화 반월 발안 양촌
	파주 양주 남양주	· 파주(디스플레이부품, 정밀기계, 전자부품) · 양주(섬유가공·소재)	섬유소재연구소 두원공과대	-	월롱 선유
	의정부 동두천 포천 연천	· 포천(섬유, 가구, 조립금속) · 동두천(피혁, 염색)	대진대학교 경민대학교(가구)	경기대진 테크노파크	

자료: 남기범, 「메가 수도권 비전과 전략: 산업 클러스터」(2013).

체는 각자 자신이 강점을 가진 분야에 특화하고, 나머지는 네트워크를 통해 조달(소그룹 활동의 강화, 기술혁신과 함께 신규·공동사업 관계의 활발한 창출, 사업 제휴 등)하는 등의 분업형 네트워크 형성의 주축 역할을 담당한다.

메가 수도권 내 혁신 거점을 보면 〈표 4-2〉, 〈그림 4-2〉처럼 광교-판교, 과천-안양, 안산, 대전-오송, 아산-당진 등이 네트워크형으로 연계되어 있다.

<그림 4-2> 메가 수도권의 신성장 산업 클러스터 분포

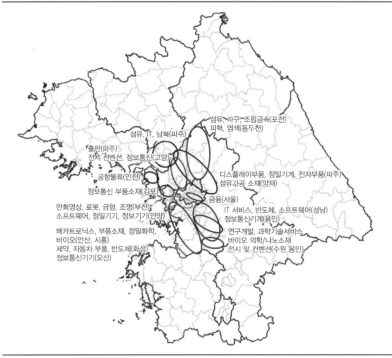

섬유, 가구, 조립금속(포천)
피혁, 염색(동두천)

섬유, IT, 남북(파주)

출판(파주)
전시, 컨벤션, 정보통신(고양)

공항물류(인천)
정보통신 부품소재(김포)

디스플레이부품, 정밀기계, 전자부품(파주)
섬유가공 소재(양재)

금융(서울)

만화영상, 로봇, 금형, 조명(부천)
소프트웨어, 정밀기기, 정보기기(안양)

IT 서비스, 반도체, 소프트웨어(성남)
정보통신기계(용인)

메카트로닉스, 부품소재, 정밀화학,
바이오(안산, 시흥)
제약, 자동차 부품, 반도체(화성)
정보통신기기(오산)

연구개발, 과학기술서비스
바이오 의학/나노소재
전시 및 컨벤션(수원, 용인)

자료: 남기범, 「메가 수도권 비전과 전략: 산업 클러스터」(2013).

3. 기회 및 위협 요소 전망

메가 수도권은 남북 협력 강화로 한민족 경제권이 부상함에 따라 지역경제성장의 기회를 맞이했다. 북한이 장성택 처형 이후 불안한 정국을 돌파하고 정권을 유지하기 위해 개방을 가속화할 경우 개성공단 재개에 이어 다각적인 남북경제 협력이 전개될 가능성이 있다. 러시아가 나진·선봉지구에 대한 한국 측의 참여를 약속한 것과 같이 한국의 북한특구 개발 참여 확대는 그 가능성은 낮지만 충분히 예상 가능한 시나리오다.

이 경우 투자의 주체가 한반도는 물론 세계에서 활동하는 한상(韓商)들에게까지 확대되어 한민족 경제권이 부상할 것이며, 제2의 한강의 기적을 기대할 수도 있다. 한국이 북한 투자를 확대하면 새로운 일자리가 창출되고, 국내에서 노동 임금 상승과 지가 상승으로 원가에 부담이 발생한 한계 산업이 북한으로 이전하며, 한국에는 새로운 성장 산업이 그 자리를 대신할 것으로 예상된다. 그러나 메가 경제권의 경제 현실은 고용 없는 성장만 지속되는 실정이다. 더군다나 한국 경제는 중국과 일본 등 세계 각국과의 치열한 경쟁에 놓여 있으므로 지금과 같이 고용 없는 성장이 지속될 가능성이 높다. 저성장 기조와 젊은 층의 취업난, 가계 부채 등을 해결하기 위해서는 신성장 산업의 육성이 절실히 필요하며, MICE, 의료, 교육, 금융 등 고급 서비스 산업과 융복합 산업, 창조 산업 등과 같은 제조업의 육성이 필요하다. 또한 여성 인력의 활용과 재래시장의 활성화, 전통 산업의 고도화 등도 함께 논의해야 할 것이다.

4. 권역별 신산업 거점 조성을 통한 산업 비전과 전략

1) 한반도의 두뇌와 심장, 광역경제권의 비전

한반도를 사람의 장기로 비유하면 서울은 두뇌, 경기도는 심장이라 할 수 있다. 산업 측면에서 고급 인력이 대부분 집적되어 있는 서울은 교육과 R&D 기능에 특화되어 두뇌의 역할을 수행해야 한다. 반면, 경기도는 한반도의 심장이 되어 열심히 박동해야 한다. 경기도에서 제조업이 활성화되면

이는 각 핏줄을 통해 전국 방방곡곡으로 성장의 원동력을 전달해 지역 균형에 기여한다. 메가 수도권의 제조업은 전국의 제조업과 전후방으로 이어져 있어 연관 관계가 매우 높다. 따라서 수도권의 발전은 비수도권의 산업 성장에도 크게 영향을 미친다.

2) 메가 수도권을 창조경제의 거점으로 조성하는 전략 추진

(1) 권역별로 특화된 신산업 거점 조성

메가 수도권을 창조경제의 거점으로 조성하기 위해서는 권역별로 특화된 신산업 거점을 조성해야 한다. 이를 위해서는 중부 및 남부 권역을 한국 첨단 산업의 대표적인 지역이자 동북아시아의 실리콘밸리로 육성할 필요가 있다. 창조경제밸리로서 IT, BT, ICT 융복합기술의 R&D 및 사업화 선도 지역으로 조성하는 것이다. 이를 위해서는 첫째, R&D 역량을 강화해야 한다. 서울과 경기도에 소재한 대학과 민간기업 연구소 등을 연계해 산학연 기술 개발체계를 구축한다. 둘째, 우수한 인력풀과 대학 등 연구 역량을 지닌 곳을 세계기술을 선도할 IT, 정보통신기술 등 융복합기술의 선도 지역으로 육성해야 한다. 셋째, IT 등 첨단 산업의 입지 활성화를 위해 지원책을 강구해야 한다. 즉, 수도권 중과세 제도 폐지, 각종 부담금 부과 대상 제외 추진 등이 요구된다. 넷째, BT 산업을 육성해야 한다. 이를 위해서는 대학병원 및 대학, 제약업체 등의 협력 사업 발굴 및 지원 정책이 마련되어야 한다.

최근 수요가 급증한 2차 전지 산업의 육성도 필요하다. 자동차, 휴대전화 등에서 볼 수 있듯이 배터리의 용량과 모양에 관한 기술의 발전 여부는 현재 모든 산업의 제품에 막대한 파급효과를 미친다. 지금 충청북도가 2차 전지 산업을 전략 산업으로 육성하고 있으나 규모가 작아 세계 시장을 겨냥할 경우 대규모의 투자가 필요하다. 경기 남부 지역과 충북 지역을 연계해 육성하면 상호 협력 성장을 기대할 수 있을 것이다.

서부권역은 서비스 산업과 항공우주 산업의 거점으로 육성한다. 서부권역에는 중국과의 교역 강화 및 중국인 관광객 유치, 환황해권의 중심지화를 위한 산업 전략이 요구된다. 이를 위해서는 우선, 서비스업을 육성해야 한다. 서비스 산업 중에서는 MICE 산업과 의료 산업, 한류 산업, 전자상거래 기업 물류 센터 등이 입지할 수 있다. MICE 산업은 게이밍 시설을 포함한 컨벤션, 호텔, 쇼핑, 리조트 등이 복합된 복합리조트(Integrated Resort: IR) 개념으로 유치가 가능하다. 복합리조트는 최근 일본에 2개소, 필리핀에 1개소, 타이완에 2개소 등이 설치될 것으로 알려져 있으며, 한국도 이를 위해 게이밍 시설에 대한 입지 규제를 풀어야 한다. 싱가포르의 경우 복합리조트 1개당 약 1만 5,000명의 직접 고용이 창출된 것으로 분석되므로 이는 젊은 층의 고용을 확대하기 위해 반드시 유치해야 하는 산업 분야다. 또한 의료특구 조성 및 외국인 의료 관광 유치를 위한 의료 산업도 육성해야 한다. 최근 세계적인 문화계를 주도하는 한류의 확산을 위해서는 K-팝, 한식, 한복 등 한류를 확산하는 전략이 요구된다. 한편 전자상거래의 발전 속도가 매우 빠르므로 서울 근교에 인터넷 쇼핑 기업을 위한 물류센터도 조성해야 한다.

다른 주요 산업으로는 항공우주 산업의 육성이 있다. 고양과 김포 지역에 항공우주기술개발센터 등 R&D 기능과 무인기(민수용 UAV) 기술 개발 및 제품 생산 시설을 확충해야 한다. 항공우주 산업은 타 산업과의 연계가 매우 강하므로 경기도가 R&D 기능을 수행해야 한다.[3] 항공우주 산업에는 다음과 같은 기술 개발 효과가 있다. 첫째, 항공우주기술 측면에서 제어기술, 재

---

3) 김영규, 『사천 항공과학산업단지 개발구상을 위한 기초연구』(경남발전연구원, 2008).

료/가공기술, 구조기술, 공력기술, 엔진기술, 전기/전자기기기술, 시스템관리기술, 안정성/신뢰성 관리기술이다. 둘째, 기계 산업 측면에서 발전용 가스터빈, 난소재료의 가공기술, 액추에이터기술, 풍력 발전에 기여한다. 셋째, 소재 산업 측면에서 경량/고강도 복합제, 경량합금(알루미늄), 내열합금, 분말합금 기술에 연관된다. 넷째, 자동차 산업 측면에서 차체공력설계, 엔진전자최적제어, 터보차저, 디스크브레이크 기술이다. 다섯째, 정보·전자 산업 측면에서 레이더, 데이터통신, 시스템 기술에 기여한다. 이와 더불어 주택 산업의 불연재료, 허니컴구조, 태양열 주택, 샌드위치 구조와 조선 산업의 위그선, 수중익선, 호버크라프트, 선박용 가스터빈과 레저산업의 복합재 스포츠용품(낚싯대, 라켓 등), FRP보드 등의 기술과도 연관이 높아 하이테크 기술의 발전에 기여하는 바가 크다.

북부권역에는 통일대비 업종을 유치하고 제2개성공단을 조성한다. 북부권역은 상대적으로 낙후되어 있으나, 남북관계 변화에 따라 무한한 가능성을 보유한 지역이므로 북한과의 교류 확대를 통한 발전 방안을 모색해야 한다. 유치 산업으로는 첫째, 북한의 인적 자원과 한국의 자본 및 기술을 접목할 수 있는 산업으로 신발, 가죽, 의류 등이 있다. 둘째, 통일 이후 북한에 필요한 산업으로 농기계, 비료, 기계, 부품소재 등이 있다. 셋째, 파주 LCD 클러스터를 확장해 차세대 디스플레이 산업을 육성해야 한다. 향후 미래성장 산업 중 유치 가능한 산업으로는 신재생에너지 산업 관련 부품소재 산업과 창조 산업 중 문화, 관광(생태, 역사), 디자인 등이 적합하다.

남북교류 확대에 따라 신산업 발굴도 가능하다. 러시아 천연가스관의 연결을 통해 수도권 거점인 철원, 연천 등에 에너지단지를 조성하고, 남북 DMZ 등 접경지역의 생태와 역사문화 지표에 대한 공동 조사 및 연구도 추진해야 한다. 또한 제2개성공단 조성도 요구된다. 한국에 공단을 조성해 북한 인력이 통근할 수 있도록 한다면 경쟁력을 제고할 수 있을 것이며, 개성공단이 중단될 경우의 리스크를 완화할 수 있다. 의류 산업이 1차적인 협력 대상이며, 북한의 인력을 활용한 노동집약적 산업과 LCD 클러스터, 인천 남동공단에 소재한 전통 산업이 입지한다면 인천국제공항과 국제항만(인천 및 평택항)을 활용해 중국 및 세계로의 진출을 도모할 수 있을 것이다.

마지막으로, 동부권역을 교육과 문화관광 레저 거점으로 조성한다. 동부권역은 현재 자연환경보전권역으로 묶여 있어 제조업 투자에 한계를 보였다. 우선, 한강수계를 제외한 자연보전권역을 지표 조사함으로써 구역을 재지정하고 규제를 완화해 중복 규제를 해소할 필요가 있다. 현재 자연환경보전권역은 한강수계와 직접적인 관계가 없더라도 한강이 동일 시·군에 포함될 경우 전 지역이 규제대상에 해당되어 불합리한 면이 있다. 한강수계 주변 지역은 강력히 규제하되, 나머지 지역은 현황에 따라 보전 구역과 개발가능지로 구분함으로써 규제를 완화할 필요가 있다.

한편 자연 생태를 활용한 교육 및 문화관광 레저의 중심지화가 필요하다. 기업체 연수원 등을 유치해 교육 연수 공간을 확보하고, 문화 시설 및 관광 레저 시설을 확충해 강원도와 연계하는 방안을 모색해야 한다. 각 지역별로 보면 광주 서부, 남양주 서부 지역은 교외형 R&D 파크다. 서울 강남권 주거 수요를 충족하는 공간으로, 남양주 동부와 광주 동부 및 양평 서부 지역은 전원도시로 노령 인구 대상의 주택을 개발해야 한다. 용인 지역에는 제조업 및 물류 시설을 확충하고, 이천과 여주에는 첨단 산업을 육성하고 배후 신도시를 건설하는 한편 물류 시설을 확충할 수 있을 것이다. 가평과 양평 지역은 주말 및 체류형 관광 중심지로 개발해 관광레저 기능을 확충할 필요가 있다.

(2) 여성 인력 활용과 전통 산업을 통한 일자리 창출

첫째, 국민소득이 3만~4만 달러에 이르기 위해서는 유휴 노동력을 적극적으로 활용해야 한다. 특히 여성의 교육 수준이 남성에 비해 열등하지 않은데도 사회적으로 낭비되고 있다. 여성 인력의 재취업을 지원하기 위해서는 첫째, 재취업 관련 교육훈련비 지원과 여성인력 확보 기업에 대한 세제 지원이 요구된다. 둘째, 여성 창업자 우대정책이 필요하다. 입지, 창업자금 등의 지원과 함께 멘토링 시스템을 구축해 여성 상공인 교류협력을 강화해야 한다. 셋째, 여성 취업에 적합한 업종 개발 및 지원이 필요하다. 보육, 교육, 디자인, 사회봉사, 기술 등 다양한 영역에서 여성 친화형 직업을 발굴해야 한다. 산업적 측면 외에도 영유아 보육 시설의 확충이 요구된다. 여성의 보육 부담을 덜어주어야 재취업이 가능하기 때문이다. 따라서 공공기관 이전 빌딩, 종교 시설, 주민센터, 미분양 주택 등을 활용해 영유아 보육 시설을 확충해야 한다. 보육 시설이 늘어나면 그만큼 새로운 일자리가 창출되므로 이는 1석 2조의 정책이 될 수 있다.

둘째, 청년 창업과 관련된 지원이 필요하다. 여기에는 저렴한 공간 제공, 공동기자재 구입비 지원, 졸업연령 연장제도 등의 도입이 요구된다. 대학과 연계된 청년 창업자 양성 사업으로 재학 중 연구 지원과 함께 졸업 후 창업으로 연계될 수 있는 정책적 지원을 실시해야 한다. 청년 창업 아이디어페어를 개최해 창업 아이템을 발굴하고 취업 박람회 등을 통해 일자리 연결 사업이 원활히 진행되도록 한다. 또한 창업자금 지원을 위한 벤처기금 조성이 필요하다. 또한 산학연 연계를 강화하여 R&D 기능을 확충해야 한다. 대기업 연구소와 대학, 중소기업의 협력 사업을 지원해 R&D 역량을 강화할 필요가 있다. 특히 공공기관 이전에 따른 경기도의 R&D 기능 약화에 대응해 대기업과 대학이 보유한 우수한 연구 역량을 활용해야 한다. 교류 사업

에 대한 연구비 지원도 필요하다.

셋째, 전통 산업과 재래시장을 보호하고 지원해야 한다. 즉, 전통 산업을 고부가가치화하는 전략이다. 경기도 북부 및 동부 지역은 전통적으로 가구 및 의류 산업이 강점인 지역이다. 이들 산업을 고도화해야 한다. 가구의 경우 광명시에 이케아(IKEA)가 입지함으로써 위협을 받고 있는데, 이를 반전의 기회로 삼아 이케아 등을 활용한 세계 시장 개척 및 시스템 가구 생산으로 진화해야 한다. 의류 산업의 경우 서울 남대문 지역의 시장 한계를 극복하는 대안으로 경기 북부 지역을 패션 및 기능성 의류 등으로 고부가가치화할 수 있다.

전통 가업 잇기를 활성화하는 전략도 필요하다. 소상공인에 대한 지원을 단순히 현재의 업종을 유지하도록 지원하는 것에서 벗어나 자녀에게까지 이어질 수 있도록 해야 한다. 좋은 일자리란 자식에게도 물려줄 수 있는 일자리다. 가업 잇기를 통해 소상공인의 자부심과 전통을 세울 수 있으므로 이를 위해서는 세제 지원과 우수모범 사례 발굴을 통한 인증제 도입 등의 장려정책이 필요하다.

또한 재래시장 활성화가 필요하다. 청년이 재래시장에서 창업할 때 창업 자금과 점포 임대 등을 지원한다면 젊은이의 패기와 접목되어 시장에 활기를 불어넣을 수 있다. 또한 주차장 확대, 대중교통망 확충, 천장 덮개 설치, 하수로 정비 등의 물리적 환경 개선과 직거래 활성화 전략이 필요하다. 생산자와 판매자 간, 생산자와 소비자 간 유통 구조를 개선하고 폐점포를 활용한 생산자 직거래 장터를 상설 운영함으로써 로컬 푸드와 소비자를 연결시키면 농업 활성화에도 기여할 수 있다.

(3) 적극적인 산업 입지정책 추진

첫째, 외국에 진출한 국내 기업 중 자국으로 유턴하려는 기업 및 외국계 기업의 유치가 필요하다. 글로벌 금융위기 이후 제조업의 비중이 높은 국가가 성장세를 이어가면서 제조업의 중요성이 재조명되고 있다. 따라서 해외로 진출한 국내 제조 기업의 유턴을 유도하고, 일자리를 늘리기 위해 중장기적으로 제조업의 생산기반을 국내에 조성할 필요성이 대두되었다. 2012년 초 대한무역투자진흥공사(KOTRA)와 대한상공회의소가 조사한 바에 따르면 해외에 진출한 240개 회사 중 12.5%인 30개 회사가 국내로의 유턴의사를 밝혀 분위기가 무르익었다. 또한 유럽계 중국 진출 기업을 대상으로 중국 이외의 지역으로 투자를 옮길 의사가 있는지 물었더니 22%의 기업이 긍정적인 반응을 보여 중국 주변 국가의 반사이익이 기대된다. 실례로 미국은 제조업을 강화하기 위해 연방법인세를 35%에서 28%로 인하하고 해외 자회사에 대한 중과세를 통해 제조업의 유턴을 유도하고 있으며, 독일 또한 기업 조세 부담을 38.7%에서 29.8%로 인하해 제조업의 국내 정착을 지원하고 있다.

국내 제조업의 50% 이상이 수도권에 입지해 있고 기업이 수도권에 느끼는 매력이 여전해 유턴 기업은 수도권에 입지하고 싶어 할 것이므로, 이들을 흡수하기 위해서는 수도권 공장총량제 등의 규제정책에 대한 전향적인 자세가 필요하다. 결과적으로 이를 통해 제조업의 R&D 등 고부가가치 영역에서 투자가 확대되고 일자리를 창출할 수 있는 여건이 마련될 것이다.

둘째, 노후산업단지 재생과 구조고도화 등을 통한 근로생활의 질(Quality of Working Life: QWL) 향상이 요구된다. 구조고도화 사업은 기존 노후산업단지를 일터, 배움터, 즐김터 등 3터가 될 수 있는 공간으로 재창출함으로써 산업단지에서의 생활 만족감을 향상시키고 생산성에 영향을 줄 수 있는 다양한 제반 요소를 고려하는 정책으로, 지식경제부의 노후산업단지 재생정책의 일환이다. QWL 사업은 산업통상부 지원으로 실시되는 사업으로 5대 정책 과제 추진을 통해 산업단지를 재편하고자 한다. 5대 정책 과제란 근로생활의 질을 높이는 산업단지 구축, 성장의 꿈을 키울 수 있는 배움터 형성, 즐겁고 안전한 산업 공간 조성, 산업단지 고용 창출 역량 강화, 친환경 녹색단지로의 전환 촉진이다. 또한 국토교통부 지원 사업인 노후산업단지 재생사업은 주로 물리적 여건을 개선하는 데 국고를 지원하는 것으로, 도로와 주차장, 공원 등을 확충할 수 있다. 토지용도 변경을 수반하면서 산단재생사업과 QWL 사업을 연계하면 시너지가 창출될 수 있을 것이다.

셋째, 메가 수도권 내에 일자리를 중심으로 한 융복합 도시를 조성해야 한다. 기존의 주거 중심이던 신도시 개발 전략은 직장과 주거지가 분리됨에 따라 교통 유발, 환경오염 유발 등의 부작용을 양산했다. 주거 중심적인 신도시 건설을 대체해 이제는 일자리 중심의 도시 조성이 요구된다. 일자리와 주택, 의료, 복지, 교육, 문화가 복합된 공간으로 젊은 층의 고급 인력을 유인할 수 있다. 또한 도시형 산업, 즉 R&D, 문화, 의료, 실버, 창조 산업 등을 유치할 수도 있다. 홈쇼핑 및 인터넷 상거래 활성화에 필요한 물류단지를 조성하고 소호(SOHO)형 지식산업센터 등을 공급해야 한다. 또한 공동기기센터, 국제회의실, 전시실, 세미나 및 회의실 등 공용공간과 공용시설을 저렴한 가격에 제공해 기업의 창업과 보육(인큐베이터)이 가능하도록 만들어야 한다.

넷째, 도심 접근성이 양호한 서울 등 대도시 주변의 그린벨트를 활용하면 저렴한 용지비로 공간을 확보할 수 있다. 보금자리주택 사업 등으로 해제된 그린벨트를 활용하거나 보전가치가 떨어지는 그린벨트를 해제해 일자리 중심의 산업단지를 조성해야 한다. 이곳들은 문화 산업, 의료 산업, 실버 산업 등 신산업 거점으로 조성할 수 있으며, 기존의 주택 중심이던 뉴타운 또는 신도시 개념을 탈피해 일자리 중심의 공간으로 주택, 의료, 복지, 교육, 문화 공간 등을 조성해 양호한 정주 환경을 확보할 수 있다. 이와 같은 도시를 에지 시티(Edge City)라고 하는데, 이는 도심의 한계 산업 또는 용지 가격이 저렴한 도시 주변 지역에 주택이 형성된 타운을 의미한다.

다섯째, 경기 북부 지역의 미군 공여지와 공공기관이 세종특별시 및 지방 혁신도시로 이전하면서 발생한 이전적지를 적극적으로 활용해야 한다. 미군 공여지는 최근 부동산 시장 여건의 악화로 활발하게 개발되지 않고 있다. 비수도권 소재 대학의 부분 이전도 현지 주민의 반발과 상승하는 지가의 영향으로 확대가 불가능해졌다. 미군 공여지를 전면적으로 개발할 수도 있지만 기존의 미군부대 시설을 활용해 이를 관광 자원화하는 방안도 적극 고려해야 한다. 오늘날의 관광은 스토리텔링이 중요하다. 한반도의 6·25전쟁은 유엔이 참여해 승리한 전쟁의 하나로, 많은 국가에서 관여하고 남북의 비극이 존재하는 스토리텔링이 가능한 역사다. 이를 활용해 이곳을 세계적인 관광지로 탈바꿈할 수 있을 것이다. 일부 아파트 등은 주거 시설 및 숙박 시설 등으로 활용해 개발을 최소화해야 한다. 공공기관 이전 부지는 규모에 따라 활용 방안을 모색할 수 있다. 대규모 공간은 도시첨단 산업단지로 활용해 신규 기업의 입지를 유도하고, 중규모 공간은 R&D 기능을 유치해 혁신도시로 이전하는 기관의 역할을 대체할 필요가 있다. 소규모의 공간은 주민편의시설(복지시설, 영육아 보육 시설 등) 확충에 사용함으로써 지역공동체를 위한 입지로 활용할 수 있을 것이다.

제5장

경기만 복합리조트 개발 _ 이수진

1. 관광 수요 및 행태의 변화와 대응

1) 국제 관광 수요의 증대

관광 수요 관점에서 살펴보면 유엔세계관광기구(United Nations World Tourism Organization: UNWTO)는 국제 관광 시장(international tourist arrivals)이 2030년까지 연 평균 3.3%씩 증가해 국제 관광객이 약 18억 명에 이를 것으로 예측했는데,[1] 이는 연평균 4,300만 명의 새로운 시장이 형성되는 것을 의미한다. 아시아·태평양 지역은 국제 관광 목적지로서 세계에서 가장 빠른 성장세를 보이고 있으며, 동기간에 연평균 4.9% 성장하면서 2030년에는 관광객이 전체 시장의 29.6%인 5억 3,500만 명에 이를 것으로 전망된다. 특히 동북아시아 지역은 연평균 900만 명의 새로운 시장이 형성되면서 2030

---

1) UNWTO, *Tourism Highlights 2013 Edition*(2013).

<표 5-1> 지역별 방문 국제 관광객 수 및 연평균 성장률 추이

(단위: 백만 명, %)

	1980년 관광객	1995년 관광객	1980년 이래 성장률	2010년 관광객	1995년 이래 성장률	2020년* 관광객	2010년 이래 성장률	2030년* 관광객	2020년 이래 성장률	시장 점유율 2010년	2030년*
전 세계	277	528	4.4	940	3.9	1,360	3.8	1,809	2.9	100.0	100.0
아프리카	7.2	18.9	6.7	50.3	6.7	85.0	5.4	134.0	4.6	5.3	7.4
미주	62.3	109.0	3.8	149.7	2.1	199.0	2.9	248.0	2.2	15.9	13.7
아시아·태평양	22.8	82.0	8.9	204.0	6.3	355.0	5.7	535.0	4.2	21.7	29.6
유럽	177.3	304.1	3.7	475.3	3.0	620.0	2.7	744.0	1.8	50.6	41.1
중동	7.1	13.7	4.5	60.9	10.5	101.0	5.2	149.0	4.0	6.5	8.2

* 예측치.
자료: UNWTO, *Tourism Highlights 2013 Edition*(2013), p. 15.

년에는 2억 9,300만 명의 시장을 수용하는 세계 최대의 관광 목적지로 성장할 것으로 전망된다. 이는 남부 유럽 및 지중해 지역의 2억 6,400만 명을 상회하는 수치다.

세계 관광 시장에서 동북아시아 지역의 성장은 경제성장과 중산층 확대에 따른 중국 아웃바운드 시장의 성장과 역내 중심의 국제 관광 구조가 주된 원인이라고 할 수 있다. UNWTO는 2020년 연간 약 1억 명의 중국 관광객이 출국할 것으로 추정해 중국을 세계 제4위의 관광송출국으로 전망한 바 있다. 결론적으로 아시아태평양 지역, 특히 동북아시아 지역은 관광객 송출 및 도착 모두에서 세계 관광 시장의 중심으로 부상할 것으로 예상되는 바다.

관광 공급 관점에서 살펴보면 동북아시아 관광 시장을 포함하는 아태 지역의 시장 성장이 예상되는 가운데 아시아 지역의 주요 도시권은 대규모 집객 시설을 유치·조성함으로써 국제 관광 목적지로서의 경쟁력을 강화한다. 중국 베이징의 유니버설 스튜디오 추진, 상하이의 디즈니랜드 추진, 일본 도쿄의 테마파크 클러스터 조성 및 복합리조트 추진, 홍콩·마카오 지역의

<표 5-2> 외국인 관광객 추이(2006~2012년)

(단위: 명)

구분	2006	2007	2008	2009	2010	2011	2012
합계	6,155,046	6,448,240	6,890,841	7,817,533	8,797,658	9,794,796	11,140,028
1위 일본	2,338,921	2,235,963	2,378,102	3,053,311	3,023,009	3,289,051	3,518,792
2위 중국	896,969	1,068,925	1,167,891	1,342,317	1,875,157	2,220,196	2,836,892
3위 타이완	338,162	335,224	320,244	380,628	406,352	428,208	548,233
4위 필리핀	248,262	263,799	276,710	271,962	297,452	337,268	331,346
5위 홍콩	142,786	140,138	160,325	215,769	228,582	280,849	360,027

자료: 관광지식정보시스템(http://www.tour.go.kr).

<그림 5-1> 대한민국 관광수지(2007~2012년)

(단위: 10억 달러, %)

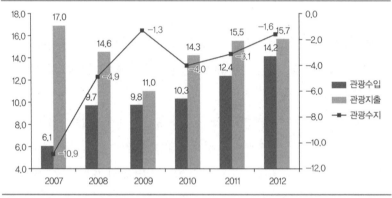

자료: 관광지식정보시스템(http://www.tour.go.kr).

디즈니랜드와 카지노클러스터 조성 등이 그러한 사례다. 최근 들어, 싱가포르가 복합리조트를 추진한 이후 일본, 동남아 지역의 주요 도시권에서 복합리조트를 건설하는 방안을 전략적 수단으로 검토하는 상황이다. 결론적으로 2030년까지 연평균 900만 명이 증가할 것으로 예상되는 동북아시아 관광 시장에서 시장 점유율을 확대하기 위해 시장 선점과 국제 관광 경쟁력 강화 차원에서 경기만 일대 메가 수도권의 역할을 모색해야 할 것이다.

한국을 방문하는 관광객도 급격하게 증가했다. 2012년 방한 외국인 관광

<표 5-3> 외국인 관광객 수요 예측

구분(연도)	총 입국자 수(명)	전년 대비 증감률(%)	비고
2005	6,022,752	-	실측치
2010	8,766,915	12.14	실측치
2015	13,013,122	7.70	예측치
2020	19,361,423	8.67	예측치
2021	21,078,482	8.87	예측치

자료: 문화체육관광부, 「제3차 관광개발기본계획(안)」(2011).

<표 5-4> 수도권의 관광호텔 객실 이용률 추세

(단위: %)

구분	서울				경기				인천			
	객실 이용률		외국인 비율		객실 이용률		외국인 비율		객실 이용률		외국인 비율	
	2010	전년대비	2010	전년대비	2010	전년대비	2010	전년대비	2010	전년대비	2010	전년대비
특1급	80.4	6.3	74.0	-6.0	75.0	33.2	57.8	-8.3	79.7	-0.9	52.3	-1.5
특2급	75.7	-8.6	81.0	-3.1	69.3	-1.8	52.1	8.1	74.0	6.3	75.0	3.7
1급	83.9	6.3	74.2	-0.3	63.8	26.5	67.3	8.8	91.6	141.3	82.0	113.6
2급	62.0	-2.1	57.7	-1.4	56.5	31.1	60.7	0.5	55.6	6.7	57.4	54.3
3급	61.6	9.8	42.1	-1.7	56.6	31.3	52.4	-10.1	99.7	-0.3	44.4	-5.1

자료: 문화체육관광부, 『관광숙박시설 수급분석 연구』(2012).

객은 1,110만 명(전년 대비 13.4% 증가)에 이르러 처음으로 1,000만 외국인 관광객 시대가 개막되었다. 이 중 일본인 관광객이 351만 명(전년 대비 6.7% 증가)으로 가장 많았고, 중국인 관광객은 283만 명(전년 대비 27.4% 증가)으로 그다음을 차지했다. 2012년 국내 관광 수입은 141억 달러(전년 대비 13.7% 증가)였으며, 관광수지 적자 폭은 전년 31억 달러에서 15억 달러로 대폭 개선되었다.

문화체육관광부 자료에 따르면 방한 외국인 관광객은 지속적으로 증가해 2020년에는 2,000만여 명에 이를 것으로 예측된다.[2] 또한 산업연구원에

2) 문화체육관광부, 「제3차 관광개발기본계획(안)」(2011).

서는 메가 이벤트인 2018년 평창 동계올림픽 기간 중 외국인 관람객이 19만 5,000여 명 방한할 것으로 예측하는 등 향후 한국 외국인 관광객은 지속적으로 증가할 것으로 예상된다. 이러한 관광객 증가 추이로 매력적인 관광 인프라 및 매력물(Tourism attractions) 개발이 지속적으로 요구된다.

중국인 관광객을 중심으로 한 외국인 관광객도 지속적으로 증가하고 있다. 특히 외국인 관광객의 수도권 집중 현상이 심해 수도권의 관광 숙박 시설 대책 마련이 시급하다. 현재 방한 외국인 관광객의 80%는 서울·인천·경기도 등 수도권에 집중되어 있는데, 이는 곧 수도권 지역의 숙박 부족 문제로 연결된다. 2012년 7월 문화체육관광부 보도자료에 따르면 2011년 말 기준 수도권 호텔 수요는 3만 6,378실이지만 공급은 2만 8,046실(객실 가동률 80% 기준)로 나타나 8,333실이 부족하며, 경기도의 경우 전년인 2010년 대비 객실 이용률이 약 30% 증가해 숙박 시설 확충이 필요한 실정이다.

한국에서는 2012년 외국인 관광객 1,000만 시대가 열렸으나, 숙박 시설을 비롯한 관광 인프라와 매력물의 확충이 지속적인 과제로 대두된다. 이에 정부에서는 경제자유구역을 중심으로 복합리조트 투자자에게 사전에 카지노 허가를 확인해주는 절차를 마련하는 한편, 2013년 7월 17일 현 정부 들어 처음으로 열린 제1회 관광진흥 확대회의에서는 관광진흥 전략을 발표했다. 그 내용을 좀 더 살펴보면 타 분야와 융복합해 고부가가치를 창출할 수 있는 관광 분야인 복합리조트 및 MICE, 의료, 크루즈 등을 집중 육성한다는 것이다.

2) 복합리조트 개발의 잠재력

(1) 청년층 일자리 창출

한국 관광산업은 성장 모멘텀을 새롭게 확보할 필요가 있는데, 그 방법의 하나로 복합리조트 개발을 들 수 있다. 복합리조트는 지역발전 효과뿐 아니라 고용 창출 효과도 높은 편으로 평가된다. 복합리조트는 건설에 필요한 인력뿐 아니라 개장 이후 호텔, 컨벤션, 레스토랑, 공연장, 오락 시설의 운영·유지·관리·행사기획 등 다양한 직종에 걸쳐 많은 일자리가 창출되는 효과를 기대할 수 있다.

앞서 언급한 싱가포르 복합리조트를 예로 들면 복합리조트 한 곳에서 총 3만 3,000여 개의 일자리가 창출되었으며, 특히 35세 이하 청년층의 고용이 61%에 달해 높은 비중을 차지했다(직접 고용 9,000명, 입점 업체 4,000명, 협력 업체 2만 명). 이에 대해 2012년 싱가포르 정부는 복합리조트[마리나베이샌즈(Marina Bay Sands)와 리조트 월드 센토사(Resort World Sentosa)] 개장 이후 총 6만 개의 일자리가 만들어졌고, 이는 싱가포르 GDP에 1~1.5% 기여한다고 공식 발표했다. 따라서 복합리조트 개발은 저성장 시대로 접어든 한국 경제에 신성장동력으로 작용할 수 있을 것이다. 복합리조트는 관광 측면에서 국가적 상징성을 부각시킬 수 있고, 숙박업소 부족 등의 애로사항을 타개할 수 있으며, 대규모 일자리 창출 효과를 기대할 수 있다는 점에서 매력적인 사업이다.

(2) 중국 관광객 증가에 따른 전략 마련

방한 외국인 관광객이 급속하게 증가할 것으로 예상되는 것은 중국인 관광객의 증가 때문이다. 중국 경제가 급속도로 성장하고 중국인의 해외 관광

| 경기만의 지역적 특성 |

528km의 긴 해안선을 보유한 경기만은 영종도, 덕적도 등 자연 경관이 수려하고 역사 문화가 풍부한 황해의 다도해다. 한강 하구 둑을 중심으로 풍부한 해양 자원을 보유하며, 시화호, 화성호, 평택호 등 개발 가용지를 보유해 관광 레저 및 비즈니스를 위한 잠재력을 갖추었다.*

또 경기만은 성장 유망 산업 중 주력 산업이 해안을 따라 직접 벨트화되어 있으며 주요 집적 지역인 화성시·평택시·안산시·시흥시 등이 분포한다. 인천광역시와 시화공단 등을 중심으로 많은 사업체가 입지하고, 종사자의 규모도 상당할 것으로 예측된다.

위치적 측면에서도 경기만은 수도권 유일의 대규모 전략적 유보 공간으로서 뛰어난 접근성을 보유한다. 즉, 인천국제공항과 인천항, 평택항, 전곡 마리나 등의 국제적인 교통 인프라 시설을 갖추었으며, 중국 등 동북아시아와도 가까울 뿐 아니라 서울, 인천 등 수도권 배후 시장이 존재해 경쟁력을 보유했다.

* 이정훈, 「경기만 서해5도 국제관광특구 구상」, ≪이슈&진단≫, 25호(2011).

에 대한 관심이 큰 폭으로 증가하면서 2009년 중국인 관광객의 소비 규모는 437억 달러에 달해 독일, 미국, 영국에 이어 세계 4위인 것으로 파악되었다. 방한 중국인 관광객은 2005년 71만 명에서 2012년에는 283만 명으로 연평균 20%가량의 높은 증가세를 보였으며, 2012년 방한 중국인 관광객 1명의 평균 지출액은 2,154달러로 다른 국가에 비해 가장 많았다(중국 다음으로 싱가포르(2,002달러), 러시아(1,987달러), 말레이시아(1,853달러), 인도(1,846달러) 순으로 나타났으며, 평균 지출액이 가장 적은 국가는 일본(1,173달러)으로 나타남).[3]

이에 방한 중국인 관광객 증가에 대한 대응, 이들을 수용하고 재방문율을 높이기 위한 관광 인프라 및 콘텐츠 확충이 필요한 시점이라고 할 수 있다.

3) 문화체육관광부, 「2012 외래 관광객 실태조사」(2013).

〈표 5-5〉 국적별 카지노 입장객 현황(2011~2012년)

(단위: 명, %)

구분	전체 입장객	일본		중국		타이완		기타	
		입장객 수	비율	입장객 수	비율	입장객 수	비율	입장객 수	비율
2011	2,100,698	840,106	40.0	700,588	33.4	75,115	3.6	484,889	23.1
2012	2,383,587	785,538	33.0	970,818	40.7	78,977	3.3	548,254	23.0

자료: 문화체육관광부, 「2013년 카지노 업체 현황」(2014).

경기만 지역은 바다를 사이에 두고 중국과 마주한다는 지리적 이점이 있다. 경기만 복합리조트 개발은 급증하는 중국인 관광객에게 강력한 관광 매력물이 될 것으로 기대된다.

복합리조트의 중심인 카지노 산업을 살펴보면 국내 외국인 전용 카지노의 주된 고객은 중국계 방한 외국인 관광객이다. 국적별로 살펴보면 2011년과 2012년이 차이가 나는데, 2011년에는 일본인 입장객이 40%로 1위를 차지했으나 2012년에는 중국인 입장객이 40.7%로 1위를 차지하면서 급성장세를 보였다. 이는 전체 방한 외국인 관광객 추이와도 일치하는 것으로, 한일 국제 정세 악화, 엔화 약세 등의 이유로 일본인 관광객이 감소했기 때문인 것으로 추측된다. 향후 중국인 관광객은 계속해서 증가 추세일 것으로 예상되므로 이에 대한 대비책을 마련해야 한다. 특히 중국인 환승 관광 72시간 무비자 허용 등 점차 중국인의 입국이 자유로워질 것으로 예상되므로 이로 인한 효과는 더욱 커질 것으로 기대된다.

숙박 시설 부족은 한국을 방문하는 데 애로사항으로 나타난다. 한국관광공사의 「2011 외국인 관광객 숙박예약 실패 조사 보고서」에 따르면 국내 여행사의 64.1%가 숙박 문제로 외국인 관광객 접객에 실패한 경험이 있다고 응답했으며, 한국 송객 해외 여행사의 46%가 숙박 문제로 여행객을 한국으로 송객하지 못한 경험이 있다고 응답했다. 경기만 복합리조트 개발은 이러

<표 5-6> 방한기간 중 참여한 활동(2008~2012년)

(단위: %)

구분	2012	2011	2010	2009	2008
쇼핑	72.8	69.9	60.9	62.5	57.1
식도락 관광	48.4	46.1	38.5	39.8	33.3
업무 수행	16.5	22.8	21.3	23.5	25.1
고궁/역사 유적지 방문	14.2	14.3	-	-	-
자연 경관 감상	13.3	12.2	-	-	-
시티투어	13.2	12.0	-	-	-
휴양/휴식	8.6	6.9	8.0	6.8	5.9
유흥/오락	8.4	11.5	8.0	8.2	8.1
뷰티관광	7.4	9.2	7.9	7.9	6.3
온천/스파	7.1	8.7	3.8	4.3	4.5

주: 중복응답, 2012년 상위 기준.
자료: 문화체육관광부, 「2012 외래 관광객 실태조사」(2013).

한 숙박 시설 부족에 대한 애로사항을 일정 정도 해소할 수 있을 것으로 기대된다.

(3) 관광 행태 변화에 대응

외국인 관광객의 한국 관광 형태를 살펴보면 전통적인 관광 형태인 관광지 방문 위주의 관광에서 점차 벗어나고 있음을 알 수 있다. 한국관광공사의 「2012 외래 관광객 실태조사」 결과에 따르면 방한 기간 중 참여 활동은 쇼핑(72.8%), 식도락 관광(48.4%), 업무 수행(16.5%), 관광지 방문(14.2%), 자연 경관 감상(13.3%)의 순으로 나타났다. 이 결과에서 주목할 점은 쇼핑, 식도락, 경관 감상 등 관광 형태의 다양성이다. 이러한 다양한 요구에 부합하는 관광정책이 필요한 시점이므로 복합리조트는 이에 대한 하나의 접근 방법이 될 수 있을 것으로 기대된다.

〈표 5-7〉 방한기간 중 가장 좋았던 활동(2011~2012년)

(단위: %)

구분	2012	2011
쇼핑	30.4	31.9
식도락 관광	13.4	13.5
업무 수행	8.1	7.9
자연 경관 감상	6.1	4.7
고궁/역사 유적지 방문	5.5	5.1
시티투어	4.3	3.5
공연/민속행사/축제 참가 및 관람	3.2	2.4
미팅/회의/학술대회 등 참가	3.1	2.5
연수/교육/연구	2.8	2.1
유흥/오락	2.6	3.4

주: 중복응답, 2012년 상위 기준.
자료: 문화체육관광부, 「2012 외래 관광객 실태조사」(2013).

2. 복합리조트 개발 전망

1) 제도적 환경

먼저 국내 리조트 개발 제도하에서 가능한 부분부터 고려해야 한다. 국내 리조트 개발과 관련된 제도로는 대표적으로 「관광진흥법」에서 규정하는 관광지와 관광단지, 종합휴양업 등이 있으며, 관광레저형 기업도시와 마리나 항만과 관련된 제도 등도 포함된다.

이와 더불어 리조트 개발 제도가 아니더라도 경제자유구역, 제주특별자치도, 새만금 지역 등도 관련 특별법에서 카지노, 관광호텔 등을 포함한 복합리조트 개발이 가능하도록 규정되어 있어 개발 여지를 확보했다. 현재의 「관광진흥법」으로는 새롭게 시도되는 복합리조트를 종합적으로 관리할 수 있는 법적 근거가 미약한 반면, 기업도시 또는 경제자유구역에 한해서는 상

〈표 5-8〉 국내 리조트 개발 관련 제도

구분		정의
「관광진흥법」	관광지	자연적 또는 문화적 관광 자원을 갖추고 관광객을 위한 기본적인 편의시설을 설치하는 지역
	관광단지	관광객의 다양한 관광 및 휴양을 위하여 각종 관광 시설을 종합적으로 개발하는 관광 거점 지역
	종합휴양업	관광객의 휴양이나 여가 선용을 위하여 숙박 시설 또는 음식점 시설을 갖추고 전문 휴양 시설, 종합 유원 시설업 등을 갖추어 관광객에게 이용하게 하는 업
「기업도시개발 특별법」	관광레저형 기업도시	다양한 관광레저 시설을 유기적으로 배치하여 계획적으로 조성한 공간으로서 자족적 생활공간 기능을 포함하고 있는 새로운 신도시
「마리나 항만의 조성 및 관리 등에 관한 법률」	마리나 항만	마리나 선박의 출입 및 보관, 사람의 승선과 하선 등을 위한 시설과 이를 이용하는 자에게 편의를 제공하기 위한 서비스 시설이 갖추어진 곳

자료: 한국문화관광연구원, 「한국형 복합리조트 제도화방안」(2012).

〈표 5-9〉 복합리조트 도입 기능 및 시설과 국내 리조트 개발 제도상의 시설 비교

구분	관광지	관광단지	기업도시	경제자유구역	마리나	휴양업
카지노	△*	△*	○	○	△*	△*
테마파크	○	○	○	○	×	○
국제회의 시설	△**	△**	○	○	△**	△**
전시 시설	△**	△**	○	○	△**	△**
숙박 시설	○	○	○	○	○	○
쇼핑 시설	○	○	○	○	○	○
식음 시설	○	○	○	○	○	○
문화 시설	○	○	○	○	○	○
교육 시설	×	×	○	○	○	×
위락 시설	○	○	○	○	○	○
스포츠 시설	○	○	○	○	○ (해양)	○
헬스·의료시설	△***	△***	○	○	○ (진료 시설)	△***
주거 시설	×	×	○	○	○	×

* 여기서 카지노는 특1급 관광호텔과 국제회의 시설업의 부대시설로 가능함.
** 국제회의 및 전시 시설은 별도로 제시하고 있지 않으나 관광호텔업의 부대시설로 도입 가능함.
*** 의료시설 중 일반인을 대상으로 하는 의료기관은 허용하지 않음.
자료: 한국문화관광연구원, 「한국형 복합리조트 제도화방안」(2012).

<표 5-10> 싱가포르 복합리조트 관련 주요 연혁

일시	주요 내용
2004년 3월 21일	전직 통상산업부 장관인 조지 예오가 싱가포르에 카지노 도박장을 도입하자는 의견을 제시
2004년 12월 29일	정부가 콘셉트 제안서(RFC)에 착수
2005년 4월 18일	총리 리센룽이 싱가포르에 2개의 통합 리조트 개발을 진행한다는 정부 결정을 발표
2005년 8월 31일	도박중독위원회(NCPG) 발족
2005년 10월 17일	MHA(Ministry of Home Affairs)가 「카지노 통제법」 초안 공개
2005년 11월 15일	마리나베이 복합리조트(현 마리나베이샌즈) 제안 요청서(RFP) 발표
2006년 2월 14일	국회에서 「카지노 통제법」 통과
2006년 4월 28일	센토사 통합 리조트 제안요청서(RFP) 발표
2006년 3월 26일	마리나베이 복합리조트를 라스베이거스 샌즈(현 마리나베이샌즈)에 부여
2006년 6월 1일	「카지노 통제법」 시행
2006년 12월 8일	센토사 통합 리조트 프로젝트(현 리조트 월드 센토사)가 겐팅 인터내셔널에 부여됨
2007년 4월 16일	리조트 월드 센토사 착공, 통상산업부 장관 림홈키앙이 착공식 연설
2008년 4월 2일	카지노 관련 규제 사항을 감독하는 기관인 카지노 관리청(CRA) 신설
2012년 7월 9일	카지노 법 수정안에 대해 공공 협의 착수

자료: 한국문화관광연구원, 「싱가포르 해외출장 보고서」(2013).

대적으로 수월해 현실적으로는 경제자유구역[인천경제자유구역(IFEZ), 황해경제자유구역(YESFEZ) 등] 및 관광레저형 기업도시(태안) 내에서 복합리조트의 설치가 우선적으로 가능하다.

2) 동북아시아 내 복합리조트 건설 전망

2000년대 들어 아시아 각국은 외국인 관광객 유치와 관광산업에 대한 투자 확대를 통해 국가경제 활성화를 모색하고자 대규모 투자가 수반되는 복합리조트를 적극적으로 추진하고 있다. 복합리조트 개발에 적극적인 지역 중 하나인 마카오는 마카오 샌즈 카지노(Macao Sands Casino)를 개발했으며 이후 코타이 매립 지역에 라스베이거스 스트립과 유사한 코타이 스트립

〈그림 5-2〉 마카오 코타이 스트립

카지노 내부 전경	코타이 샌즈 숙박 시설

〈그림 5-3〉 싱가포르의 마리나베이샌즈

마리나베이샌즈 전경	루프탑 수영장

- 마리나베이샌즈(개발업체: 라스베이거스 샌즈)는 총 55ha 부지에 36억 달러를 투자해 싱가 포르 중심지(CBD)와 인접한 곳에 설립되었으며, MICE 기능이 강화된 도심형 카지노 복합 리조트의 대표적 사례임.
- 설립: 2010년
- 규모: 122,000m^2
- 주요 시설: 호텔 3개동(2,561개 객실), 스카이파크, 카지노, 쇼핑몰, 컨벤션센터, 박물관, 극 장, 레스토랑, 옥외 수영장
- 경제 효과: 싱가포르 GDP의 0.8% 성장에 기여
- 연간 관광객: 600만 명

자료: 대한국토도시계획학회, 「싱가포르 복합리조트 개발의 경제적 파급효과」; 싱가포르 마리나베 이샌즈 홈페이지; 싱가포르 관광청 홈페이지.

〈그림 5-4〉 오키나와 통합리조트 모델의 기본 구상(안)

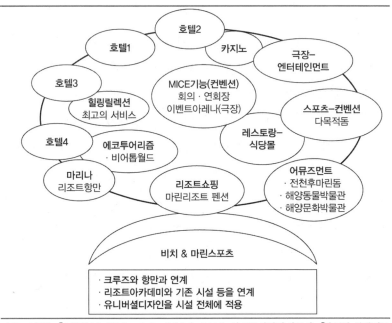

자료: 沖縄県, 「沖縄観光とカジノ・エンターテイメント」(2011). 한국문화관광연구원, 「한국형 복합리조트 제도화방안」(2012) 재인용.

(Cotai Strip) 개발을 추진해 대규모 숙박 시설과 컨벤션 시설, 카지노를 갖춘 도심형 카지노리조트를 활발하게 운영한다. 싱가포르의 경우 2010년 개장한 마리나베이샌즈와 리조트 월드 센토사가 성공적으로 안착, 운영되고 있어 관광산업뿐 아니라 국가경제에도 크게 이바지한다. 싱가포르는 복합리조트 준공 이후 개장 첫해인 2010년 총 43억 달러(4조 9,000억 원)를 벌어들였다.[4] 리조트 개장 이후 싱가포르를 찾는 관광객 수는 20.2% 증가했고

---

4) 대한국토도시계획학회, 「싱가포르 복합리조트 개발의 경제적 파급효과」(2012).

(2009년 968만 명, 2010년 1,164만 명), 이벤트 개최 건수 또한 크게 증가했다 (2006년 298건, 2010년 705건, 2011년 919건).

이처럼 복합리조트 개발의 선두주자격인 마카오, 싱가포르 등에서 대규모 투자 유치를 통한 복합리조트 사업이 성공함에 따라 이러한 추세는 아시아 전역으로 확대되어 일본, 필리핀, 베트남 등으로 확산되었다. 일본은 아베노믹스와 2020년 동계올림픽을 계기로 복합리조트 추진에 박차를 가하고 있다. 아베 신조(安倍晋三) 총리는 2014년을 목표로 카지노 도입과 부작용 방지 제도 마련 및 입법화를 추진하며, 10개 주요 지방에 카지노 리조트를 도입하기 위해 '오키나와 통합리조트 모델'을 발표했다. 이 모델에 따르면 단계적으로 2~3개의 카지노를 허용하고, 향후 단계적으로 10개소를 확대할 계획이다. 필리핀 또한 '엔터테인먼트 시티(Entertainment City) 프로젝트'를 통해 4개소의 복합리조트 개발을 신규로 추진하며, 베트남에서는 카지노, 럭셔리호텔, 컨벤션센터, 스파, 골프장 등을 갖춘 MGM 그랜드 호 트램 비치 (The Grand Ho Tram Strip)가 2013년 개장했다.

한국도 인천시에서 복합리조트 개발을 적극적으로 추진하고 있으며, 민간업체도 많은 사업 구상을 발표했다. 일본 유니버설 엔터테인먼트는 영종하늘도시에 2.5km^2(76만 평), 4조 7,000억 원 규모의 인천월드시티 및 인천공항 국제업무지역(IBC-II)에 3.9km^2(129만 평), 3조 3,000억 원 규모의 복합리조트인 크리스털 시티를 각각 추진 중이다. 리포&시저스 사는 미단시티에 0.33km^2(10만 평), 1조 5,000억 원 규모의 복합리조트 사업을 추진 중이며, 파라다이스 그룹과 세가 그룹은 인천공항 IBC-I 지역에 10만 평, 6,600억 원 규모의 복합리조트를 추진 중이다. 또한 특수목적법인인 에잇시티는 80km^2(2,640만 평) 규모의 에잇시티 마스터플랜을 발표했다.[5]

이러한 구상은 현실화되고 있는데, 최근 정부는 인천시 중구 운서동 일원

3.7km^2(112만 평)에 인천 영종도 복합리조트 카지노 개발 사업을 허용했다. 주요 추진 시설로는 비즈니스호텔, 카지노호텔, 엔터테인먼트 쇼핑몰, 실내 테마파크, 호텔 및 콘도 등이 있으며, 2015년 초에 착공해서 2018년 복합리조트를 개장하는 일정으로 추진 중이다.

3) 경기만 복합리조트 개발의 전망

경기만 지역에 동북아시아 관광을 대표할 랜드마크로 복합리조트를 건설하는 것은 국가적 상징성을 부각하고 숙박업소 부족 등의 문제점을 타개하는 대책이 될 수 있다. 경기만 일대는 시장, 제도 및 개발 가용지, 자원 측면 등에서 대규모 관광 개발의 적지로서 다음과 같은 잠재력을 갖고 있다. 첫째, 시장 측면에서 경기만 일대는 한국 방문의 관문 기능을 수행한다. 2012년 방한 외래객 중 66.4%인 739만 5,000명은 인천국제공항과 인천항으로 방한했다. 인천공항의 환승객은 2001년 145만 7,570명에서 2012년 627만 4,929명으로 성장했으며, 인천항에 기항하는 크루즈 관광 시장은 2013년 기준 96항차 15만 5,000명 규모로 추정된다. 또한 경기만 지역의 인천항(10개 항로)과 평택항(4개 항로)은 14개 항로를 통해 중국 동부 연안 지역을 연결하며, 2012년 기준 150만 4,000여 명을 수송하고 있다. 수도권 시장의 안정적인 내수기반도 경기만 일대가 보유한 시장 차원의 강점이라고 할 수 있다.

둘째, 제도 및 개발 가용지 측면에서는 인천경제자유구역과 황해경제자유구역, 영종도, 송산그린시티 등 수도권 내 공급이 가능한 대규모의 가용

---

5) 장병권, 「한국형 복합리조트 조성방안」, ≪한국관광정책≫, 51호(2013년 봄호).

지가 입지해 있다는 장점이 있다. 특히 경제자유구역은 복합리조트의 전략 업종 중 하나인 카지노 허가 특례 규정이 적용되는 지역이다. 정부정책 측면에서 유니버설 스튜디오 코리아 리조트 조성, 경기만 해양관광레저 기반 조성, 한류 지원을 위한 기반 조성, 송도 서비스 산업 허브 육성 등이 추진되어 정부의 창조경제와 고부가가치 융복합 한국 관광을 실현하기 위한 전략적 공간이다.

마지막으로 자원 측면에서는 경기만 일대의 해양 및 섬 자원, 수원·강화 등의 역사문화 자원, 도시 관광·자연생태 자원, 인천-경기-강원으로 연결되는 DMZ 자원 등을 보유해 관광 기획 스펙트럼을 다각화할 수 있으며, 대학이나 관광 사업체의 발달로 우수한 인적 자원을 안정적으로 공급할 수 있다는 장점도 갖고 있다.

복합리조트가 조성되면 국가 관광 경쟁력 순위 상승, 고용 기여도 상승이나 일자리 창출, GDP 기여 효과 등을 기대할 수 있다. 세계경제포럼(WEF)의 국가별 관광 경쟁력 순위를 보면 한국은 25위(1위 스위스, 싱가포르 10위, 일본 14위, 홍콩 15위)인데[6] 복합리조트 전략은 국가 관광 경쟁력을 일본, 홍콩 수준으로 끌어올리는 계기가 될 것으로 기대된다. 일자리의 경우 2011년 기준 관광산업의 고용 기여도가 세계 평균 8.7%인 데 비해 한국은 5.9%에 불과하다. 따라서 복합리조트 조성으로 관광산업의 고용 기여도가 제고될 것이라는 정성적 전망도 가능하다. 또한 국내 관광 사업체 1개소당 평균 종사자 수가 12.7명인 데 비해 카지노는 2011년 기준 432.7명으로 보고된 바 있어 일자리 창출에 대한 기대효과도 큰 편이다. 한편 관광산업의 GDP 기여도는 2011년 기준 세계 평균이 9.2%인 데 비해 한국은 5.4%이므로 복합

---

6) World Economic Forum, *The Travel & Tourism Competitiveness Report*(2013).

리조트 조성은 관광산업의 GDP 기여도도 제고할 것으로 전망된다.

3. 경기만에 적합한 복합리조트 개발 비전과 전략

1) 비전과 목표

관광 수요와 행태의 변화에 대응해 경기만의 복합리조트 개발 비전을 '경기만, 한국 관광을 선도하는 복합리조트, 일자리 허브'로 설정했다. 이 비전을 달성하기 위한 세부 목표로는 첫째, 환황해 관광 트렌드를 선도하는 복합리조트 허브를 구축하는 것이다. 한국 관광의 핵심 시장인 중국, 일본을 중심으로 하는 환황해 관광 시장을 타겟으로 허브를 구축하면 이 지역의 관광 트렌드를 선도할 수 있다. 둘째, 일자리 창출 및 국가경제성장을 견인하는 서비스 산업 허브를 구축하는 것이다. 관광산업 선진화와 글로벌 전략을 통해 대규모 일자리 창출, 서비스 산업 성장 모멘텀, 국민 관광 내수 진작 기여 등의 효과를 얻을 수 있을 것이다. 셋째, 지역과 상생하는 한국 관광 성장

〈그림 5-5〉 복합리조트 개발의 비전과 목표 설정

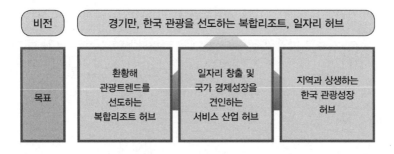

허브를 구축하는 것이다. 이를 통해 동북아시아 관광 시장 성장세에 대응해 한국 관광 시장의 점유율 확대에 기여하면서 확대된 시장을 지역과 연계하는 상생의 목표를 달성할 수 있을 것이다.

2) 테마형 복합리조트의 다핵화전략 추진

복합리조트는 볼거리와 놀 거리, 쉴 거리, 먹을거리, 기타 편의 제공이 집적되는 공간이므로 장기적인 계획을 고려해 숙박 시설, 쇼핑 시설, 식음료 시설, 회의장 등을 집약적으로 배치시켜야 한다. 즉, 카지노와 함께 사계절 이용 가능한 다양한 복합 문화 시설을 도입해 관광 매력을 키우고, 국내외 관광객을 적극적으로 유인할 수 있도록 사계절 이용 가능한 다양한 시설과 각종 이벤트 프로그램을 개발하며, 복합리조트만의 독특한 테마와 분위기를 연출해 리조트 내 이미지를 강화해야 한다.

복합리조트는 좀 더 세분화해서 유형화할 수 있다. 현재는 카지노형 복합리조트에 국한해 논의하는 단계이지만, 향후에는 중심 테마별로 리조트를 구분할 필요가 있다. 예를 들어 테마파크형 복합리조트, MICE형 복합리조트, K-팝 공연형 복합리조트, 레저스포츠형 복합리조트, 의료 및 힐링형 복합리조트 등으로 구분할 수 있다. 일본 오키나와 현에서는 복합리조트 유형을 MICE형과 엔터테인먼트형으로 구분하고, 싱가포르에서는 리조트 월드 센토사는 가족형 복합리조트를 지향하고 마리나베이샌즈는 MICE·비즈니스형 복합리조트를 지향하는 등 타깃별로 구분한다. 앞으로 한국도 이처럼 다양한 테마의 복합리조트를 개발하고, 다핵화 및 네트워크를 통해 관광 경쟁력을 강화해야 한다.

최근에는 기존 관광산업과 IT, MICE, 의료, 문화예술, 농업, 게임 산업 등

<표 5-9> 한국형 복합리조트 유형 및 개발 가능 지역(안)

구분	가능 지역
카지노형 복합리조트	인천 영종도(인천경제자유구역)
테마파크형 복합리조트	경기도 화성(USKR), 경기도 파주(페라리월드), 강원도 춘천(레고랜드)
MICE형 복합리조트	서울, 경기도 고양(킨텍스), 인천 송도(송도컨벤시아)
K-팝 공연형 복합리조트	경기도 고양(한류월드 K-팝 아레나)
레저스포츠형 복합리조트	경기도 안산·화성(해양레저), 북한의 강원도 원산(스키 등 겨울스포츠)
의료 및 힐링형 복합리조트	경기도 가평, 경기도 안산, 충청북도 청원(오송경제자유구역)

<그림 5-6> 한국형 복합리조트 유형 및 개발 가능 지역(안)

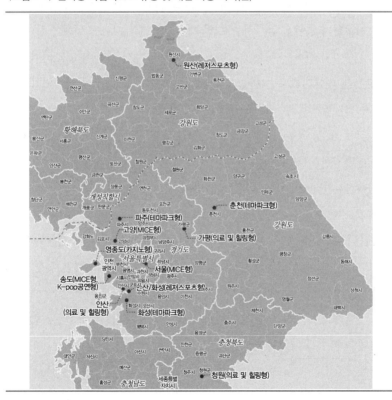

다양한 분야를 결합시킨 융복합 창조관광산업이 신성장 산업으로 부상했다. 따라서 경기만 내에 집적화된 복합리조트를 조성함으로써 MICE, 쇼핑, 한류 체험 관광, 의료 관광, 공연 관광 등 고부가가치 창조관광 상품을 확대할 수 있는 방법을 모색해야 한다.

경기만은 해안선이 길고 영종도, 덕적도, 자월도, 풍도 등 자연 경관이 수려하며 문화역사가 풍부한 황해의 다도해다. 또한 한강 하구를 중심으로 북쪽의 장산곶과 남쪽의 태안반도 사이에 위치한 만으로서 풍부한 해양 자원을 보유했다. 따라서 경기만은 서해안의 풍부한 수변 자원과 바다, 호수, 풍부한 토지 등의 자연 환경을 바탕으로 다양한 관광 자원을 활용해 체험 활동의 중심지 역할을 담당하는 수변 레저휴양 목적지로 조성해야 한다.

소득 증가와 함께 크루즈, 요트, 휴양, 레저에 대한 관심이 고조되었으므로 경기만 복합리조트는 한강르네상스, 경인아라뱃길, 전곡항 등 마리나 개발과 연계함으로써 새로운 해양관광레저 산업의 중심지가 되어야 한다. 이를 위해 요트, 크루즈, 경비행기 등 신레저 활동의 거점기반을 조성해 증가하는 다양한 여가 활동의 중심지로서의 역할을 담당해야 하며, 이와 함께 환황해-환발해만권을 연결하는 국제 해상 관광 네트워크를 구축해야 한다.

복합리조트 전략을 추진할 때에는 주변 지역과의 차별화 및 연계화가 필요하다. 따라서 세계 최대의 조력발전소가 위치한 시화호, 건설 추진 중인 유니버설 스튜디오 코리아 리조트, 유사한 성격으로 개발되고 있는 새만금과의 차별화를 도모하는 한편 이들과의 상호 연계를 통해 시너지를 창출하는 방안을 적극 모색해야 한다.

3) 기대효과

복합리조트 개발로 다음과 같은 효과를 기대할 수 있다. 첫째, 동북아시아 지역을 대표하는 랜드마크 조성이다. 현재 한국에는 우수한 문화 관광 자원이 많지만 산발적으로 분포되어 있고, 아시아 지역의 유사성 등으로 한국만의 차별점을 찾기가 쉽지 않다. 또 수도권에 규모의 경제를 실현할 수 있을 정도의 대표적인 랜드마크가 없는 것도 사실이다. 따라서 인천국제공항과 근접한 지역에 다양한 기능을 갖춘 복합리조트를 조성해 경기만 지역을 대표하는 랜드마크로 육성한다면 가족 관광객을 유치하는 것은 물론 새로운 비즈니스 수익 모델도 창출할 수 있을 것으로 예상된다.

둘째, 크루즈, 공연, 쇼핑 등 엔터테인먼트 사업과 연계한 시너지 효과 창출이다. 복합리조트는 단순히 한 가지 기능만 갖춘 시설이 아니라 카지노, 테마파크, MICE, 엔터테인먼트, 쇼핑몰 등 다양한 집객 시설을 갖춘 곳이다. 따라서 경기만의 지역적 특성을 이용해 크루즈를 유치한다면 단순 쇼핑, 관광지 방문에서 벗어나 다양한 체험을 할 수 있는 관광 상품, 지역적 특색과 한국적인 요소를 느낄 수 있는 관광 상품을 개발할 수 있을 것이다. 또 중국, 일본, 영미권 등 관광객 유형별로 맞춤형 관광 상품을 제공하거나 짧은 체류 기간 동안 높은 만족감을 줄 수 있는 관광 상품을 개발할 수 있을 것으로 기대된다.

셋째, 카지노 산업 육성을 통한 지역경제 활성화다. 복합리조트의 핵심 시설 중 하나는 카지노다. 세계 카지노 시장은 지속적인 카지노 공급 확대와 수요 증대로 계속 성장할 것으로 예상되며, 카지노 수도 2004년 2,485개소에서 2010년 4,957개소로 99.5% 증가했다.[7] 싱가포르처럼 카지노 산업을 금기시했던 국가도 카지노 산업의 가능성을 확인하고 속속 국가 전략 사업으로 채택하고 있다. 「관광진흥법」에 따라 납부한 관광진흥개발기금은 2011년에 전년 대비 11.62% 증가한 1,115억 원에 이르렀는데, 2005년 이후 외국인 전용 카지노에서 납부한 관광진흥개발기금만 총 5,010억 원에 이른다. 이처럼 카지노 산업은 관광진흥개발기금을 위한 공적자금 조성에 크게 기여할 뿐 아니라 지역 관광객 유치 등을 통해 추가 수익을 창출하기도 한다.

넷째, MICE 산업을 육성할 수 있다. MICE 산업은 국제회의, 기업 인센티브 투어, 컨벤션, 전시 등을 유치하기 때문에 국내외 비즈니스 방문객 증대는 물론이고, 관광, 숙박, 요식 등의 소비를 촉진해 연관 경제 활성화에도 큰 파급효과를 미친다. 따라서 복합리조트는 많은 기능을 한 번에 수행할 수 있는 대표적인 앵커 시설로서의 역할이 클 것으로 판단된다.

앞에서 살펴보았듯이 2015년 기준 수도권의 1일 평균 호텔 숙박 수요는 외국인 4만 3,966실, 내국인 9,018실로 총 5만 2,984실이 필요할 것으로 예상된다. 관광객은 향후에도 한국뿐 아니라 전 세계적으로 증가할 것으로 전망되므로 복합리조트가 건설되면 수도권의 부족한 숙박 시설 여건을 개선하고 다양한 체험을 원하는 관광객의 요구를 충족시킬 수 있을 것으로 예상된다.

---

7) Casino City Press, *Casino City's global gaming almanac*(2010).

제3부 문화, 건강, 삶의 질이 보장되는 지역

제6장 특화 창조지구 조성을 통한 문화 육성 | 이수진
제7장 건강한 삶을 위한 건강도시 네트워크체제 구축 | 김태환·김은정
제8장 고령사회에 대응한 무장애도시 실현 | 이상대·박신영·정유선

제6장

특화 창조지구 조성을 통한 문화 육성
_ 이수진

1. 문화를 통한 창조경제 실현

1) 창조도시를 통한 지역발전

정보화와 세계화가 급속히 진행되면서 제조업 등에 기초한 기존의 획일
적인 도시발전 전략은 한계에 부딪혔고, 이를 극복하기 위한 대안으로 창조
도시(지역) 전략이 제안되고 있다. 창조도시[1] 전략은 지역발전의 요체로,
지역의 창조적 역량을 강화해 지역의 경쟁력을 확보하고 이를 통해 새로운
가치를 창출하는 선순환을 이루어 지속적인 경제발전이 가능하다고 본다.

---

1) 창조도시는 "독자적인 문화예술을 육성하고 지속적·내생적인 발전을 통해 새로운 산업
을 창출할 수 있는 능력을 갖춘 도시, 인간이 자유롭게 창조적 활동을 함으로써 문화와
산업에서 창조성이 풍부하며 혁신적이고 유연한 도시경제 시스템을 갖춘 도시"라고 할
수 있다[찰스 랜드리, 『창조도시』, 임상오 옮김(해남, 2005)].

<표 6-1> 창조도시이론의 세 가지 논의와 지역발전 전략

구분	논리	지역발전 전략
창조도시론 (C. Landry)	· 예술문화가 갖고 있는 창조적인 힘으로 사회의 잠재력을 발휘하도록 하는 도시를 개발하는 것이 중요함 · 창의성의 원천은 문화예술이며, 문화예술이 창조도시의 원동력임	· 문화예술도시와 문화 산업 육성 · 소프트웨어적인 창조 환경 조성
창조 계급론 (R. Florida)	· 문화다양성을 존중하고 다양한 네트워크가 이루어지며 문화예술의 활력이 넘치고 창조인력이 선호하는 환경을 조성해야 함 · 재능 있는 인력과 하이테크 기술의 접목으로 창조도시로 도약할 수 있음	· 창조 계급을 유치하기 위한 도시 개발 · 창조 계급이 선호하는 창조적 환경 조성
창조 산업론 (J. Howkins)	· 창조 산업이 도시에 인적·사회적·문화적·경제적 다양성을 불어넣어 도시의 재구조화를 가져오며, 더 나아가 부가가치와 고용을 창조함	· 창조 산업 활성화

자료: 한국지방행정연구원, 『창조적 지역발전 전략』(2011).

찰스 랜드리(Charles Landry)는 유럽의 성공적인 도시재생 사례를 제시하면서 창조성을 매개체로 한 문화와 산업경제의 접목이 도시발전에 중요하다는 사실을 강조했다.[2]

　도시재생과 지속적인 경제성장에 대한 기대감으로 세계 각국, 도시, 지역은 문화를 기반으로 한 창조도시를 조성함으로써 지역발전 전략을 수립, 추진 중이다. 글로벌 시대에 경제발전의 패러다임은 다양성과 창의성을 강조하는 창조기반을 중심으로 변화했으며, 한국의 각 지방자치단체도 이러한 창조도시를 조성하기 위해 지역적 특성에 기초한 다양하고 특성화된 지역발전 전략을 모색한다.

　한편 글로벌화를 통한 경쟁력 강화 방안으로 광역경제권의 역할이 부각되었다. 광역경제권은 핵심 도시를 중심으로 기능적으로 연결된 대도시권인데, 글로벌 비즈니스 창출이 가능한 경제 규모를 갖추고 인구가 1,000만 명 이상인 거대 도시로 정의된다. 세계화에 따라 국가 간, 도시 간 경쟁이 치

2) 찰스 랜드리, 『창조도시』.

열해진 가운데 비효율성을 극복하고 핵심 도시를 발전시키려는 목적에서 주변 지역과의 협력을 통해 경쟁력을 강화하는 방안으로 광역경제권을 중심으로 한 정책 추진이 모색된다.

대표적인 사례로 프랑스 정부는 파리와 주변 일드프랑스 주를 통합해서 수도권을 만드는 '그랑파리 프로젝트'를 2010년 발표해 추진 중이며, 영국은 런던권 개발에 국가사업의 최우선 순위를 부여하는 '대런던 플랜'을 수립하는 등 선진국을 중심으로 대도시권 구축을 위한 대대적 투자와 규제 완화가 추진되고 있다.

이처럼 글로벌 경쟁력을 확대하기 위해서는 성장 잠재력을 최대화할 수 있는 거점중심형 개발이 필요하다. 하지만 한국 수도권(경인권)의 광역경제권 글로벌 경쟁력은 세계 20개 메가시티 중 11위로 나타났으며, 미래 성장 잠재력은 이보다 더 낮게 평가되었다.[3]

2) 박근혜 정부의 창조경제론

2013년 출범한 박근혜 정부는 경제정책의 핵심으로 창조경제를 강조한다. 박근혜 대통령은 2013년 2월 25일 취임사에서 "창조경제는 과학기술과 산업이 융합하고, 문화와 산업이 융합하고, 산업 간 벽을 허문 경계선에서 창조의 꽃을 피우는 것"이라고 언급했다. 존 호킨스(John Howkins)는 2001년 발간한 『창조 경제(The Creative Economy)』에서 "창조경제란 창조적 인간, 창조적 산업, 창조도시를 기반으로 하는 새로운 경제체제로, 창조적 행위와 경제적 가치를 결합한 창조적 생산물의 거래"라고 정의했다.[4] 이에 창

---

3) ≪동아일보≫, "메가시티 미래의 경쟁력"(2009. 6. 16).

조성을 바탕으로 다양한 경제적 가치를 창출하는 경제체제의 패러다임이 더욱 중요하게 부각되었다.

또한 세계적으로 문화, 매력, 창의력 등의 소프트요소가 국가 또는 지역의 발전을 좌우하는 중요한 지표로 작용하면서 소프트파워의 중요성이 증대되었다. 한국에서도 국민총생산(GNP)보다 국민총행복(GNH)을 중시하는 시대가 도래했으며, 여가문화 활동이 단순한 소비가 아닌 개개인 생활에 활기를 부여하는 일종의 생산 활동이라는 인식의 전환이 이루어졌다. 또한 경제적 소득이 증가함에 따라 문화예술, 여가, 스포츠 등 다양한 문화 욕구가 증대되고, 각 문화 산업별 취향의 다양화 및 고급화가 진전될 것으로 예상된다. 이러한 사회적 현상을 반영해 제18대 대통령직인수위원회는 5대 국정 목표5) 중 하나로 '창의교육과 문화가 있는 삶'을 제시했다.

창조 산업의 정의는 창조경제를 어떻게 정의하느냐에 따라 달라진다. 호킨스는 창조 산업을 시장 규모 순으로 연구개발, 출판, 소프트웨어, 텔레비전과 라디오 방송, 산업디자인, 영화, 음악, 완구, 광고, 공연예술, 건축, 공예, 비디오게임, 패션, 미술 등으로 제시했다.6) 한편 영국은 개인의 창의성, 기술, 재능을 바탕으로 지식재산권 창출 및 활용을 통해 부와 일자리를 창출하는 활동을 창조경제로 정의하고 이에 따라 창조 산업을 광고, 건축, 예술품 등 13개 부문으로 제시하면서 창조 산업과 밀접한 업종으로 관광업, 의료업, 박물관업, 문화유산 관련 업종 및 스포츠업 등을 제시했다.7) 또한

---

4) John Howkins, *The Creative Economy: How People Make Money from Ideas*(Penguin Global, 2001).

5) ① 일자리 중심의 창조경제, ② 맞춤형 고용/복지, ③ 창의교육과 문화가 있는 삶, ④ 안전과 통합의 사회, ⑤ 행복한 통일시대의 기반 구축.

6) John Howkins, *The Creative Economy: How People Make Money from Ideas*.

노무라종합연구소는 창조경제를 창조성에 따라 새로운 부가가치를 창출하는 제품과 서비스 등으로 이루어지는 경제로 정의했으며,[8] 이러한 창조 산업을 패션, 식품, 콘텐츠, 지역산품, 주거, 관광, 광고, 예술, 디자인 등 9개 분야로 규정했다.[9]

창조경제를 통계적으로 산출하기가 어렵기 때문에 일반적으로 창조 산업의 통계로 창조경제의 규모를 추정한다. 창조 산업은 음악, 영상, 방송, 공연 등의 문화 산업과 소프트웨어, 정보서비스, 디자인 등의 서비스업 등으로 구분된다. 한국 창조 산업의 GDP 비중은 2.7%로 영국의 7.4%, 미국의 6.4% 등에 비해 훨씬 낮은 것으로 나타났다.

창조문화지구(창조 클러스터)는 창조적 활동이 다른 지역에 비해 두드러지게 집적되어 창조적 네트워크를 이루면서 발전하는 공간으로 정의된다.[10] 경기개발연구원은 창조 산업 및 창조인력이 대부분 수도권에 집중되어 있는 것으로 분석했다.

한국의 창조 계급은 서울 136만 명, 경기도 129만 명 등으로 전체 창조 계급 493만 명 중 58.8%가 수도권에 집중된 것으로 나타났다. 창조 산업 역시 서울과 경기도 등에 집중되어 있으며, 서울은 컨벤션 이벤트와 같은 위락 서비스, 디자인, 광고 등 창조인력 중심의 창조 산업이, 경기도는 연구개발, 정보 서비스 등 IT 중심의 창조 산업이 분포해 있어 특화된 창조경제의 공간

---

7) DCMS, *Creative Industries Mapping Documents 1998*(United Kingdom, 1998).

8) 野村総合研究所, 『平成23年度知的財産権ワーキング・グループ等侵害対策強化事業報告書, クリエイティブ産業に係る知的財産権等の侵害実態調査及び創作環境等の整備のための調査』(2012. 3).

9) 차두원·유지연, 「창조경제 개념과 주요국 정책 분석」, 한국과학기술기획평가원 이슈페이퍼(2013).

10) 경기개발연구원, 「창조경제의 플래폼, 창조클러스터」, ≪GRI TIP≫, 8호(2013).

<표 6-2> 창조 및 여가관광산업의 종사자 수 현황

(단위: 천 명, %)

구분	2001년			2011년			연평균 증가율		
	창조 산업	관광 산업	전 산업	창조 산업	관광 산업	전 산업	창조 산업	관광 산업	전 산업
서울	411 (52.8)	940 (27.4)	3,877 (27)	547 (48.3)	1,079 (26.4)	4,498 (24.9)	2.9	1.4	1.5
인천	27 (3.4)	155 (4.5)	699 (4.9)	27 (2.4)	187 (4.6)	848 (4.7)	0.0	1.9	2.0
경기도	112 (14.4)	562 (16.4)	2,598 (18.1)	260 (22.9)	797 (19.5)	3,920 (21.7)	8.8	3.6	4.2
전국	778	3,425	14,337	1,131	4,084	18,093	3.8	1.8	2.4

주: 창조 산업은 건축, SW, R&D, 광고, 방송통신, 문화예술 및 콘텐츠 산업 등으로 구성되며, 관광
산업은 숙박, 식음료, 교통, 문화, 스포츠 등과 관광개발 서비스로 구성됨.
자료: 경기개발연구원, 「창조경제의 플래폼, 창조클러스터」, ≪GRI TIP≫, 8호(2013).

분업이 확대되는 추세로 분석되었다. 창조 산업 종사자 수의 연평균 증가율
을 살펴보면 경기도 8.8%, 서울 2.9%, 인천 0.0%로 경기도는 전국 평균
3.8%보다 높은 증가율을 나타냈다. 관광산업 종사자 수의 연평균 증가율은
경기도 3.6%, 서울 1.4%, 인천 1.9%로 여기에서도 경기도는 전국 평균
1.8%보다 높은 것으로 나타났다.

광역경제권의 중심인 경기도·서울특별시·인천시에 위치한 창조도시의
원동력은 창조성이므로 이를 활용해 특성화된 창조지구 중심의 지역 거점
을 조성해야 한다. 즉, 광역경제권에 있는 창조지구 내 창조 인재를 유인할
수 있도록 지역의 소프트파워를 육성하고, 창조 인재가 선호하는 다양한 공
간과 어매니티를 확충해야 한다. 이를 통해 지역의 정체성을 살린 창조도시
의 매력성을 증가시킴으로써 지역경제를 활성화시키는 창조경제 발전 전략
을 모색해야 한다.

2. 메가 수도권의 창조 산업 기지인 문화예술 거점 형성 전망

1) 지방자치단체의 창조도시 네트워크 형성

광역경제권을 통해 국가경쟁력을 향상시키기 위해서는 수도권 내 성장 거점 지역을 확대하고, 창조 산업 육성에 필요한 창조 계급이 유입될 수 있는 환경을 조성해야 한다. 랜드리는 창조도시의 필요조건으로 개방성과 상상력, 창조적 기반시설, 창조적 풍토, 상징적인 프로젝트, 리더십을 제시했다.[11] 이를 위해서는 창조 산업의 경쟁력을 향상시킬 수 있도록 정책적 지원이 이루어져야 하며, 이과 함께 창조 인재가 모여 창작하고 교육하는 창조지구(creative district & hub)를 중심으로 창조 산업과 관련된 기업, 문화 시설, 교육기관, 지원기관, 예술가, 과학자, 기업인 등 문화 자원이 서로 네트워크를 형성해 발전할 수 있는 전략을 추진해야 한다. 창조지구는 파주 헤

〈그림 6-1〉 유네스코 창의도시 네트워크에 포함된 한국의 도시

자료: 유네스코 창의도시 이천 홈페이지, 유네스코 창의도시 서울 홈페이지, 유네스코 창의도시 전주 홈페이지.

---

11) 찰스 랜드리, 『창조도시』.

〈표 6-3〉 유네스코 창의도시 네트워크에 가입한 도시의 현황 및 특징

영역	지정도시	지정연도	지정도시 특징
문학 (6)	영국 에든버러	2004	저명 문학인 및 문학 작품
	호주 멜버른	2008	출판 산업 활성화
	미국 아이오와시티	2008	국제도서축제 개최
	아일랜드 더블린	2010	도서관, 작가박물관 등 다수
	아이슬란드 레이캬비크	2011	1인당 세계 최고 출판 활동
	영국 노리치	2012	출판 산업의 성장
공예와 민속 예술 (5)	미국 산타페	2005	전통기술, 일상적 예술품 작업
	이집트 아스완	2005	공예, 보석 세공 등 문화유산
	일본 가나자와	2009	조각박물관, 수공예 교육센터
	한국 이천	2010	지역축제 개최
	중국 항저우	2012	관광 및 예술 분야에 집중 투자
음악 (5)	이탈리아 볼로냐	2006	풍부한 음악적 전통 소유
	스페인 세비야	2006	인종과 언어를 초월한 커뮤니케이션
	영국 글래스고	2008	다양한 장르의 연 130여 회 공연
	벨기에 겐트	2009	음악축제와 전문 교육 기관
	콜롬비아 보고타	2012	음악 홍보를 위한 인프라 구축
디자인 (11)	독일 베를린	2005	다양한 디자인 산업
	아르헨티나 부에노스아이레스	2005	혁신적인 거주 환경 조성
	캐나다 몬트리올	2006	국제디자인 관련 행사
	일본 나고야	2008	디자인 산업 클러스터 조성
	일본 고베	2008	패션·의류 분야에서 선도적인 위치
	중국 선전	2008	첨단기술 분야의 발달
	중국 상하이	2010	세계에서 가장 큰 창의 클러스터
	한국 서울	2010	시민의 삶을 개선하는 디자인 추구
	프랑스 생테티엔	2010	도시의 혁신성
	오스트리아 그라츠	2011	고유한 건축 스타일 보유
	중국 베이징	2012	국제적인 문화 교류 활성화
미디어 아트 (1)	프랑스 리옹	2008	활발한 민간 디지털 콘텐츠 산업 보유, 높은 정책적 의지 및 국제적 네트워크 보유
음식 (4)	콜롬비아 포파얀	2005	음식 산업 개발
	중국 청두	2010	음식에 대한 연구조사
	스웨덴 외스터순드	2010	전통음식 개발, 음식 페스티벌과 이벤트 개최
	한국 전주	2012	다양한 식자재의 생산·교차지
영화 (2)	영국 브래드포드	2009	영화 산업의 발생지, 다양한 영화 산업 발달
	호주 시드니	2010	풍부한 영화 산업 인프라

자료: 유네스코한국위원회, 「2012 유네스코 창의도시 네트워크 길잡이」(2013).

이리 문화지구와 같이 자연발생적으로 형성되기도 하지만 도시계획 또는 문화계획을 기반으로 인위적으로 조성될 수도 있다.

향후 창조지구와 같은 문화 거점 지역을 육성하는 작업은 지속적으로 확대될 전망이다. 이러한 흐름 중 하나인 유네스코 창의도시 네트워크(Unesco Creative Cities Network)는 2004년 10월 문화다양성을 위한 국제연대 사업의 일환으로 시작되었다. 유네스코 창의도시 네트워크는 고유한 문화자산이 세계적으로 재인식되도록 하기 위한 도시 간 협력 네트워크로, 지정도시의 창조성에 대한 노하우(지식, 정보, 경험)를 확산시켜 지속가능한 발전을 도모하는 것을 목적으로 한다. 즉, 세계 문화의 다양성을 보존하고 지역적·창조적 자원을 활용해 창조 산업을 일으키며, 이를 창조관광과 연계해서 지역의 경제적·사회적·문화적 발전을 촉진하기 위해 구성된 것이 유네스코 창의도시 네트워크다. 유네스코 창의도시 네트워크는 문학, 영화, 음악, 공예와 민속예술, 디자인, 미디어아트, 음식 등 7개의 분야로 이루어져 있으며, 2013년 1월 기준으로 여기에 가입한 도시는 총 19개국 34개 도시이고, 한국의 경우 서울, 이천, 전주가 창조도시 네트워크에 포함되어 있다.

2) 수도권의 주요 문화예술 집적지 형성 전망

창조 인재는 다양한 라이프스타일과 어메니티를 중요시하기 때문에 창조성과 일상적인 여가 시설의 결합은 지역의 부활을 가져오기도 한다. 이러한 대표적인 사례로는 뉴욕의 소호거리, 샌프란시스코의 소마지구, 시애틀의 파이오니아 스퀘어 등이 있다. 지역별로 문화, 쇼핑, 음식, 미용, 건강 등을 아우르는 창조지구(창조문화 여가 소비 거점)를 조성한다면 창조 인재와 다양한 계층이 공존해 여가문화 소비가 확대될 것으로 기대된다. 특히 지역

〈표 6-4〉 메가 수도권의 주요 문화예술 집적 지역

시·도	지역	특징	내용
서울	청담동	생활문화	쇼핑, 음식
	신사동 가로수길	생활문화	쇼핑, 음식
	명동거리	생활문화	쇼핑, 음식
	홍대	문화예술	공연장, 클럽, 쇼핑, 음식
	대학로	문화예술	소극장, 음식
	인사동	역사문화	한지공예, 갤러리, 전시회, 쇼핑, 전통음식점, 찻집
	북촌	역사문화	한옥, 창덕궁, 삼청동 거리
	이태원	문화예술	외국문화, 음식, 쇼핑
인천	송도	문화예술	축제, 컨벤션(컨벤시아 등)
	개항장 문화지구	역사문화	외국 음식, 아트플랫폼
경기	고양(일산)	문화예술	쇼핑, 컨벤션(킨텍스), 공연장(K-팝 아레나 등), 음식
	파주(헤이리 문화지구, 출판도시)	생활/예술	프리미엄 아울렛, 예술가 작업실, 미술관, 북카페 등
	의정부 행복로	문화예술	공원, 음식점, 패션, 카페, 제일시장
	수원 수원화성	역사문화	수원화성, 못골시장
	성남(분당) 정자동 카페거리	생활문화	카페, 음식점, 패션, 인테리어숍, 꽃집
	용인(죽전) 보정동 카페거리	생활문화	카페, 음식점, 패션
	이천 유네스코 창조도시	역사문화	축제, 공방(세라피아 등)
	여주 신륵사관광지	생활/역사	프리미엄 아울렛, 세종대왕릉, 명성황후생가, 신륵사 등
	화성 송산그린시티 (조성 중)	문화관광	유니버설 스튜디오 코리아 리조트, 전원주택, 실버타운 등
	오산(조성 중)	문화예술	K-팝 스타양성소(스튜디오, 국제학교, 상설관람장 등)
강원	춘천 소양호	문화관광	축제
	원산국제관광특구 (북한, 조성 중)	문화관광	마식령스키장, 금강산지구
충북	충주 탄금호	역사문화	목계나루 문화마을(조성 중), 남한강

특성을 살린 권역별 창조지구를 조성·육성한다면 더욱 많은 방문객을 지역으로 이끌 수 있을 것으로 예상된다.

<그림 6-2> 수도권 창조지구 클러스터(안)

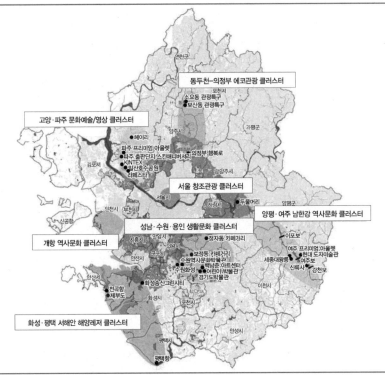

자료: 「경기도종합계획 2020」을 토대로 재작성.

3. 창조문화 산업 육성의 비전과 전략 구상

1) 비전과 목표

메가 수도권을 특화 창조지구로 형성해 문화의 거점으로 발전시키기 위한 비전은 '미래형 창조지구 문화허브'로 설정했다. 경제와 문화의 발전을

〈그림 6-3〉 창조지구의 비전과 목표

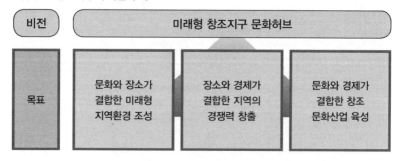

비전	미래형 창조지구 문화허브		
목표	문화와 장소가 결합한 미래형 지역환경 조성	장소와 경제가 결합한 지역의 경쟁력 창출	문화와 경제가 결합한 창조 문화산업 육성

창조경제와 창조도시로 실현시키는 것이다. 비전을 달성하기 위한 세부 목표는 첫째, 문화와 장소가 결합한 미래형 지역 환경 조성이다. 둘째, 장소와 경제가 결합한 지역의 경쟁력 창출이다. 셋째, 문화와 경제가 결합한 창조 문화산업 육성이다.

이러한 비전과 목표를 달성하기 위해서는 광역경제권의 경쟁력을 강화해야 하므로 지역의 문화적 독특성과 차별성을 중심으로 거점창조지구를 조성하고, 다양한 문화 환경을 조성해 창조 인력이 유입되도록 모색하며, 이를 바탕으로 부가가치를 창출하는 창조경제를 모색할 필요가 있다.

2) 창조 계급, 창조 산업, 창조 환경 조성을 통한 창조 지역의 실현 전략

창조 지역을 실현하려면 첫째, 창조 계급을 유치할 수 있도록 창조 인재를 육성하고 네트워크를 구축해야 한다. 창조성을 바탕으로 지역별로 특화된 창조지구를 형성하기 위해서는 먼저 창조적이고 개방적인 문화 환경을 구축해 창조적 인력이 유입될 수 있는 환경을 조성함으로써 창조 인재를 양성하기 위해 노력해야 한다. 이를 위해 지역적 특성을 고려해 연극, 무용, 미

술, 국악, 음악, 문학 등 다양한 문화예술 프로그램을 집중 지원하고, 창작 스튜디오 및 창작 연습실을 확충해 예술가와 예술 활동에 대한 창작 기회를 확대해야 한다. 또한 지역의 특성에 맞추어 다양한 문화 프로그램을 운영해 창조 인재를 양성하는 한편, 문화를 통한 창조성 향상을 바탕으로 지역의 발전을 도모해야 한다. 또한 지역별 특성에 맞는 문화 자원을 보존, 발전시키기 위해 창조도시의 원동력이 되는 창조 계급(과학자, 기술자, 건축가, 디자이너, 작가, 예술가, 음악가 등) 간의 공감대를 형성해야 하며, 이를 바탕으로 지역발전과 지역 활성화에 이바지하는 네트워크를 구축할 수 있도록 지원해야 한다.

둘째, 창조 산업을 육성하기 위해서는 창조문화 산업 클러스터를 형성해야 한다. 역사, 문화, 예술, 전통 등 문화 산업을 육성해 창조도시가 발전할 수 있도록 지원하는 한편, 기존 지역별로 특화된 전통 자원과 역사를 기반으로 이를 창조 산업화하는 전략을 추진하며, 각 지역별로 특화된 클러스터를 조성해 전문 인력을 양성하고 특화상품을 개발하도록 지원해야 한다. 또한 문화 자원을 산업화해 관광, 축제, 문화상품, 지역문화 산업으로 발전시켜야 한다.

셋째, 창조 환경을 조성하기 위해서는 창조적 문화 활동을 할 수 있는 기반시설을 구축해야 한다. 창조 계급이 살고 싶은 창조 환경을 조성하기 위해서는 박물관, 미술관, 공연장 같은 하드웨어 측면의 단순한 문화 기반시설을 확충하는 데 그쳐서는 안 되며, 생활권역 내에 문화예술이 활성화되고 자유로운 분위기에서 문화가 교류되는 생활권 문화기반도 함께 구축해야 한다.

제7장

건강한 삶을 위한 건강도시 네트워크체제 구축 _ 김태환·김은정

1. 건강과 도시 환경의 관계

1) 고령화 시대의 도래와 건강의 중요성

바야흐로 고령화 시대다. 한국도 이미 고령사회(65세 노인 인구 비율 7% 이상)에 접어들었고, 2026년에는 초고령사회(65세 노인 인구 비율 20% 이상)에 도달할 것으로 전망된다.[1] 2010년 현재 한국의 전국 평균 노년부양비[2]는 15.2%에서 2040년 57.2%로, 같은 기간 노령화지수[3]는 68.4%에서 288.6%

---

[1] 통계청, 「장래인구추계」(2006).
[2] 생산 가능 인구(15~64세 인구) 100명에 대한 고령 인구(65세 이상 인구)의 비율 = (65세 이상 인구)/(15~64세 인구)×100.
[3] 유소년 인구(0~14세 인구) 100명에 대한 고령 인구(65세 이상 인구)의 비율 = (65세 이상 인구)/(0~14세 인구)×100.

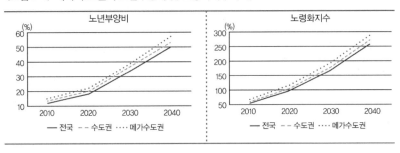

〈그림 7-1〉 메가 수도권의 노년부양비 및 노령화지수 추계

로 급증할 것으로 보인다. 지역적으로 볼 때 수도권과 메가 수도권의 고령화
도 심각해질 것으로 예견된다. 2010년에 11.9%였던 수도권의 노년부양비
는 2030년 33.4%에 달할 것으로 보이며, 10년 후인 2040년에는 49.9%로 더
욱 증가할 것으로 예측된다.

메가 수도권의 경우 2010년 13.5% 수준에서 2030년 35.5%, 2040년에는
53.0%로 증가할 것으로 전망된다. 한편 2010~2040년 동안 수도권의 노령
화지수는 55.4.0%에서 256.9%로, 메가 수도권은 61.6%에서 270.8%로 증
가할 것으로 예측된다.[4] 전체적으로 볼 때 고령화에 따른 경제적 부담과 활
력의 쇠퇴는 이미 널리 예견된 바이고, 수도권과 메가 수도권 지역에서도 고
령화는 점점 심각해지고 있으며, 이에 따른 경제적·사회적 부담도 더욱 가
중될 것으로 보인다.

고령화의 도래와 함께 또 하나의 사회·경제 변화 트렌드로 삶의 질을 중
시하는 분위기가 사회 전반에 확대되었다. OECD에 따르면 1인당 국민소득
과 삶의 질(life satisfaction)은 정(+)의 함수를 보이는 관계가 아닌 것으로 나

---

4) 통계청, 「장래인구추계」 (2006)를 활용하여 분석함.

타났다.[5] 이는 이스털린 패러독스(Easterlin Paradox)[6]를 뒷받침하는 증거이기도 하다.

한편, 삶의 질에 대한 가치가 증대되면서 삶의 질을 결정하는 요소의 하나로 건강의 중요성이 부각되고 있다. 주관적인 삶의 질에 영향을 미치는 요소는 다양하지만 건강 변수는 특히 삶의 질과 관련성이 높은 것으로 밝혀졌다. OECD의 삶의 질 지수(better life index)[7]에서는 개인의 행복에 영향을 미치는 요인으로 건강과 보건의 중요성이 강조되었으며, 한국인의 삶의 질을 결정하는 요인에서도 건강은 중요한 요소로 조사되었다. 기획재정부에서 실시한 미래 삶의 질을 구성하는 요소에 대한 인식 조사에서도 건강의 중요성은 확인되었다.[8] 2010년 기준으로 개인의 삶의 질에 가장 큰 영향을 끼치는 요소는 취업 여부이며, 두 번째 요소는 건강인 것으로 조사되었다. 이와 함께 미래(2040년 기준)에 중요해질 삶의 질 결정 요소에 대한 질문에서는 다른 요소보다도 개인의 신체적 건강이 가장 중요한 것으로 나타났다. 즉, 미래에는 물질적 풍요로움을 위시한 경제적 조건보다 여유 있고 건강한 삶과 관련된 변수가 점차 더 중요해질 것으로 전망되는 것이다.

---

5) OECD, *How's Life?: Measuring Well-being*(OECD Publishing, 2011).
6) 리처드 이스털린(Richard Easterlin)은 경제성장만으로 국민의 행복을 보장할 수 없다고 주장한다[Richard A. Easterlin, "Does Economic Growth Improve the Human Lot?" in Paul A. David and Melvin W. Reder(eds.), *Nations and Households in Economic Growth: Essays in Honour of Moses Abramovitz*(New York: Academic Press, Inc., 1974)].
7) http://www.oecdbetterlifeindex.org 참조. 2012년 실시된 삶의 질에 관한 OECD 국가 비교에서 한국의 건강 수준은 36개국 중 35위(자가건강진단 기준)를 기록했다.
8) 기획재정부, 「2004년 한국의 삶의 질」(기획재정부, 2010).

2) 건강한 삶을 위한 도시 환경의 역할

1970년대 중반 이후 건강 증진에 대한 담론이 전 세계적으로 확산되기 시작했고, 건강 결정 요인의 하나로 환경에 대한 관심이 대두되었다. 마이클 오도널(Michael O'Donnel)의 연구에 따르면 건강을 결정하는 데에는 생활 습관이 50%, 환경이 20%, 유전 요인이 20%, 의료 서비스가 10% 수준으로 영향을 미치는 것으로 나타났다.[9]

이 중 환경 요인에는 기후, 대기, 토양, 수질 등 자연 환경 요인과 계획적 측면에서의 물리적 도시 환경 등이 포함된다. 건강 결정 요인에 물리적 환경이 미치는 영향은 4~10% 수준이라고 보고되기도 했다. 특히 건강 친화적인 물리적 도시 환경(예를 들면, 자전거도로, 녹지율, 보행 친화적 도로 환경 등)은 개인의 보행이나 통행 패턴 등 생활 습관에 영향을 미치고, 결국 가장 중요한 건강 결정 요인으로 인식되는 생활 습관을 변화시키는 역할도 한다.

최근 도시 환경이 심장질환, 고혈압, 당뇨병, 호흡기질환, 비만, 우울증 등 각종 질병과 관계되어 있다는 연구들이 발표되면서 도시계획 분야에서 국민 건강을 증진시키기 위한 학술적·정책적 관심이 커졌고,[10] 이에 따라 '건강도시' 정책이 지방자치단체를 중심으로 다양하게 발굴·추진되었다. 특히 도시의 스프롤(sprawl) 현상, 자동차 위주의 통행 패턴 증가, 보행자도로 감소, 녹지 감소 등이 개인의 건강 수준을 악화시키는 주요 요인으로 지적되고 있다.[11] 데이비드 체노웨스(David Chenoweth)의 연구에 따르면 뉴욕

---

9) M. O'Donnel, "Health Promotion: An Emerging Strategy for Health Enhancement and Business Cost Savings in Korea", Unpublished(1988).

10) W. S. C. Poston and J. P. Foreyt, "Obesity is an environmental issue," *Atheroscler*, 146, 2(1999), pp. 201~209.

〈그림 7-2〉 건강에 영향을 미치는 요인

시민의 운동 습관 부족으로 야기되는 경제적 손실은 연간 30억 달러에 이르며, 성인의 운동 습관이 5% 상승하면 연간 1억 8,000만 달러의 비용을 절감할 수 있는 것으로 조사되었다.[12] 운동을 하지 않는 성인의 경우 운동 습관이 체질화된 성인보다 연간 330달러의 보건 및 의료 기회비용이 발생하는 것으로 보고되기도 한다.[13]

11) R. Ewing et al., "Relationship between Urban Sprawl and Physical Activity, Obesity, and Morbidity," *The Science of Health Promotion*, 18, 1(2003), pp. 47~57; L. D. Frank, M. A. Andresen and T. L. Schmid, "Obesity Relationships with Community Design, Physical Activity, and Time Spent in Cars," *American Journal of Preventive Medicine*, 27, 2(2004), pp. 87~96.

12) D. Chenoweth, "Economic cost of physical inactivity in New York State," *Journal of American Medical Athletic Association*, 14, 1(2000), pp. 5~8.

13) M. Pratt, C. A. Macera and G. Wang, "Higher Direct Medical Costs Associated with Physical Inactivity," *The Physician and Sports Medicine*, 28, 10(2000), pp. 63~70.

〈표 7-1〉 건강 결정 요인의 건강에 대한 기여율

(단위: %)

건강 결정 요인			머레이&로페즈(Murray & Lopez)	미국	미국 질병예방통제센터(CDC)	호주	한국
대분류	중분류	소분류					
개인적 요인	개인적 특성	생물의학적 요인	60.3	-	19	미규명	9
		정서적 요인		-			미규명
	사회경제적 특성	개인의 사회경제적 요인	2.2	40		미규명	미규명
	건강행동	건강 행태	31.1	40	51	39	22
		보건의료 이용					-
사회적 요인	보건의료 서비스 제공 환경	건강 증진	60.3	10	10	미규명	미규명
		보건의료 서비스					미규명
	사회적 환경	사회적 환경 요인	-		20	미규명	미규명
	물리적 환경	물리적 환경 요인	6.6	10		2	4

자료: 보건복지부, 「제3차 국민건강증진종합계획 2011~2020」(2011), 83쪽.

3) 한국 도시 환경의 수준

그렇다면 한국의 도시 환경 여건은 어떠할까? 2010년 기준 한국의 1인당 도시공원 조성 면적은 8.3m²/명으로 뉴욕(18.6m²/명), 런던(26.9m²/명), 파리(11.6m²/명)에 비해 턱없이 낮은 수준이다.[14] 한편, 통계청에 따르면 2008년 기준 서울의 미세먼지(PM10)는 33ug/m³으로 토론토(17ug/m³), 뉴욕(18ug/m³), 파리(10ug/m³), 런던(17ug/m³) 등 외국의 주요 도시에 비해 매우 높은 것으로 나타났다.

수도권의 버스 수송 분담률은 2006년 21.0%에서 2010년 17.6%로 3.4%p 감소했고, 같은 기간 전철·철도 이용률은 18.5%에서 20.6%로 다소 증가했다. 전체적으로 수도권 전체 통행 중 대중교통 분담률은 39.6%에서 38.2%

---

14) http://www.neins.go.kr:2008/ltr/statistics/index.asp?mode=view&seq=1228

<그림 7-3> 수도권과 해외 대도시권의 교통수단 이용률 변화 비교

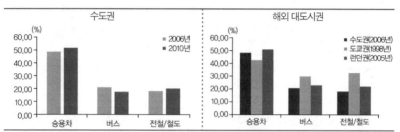

자료: 경기도·서울특별시·인천시, 「수도권 가구통행실태조사」(2006, 2010); 김채만·빈미영, 『경기도 교통지표 산정에 관한 연구』(경기개발연구원, 2009); 김점산·김채만·김대호, 『수도권 대중교통의 현황과 정책방향』(경기개발연구원, 2011)에서 재인용.

<그림 7-4> 걷기 실천율과 비만 유병률 추이

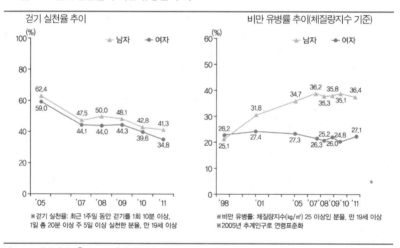

자료: 보건복지부, 「2011 국민건강통계」(2012).

로 감소했다. 한편 국외 대도시권 교통수단 이용률을 살펴보면 수도권의 대중교통 이용률은 도쿄권과 런던권에 비해 상대적으로 낮은 것으로 나타났다. 즉, 한국의 자동차 의존율은 증가하는 반면, 대중교통 분담률은 외국의

〈그림 7-5〉 OECD 국가의 자살률 비교

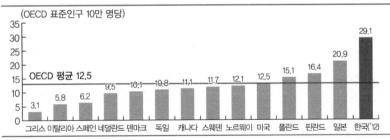

자료: 통계청.

주요 대도시권에 비해 여전히 낮은 실정이다.[15]

부족한 녹지, 증가하는 자동차 이용률, 높은 대기오염 등 도시의 물리적 환경이 건강 친화적이지 않은 조건에서 한국 국민의 건강 수준은 점차 위협받고 있다. 2005년 60.7%이던 걷기 실천율은 2011년 38.0%로 급감했고, 같은 기간 비만 유병률도 26.0%에서 31.0%로 5%p 증가했다.[16] 한편 지난 10년간 자살률은 급격히 증가해 2012년 현재 인구 10만 명당 29.1명 수준인데, 이는 그리스(3.1명), 이탈리아(5.8명) 등 서구 도시에 비해 매우 높은 수준이며, 2위인 일본(20.9명)보다도 훨씬 높다.

건강한 도시는 '시민과 시민이 살아가는 터전으로 도시가 함께 건강함'이 기본 전제조건이 되어야 한다.[17] 미국 질병예방통제센터는 "당신이 사는 곳이 당신이 얼마나 오래 살 것인지, 그리고 얼마나 건강하게 살 것인지를 결정하는 주요한 역할을 한다"[18]라고 단언하면서 개인의 건강에 영향을 미

---

15) 김점산·김채만·김대호, 『수도권 대중교통의 현황과 정책방향』(경기개발연구원, 2011).

16) 보건복지부, 「2011 국민건강통계」(2012).

17) 김태환 외, 『삶의 질 향상을 위한 지역별 건강장수도시 실태진단 연구』(국토연구원, 2012).

치는 도시 환경의 역할을 중요하게 부각시켰다. 외국의 선행 연구에서 살펴보았듯이 도시 디자인이나 환경을 어떻게 조성하느냐에 따라 개인의 신체활동과 건강 수준이 결정된다. 따라서 건강한 도시는 건강한 시민을 위한 복지 인프라로 간주할 수 있다.

2. 건강도시의 여건과 전망[19]

1) 건강도시 지표

도시 환경은 건강에 어떤 영향을 미치는가? 또한 건강한 도시 환경을 조성하는 것은 어느 정도의 가치가 있는가? 이러한 질문에 답하기 위해 이 절에서는 건강한 도시 환경을 조성하는 정책 효과를 전망해보기로 한다.

먼저 건강도시가 어떤 요소로 구성되는지를 이해해야 할 것이다. 이러한 요소를 알아보기 위해 건강도시와 관련된 국제선언 및 의제, 세계보건기구(WHO) 등의 주요 보고서에서 활용한 지표 등을 감안해 시민건강, 의료 서비스, 환경, 사회경제 등 4대 부문에서 총 20개의 건강도시 지표를 선정했고, 20개 지표 간 가중치는 전문가 의견을 취합한 뒤 계층적 분석과정(AHP 기법)을 활용해 도출했다.

건강도시화 정책의 사회적 비용 절감 효과를 산정하기 위해 20개의 건강

---

18) http://www.cdc.gov/healthyplaces/factsheets/healthy_community_checklist.pdf
19) 이 절의 내용은 김은정 외, 『녹색성장형 건강도시의 경제적 가치추정 및 활성화방안 연구』(국토연구원, 2011)의 일부를 발췌, 요약해서 정리한 것이다.

<표 7-2> 건강도시 지표의 표준화값 및 자료의 출처

대분류	중분류	소분류	측정	자료
시민건강	사망률	사망률	인구 10만 명당 표준화 사망률(명/십만 명)	통계청
	비만율	비만율	체질량지수(BMI) 〉 25 인구 비율(%)	지역사회 건강조사
	흡연율	흡연율	흡연율(%)	
	삶의 질	주관적 건강 수준 인지율	주관적 건강 수준이 양호(좋음 또는 매우 좋음)한 인구 비율(%)	
	걷기 실천율	걷기 실천율	최근 1주일간 1회 30분 이상 걷기를 주 5회 실천한 인구 비율(%)	
의료서비스	의료시설	병원 수	인구 1,000명당 병원 수(개/천 명)	시군통계 연보
		의료 인력 수	인구 1,000명당 의료기관 종사 의료 인력 수(명/천 명)	
	의료 관리	건강 검진율	최근 2년간 건강검진 수진율(%)	지역사회 건강조사
		암 검진율	최근 2년간 암 검진율(%)	
		필요 의료 서비스 미치료율	최근 1년간 필요 의료 서비스 미치료율(%)	
환경	대기오염 수준	대기오염	연간 환경 기준 초과횟수(회/연)	대기환경 연보
	녹색 공간	도시공원	1인당 도시공원 면적(m²/명)	시군통계 연보
	자전거 이용 환경	자전거도로 연장	단위면적당 자전거도로 연장(km/km²)	행정안전부 내부자료
	대중교통 환경	버스 노선 수	단위면적당 버스 노선 수(개/km²)	수도권 대중교통 정보 시스템
	쾌적한 주거 환경	최저주거 기준 미달 가구 비율	면적·침실·시설 기준, 최저주거 기준 미달 가구 비율(%)	국토연구원 내부자료
사회경제	건강한 경제	소득 수준	1인당 주민세 소득세할(천 원/명)	행정안전부 내부자료
		재정자립도	재정자립도(%)	시군통계 연보
		기초생활 수급 가구 비율	기초생활 수급 가구 비율(%)	
	복지적 여건	보건복지 예산 비중	일반회계 중 보건·복지 예산 비중(%)	
	안전성	범죄율	인구 1,000명당 범죄 발생 건수(건/천 명)	도시연감, 통계연보, 경찰청 내부자료

도시 지표를 포함해 시민의 건강에 영향을 주는 요인의 인과관계를 분석한 뒤 측정 모형을 구상했다. 사회적 비용 절감 효과의 범위는 도시·커뮤니티의 물리적 환경 변화에 따른 건강 증진 효과의 가치 추정에 한정하기로 한

〈그림 7-6〉 건강도시화 정책의 사회적 비용 절감 효과 평가 틀

자료: 김은정 외, 「녹색성장형 건강도시의 경제적 가치추정 및 활성화방안 연구」(국토연구원, 2011),
86쪽(〈그림 5-2〉).

다. 부문 간 서로 연계되어 있는 건강도시화 정책의 사회적 비용 절감 효과
측정을 위해 시스템 다이내믹스(System Dynamics: SD) 기법을 활용했다.

〈그림 7-6〉을 보면 모형은 크게 건강도시화 정책의 건강 증진 효과 부문
과 건강도시화 정책의 사회적 비용 절감 효과 추정 부문으로 구분된다. 건
강도시화 정책의 건강 증진 효과 부문에서는 건강도시의 부문별 지표의 변
화에 따른 건강 증진 효과(걷기 및 운동 실천율의 증가)를 추정한다. 건강도시
화 정책의 사회적 비용 절감 효과 추정 부문에서는 추정된 건강 증진 효과
에 따른 각종 만성질환(예를 들면, 관상동맥질환, 뇌졸중, 고혈압, 제2형당뇨, 골
다공증 등)의 유병률과 이에 따른 조기사망률의 감소를 추산하고 이로 인한
직접의료비 절감과 생산성 향상 효과를 산정함으로써 건강도시화 정책대안
의 가치를 추정했다.

여기서 제안한 건강도시화 정책을 추진하는 시간적 범위는 2009년부터
2020년까지로 했다. 건강도시화 정책은 도시 환경 인프라를 설치하기 위한
재정 투자와 함께 보건정책이 융합되어 추진되므로 정책의 파급효과를 측
정하기 위해서는 효과가 충분히 나타나는 시간을 고려해야 하기 때문에 시
뮬레이션 기간을 2030년까지로 설정했다. 모형의 시뮬레이션 기준연도는
2009년으로 하고, 공간적 범위는 수도권으로 한정하며, 공간 단위는 66개

기초지방자치단체(시·군·구)를 기준으로 한다. 다만, 최종적으로 나타나는 건강도시화 정책의 사회적 비용 절감 효과는 66개 시·군·구를 합한 수도권의 전체로 추정했다.

모형에 사용된 기본 자료는 지역사회 건강조사 자료와 각종 시·군 통계 자료의 원자료를 가공해 이용했다. 이 외에도 대기환경연보, 행정안전부 내부자료, 수도권 대중교통 이용 정보 시스템, 국토연구원 내부자료, 한국도시연감, 경찰청 내부자료, 주민등록 인구 통계, 인구동향 조사, 사망원인 통계, 건강보험 통계, 경제활동인구연보, 임금구조 기본 통계 등을 활용했다. 7대 질환별 신체적 비활동의 상대위험비(Relative Risk: RR)는 피터 카츠마직(Peter Katzmarkzyk) 등[20]의 자료를 준용하기로 했다.

2) 현 추세와 정책적 대응에 따른 전망

(1) 현 추세가 지속될 때의 전망

새로운 정책의 도입 없이(do-nothing policy) 과거와 현재의 추세대로 산출되는 모형의 행태분석(behavior analysis), 즉 시뮬레이션을 통해 향후 전망치를 산출할 수 있다. 행태분석에서는 물리적 도시 환경 및 정책이 변화가 없음을 가정하고 걷기 실천율, 신체 비활동률, 신체 비활동에 따른 사망자 수, 신체 비활동 기여 의료비, 생산성 손실비용, 신체 비활동에 따른 사회적 비용 등 변수 간의 관계를 비교하고 전망한다.

전망 결과 특별한 대책을 강구하지 않는 한 앞으로도 상당 기간 수도권의

---

20) Katzmarkzyk et al, "The Economic Burden of Physical Inactivity in Canada," *Canadian Medical Association Journal*, 163, 11(2000), pp. 1435~1440.

<그림 7-7> 주요 변수의 행태분석(2009~2030년)

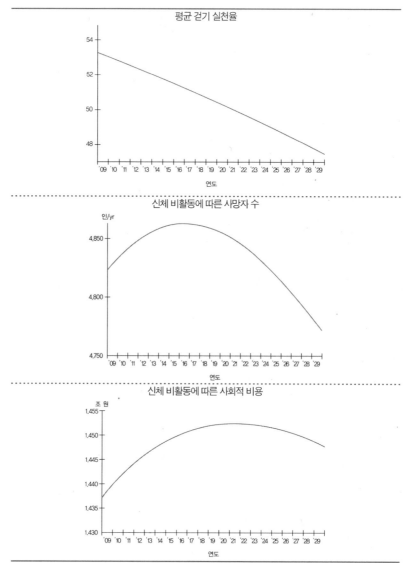

평균 걷기 실천율

신체 비활동에 따른 사망자 수

신체 비활동에 따른 사회적 비용

자료: 김은정 외, 「녹색성장형 건강도시의 경제적 가치추정 및 활성화방안 연구」(국토연구원, 2011), 104~105쪽(〈그림 5-10〉).

걷기 실천율은 지속적으로 감소하고, 신체적 비활동률은 증가할 것으로 예상된다. 걷기 실천율은 2009년 53.27%에서 2030년 47.45%로 줄어들고, 신체적 비활동률은 2009년 54.75%에서 2030년 57.06% 수준으로 증가한다.

신체 비활동 관련 사망자 수는 2016년까지는 증가하다 이후에는 감소하는데, 이는 신체 비활동률의 증가로 초기에는 사망자 수가 늘어나나 전체적인 인구 감소의 영향으로 2016년 이후에는 점차 감소하는 것으로 해석되었다. 신체 비활동 관련 사망자 수는 2009년 4,824명에서 매년 지속적으로 늘어나 2016년 4,863명으로 가장 높은 수준을 보이며 이후 감소해 2030년에는 4,770명 수준으로 감소한다.

신체 비활동 기여 의료비는 2030년까지 꾸준히 증가하는데, 이는 걷기 실천율의 감소 및 신체 비활동률의 증가에 따른 현상으로 해석할 수 있다. 신체 비활동 기여 의료비는 2009년 6,048억 원에서 지속적으로 증가해 2030년에는 6,247억 원 수준에 이른다.

생산성 손실비용은 2016년까지 지속적으로 증가하다가 이후 감소하는데, 이는 신체 비활동 관련 사망자 수의 감소 패턴에 따른 것으로 해석되었다. 생산성 손실비용은 2009년 8,323억 원에서 꾸준히 증가해 2016년 8,390억 원 수준으로 가장 높으며, 이후 감소해 2030년에는 8,230억 원 수준으로 감소한다.

신체 비활동의 사회적 비용은 지속적으로 증가하다가 2021년 이후 감소하는데, 이는 신체 비활동 기여 의료비와 생산성 손실비용의 증감이 2016~2021년 사이에 상쇄되는 효과에 기인했다. 신체 비활동의 사회적 비용은 2009년 1조 4,371억 원에서 지속적으로 증가해 2021년 1조 4,524억 원으로 가장 높은 수준을 보이며, 이후 감소해 2030년에는 1조 4,477억 원 수준에 이른다.

(2) 건강도시화 정책을 실시할 때의 전망

2009~2030년 동안 대상 지역의 행태분석 결과와 유형별 정책에 따른 사회적 비용 절감 효과를 비교 분석하면 건강도시화 정책의 파급효과를 산출할 수 있다. 이와 같은 분석을 통해 특정 정책대안이 국민건강 증진에 어느 정도 영향을 미치는지를 확인함으로써 정책의 효과를 산정하고 바람직한 정책대안을 제시할 수 있다.

2020년까지 연간 자전거도로 연장 및 버스 노선 수 3% 증가, 범죄율 1% 감소, 주관적 건강 수준 인지율 0.3% 증가, 비만율 3% 감소로 가정[21]하면 이러한 정책 효과로 2030년 신체 비활동률은 기본 모형의 시뮬레이션 결과 값에 비해 3.95% 감소한다. 2030년까지 신체 비활동으로 사망하는 인구도 기본 모형의 시뮬레이션 결과에 비해 3,826명이 감소하는 것으로 나타났다. 이에 따른 신체 비활동 기여 의료비는 5,001억 원, 생산성 손실비용은 6,592억 원이 감소하며, 이를 합산한 사회적 비용 절감 효과는 총 1조 1,593억 원에 이른다.

본 시뮬레이션에서 수행한 도시의 물리적·사회적 환경에 대한 정책대안은 추가로 연료 절감, 대기오염 감소 등 경제적·환경적 파급효과도 기대할 수 있으며, 이를 감안하면 건강도시화 정책의 사회적 비용 절감 효과는 더욱 커질 것이다. 따라서 지속적으로 악화되는 국민건강 수준과 날로 증가하는 국민의료비 부담을 감소시키는 정책대안이 필요한 현시점에서 건강도시화 정책은 국가가 당면한 문제의 주요한 대안이 될 수 있을 것이다.

---

21) 건강도시화 정책대안의 구성요소별 증가 또는 감소율은 각 요소의 최근 10여 년간 자연 변화율 수준을 감안해 설정했다.

<표 7-3> 기본 시뮬레이션과 가상 시나리오

사례 구분	적용 모형	시나리오
기본 시뮬레이션	-	현재의 추세를 그대로 반영한 시뮬레이션
건강도시화 정책대안	사회경제지표모형 환경지표모형 시민건강지표모형	2020년까지 연간 자전거도로 연장 3% 증가, 버스 노선 수 3% 증가, 범죄율 1% 감소, 주관적 건강 수준 인지율 0.3% 증가, 비만율 3% 감소로 가정

<그림 7-8> 정책대안의 시뮬레이션 결과 그래프

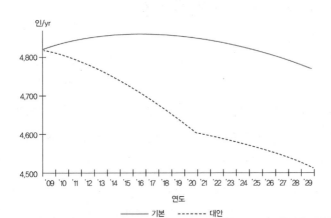

신체 비활동에 따른 사망자 수

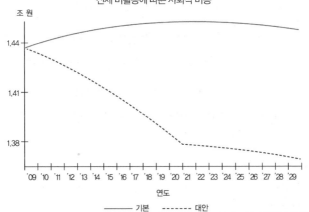

신체 비활동에 따른 사회적 비용

<표 7-4> 정책대안의 시뮬레이션 결과 및 정책 효과

구분	신체 비활동률 (%)	신체 비활동에 따른 사망자 수 (만 명)	신체 비활동 기여 의료비 (조 원)	생산성 손실비용 (조 원)	신체 비활동의 경제적 비용 (조 원)
대안	53.11	10.254	13.014	17.693	30.707
기본 모형	57.06	10.637	13.514	18.353	31.867
대안의 효과	-3.95	-0.383	-0.500	-0.659	-1.159

3. 건강한 삶, 건강한 도시의 비전과 전략

1) 어디서나 건강하게 생활할 수 있는 메가 수도권의 실현 비전

질병에 걸릴 확률이나 사망의 주요 원인인 암, 심장질환, 뇌졸중, 당뇨, 정신질환 등 만성질환의 많은 부분은 도시 환경과 관련된다. 특히 앉아서 일하는 행태가 증가하고 비만이 만연한 현상 때문에 공중보건 분야에서도 점차 건조 환경에 초점을 맞추게 되었다. 따라서 오늘날 건강한 건조 환경의 조성은 우리 사회에서 건강에 대한 위협에 대응할 수 있는 가장 보편적인 기제 가운데 하나다.[22]

여기서는 수도권의 도시 환경을 개선해 환경 악화에 따른 건강 문제를 해소하고 주민의 삶의 질을 제고하기 위해 수도권의 건강친화 도시화 또는 건강친화적 수도권 만들기를 위한 전략 구상을 제안한다. 그 비전으로 '어디서나 건강하게 생활할 수 있는 메가 수도권'을 설정한다.

---

22) H. Frumkin et al., "An introduction to healthy places," In A. L. Dannenberg, H. Frumkin, and R. J. Jackson(eds.), *Making Healthy Places: Designing and Building for Health, Well-being, and Sustainability*(Washington, DC: Island Press, 2011), pp. 3~32.

2) 건강도시를 실현하기 위한 전략

(1) 수도권 녹색건강교통 기반의 조성

보행자도로 및 자전거도로, 대중교통 접근성 같은 녹색건강교통의 기반은 개인의 건강 증진에 유의미한 영향을 미친다.[23] 자전거 천국으로 불리는 독일을 비롯한 유럽이나 미국 노스캐롤라이나 주 샬럿, 텍사스 주 오스틴, 워싱턴 주 벨뷰, 오리건 주 유진, 캘리포니아 주 새크라멘토 등의 지역에서 추진되는 교통정온화 사업, 버지니아 주 알링턴의 자전거도로 건설계획은 시민의 건강 증진에 큰 영향을 미치는 결과를 나타냈다.[24] 수도권의 건강도시화를 위해서는 무엇보다도 걷기와 자전거 타기, 대중교통 분담률 증가를 주요 전략으로 설정해야 한다. 즉, 보행자도로 및 자전거도로 건설, 대중교통 접근성 강화 등은 국민건강 증진을 위한 도시 디자인의 기본 원칙이자 녹색건강교통의 기반을 조성하는 데 필수적인 요소다.

건강하고 활동적인 생활을 지원하는 보행을 활성화하기 위해서는 보행우선구역 시범사업을 확대·추진해야 한다. 지금은 교통사고가 자주 발생하는 학교 주변이나 주택 밀집 지역 등을 대상으로 하지만 수도권 내 주요 업무지구 및 대규모 다중 이용 시설 주변은 의무적으로 보행우선구역으로 지정해 보행교통의 활성화를 촉진해야 한다.

---

23) K. E. Powell, L. M. Martin and P. P. Chowdhury, "Places to Walk: Convenience and Regular Physical Activity," *American Journal of Public Health*, 93, 9(2003), pp. 1519~1521; McGinn et al., "Exploring associations between physical activity and perceived and objective measures of the built environment," *Journal of Urban Health*, 84, 2(2007), pp. 162~184.

24) 김은정 외, 『건강도시 구현을 위한 공간계획 및 정책방안 연구』.

〈그림 7-9〉 메가 수도권의 자전거길 확충 구상

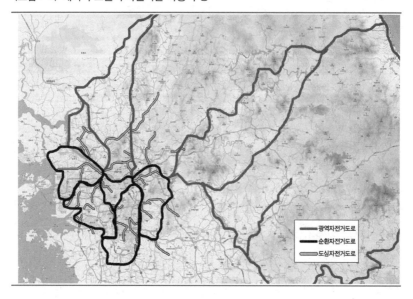

다음으로 자전거 이용을 활성화하기 위해서는 자전거 전용도로의 확충, 공용자전거 운용 프로그램의 확대, 대중교통−자전거 환승 시스템의 체계적 구축이 요구된다.[25] 또한 자전거가 단순한 여가 용도가 아닌 실생활에서 통근·통학 및 쇼핑 등의 용도로 이용될 수 있도록 철도역, 버스정류장, 복합 환승센터 및 업무·상업지구와 직결되는 자전거 전용도로를 건설하고 대규모 자전거 주차시설을 설치해 편의성을 제고해야 한다. 자전거도로는 단절 없이 연속성을 가질 수 있도록 계획하고 차량 통행으로부터 안전을 확보할 수 있도록 조성한다. 자전거 이용자의 대중교통 환승을 촉진하기 위해 지하철뿐 아니라 버스에도 자전거 탑재 장치를 설치해야 한다. 지방자치단체 주

25) 김태환 외, 『녹색성장형 지역경쟁력 강화방안 연구: 수도권을 중심으로』. 국토연구원.

관의 공공자전거 임대 서비스를 확대하고 지방자치단체 간 협정을 통해 공공자전거를 서로 연계·이용할 수 있도록 지원하는 방안도 필요하다.

(2) 건강도시 인프라로서 메가 수도권 건강·생태회랑 구축

고속도로와 자동차에 더 많은 공간을 내주고 시민은 뒤로 물러나는 도시 발달의 패턴이 지속되고 있다. 현재 수도권은 마음껏 걷고, 다양한 지역을 누비면서 신체 활동을 하고, 운동을 즐길 수 있는 기반이 턱없이 부족한 실정이다. 특히 건강과 직결되는 활동적인 생활(active living)을 지원하기 위한 공원, 녹지, 하천 같은 오픈스페이스의 역할은 매우 중요하다. 공원녹지 등 오픈스페이스의 규모와 형태, 주거지에서의 접근성 등 다양한 특성이 주민의 공원 이용과 건강 상태에 영향을 미치기 때문이다.[26]

이를 감안해 장기적으로 메가 수도권을 연결하는 건강·생태회랑을 체계적으로 구축해야 한다. 건강·생태회랑을 구축한다면 수도권 내 각 도시와 마을을 도보나 자전거로 안전하게 이동할 수 있고 어디에서든 자연 환경에 쉽게 접근해 건강하게 여가시간을 보낼 수 있다. 이로 인해 수도권은 더욱 건강친화적이고 주민중심적인 지역으로 변할 것이다.

메가 수도권에 건강·생태 네트워크를 조성하기 위해서는 기존의 산림, 하천, 해안, 개발제한구역 및 공원녹지 등 생태 자원이나 옛길, 구철로길, 사용하지 않는 도로, 인근 숲길 등 물리적 환경을 활용하면 된다. 즉, 기존의 생태 자원 및 물리적 환경을 활용하고 이를 생태 보전은 물론 건강한 활동을 위한 인프라로 활용할 수 있는 방안을 모색해야 한다. 이를 위해서는 광

---

26) Hillsdon et al., *Interventions that Use The Environment to Encourage Physical Activity. National Institute for Health and Clinical Excellence*(London: NICE, 2006).

<그림 7-10> 메가 수도권의 건강·생태회랑

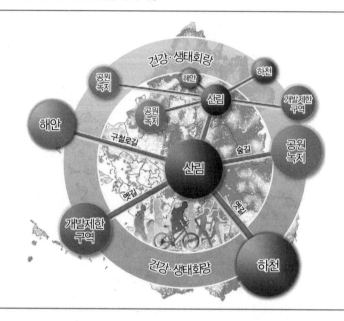

역건강·생태 네트워크 구축을 위한 기본계획을 마련하고 관련 계획과의 정합성을 마련하기 위한 제도를 정비하는 등 단계적이고 계획적으로 건강도시 인프라 사업을 추진해야 한다.

3) 치유와 활력을 위한 건강·힐링 거점 조성

한국은 이미 2000년에 고령사회로 접어들었고 2013년 현재 고령화율이 12.2%에 이르렀다. 앞으로 이러한 고령화 추세는 더욱 빠르게 진행될 것으로 예상된다. 이러한 인구 구조의 고령화에 따라 삶의 질 제고에 대한 관심도 더욱 고조되었다. 따라서 고령화 추세와 삶의 질 수요에 부응할 수 있도

<그림 7-11> 메가 수도권 건강·힐링 거점 네트워크

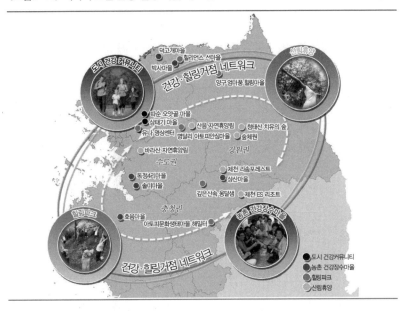

록 건강과 휴양에 특화된 장소를 많이 확충해야 한다.

　건강에 도움을 주는 활동을 하고 몸과 마음이 편하게 쉬면서 휴양할 수 있는 다양한 특성을 지닌 공간에 대한 수요는 점차 증가할 것으로 예상된다. 따라서 우리가 거주하는 장소뿐 아니라 거주지에서 쉽게 접근할 수 있는 곳에도 다양한 건강휴양 수요에 부응할 수 있는 맞춤형 건강·힐링 공간이 공급되어야 한다.

　먼저 도시 내 지역에 여러 가지 유형의 건강 커뮤니티나 건강친화마을을 조성해야 한다. 여기에는 노인이나 장애인 등 건강 취약계층을 고려한 맞춤형 주택 공급, 유니버설 디자인으로 설계된 도시 인프라 시설의 배치, 재택케어(care) 등 다양한 유형의 의료 및 복지 서비스 공급, 노노(老老) 케어나

사회 서비스 일자리 등 커뮤니티 활동 참여 확대, 지역사회 주민을 위한 생활체육 시설 확충이 포함될 수 있다.

고령화가 더욱 빨리 진행된 주변 농촌마을에는 지역의 특성을 고려한 건강장수마을을 체계적으로 만들어나갈 필요가 있다. 고령자를 배려한 주택 개조, 재가 서비스의 확대, 건강·교류·여가·문화 통합형 복지시설 공급, 응급의료 서비스의 접근성 제고 등을 통해 고령화 추세에 부합하는 선진형 건강장수마을을 많이 확대해야 한다.

이와 더불어 현대 도시생활에서 받는 스트레스 해소, 각종 성인병 예방과 치유, 건강 친화적 여가활동 등을 위한 특정 장소에 대한 수요도 매우 커질 것으로 예상된다. 이미 자연 환경이 우수한 곳이나 인체에 유익한 수목이 밀집된 곳 등을 중심으로 힐링센터, 치유마을 같은 시설이나 단지가 형성되었다. 이러한 지역은 난치병이나 아토피 같은 환경성 질환을 치료하는 장소로 활용되거나 일반인이 청정한 자연 속에서 심신의 쾌적함을 느끼고 면역력 향상 및 질병 예방을 통해 건강을 증진하는 장소로 부상했다. 이러한 측면에서 앞으로 수도권 주민이 쉽게 접근해 몸과 마음을 치유하고 활력을 증진시킬 수 있는 다양한 특성을 지닌 힐링 공간을 더 많이 공급해야 할 것이며, 이러한 공간을 더 편리하게 이용할 수 있도록 지원해야 할 것이다.

4) 건강지향형 특화 공공공간의 공급

캐나다 보건부에서는 건강 증진을 위해 활동하는 계획가가 고려해야 할 주요 목표 가운데 하나로 '사회적 결합'을 든다.[27] 친밀성, 사회적 네트워크,

---

[27] 도시계획이 갖추어야 할 열두 가지 건강목표로 개인적 생활양식 촉진, 사회응집력 촉진,

이웃에 대한 배려와 신뢰 등은 질병의 회복, 우울증 예방이나 만성질환 감소 등에 긍정적인 효과가 있는 것으로 알려져 있다.

사회적 결합은 특히 물리적 환경과도 관련이 깊은데, 안전하고 친근한 환경이나 서로 교류할 수 있는 공간은 사회적 결합을 촉진한다. 사람 간의 공식적·비공식적 교류는 장소/공간에서 이루어진다. 그 장소에서 사회적 교류를 통해 따로 떨어져 있거나 고립되어 있는 사람이 연결되며 결속된 사람들 간의 유대도 강화된다.

즉, 공공장소[28]가 더 많이 공급되면 사람이 교류하고 접촉하는 기회가 더 늘어날 것이다. 이처럼 도시가 사람 간의 접촉 기회를 늘리고 신체적·정신적 건강상의 혜택을 제공하는 장소가 되도록 전환함으로써 더욱 건강하고 지속가능한 도시로 나아갈 수 있다. 특히 심부름 가는 길에 이웃과 마주치거나 평상시 커피숍에서 우연히 만나는 등의 계획되지 않은 교류는 이웃과의 대화를 촉진시킬 수 있다. 따라서 잘 계획된 공공공간의 설치는 다양한 종류의 사회 접촉 기회를 제공하고 사회적 결속을 이끄는 역할을 한다.

이러한 공공공간의 역할에 주목해 커뮤니티 수준에서부터 개별 도시 수준에 이르기까지 광장, 근린공원, 오픈스페이스, 커뮤니티 시설 등 다양한

고용기회 향상, 주요 시설(서비스) 접근성 향상, 안전한 식품, 안전성 증진, 형평성 증진, 주거 수준(주택의 질) 향상, 대기환경과 미관, 상하수 수질 향상, 토양과 자연 자원 보전, 기후 변화 대응 등을 제시했다[Hugh Barton and Catherine Tsourou, *Healthy urban planning: a who guide to planning for people*(London; New York: Spon Press, 2006)].

28) 레이 올든버그(Ray Oldenberg)는 첫 번째 장소로서의 집과 두 번째 장소로서의 직장에 더해 세 번째 장소인 공공공간은 사람들의 커뮤니티의 형성에 꼭 필요한 공간이라고 주장한다[Ray Oldenberg, *The Great Good Place: Cafes, Coffee Shops, Bookstores, Bars, Hair Salons, and Other Hangouts at the Heart of a Community*(New York: Marlowe & Company, 1989)].

형태의 공공공간을 배치하고 공급해야 한다. 특히 취약 지역에서는 사회적 단절에 의한 외로움과 우울증이 건강을 위협하기도 하는데, 이를 해결하기 위해서는 사람들이 자연스럽게 모여 교류할 수 있는 공공공간을 확보해야 한다.[29]

도시민의 건강을 증진시키기 위한 특화된 공공공간의 하나로 도시 텃밭을 들 수 있다. 도시 텃밭은 고령화 시대에 대비하고 예방하는 차원에서 노인을 위한 활동 친화적 공간 및 시설로 기능할 수 있다. 노인의 여가 활동 및 소일거리를 위한 생산적 공간이 부족하고 구성원 간 교류를 위한 공간이 요구되는 시점에서 도시 텃밭 조성은 도시 건강 인프라 역할을 할 수 있을 것이다.

수도권 내 그린벨트, 도시 내 자투리 시설 등을 활용해 도시 텃밭을 공급하면 공동체성을 함양할 수 있고 도시민의 건강한 여가 활동을 지원할 수도 있다. 더 나아가 유기농 채소나 과일 등 관리가 용이한 작물을 경작함으로써 안전한 먹을거리를 자급자족하는 도시 영농으로 발전시킬 수도 있다.

도시 텃밭 조성의 기대효과는 다음과 같다. 첫째, 도심 녹지 조성으로 도심 온도 저감 및 온실가스 감축의 효과가 있다. 도심의 옥상과 건물 벽면을 녹화함으로써 냉·난방비가 절감될 수 있기 때문이다. 둘째, 새로운 일자리를 창출하거나 소일거리를 제공한다. 도시농업 민간 전문가를 양성하고 노

---

29) 최근 서울특별시에서는 2개 취약마을(강북구 번동 148번지와 상북구 상월곡동 삼태기 마을)의 환경 개선을 건강이라는 관점에서 접근하는 건강마을공동체 시범사업을 실시하고 있다. 즉, 건강한 물리적 환경과 사람들 간의 건강한 관계로 이루어진 건강한 공동체를 형성해 건강한 마을로 변모시키는 것이 이 사업의 목적이다[박희성, 「서울특별시 복지건강마을 공동체 사례」, 건강도시 광명 미래전략 구현을 위한 정책 심포지엄 (2012. 9. 20)].

〈그림 7-12〉 특화된 공공공간 사례

뉴욕 타임스퀘어 공공공간	강동구 도시텃밭

자료: Lee, K. L., *Active Design: The Key Roles of Urban & Building Environments in Addressing Health Epidemics, Active Transport and Land Use Planning Symposium*(Sydney, Australia: 2013); 강동구청 홈페이지.

인들에게 소일거리를 제공하는 효과가 있기 때문이다. 셋째, 지역공동체성을 회복시키는 한편, 쾌적하고 건강한 도시생활 문화를 형성하는 데 이바지한다. 텃밭 가꾸기는 청소년의 정서 함양, 노인의 건강 증진과 함께 주민 간 공동체성을 회복시키는 구심점 역할을 수행할 것으로 기대된다.

5) 건강한 메가 수도권을 위한 맞춤형 도시계획 수립

전통적으로 도시계획은 질병의 통제와 예방, 안전 등 공중보건(건강)에 대한 문제에 대처해왔으며, 건강이나 장수와 관련 깊은 도시 환경의 오염 방지, 양질의 주거 환경 공급, 자연·생태환경 보호 등에도 관심을 가져왔다.

<그림 7-13> 미국 리치먼드 시의 건강도시계획 구성 요소

자료: http://www.healthycommunitiesbydesign.org/docManager/1000000135/richmond%20fram
ework_v4- spread%20reduced.pdf

건강을 향상시키는 데 도시계획적 접근의 필요성이 강조되기 시작한 것은
앞에서 살펴본 건강의 사회적 결정 요인에 대한 인식이 증가한 것과 관련이
있다. '건강도시'라는 접근도 건강은 물리적·경제적·사회적 요소의 영향을
받으며, 보건이나 의료 단독으로는 보호·증진되거나 향상되는 데 한계가 있
다는 주장에 근거한다.

이러한 일상적인 물리적 환경, 지역사회 안전, 생활환경 등을 건강 증진
측면에서 개선하려는 노력은 도시계획적 접근의 필요성으로 귀결된다. 도
시계획 차원에서 건강도시 만들기는 치유보다는 예방적 건강대책을 강조한
다. 즉, 불건강한 환경으로 발생한 질병을 치료하는 데 재정을 소비하기보
다는 도시를 건강하게 만드는 것이 비용적인 측면에서 더 효과적이라는 점
을 실현한다는 특징을 갖고 있다.

선진국에서는 이미 도시계획에 건강의 가치를 반영해 기본계획 및 실행
전략을 수립, 추진한다. WHO 및 선진국의 사례에서 보듯이 다양한 도시계

<그림 7-14> 도시계획 영역 간 협력의 필요성

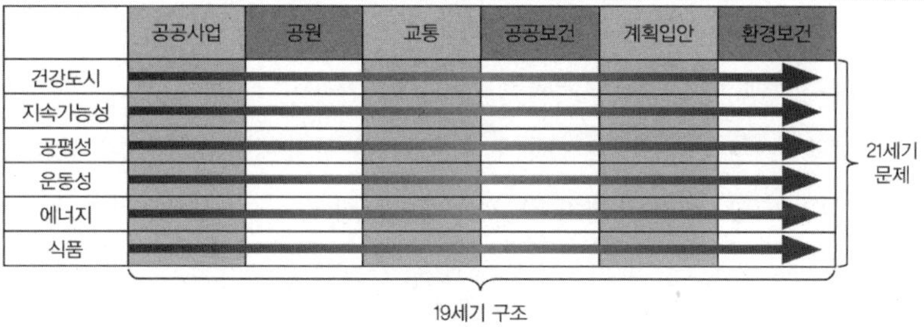

	공공사업	공원	교통	공공보건	계획입안	환경보건	
건강도시						→	
지속가능성						→	21세기 문제
공평성						→	
운동성						→	
에너지						→	
식품						→	

19세기 구조

자료: Hugh Barton and Catherine Tsourou, *Healthy urban planning: a who guide to planning for people*.

획의 영역이 건강한 도시를 조성하는 데 기여하는 것을 확인할 수 있다.[30] 이러한 측면에서 보면 수도권 차원에서 건강도시 맞춤형 도시계획을 수립 하기 위한 가이드라인을 제시해야 하며, 각 지방자치단체에서는 지역의 특 성에 부합하는 건강도시 만들기 계획을 수립해야 한다. 이러한 메가 수도권 맞춤형 건강도시계획에서는 도시민 누구나 골고루 건강한 환경을 향유할 수 있도록 정책 방향을 설정해야 하며, 도시기본계획의 주요 내용으로 건강 부분을 적극 수용해 도시계획 내의 타 부문과의 협력을 통해 실행해나가야 한다.

이처럼 건강도시를 조성하기 위한 도시계획적 접근에서는 도시계획 영 역 내에서의 협력의 필요성이 특히 강조된다. 공공사업, 공원녹지 공급, 교 통 인프라, 공공보건, 환경 보전 등의 각 영역은 건강한 도시계획 목표를 달 성하기 위해 서로 유기적으로 협력해야 한다. 즉, 건강도시 조성이라는 목

---

30) Hugh Barton and Catherine Tsourou, *Healthy urban planning: a who guide to planning for people*.

적을 달성하기 위해서는 도시 관리, 토지 이용, 교통 관리, 생태환경, 지역
보건의료 서비스, 건강보건 환경, 생활체육 등 도시계획의 각 영역에 통합
적으로 접근해야 효과를 극대화할 수 있다.

지금까지 한국에서는 건강에 대한 연구 및 정책적 대응이 주로 보건·의
료 분야의 영역으로 치부되어왔다. 이제는 건강 증진을 위해 보건의료 서비
스 향상 차원을 넘어 건강한 도시 환경을 만들기 위한 국토·도시계획적 수
단을 도입하는 방안을 적극 고려해야 할 것이다.

6) 메가 수도권의 광역 의료와 U-헬스 시스템의 도입

메가 수도권의 시민은 어디에 살든 효율적이고 질 높은 의료서비스를 누
릴 것이다. 서울 도심에 거주하든 수도권 외곽의 도농통합도시에 거주하든
간에 효율적인 의료전달체계에 의한 고품질 의료 서비스를 공급받을 것이
다. 병원에 가지 않아도 집에서 원격으로 치료하고 약을 처방받는 시대가
열리면 스마트폰으로 혈압 수치를 보내고 의사의 소견서를 받아 전자 처방
전으로 가까운 약국에서 혈압 약을 구입할 수 있을 것이다.

이와 같이 선진 건강관리 시스템으로 수도권 광역 의료 건강 인프라를 구
축하기 위해서는 크게 두 가지의 노력이 필요하다. 첫째, 지역의료 서비스
기반을 개선해야 한다. 시민의 건강을 증진시키고 만성질환을 관리하기 위
해 단골의사제를 도입하고, 의료체계를 개선해 1, 2, 3차 의료기관을 유기적
으로 연결해야 한다. 특히 시장실패 영역(산부인과, 흉부외과 등)과 의료 취약
지역에는 필수 공익의료 지원을 강화해야 한다. 2007년 기준 한국의 국가
소유 병상비율은 11%로, 미국 34%, 프랑스 65%에 비해 낮은 수준이므로 공
공 의료 지원 수준을 높여야 한다.

<그림 7-15> U-헬스 시스템 개념

둘째, 정보통신 기술을 접목한 원격의료 서비스인 U-헬스(U-health)를 본격적으로 도입해야 한다. U-헬스 서비스는 인터넷 네트워크를 통해 개인의 의료·진료 정보를 교류하고 커뮤니케이션을 지원하는 헬스케어 IT 서비스다. 구체적으로는 재택 환자 모니터링 시스템, 재택 건강관리 지원 시스템, 통합 전자건강기록(electronic health record: EHR) 시스템 등이 함께 도입되어야 한다. 이미 미국은 1997년부터 노인 대상의 메디케어, 저소득층 대상의 메디케이드 제도를 통해 상담, 외래진료, 정신과 치료, 심리 치료, 영양 치료, 수술 경과 진단 등에서 원격 진료를 허용했다. 일본 역시 1997년부터 만성질환을 가진 재진 환자에게 원격 의료를 도입했다. 세계 최고 수준의 IT 기술을 활용한 의료기기의 개발은 많이 이루어져왔으나, 의사-환자 간 원격 진료를 실현하기 위한 법제도적 장치는 미흡한 실정이기 때문에 제도 마

련이 시급하다.

7) 취약계층과 취약 지역을 배려한 메가 수도권 건강 인프라 구축

건강 취약계층이나 건강 취약 지역에 건강 인프라를 공급하는 정책은 개
인의 생활 습관이나 유전적 요인 외에 주민의 생활터전 변화가 건강을 결정
하는 데 중요하다는 관점에 기초한다. 즉, 의료비가 지속적으로 상승해 민
간 의료에 대한 접근이 상대적으로 어려운 취약 지역 주민의 건강을 증진시
키는 데 정책의 우선권을 두고 일상적인 생활터전을 개선함으로써 주민의
건강 문제를 해결하고 삶의 질을 증진시키려는 것이다. 이는 장기적으로 메
가 수도권의 건강 불평등 문제를 완화할 것이며, 지역 간 균형 있는 발전에
도 기여할 것이다.

이를 위해서는 첫째, 취약계층을 배려한 선진형 의료복지 시스템을 구축
해야 한다. 노인층·영유아·장애인·임산부 등 취약계층을 배려한 공공 주도
의 건강돌보미, 주치의제도 등 선진형 의료복지 시스템이 요구된다. 특히 거
동이 불편한 취약계층을 찾아가는 의료 서비스를 제공하는 것도 중요하다.

둘째, 의료 취약지에 대한 보건·의료 보장을 확대해야 한다. 지역 간 건강
격차도 크지만 한 도시 내 소지역 간 건강 불평등이 더 크다는 지적도 나온
다.[31] 표준화 사망비를 활용한 시·도별 건강 수준 비교에서 가장 우수한 결
과를 보인 서울의 경우에도 표준화 사망비가 가장 낮은 동과 가장 높은 동
간 격차가 2.5배에 달했다.[32] 특히 수도권 내에서는 대도시 주변 농어촌의

---

31) 김지현·윤태호, 「표준사망비를 활용한 우리나라 소지역별 건강불평등 비교」, ≪예방
의학회지≫, 41-5(2008), 300~306쪽.

〈그림 7-16〉 취약계층과 취약지역을 포함해 사각지대 없는 메가 수도권 건강 인프라 구축

지역의료 서비스 질(quality)과 의료전달체계(Delivery System)를 동반 개선해
야 할 것이다. 농어촌 도시를 중심으로 지역응급의료센터를 확충해야 하며,
이송 취약 지역에 대한 119구급지원센터의 설치를 단계적으로 확대해야 한
다. 이와 함께 농어촌 지역의 보건진료 인력을 안정적으로 확보해야 한다.

---

32) 정최경희·김유미, 「건강수준에서의 불평등: 우리나라의 현황」, ≪대한의사협회지≫,
    56-3(2013), 167~174쪽.

메가 수도권의 건강한 도시계획(healthy urban planning)이 수립된 지 10년째다. 도시계획 수립 단계에서 지역 주민의 건강 증진 효과를 고려한 결과, 이제 수도권 주민의 생활은 한결 건강하고 윤택해졌다.

지영 씨는 유난히도 높은 가을하늘 아래 점심을 가볍게 먹고 직장 동료와 근처 그린네트워크 도시 숲으로 산책을 간다. 강남 한복판이지만 작은 조각공원을 연결한 도시 숲에는 산책로가 잘 정비되어 있어 걷기에 좋다. 도시 숲속에 있는 작은 카페에서 커피 한 잔을 나누며 한 시간을 여유 있게 보낸다. 나른한 오후 졸음이 밀려올 때는 창밖으로 보이는 공원을 바라보며 휴식시간을 갖는다. 자연을 보며 갖는 짧은 휴식은 업무에 큰 힘이 된다.

어느덧 퇴근시간이다. 업무를 마치고 집으로 향하는 그녀의 발걸음이 가볍다. 얼마 전까지만 해도 퇴근길이 1시간 반이나 걸렸지만 지금은 서울 삼성동인 회사에서 경기도 동탄에 있는 집까지 GTX로 18.5분이면 도착하기 때문이다. 이 덕분에 그녀는 하고 싶은 일이 많아졌다. 운동도 하고, 영어학원도 다니며, 생활을 즐기는 여유 있는 삶이 만족스럽다.

집에 들어가기 전 그녀는 아파트 단지 공동 텃밭에서 이웃 민호 씨를 만났다. 그녀가 인사를 건네자 그는 웃으며 텃밭에서 생산한 고구마와 야채를 나눠주었다. 오늘 저녁식사로 고구마와 야채샐러드를 준비할 생각에 미소가 지어진다. 공동 텃밭이 생긴 뒤 그녀는 같은 아파트 단지에 사는 이웃을 대부분 알게 되었다. 화요일 저녁마다 주민센터에서 수강하는 원예강좌에서는 주민과 이야기도 나눌 수 있어 삶의 새로운 활력소가 된다.

오랜만에 가족과 함께 자전거를 타기로 했다. 얼마 전에 만들어진 오산천~신갈저수지~탄천을 연결하는 자전거 길은 지역 주민의 건강쉼터로 자리 잡았다. 지영 씨는 이전에는 걷는 것을 그리 좋아하지 않았지만, 이제는 일주일에 세 번은 집에서 나와 걷거나 자전거를 탄다. 저녁이지만 조명이 잘 되어 있어 자전거 타기에 그만이다. 산책로를 걷는 사람, 공원에서 쉬는 사람 등 이곳에서는 늘 사람들의 여유로운 모습을 볼 수 있다. 샤워를 마친 뒤에는 스마트폰을 챙겨들고 지난주에 받았던 건강검진의 결과를 확인한다.

제8장

고령사회에 대응한 무장애도시 실현

_ 이상대·박신영·정유선

1. 메가 수도권의 고령 인구 증가

1) 고령사회 진입

현재 한국에서는 고령 인구는 늘어나는 반면, 생산 가능 인구(15~64세)는 급속히 줄고 있다. 한국의 여성 1인당 합계 출산율은 1960년 6.0명, 1970년 4.53명이었으나. 저출산 가족계획의 실시로 1983년에는 2.0명 이하로 떨어졌다. 저출산 문제에 대응해 1996년 최초로 출산장려정책을 실시했으나 2001년에는 1.3명, 2005년 1.08명, 2010년 1.23명으로 20년이 지나도록 합계 출산율 2명을 넘기지 못했다. 2012년 현재 합계 출산율은 1.3명으로 2000년 초반보다는 약간 증가했다.

한편, 출산율 감소와 더불어 평균 수명이 지속적으로 증가하는 가운데 과거 고출산 시기에 대규모로 태어났던 1차 베이비붐 세대(1955~1963년생)와 2

<그림 8-1> 고령 인구 비율

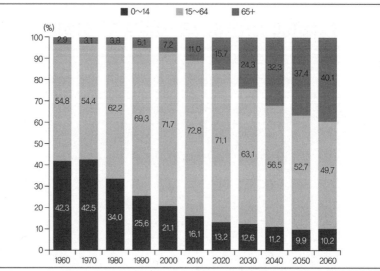

자료: 통계청, 「장래인구추계: 2010~2060년」(2011); 사회통계국 인구동향과 보도자료.

<그림 8-2> 총인구 대비 연령계층별 고령 인구 구성비(2010~2060년)

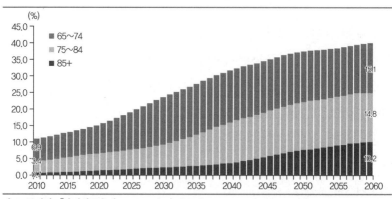

자료: 통계청, 「장래인구추계: 2010~2060년」(2011).

<그림 8-3> OECD 주요국 고령 인구 비율(%)

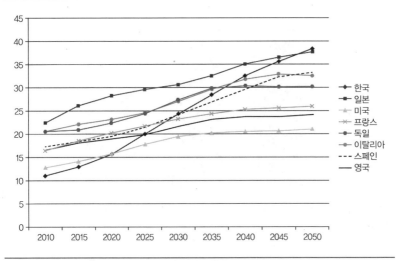

자료: 대한민국정부, 「제2차 저출산·고령사회 기본계획」(2010); UN World Population Prospects 추정자료 재구성.

차 베이비붐 세대(1968~1974년생)가 2020년부터 차례대로 노인층에 진입하면서 노인 인구가 급격하게 증가할 것으로 예측된다. UN은 2006년 『세계 인구 전망(World Population Prospects)』에서 2050년에 고령 인구 비율이 가장 높을 것으로 예측되는 나라로 한국을 지목했다. 타 선진국에 비해 일본과 한국의 가속화가 빠르며, 한국은 고령 인구 비율이 2010년에는 최저수치였지만 2050년에는 최고 수치를 기록할 것으로 전망되었다.

고령화 추세를 보면 1960년 2.9%에서 2010년 11.0%로 3.5배 이상 증가했으며 속도도 점점 가속화된다. 고령 인구는 진입하는 코호트(cohort) 규모와 기대수명 향상 속도에 따라 2020년까지 연평균 약 4%p대로 성장하다가, 베이비붐 세대가 고령층에 접어드는 2020~2028년 사이에 연평균 5%p대로 급증한 후 둔화될 전망이다. 고령 인구는 2010년(545만 명) 대비 2030년에는

〈그림 8-4〉 전국 및 메가 수도권의 고령화 비율 변화

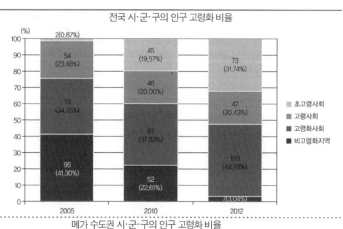

전국 시·군·구의 인구 고령화 비율

■ 초고령사회
■ 고령사회
■ 고령화사회
■ 비고령화지역

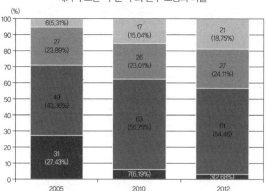

메가 수도권 시·군·구의 인구 고령화 비율

자료: 통계청의 주민등록 인구를 토대로 작성(메가 수도권은 서울·인천·경기·강원·충남·충북 지역
의 통계를 합산).

2.3배(1,269만 명), 2060년에는 3배(1,762만 명) 이상 증가할 전망이다.

특히 85세 이상 인구는 2010년 37만 명(0.7%)에서 2060년 448만 명
(10.2%)으로 10배 이상 증가할 전망이다. 고령 인구를 연령계층별로 구분해
보면 고령 인구 전체 가운데 65~74세 인구의 비중은 2010년 62.4%에서
2060년 37.7%로 감소할 것이며, 75~84세 인구의 비중은 2010년 30.8%에서

<그림 8-5> 2010년 메가 수도권의 노인 인구

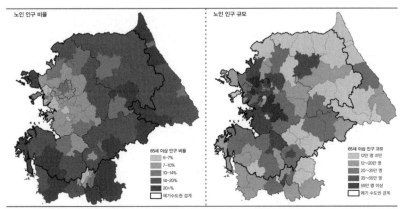

노인 인구 비율

노인 인구 규모

65세 이상 인구 비율
6~7%
7~10%
10~14%
14~20%
20+%
메가수도권 경계

65세 이상 인구 규모
12만 명 이민
12~20만 명
20~35만 명
35~55만 명
55만 명 이상
메가 수도권 경계

자료: 통계청의 2010년 주민등록 인구를 토대로 작성.

2060년 36.9%로 증가할 것이다. 특히 85세 이상 초고령 인구의 비중은 2010년 6.8%에서 2060년 25.4%로 3.7배 이상 증가할 것이다. 각 연령대별 고령 인구의 비중은 베이비붐 세대 진입 시기에 따라 급격히 성장할 전망인데, 65~74세의 비중은 2020년 57.6%에서 2030년 60.0%로 증가한 이후 감소하고, 75~84세의 비중은 2030년 29.6%에서 2040년 38.5%로 증가하며, 85세 이상의 비중은 2040년 12.6%에서 2050년 20.6%로 증가할 전망이다.

2012년 현재 230개 기초 지방자치단체 가운데 45%인 103개가 고령사회(65세 인구 비중 7% 이상)로 진입했으며, 20.4%인 47개 시·군·구는 고령사회(65세 인구 비중 14% 이상)로 진입한 것으로 나타났다. 특히 73개 시·군·구가 초고령사회(65세 이상 인구 비중 20% 이상)로 진입했다.[1] 경기도를 포함한 메

---

[1] 현대경제연구원, 「고령화로 인한 지자체 지속가능성 점검」, ≪경제주평≫, 13-26(2013. 6), 1쪽.

〈표 8-1〉 메가 수도권의 고령 인구 비율 추정치

(단위: %)

	2010년	2015년	2020년	2025년	2030년	2035년	2040년
전국	11.0	13.1	15.7	19.9	24.3	28.4	32.3
서울	9.3	11.9	14.6	18.7	22.8	26.5	30.2
인천	8.6	10.5	13.1	17.4	22.1	26.2	30.0
경기	8.7	10.4	12.7	16.7	21.0	25.0	28.8
강원	15.2	17.1	19.9	24.8	29.9	34.4	38.7
충북	13.7	15.2	17.7	22	26.7	31.2	35.3
충남	15.2	16.7	18.9	22.7	27.3	31.7	36.1

자료: 통계청, 「장래인구추계: 2010~2060」(2011) 재구성.

가 수도권의 112개 시·군·구의 경우에도 2012년 현재 초고령사회 21곳, 고령사회 27곳, 고령사회 61곳으로 3곳을 제외하고는 고령화 추세에 본격적으로 영향을 받고 있다.

한편 인구 고령화가 빠르게 진행되면서 인구 구조상 생산 가능 인구가 감소되어 지방자치단체의 지속가능성이 점점 약화되고 있다. 노인부양비[2]는 2000년 10.1에서 2020년 21.7, 2030년에는 37.7로 증가할 전망이다. 현대경제연구원의 보고서에 따르면 2012~2020년 사이에 전국 230개 기초지방자치단체 가운데 14.8%가 인구고령화 기준에 따라 '지속가능곤란 지방자치단체'가 될 것으로 추정된다.[3] 한편 수도권의 고령 인구는 수도권 전체적으로는 2010년 9.1%에서 2030년 21.8%로 증가하고, 경기도에서는 2010년 8.7%에서 2030년 21.0%로 증가할 것으로 전망된다. 수도권의 고령 인구 비율은 전국에 비해 낮게 유지되고 있다.

---

2) 노인 인구(65세 이상) 대비 경제활동 인구 수.
3) 현대경제연구원, 「고령화로 인한 지자체 지속가능성 점검」, 《경제주평》, 13-26(2013. 6), 1쪽.

2) 고령 인구의 이동 패턴

메가 수도권 내 고령 인구의 이동 패턴은 다음과 같은 특징을 보인다. 첫째, 서울에서는 노인이 떠나고 있으며, 경기도에서는 대도시와 경기 동부에 노인 인구가 모이고 있다. 통계청이 2001년부터 2010년까지 10년간 주민등록 인구 및 국내 인구 이동 통계를 분석한 자료에 따르면, 연령대가 높아질수록 서울을 벗어나 수도권이나 지방을 선택할 가능성이 증가한다. 또한 서울에서 수도권으로 이동하는 인구의 규모를 연령별로 구분해보면 중년층은 서울과 인접한 경기도 지역으로 이동하는 비율이 높은 반면, 55세 이후에는 양평과 가평, 고양 등으로 이동하는 비율이 높아 경기 동부 지역은 고령 인구의 이주가 집적되어 노후생활의 주요 지역으로 기능할 것으로 보인다. 한편 경기도 내부에서는 수원, 고양, 성남, 용인 등 인구 규모가 큰 대도시로 65세 인구의 이동이 집적되고 있다.[4]

둘째, 이동 제약과 활동 제약을 겪는 노인이 늘어난 반면, 노인의 경제 활동 참여율이나 통근율도 점차 증가하고 있다. 2010년 인구주택총조사 결과, 65세 이상 노인 중 걷기, 계단 오르기 등 이동 제약을 가진 비율은 78.4%이며, 27.1%는 장보기, 병원 가기 등 외출 시에도 어려움을 느끼는 것으로 나타나는 등 활동 제약을 겪는 고령 인구가 늘어나고 있다. 또한 동부와 면부, 읍부에서는 활동 제약을 겪는 경우가 각각 5.5%, 6.6%, 12.1%로 나타나 도시보다 농촌에 거주할수록 활동 제약이 크며, 특히 면부의 활동 제약이 두 배 이상 높은 것으로 나타났다. 한편 고령자의 경제 활동 참가율은 OECD 국가 중 매우 높은 편에 속하며, 고령 인구의 통근 비율도 2000년 2.3%에서

---

4) 같은 글.

〈그림 8-6〉 연령별 주요 이주 목적지

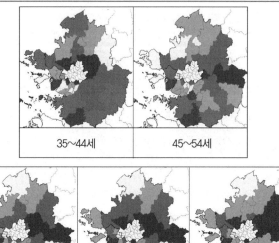

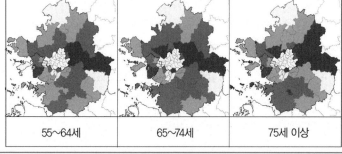

주: 지도에서 색이 진할수록 많이 이주하는 지역.
자료: 이상대 외, 『저출산 고령사회 진입에 대응한 도시정책 전환방향 연구』(경기개발연구원, 2011).

2010년 3.7%로 증가했다.[5]

　셋째, 나이가 들수록 노인의 사회적 관계는 감소하고 노인이 점차 단독가구로 거주한다. 노인의 가족·친구·이웃 관계는 나이가 들면서 지속적으로 감소한다. 이는 활동 영역이 줄어들어서이기도 하지만 사망하는 주변인이 늘어나기 때문이다. 그러나 교육 수준 및 소득이 높은 경우, 취업 중이거나

5) 이외희 외, 『경기도 인구구조별 사회경제적 특성과 정책과제』(경기개발연구원, 2013).

기능 상태에 제한이 없는 경우 사회적인 관계를 더 많이 갖는 것으로 조사되었다. 그러나 연령이 낮아질수록 노후를 스스로 책임져야 한다는 의견이 늘어나는 데다, 자녀 동거 부양에 대해서 노인의 27.6%만이 자녀와 동거해야 한다고 생각해 향후 독립세대로 독립적인 경제생활을 하고자 하는 노인이 크게 증가할 것으로 보인다.

넷째, 지금 노인은 매우 제한적인 형태의 여가를 보내고 있으며, 성별, 연령별, 지역별로 서로 다른 여가 선호를 보인다. 노인의 여가 형태는 TV 시청(노인의 99.0%가 응답)이 주를 이루는데, 전체 노인이 하루 평균 3.82시간 동안 TV를 시청하고, 응답자의 1/3은 하루 평균 5시간을 시청하는 것으로 나타났다. TV 시청, 여행, 운동 이외의 여가 문화 활동 참여율은 27.3%로 낮은 편이다. 자원봉사를 하는 노인은 전체의 3.9%이며, 노인의 86.9%는 한 번도 자원봉사를 해본 적이 없는 것으로 나타나 참여율이 매우 낮았다. 노인의 주요 여가 장소를 살펴보면 읍면부에서는 50% 이상이 집이 아닌 경로당을 주요 여가장소로 선택한 반면, 동부에서는 경로당보다 집에서 주로 여가를 보내며 야외의 근린공원, 산, 바다를 주로 찾는 것으로 나타났다. 한편 성별에 따른 차이도 큰데, 남성은 근린공원, 산, 바다 등 외부 장소를 더 선호하는 데 반해, 여성은 집, 경로당 등 근린 지역을 더 선호하는 것으로 나타났다. 이는 지역과 성별에 따라 노인의 여가 장소와 형태가 세분화되었음을 보여준다. 경로당은 나이가 들수록 이용이 잦아지는 반면, 근린공원, 산, 바다, 노인종합복지관, 시·군·구민회관, 동·읍·면 주민자치센터는 나이가 들수록 이용률이 감소하는 것으로 나타나 노인의 연령에 따라서도 선호 장소가 변한다는 사실을 알 수 있다.[6]

---

6) 보건사회연구원, 『2011 노인실태조사』(2012).

3) 고령화 관련 정책 동향

2006년 보건복지부는 '고령자가 편리하고 쾌적한 환경에서 건강하고 활기차게 생활할 수 있는 지역'을 목표로 '고령친화 모델지역' 시범사업을 실시했다. 시범사업은 농촌 지역으로 대표되는 초고령 지역(고령 인구 20% 이상)을 대상으로 한 지원형 모델, 대도시 인근의 중소도시인 고령도시(고령 인구 9.6~20%)를 대상으로 한 자립형 모델로 나누어 진행되었다. 보건복지부는 이 사업을 통해 보건·복지·생활 서비스의 통합적 제공, 맞춤형 일자리 제공과 사회참여 확대, 고령친화적 주거·교통·요양 인프라 구축 등 세 가지 목표를 달성하려고 했다. 이 중 고령친화적 주거·교통·요양 인프라 구축과 관련된 정책은 〈표 8-2〉와 같다.[7]

2008년부터는 보건복지부(한국장애인개발원)와 국토교통부(LH공사)가 공동으로 어린이, 고령자, 장애인, 임산부 등이 개별 시설물이나 지역에 접근·이용·이동하는 데 불편을 느끼지 않도록 계획·설계·시공되었는지 여부를 심사해서 인증하는 장애물 없는 생활환경 인증(BF인증)제도를 운영한다.

2012년 정부는 5대 분야 62개 핵심 과제를 바탕으로 제2차 새로마지 플랜 고령사회 보완계획을 발표했다.[8] 여기에는 '안전하고 편리한 주거교통 환경 조성'이라는 목표 아래 주거 및 교통 환경 정비, 농어촌 생활 정비 등 도시 환경 개선과 관련된 과제도 포함되어 있다.

2013년 8월 12일에는 하나의 지방자치단체 단위가 아닌 생활권 개념으로

---

7) 보건복지부, 「고령친화 모델지역 기본 구상(안)」(2006. 12).
8) 보건복지부, 「선제적 고령사회 대응을 위한 새로마지 플랜 고령사회 보완계획 확정」 보도자료(2012. 10. 16).

<표 8-2> 고령친화 모델지역 시범사업 중 도시 환경과 관련된 정책

과제	정책	세부 내용
다양한 주거 유형의 개발과 공급	맞춤형 주거 서비스 제공	고령자용 국민임대 사업 건설
		중산층 노인을 위한 다양한 주택 유형 개발과 부대시설 확보
		관광·레저·교육 인프라 조성으로 계층 간·세대 간·가족 간 교류 활성화
		경로당에 주거 기능 추가
		소규모 마을을 그룹화해 거점마을 경로당을 그룹홈으로 운영
	안전하고 쾌적한 자연친화적 주거지 개발	유니버설 디자인 개념을 도입한 U-노인주택, 자연공생형 생태주거단지 조성
		농촌정주 기반을 확대하기 위한 정보체계 구축
고령친화적 도로·교통 시설	실버존 설치	노인복지시설 주변 500m 이내 도로에 실버존 설치
		횡단보도 확폭 및 보차 분리, 신호시간 연장 등 보행 환경 개선
	장애 없는 도로 건설 및 저상버스 도입	보도 단차 제거, 가로시설물 설치 최소화
		보행안전성 제고 및 설계기준 재정비
		생활교통노선에 대한 최저 운행횟수 보장
		저상버스 도입
		농촌지역 접근성 및 이동성 개선

<표 8-3> 새로마지 플랜 중 도시 환경 개선과 관련된 과제

핵심 과제	세부 정책	소관부서
주거 환경	매입 임대주택 가점항목 추가	국토부
	공공장기임대주택 3% 이상 범위 내 주거약자용 주택 건설 추진	국토부
	국민주택기금을 통한 주택개조비용 융자로 편의시설 설치 지원	국토부
교통 환경	고령운전자 안전교육 확대	경찰청
	노인보호구역(실버존)에 대한 홍보 및 교통안전시설 확충 노력	경찰청, 행정안전부
농어촌 환경	공동생활 홈 조성	농식품부
	수요응답형 여객운송 사업 도입	국토부
	귀농·귀촌 지원 확대	농식품부

중심도시, 농어촌 중심지, 배후마을을 묶어 주거, 통근·통학, 서비스, 여가 등을 제공하기 위해 지역행복생활권정책을 발표했다. 이 정책의 6대 중점 추진 방향 중 공간 환경과 관련된 정책으로는 지역행복생활권 기반 확충, 사각 없는 지역 복지·의료를 들 수 있다. 이 중 노인을 대상으로 한 정책은

〈표 8-4〉 지역행복생활권 사업 중 도시 환경과 관련된 정책

중점 추진 방향	실천과제	세부 정책
지역행복생활권 기반 확충	1-1. 지역 중심지 활력 증진	지역 주도 도시 재생
		공간 중심의 패키지 정부 지원
		도시재생 사업 기반 정비
		도시재생 선도 지역 지정
		농어촌 중심지 거점 기능 강화
		농어촌 복합서비스센터 설치
	1-2. 주민 체감 생활 인프라 확충	마을 단위 주거 환경 정비
		농어촌 마을 단위 리모델링
		소규모 생활공원 확충
	1-3. 지역 주도 협력·발전체계	마을 만들기 사업
		창조 지역 사업
		마을 경영체 역할 강화
		생활권 협력 사업 추진
		지역 간 연계 교통망 확충
지역문화 융성, 생태 복원	4-2. 문화 격차 해소	복합문화커뮤니티센터 조성
		폐산업 시설 등 문화공간화
		작은 문화공간 확보
		찾아가는 문화 서비스 확대
		주민 생활체육 활동 지원 강화
사각 없는 지역 복지·의료	5-1. 지역 맞춤형 복지 지원	도시와 농촌의 특성을 반영한 복지전달체계 구축
		사회보장정보 시스템 활성화
		지역 특성에 맞는 보육 인프라 확충
		고령자 맞춤 서비스 확대
		주민 통합건강 증진
		사회 서비스 포괄 보조 확대
		정신건강증진센터 확충
		복지 공동체 활성화
	5-2. 취약 지역 공공의료체계 정비	의료 취약지역 지정·관리
		취약 지역 응급의료체계 구축

'지역 맞춤형 복지 지원' 가운데 고령자 맞춤 서비스로, 여기에는 공동급식 시설, 독거노인 공동생활홈, 장날 목욕탕, 생활안전시설 설치 등이 포함되어 있다. 그밖에 다른 실천 과제도 직접적으로 노인만을 위한 것은 아니지만 고령자를 위한 도시 환경 조성에 반영될 수 있는 정책이 많이 제시되어

〈표 8-5〉 WHO의 고령친화도시 가이드

구분	점검 항목
야외 공간/건물	환경, 녹지공간과 보도, 야외의자, 인도, 도로, 교통법규, 자전거도로, 안전성, 서비스 시설, 건물, 공중화장실
교통	저렴한 비용, 신뢰성과 배차, 목적지, 노령친화형 차량, 장애노년층 특별 서비스, 노약자 우대석, 운전자, 안전함과 편안함, 정류장과 역, 정보, 지역사회 교통, 택시, 도로, 운전자 자질, 주차
주택	저렴한 비용, 필수 공공서비스, 설계, 개조, 관리, 가정에서의 노령화, 지역사회 통합 정도, 주거 선택권, 주거 시설, 생활환경
사회 참여	행사와 활동의 접근성, 저렴한 비용, 선택기회, 시설과 장소, 프로그램 홍보와 장려, 소외 노년층 대처, 공동체 통합의 향상
존중과 사회적 배려	존중과 포용을 강화, 노령화에 대한 긍정적 이미지, 세대 통합과 가족 간 상호작용, 공교육, 지역사회의 포용, 경제적 포용
시민 참여/고용	자원봉사 선택권, 고용 선택권, 교육, 접근성, 시민참여, 사회 기여 존중, 창업, 보수
의사소통/정보	정보 제공, 구두 의사소통, 활자 정보, 이해하기 쉬운 언어, 자동화된 의사소통과 기기, 컴퓨터와 인터넷
지역사회 지원/건강 서비스	접근 용이한 서비스, 서비스 제공, 자원봉사자 확충, 응급조치 대책과 관리

자료: WHO, "Global Age-friendly Cities: A Guide"(2007)에서 발췌.

있다.9)

해외에서도 고령화와 관련된 정책 개발이 활발하다. 노년의 삶을 대비하기 위해 WHO와 캐나다, 호주, 미국 등에서 받아들이고 있는 개념은 지역에서의 노화(aging in place)와 고령친화적 지역사회(aging friendly community)다. 즉, 노인 전용 주택, 은퇴마을 등 따로 떨어진 곳에서 노년을 보내는 것이 아니라 기존에 생활하던 곳에서 계속 생활하며 노년기를 보내는 것을 지향하고, 이를 위해 지역사회를 고령친화적으로 개편하는 것이다.10)

WHO에서는 2009년 고령친화도시 네트워크를 결성했으며, 세계 33개

---

9) 지역발전위원회 외, 「국민에게 행복을, 지역에 희망을: 지역희망(HOPE) 프로젝트」. 제1차 지역발전위원회 회의 안건자료(2013. 8. 12).
10) 이윤경 외, 『100세 시대 대응 고령화 지역 연구』(한국보건사회연구원, 2012).

〈표 8-6〉 노인친화적인 뉴욕 시 만들기 전략

분야	세부 영역	이니셔티브 수
커뮤니티와 시민 참여	고용과 경제적 안정성	3
	자원봉사	2
	문화 활동과 레크리에이션	3
	정보와 계획	4
주택	저렴한 주택 개발	3
	주택 소유주-임대인의 지원	4
	다른 지역으로의 이주 없이 살고 있는 지역에서의 노화	3
공공시설과 교통	접근 가능하고 저렴한 교통	5
	안전하고 연령 친화적인 공공장소	5
	미래를 위한 계획	3
보건과 사회보장 서비스	웰빙과 건강계획	4
	노인을 위한 위험 지원	5
	영양식품에 대한 접근	4
	부양 및 개호	7
	완화 치료 및 예방	4

자료: Age-friendly NYC, "59 Initiative"(2013)에서 발췌.

도시를 회원국으로 '고령친화도시 가이드'를 개발, 발표했다(〈표 8-5〉 참조).
이 가이드는 8개 분야의 점검 항목으로 구성되어 있다.

미국에서는 지난 10년 동안 85세 인구가 급격히 늘었으며, 앞으로는 노년
층이 교외 지역보다는 생활하기 편한 도심으로 몰리는 '실버 쓰나미'가 일어
나 향후 20년 이내에 미국의 도시 환경이 크게 바뀔 것으로 예측된다. 이를
위해 젊은 층 위주로 만들어진 도시 인프라를 노인을 위해 리모델링하려는
움직임이 다발적으로 일어난다.[11] 이 중 2007년부터 시작된 뉴욕 시의 고
령친화도시 프로젝트(Age-Friendly NYC)는 WHO의 고령친화도시 모델을 적
용, 발전시킨 사례로, 뉴욕 시의 고령친화도를 진단한 뒤 뉴욕 시 차원의 구
체적인 핵심 전략을 도출한 것이다. 뉴욕 시는 이를 통해 지역사회와 시민

---

11) 이상대 외, 『저출산 고령사회 진입에 대응한 도시정책 전환방향 연구』.

참여, 주택, 공공공간과 교통, 건강 서비스와 사회 서비스 등 4개 분야의 15 개 세부 영역별 핵심 전략을 제시했다.

일본은 1994년 고령사회로 진입하면서 인구 감소를 경험했다. 그 이후 도시의 양적 팽창을 중단하고 기능 통합, 행정 재편 등을 통해 콤팩트시티로의 전환을 꾀한다. 이를 위해 2005년 '도시계획법'과 '중심시가지활성화법', '소매점포입지법'을 대폭 개정했으며, 고령자 친화적인 건축을 장려하는 '하트빌딩법'과 이동의 어려움을 완화하기 위한 '교통무장애설계법'을 제정해 도시재생 기본 방침에 포함시켰다. 또한 일본 내각부는 매년 『고령사회백서(高齡社会白書)』를 발간해 그 해의 대책과 예산을 세운다. 2012년에는 '고령사회대책기본법' 6조에 근거해 고령사회대책 대강령을 발표했는데, 이 강령에서는 고령자를 의존적이고 도움을 받아야 하는 이들로 정의하기보다 이들의 의욕과 능력을 살리는 데 방해가 되는 요소를 제거하는 노력을 기울여야 한다고 강조했다. 특히 풍부하고 안정적인 주거 생활 확보, 유니버설 디자인을 배려한 마을 조성의 종합적인 추진, 교통안전 확보 및 범죄로부터의 보호, 쾌적하고 활력 넘치는 생활환경 조성 등 공간적인 접근을 생활환경 분야에서 다루고 있다.

4) 해결 과제

첫째, 고령친화적인 새로운 도시 환경을 구축해야 한다. 저출산 고령화 현상은 생산 가능 인구의 감소로 잠재 성장률을 떨어뜨리고 고령층에 대한 복지 지출을 계속 증가시켜 국가와 지방자치단체의 재정 부담을 가중시키는 문제를 유발한다. 도시정책 측면에서는 인구 증가 정체 또는 인구 감소에 따른 도시 개발 수요 정체, 소득 감소로 공간(토지, 주택)에 대한 구매력 감소, 산업 구조 전환으로 인한 기존 도시 인프라의 미스매치와 유휴화, 출산 가임 여성과 고령층의 요구에 부합하지 못하는 공간구조나 불편한 도시시설 등의 문제를 야기한다. 이제 도시 정책도 고성장기의 양적·총량적 성장을 중시하던 패러다임에서 탈피해야 한다.[12]

앞으로는 고령화에 따라 노인 빈곤, 노인 건강 등 노인과 관련된 여러 가지 사회 문제가 발생할 것이다. 또한 이러한 사회 문제로 인해 새로운 도시 환경에 대한 필요성 역시 급증할 것으로 예측된다. 작은 평형의 집이나 실버타운 등 고령자를 위한 주택을 건설하고 지역사회의 의료 및 복지 시스템이 기능적으로 연계될 수 있는 물리적 환경을 조성하는 등 기존의 도시와는 다른 고령친화적인 새로운 도시 환경을 구축해야 하는 시점이다.[13]

둘째, 경제적 어려움을 해소하기 위한 노인의 경제활동을 지원해야 한다. 2013년 기획재정부와 OECD에 따르면 한국의 65세 이상 노인의 빈곤율은 2007년 44.6%에서 2011년 48.6%로 4년 만에 4%가 상승하는 등 지속적인 상승 흐름을 보이고 있다. 이러한 상승폭은 OECD 회원국 중 가장 크며, 노인 빈곤율 순위에서도 2010년 OECD 평균인 12.4%의 4배 수준으로 1위를 차지했다. 또한 65세 이상 인구를 대상으로 한 지니계수도 0.411로 사회적 불안이 심각해진다는 0.4를 초과하는 등 노인 집단의 불균등과 양극화 문제가 심화되었다. 한편, 2002년과 2012년 통계청이 실시한 사회조사에서는 '가족'이 부모를 부양해야 한다는 견해가 70.7%에서 33.3%로 급락하고 정부 및 사회가 부담을 더 많이 져야 한다는 견해가 증가하는 등 노인 부양을 개인의 책임으로 한정짓지 않으려는 견해가 늘어났다. 향후 노인층에 진입

---

12) 이상대 외, 『저출산 고령사회 진입에 대응한 도시정책 전환방향 연구』.
13) 안건혁, 「도시설계의 미래 과제와 도전」, 《환경논총》(서울대학교환경대학원, 2013. 9).

할 베이비붐 세대의 노후 대비도 취약한 것으로 평가되는 가운데, 부동산에 집중된 자산의 유동화나 은퇴 후 소득 공백기를 위한 준비 및 일자리 마련 등이 향후 어떻게 전개되느냐에 따라 미래 노인의 생활 모습은 크게 바뀔 것이며, 사회적 불안 정도도 크게 달라질 것이다.

셋째, 적극적인 예방적 투자를 통해 노인의 활동 영역을 증대시켜야 한다. 같은 나이의 노인이더라도 현재의 노인 세대보다 미래의 노인 세대가 더 건강하고 더 활동적으로 일할 수 있도록 사회·경제·물리적으로 환경을 정비함으로써 향후 복지비용을 최소화해야 한다. 미래 노인은 전통적인 노인상에서 벗어나 나이보다는 자신의 관심 영역에 따라 독립적이고 젊은 생활 방식을 유지하려고 할 것이다. 따라서 이들의 수요에 대비해 노인이 쉽게 이동할 수 있도록 환경을 정비하는 것은 노인이 스스로의 생활을 적극적으로 개척하고 삶의 질을 높일 수 있는 바탕이 될 뿐 아니라 노인을 부양해야 할 사회의 부담을 줄이는 긍정적인 효과를 유발할 것이다. 이들이 오랫동안 건강을 유지할 수 있도록 보건, 체육, 의료 서비스를 쉽게 접하게끔 도시 구조를 설계하고, 활동 영역을 유지할 수 있도록 이동 편의성을 강화하며, 삶을 설계할 수 있도록 정보 취득과 교육 기회를 확대하는 방안을 모색해야 한다.

넷째, 노후에도 즐겁고 편리한 삶을 보장받도록 여가 및 생활 서비스를 마련해야 한다. 향후 고령층을 형성할 베이비붐 세대는 이전 세대보다 교육 수준이 높고 대중화된 여가 문화에 훨씬 익숙하기 때문에 여가 활동에 대한 참여 욕구가 이전 노인세대에 비해 더욱 크며, 이로 인해 문화, 여가, 레저, 교육 분야의 수요가 증가할 것으로 보인다. 따라서 이에 대한 서비스를 크게 늘려야 할 것이다. 한편 전체 사회에서 노인층의 비율이 높아지므로 현재처럼 경로당, 노인복지관 같은 특정 시설만 노인을 위한 시설로 규정하기보다는 중장년층이 이용하는 공공시설, 공공장소, 편의시설 등을 나이가 들어서도 지속적·적극적으로 이용할 수 있도록 전반적인 사회 시스템을 변화시켜나가야 한다.

2. 고령사회에 대한 영향 변수와 지역사회 전망

1) 고령사회에 영향을 미치는 변수

향후 고령사회에는 다음의 다섯 가지 변수가 영향을 미칠 것으로 예상된다. 첫째, 베이비붐 세대의 자산 처분이다. 현재 은퇴기를 맞이한 한국 베이비붐 세대의 부동산 자산 및 금융 자산의 비중은 7 대 3으로 금융 자산 비중이 각각 70%와 60%에 달하는 미국, 일본과 비교해 큰 차이를 보인다. 이들이 노인층이 되면서 현금을 마련하기 위해 부동산 자산을 처분하기 시작하면 부동산 시장에는 큰 변동이 일어날 것으로 전망된다. 이들의 자산 유동화가 제대로 이루어지지 않으면 노인의 노후 생활이 어려워지는 것은 물론 소비가 위축되어 경제 전반에도 영향을 미칠 것이다. 또한 이들이 부동산 자산을 처분하면서 노후 생활을 어느 지역에서 어떤 주거 형태로 영위할 것인가도 중요한 변수 중 하나다.

둘째, 복지 제도를 위한 사회적 합의 마련이다. 한국에는 일제 강점기, 한국전쟁 시대, 산업화·민주화 시대, 현대의 네 가지 다른 역사 층이 공존하며, 각 시대를 살아온 세대 간 차이도 큰 편이다. 이들이 가진 사회·정치·기술에 대한 인식도 크게 다르고, 저출산 고령화 시대를 맞아 성장이 둔화됨에 따라 한정된 자원을 둘러싼 세대 간 갈등도 해가 갈수록 심화되는 양상이다. 기초노령연금, 국민연금, 일자리, 주택 등 주요 복지정책에서 세대 간 이해가 크게 갈리면서 선거에서도 세대별 투표 양상이 점차 뚜렷해지고 있다. 이러한 세대 갈등을 해소하지 못하면 세대 간 상호소통과 공동 활동의 기피, 상호 신뢰 부족, 폭력 증가 등 여러 가지 사회 문제가 야기될 것이다.

셋째, 정부가 지역발전정책과 도시재생정책을 통해 고령사회에 대비한 정책을 실현할지 여부다. 노무현, 이명박, 박근혜 정부에 이르기까지 최근의 정부는 지역발전을 위한 정책을 꾸준히 발표했다. 이러한 지역발전정책은 행정·경제적인 분야에서 점차 삶의 질, 복지 같은 분야로 확장되고 있다. 최근 박근혜 정부가 내놓은 지역행복생활권 개념은 시·군·구 개념을 넘어 생활권 개념으로 지역 단위를 형성해 생활·고차 서비스를 제공하겠다는 것으로, 고령사회와 관련된 정책이 다수 포함되어 있다. 이들 정책의 실현 정도나 다음 정부의 고령사회에 대비한 노력 정도에 따라 미래사회의 모습은 크게 달라질 것이다.

넷째, 각 지방자치단체의 고령사회에 대한 인식 및 대비 노력 여부다. 정부 차원에서뿐 아니라 각 지방자치단체에서도 고령사회를 어떻게 인식하고 대응하는지에 따라 차이가 나타날 것이다. 각 지방자치단체는 저출산·고령화의 정도가 다를 뿐 아니라 산업 구조, 재정 구조, 도시 구조 역시 다르기 때문에 각각에 맞는 특성화 대책을 마련해야 한다. 특히 농촌 지역과 도시 지역의 고령화 대책은 크게 다를 것이며, 도시 지역 중에서도 대도시와 소도시의 대응이 서로 다를 것이다. 또 새로운 인프라를 구축하는 데 큰 비용이 든다는 사실을 감안하면 지방자치단체 간 협력 및 공동 대응 노력도 고령화 문제를 해결하는 데 영향을 미칠 것이다.

다섯째, 노인을 대상으로 한 기술 및 산업의 발전이다. 기술이 발전하면 노인의 생활은 더욱 편리해져 예전에 같은 나이대의 노인이 장애로 느꼈던 많은 부분을 더 이상 장애로 느끼지 않을 것이다. 특히 의료기술 및 의료기기의 발달, 교통수단의 발전 등은 노인의 신체적 기능을 연장시킬 것이며, 노인을 대상으로 한 취미·여가·교육 산업의 발전은 노인의 삶을 더욱 풍요롭게 할 것이다.

2) 고령화에 의한 지역사회 전망

현 추세가 그대로 진행될 경우 메가 수도권은 다음과 같은 감당하기 어려운 문제에 직면할 것이다. 첫째, 경제성장이 둔화될 것이다. 피부양 노인 인구는 증가하고, 생산 가능 인구는 감소하면서 노인부양비, 의료비 등이 증가하고 인구의 큰 부분을 차지하는 노인이 소비를 줄이면서 경제성장이 더욱 둔화될 것이다. 또한 고령화 진행으로 잠재 성장률은 크게 낮아지는 반면, 고령층에 대한 복지 지출 수요는 계속 증가해 국가와 지방자치단체의 재정 부담을 가중시키고 국가와 지방자치단체의 운영에 중대한 문제를 초래할 우려가 있다.

둘째, 사회 갈등이 더욱 심화될 것이다. 이미 진행된 노인 세대 간의 양극화, 빈곤 노인의 증가, 세대 간 갈등이 축소되지 않으면 사회 문제와 사회 갈등이 증가해 불안 요소가 가중될 것이다. 노인 내부에서는 노인 우울, 노인 자살, 노인 범죄가 증가할 우려가 있으며, 세대 간에는 가족 간의 불화와 갈등, 노인 대상 폭력, 노인의 방치가 증가할 것이다.

셋째, 지방자치단체 간 양극화가 심화될 것이다. 현재 지방자치단체 간 고령화율에는 큰 차이가 있다. 현재의 추세가 지속된다면 고령화가 심한 지역에서는 지속적으로 저발전이 심화되고, 특정 지역에만 젊은 층이 몰리는 쏠림 현상이 발생할 것이다. 이런 인구의 불균형은 지방자치단체의 행정·

재정 시스템에 무리를 가해 최저생활 인프라조차 제공하지 못하는 지방자치단체가 생겨날 우려도 있다.

그러나 정책적으로 제대로 대응한다면 부작용을 완화하고 다음과 같은 효과를 거둘 수 있다. 첫째, 고령사회로 전환하면서 발생하는 사회적 충격을 최소화할 수 있다. 국가에서 예방 차원의 지원을 실시하고 복지전달 시스템을 정비한다면 미래 노인은 필요할 때 미리 도움을 받을 수 있을 것이다. 이를 통해 미래 노인은 예전 세대의 노인보다 건강해지고 더 활기찬 노후를 보낼 수 있을 것이며, 복지 지출에 대한 사회적 합의가 이루어진다면 세대 간 갈등도 심해지지 않을 것이다.

둘째, 미래 노인은 노인이 되더라도 사회에서 고립되는 것이 아니라 그동안 쌓아온 경력을 토대로 적극적으로 자기계발과 봉사 활동에 나서는 제3의 인생을 개척할 수 있다. 이를 지원하기 위해서는 도시 구조, 교통 시스템, 사회 구조 등이 변화해야 한다. 이처럼 노인은 예전과 같이 부양의 대상에 머무르지 않고 활발하게 활동하는 사회적 자본이 될 수 있다.

셋째, 노인을 위한 교육·여가·의료 등 관련 서비스 산업이 발전하고 노인 친화도시, 고령화친화도시가 확립되면 어느 지역에 살더라도 적정한 수준의 서비스를 누릴 수 있다. 고령자를 위한 서비스는 노화로 야기되는 어려움을 축소시키고 삶의 만족도를 증가시킬 것이다.

3. 고령사회를 준비하는 무장애도시의 비전과 전략

1) 고령자와 부양가족이 모두 행복한 고령친화도시의 비전

고령자와 부양가족이 모두 행복한 고령친화도시를 만들기 위해서는 고령사회의 충격을 최소화하고 경제적 활력, 사회적 통합, 구성원의 행복을 보장하는 도시 구조를 선제적으로 마련해야 한다. 베이비붐 세대의 자산 구조 변화에 따른 부동산의 변화에 미리 대비해야 하고, 고령자가 자신의 집 또는 익숙한 지역에 최대한 오래 머무를 수 있도록 지원함으로써 고령자의 삶의 질을 높이고, 부양가족의 부담을 최소화해야 한다. 또한 요양자 증가에 대비해 시설을 확충하고 서비스 질을 향상시킴으로써 고령자들이 어려운 시기에 도움을 받을 수 있도록 해야 한다. 또한 도시의 장애물을 제거해 노인이 도시 내 공간과 시설을 이용하는 데 불편함이 없도록 하고, 사회적인 활동을 지속할 수 있도록 교통수단과 교통 시설을 정비해 노인의 이동권을 보장해야 한다. 마지막으로 직장에서는 은퇴하고 자녀는 출가하거나 분가해 무료함과 외로움을 느끼는 노인이 활기차고 즐겁게 노후를 보낼 수 있도록 이들을 위한 공공공간·상업공간·복지공간을 제공해야 한다.

2) 고령사회에 대응한 무장애도시를 실현하기 위한 전략

(1) 도심 활성화 및 연령혼합정책

베이비붐 세대가 고령화되면서 교외로 나가기보다 편의시설이 잘 갖춰진 도시에서 생활하기를 원하는 고령자가 점차 늘어나고 있다. 또한 고령화로 인한 저성장 시기에는 도시 성장기 때와 달리 고도 성장기에 집중적으로 투자한 사회자본이 노후화되면서 이를 유지·관리하는 것이 새로운 이슈로 부각될 것이다. 또한 고령화로 복지비가 증가해 사회자본에 대한 투자가 감축될 가능성도 크다. 따라서 새로운 기반시설을 갖추거나 새로운 도시를 건설하기보다는 기존의 도시를 더욱 편안하고 효율적으로 바꾸려는 시도가 늘어날 것이다. 또한 고령화와 인구 감소 현상이 발생하는 지역에 대해서는 대중교통편으로 한 시간 이내에 도달할 수 있는 범위의 생활권이라는 개념을 도입해 통합하는 등 광역적인 관점에서의 사회자본 정비가 필요하다.[14]

일본에서는 고령사회로 변화하면서 인구 유입이 줄어들어 대도시권 인구가 감소하고 대도시권에서 도심 회귀 현상이 발생하며 도시 규모별로 인구 증감의 차별화가 진행될 것으로 예측한다. 일본의 타마 신도시는 과거 성공한 전원도시로 알려졌지만 젊은이의 유입이 줄어들면서 올드타운으로 전락했다. 한국도 고령사회로 접어들었기 때문에 과거와 같이 도심에서 먼 지역을 신도시로 개발하는 것은 더 이상 성공하지 못할 가능성이 크다. 수도권에서는 이제 서울 인구를 분산해서 수용하려는 목적의 신도시 개발이 아닌 지역 거점을 육성하는 도심 개발이 필요하다.

또한 중심시가지에서는 인구 감소와 고령화로 공동화가 야기되어 빈 점포와 빈집이 증가하고 있다. 인구 감소는 주로 젊은 층과 부유층이 도시를 빠져나가는 현상으로 나타나는데, 도시에 젊은 층이 지속적으로 줄어들면 세수 감소, 사회보장비 증가, 재해 및 범죄 취약성 증가 등 여러 가지 문제가 발생한다. 이를 방지하기 위해서는 일자리 창출, 주택 및 도시 환경 정비를 통해 중심시가지를 활성화하는 도시재생정책을 동시에 수행해야 한다. 국토교통부에서는 2013년부터 「도시재생 활성화 및 지원에 관한 법」을 제정

---

14) 차학봉, 『일본에서 배우는 고령화 시대의 국토-도시정책』(삼성경제연구소, 2006).

했으며, 도시재생 선도 지역과 도시재생 활성화 지역을 지정해서 사업을 추진하는데, 이 사업의 목적 역시 교외 개발이 아닌 도시 내부의 낙후 지역을 개선해 도시 밀도를 높이는 것이다. 이러한 도심 활성화 및 도시재생의 목표는 젊은 층에게는 일자리를 제공하고, 혼인 초기 계층에게는 안심할 수 있는 보육을 제공하며, 중장년층에게는 자녀 교육과 여가 기능을 제공하고, 고령자에게는 편안하고 편리한 생활환경을 제공함으로써 다양한 계층을 도시 내부로 끌어들이고 이들을 만족시키는 도시 환경을 구축하는 것이다.

(2) 기존 주택 정비 및 고령자 주택 공급

앞으로 고령자는 어디에서 누구와 함께 늙어갈 것인가? 고령자의 거주에서 중요한 개념으로 자리 잡은 것은 '지역에서의 노화' 개념이다. 이 개념은 시설에 입주한 고령자가 자신의 역할과 삶의 보람, 사생활과 자립을 상실하는 현상이 발생하면서 대두되었다.[15] 또한 미래 노인은 더 이상 은퇴 후 귀농이나 귀촌을 꿈꾸는 것이 아니라 현재 거주하는 지역과 가까운 도시에 거주하는 것을 가장 선호하는 것으로 나타난다. 삼성생명 은퇴연구소가 2011년 서울 및 광역시 거주자 2,000명을 대상으로 실시한 설문조사에 따르면 사람들이 은퇴 후 거주지로 가장 선호하는 곳은 '현재 거주지 근처의 중소도시'(44.2%)였다. 자연 환경이 우수하고, 의료시설 등 편의시설이 가까우며, 자녀와도 가까이 지낼 수 있으면서도 집값이 싼 대도시 인근의 중소도시로 이사해 목돈을 마련하고, 그 돈을 은퇴 후 생활비에 보탤 계획을 가지고 있는 것이다. 이처럼 익숙한 지역이나 도시에 계속 거주하려는 사람들의 의사

---

15) 조아라, 「일본의 고령자 거주문제와 주거정책: Aging in place를 중심으로」, ≪대한지리학회지≫, 제48권 제5호(2013), 709~727쪽.

를 감안할 때 고령자가 가능한 한 오랫동안 독립적으로 거주할 수 있도록 주택을 개선하고 고령자에게 맞춘 주택을 개발하는 정책이 필요하다. 이는 돌봄에 드는 비용을 절감시키는 효과도 거둘 수 있을 것이다.

한국에서는 아파트를 중심으로 고령자용 주택이 공급되는 추세다. 이러한 사례로는 거동이 불편한 고령자를 배려한 출입구나 고령자 전용 운동기구를 갖춘 단지, 비상호출기로 비상시에 도움을 받을 수 있는 단지, 병원이 입주해 입주자 전용 진찰을 받을 수 있는 단지, 인터넷 이용에 어려움을 겪는 고령자를 위해 진료 예약, 영화·여행 예약 등을 대행해주는 단지 등을 들 수 있다. 일본은 2006년 주생활기본계획을 수립하고, 2015년까지 고령자용 주택을 전체 주택의 25%까지 확대한다는 목표하에 대출 확대, 세제 혜택 등 지속적인 지원을 펼치고 있다. 또한 일반적인 주택 설계를 바탕으로 고령자를 위한 배려사항을 제시한 '고령자가 살 주택설계에 관한 지침'(국토교통성 고시)을 보급해 설계에 도움이 되도록 한다. 영국은 2008년 고령자를 위한 주택건설정책을 발표하고, 16개 항목의 '평생주택(Lifetime home)' 기준을 만들어 이에 부합한 주택을 공급하기 위해 노력한다. 또한 '평생 이웃(Lifetime Neighborhood)' 개념을 도입해 나이가 들수록 집 근처에서 많은 시간을 보내는 고령자가 해당 지역 내에서 의료·상업·서비스를 이용하고 사회적 관계를 유지할 수 있도록 하는 것을 목표로 한다.

한편, 통계청에 따르면 2010년 현재 노인 한 명 또는 노인 부부로 구성된 가구의 비율은 전체 가구의 18%인 312만 가구에 달한다. 그러나 고령자가 입주할 수 있는 주거 시설이 크게 부족해 소득이 낮은 고령자일수록 비위생적이고 안전하지 못한 주택에 거주함으로써 질병 및 안전사고 발생 위험이 증가하고 있다. 따라서 자녀와 함께 거주하지 않더라도 고령자가 안전하고 자립적으로 거주할 수 있도록 저렴하고 안전한 주거를 보장하기 위한 노력이 필요하다. 미국은 고령 인구를 소그룹으로 형성해 공동 거주를 독려하며, 형성된 소그룹에는 저가의 가정용품 제공, 공공요금 지원 등의 인센티브를 제공한다. 일본은 2001년 '고령자거주안정법'을 제정해 민간이 고령자의 노화에 대응한 임대주택을 건설할 경우 공용시설 건설비의 2/3를 국가와 지방자치단체가 지원한다. 또한 '고령자 주거 안정 확보에 관한 법률'에 의거해 '임대주택등록제도'를 도입함으로써 고령자가 입주할 집을 쉽게 구할 수 있도록 고령자에게 임대하는 집의 리스트를 정리해 공개한다. 임대주택 공급 측면에서는 노후화된 임대주택을 철거하는 한편, 고령자용 임대주택과 차상위 계층용 임대주택을 늘려나가고, 전체 임대주택 수를 줄이는 대신 고령자용 임대주택과 계층별로 특화된 임대주택 비중을 늘린다. 이러한 단지에는 노인보호·요양 시설, 카페, 유치원 등의 커뮤니티 시설을 확충해 지역 케어 서비스 거점과 연계된 공공임대주택의 정비를 촉진한다.

이처럼 고령자가 현재 거주하는 주택에서 계속 생활하도록 지원하는 방안도 필요하지만, 한편으로는 질병이나 노환으로 혼자 생활할 수 없는 상태에 이를 때를 대비한 양로 및 요양 시설도 지속적으로 공급해야 한다. 현재 한국의 노인요양원은 대부분 다인실 위주의 병원과 같은 구조인데, 앞으로는 다양해지는 노인의 수요를 고려해 여러 가지 형태의 요양 시설을 늘려야 하며 요양 서비스도 점점 삶의 질에 초점을 맞추어야 한다. 이를 위해서는 관련 산업과 종사자를 더욱 확대시킬 수 있도록 정부의 지원이 필요하다. 또한 휴양단지 개념의 요양원뿐 아니라 도시에서 쉽게 서비스를 받을 수 있고 자녀가 쉽게 오갈 수 있는 접근성이 좋은 도시 외곽 지역에 요양 시설을 지을 수 있도록 인센티브를 제공해야 한다.

(3) 고령자를 위한 무장애도시 환경 구축

한편 도시 인구가 고령화됨에 따라 1974년 유엔 장애인 생활환경 전문가회의에서 제시된 '무장애디자인(barrier free design)'과 '보편적 디자인(universal design)'이 도시 환경적 측면에서 주목을 받고 있다. 무장애 디자인이란 장애인, 노인, 아동, 임산부 등 신체적 약자가 일상생활을 하는 물리적 공간에서 불편함을 제거하는 움직임을 의미하며, 보편적 디자인이란 신체적 약자뿐 아니라 연령, 성별, 국적, 장애의 유무에 관계없이 더욱 보편적으로 누구에게나 편리하도록 디자인하는 것을 의미한다. 누구나 이용하기 편리한 장애물 없는 생활환경을 구축하는 것은 시민 모두가 함께 누릴 수 있는 보편적 복지 시책이다. 지금 도시에서는 보도 진입부의 턱이나 건물 출입구와 접근로의 높이 차이 같은 장벽으로 노약자가 이동하거나 시설을 이용할 때 불편을 겪는다. 신체적인 어려움 때문에 주로 집안에서 생활하는 노약자가 스스로의 힘으로 외부 활동을 할 수 있도록 도시의 기반시설과 건물 구조를 바꾸어 나가야 한다. 이러한 디자인 원칙은 저출산 고령사회에서 임신했거나 유아가 있는 여성, 노인 인구나 노인 가구가 도시 내 공간과 시설을 이용하는 데 장애가 없도록 하는 '적응' 차원에서뿐 아니라 저출산 고령화로 인한 사회적 비용을 감소시키고 더욱 건강하고 젊은 도시를 만들기 위한 '예방' 차원에서도 이루어져야 한다.[16]

(4) 이동의 자유를 보장하는 편안하고 편리한 교통 시스템

고령자가 일상생활을 지속하기 위해서는 이동이 필수적이다. 이들의 이동이 보장되지 않으면 경제활동, 의료 및 건강 서비스, 여가, 문화생활, 사회

---

16) 이상대 외, 『저출산 고령사회 진입에 대응한 도시정책 전환방향 연구』.

참여 등 전반적인 활동이 제약을 받을 수밖에 없기 때문이다. 활동하고 싶어 하는 고령자는 앞으로도 꾸준히 증가할 것이고, 이들이 가능한 한 오래 독립적으로 이동할 수 있도록 돕는 것은 사회의 부담을 더는 일이기도 하다.[17] 이와 관련해 한국에서는 2007년부터 「교통약자의 이동편의 증진법」을 제정하고, 5년 단위로 '교통약자 이동편의 증진계획'을 수립한다. 또한 2013년부터는 「보행안전 및 편의 증진에 관한 법률」을 제정해 보행환경 개선지구 지정 및 개선 사업을 추진하고 있다.

고령층을 포함한 이동 약자를 위한 정책은 보행의 편의성 증진, 대중교통 수단의 접근성 확대, 고령자 자가용 이용자를 위한 제도 개선 등 크게 세 가지 분야로 나뉜다. 먼저 한국의 보행 환경은 굳이 노인을 대상으로 하지 않아도 굉장히 취약한 편이다. 2013년 OECD가 발표한 한국의 보행 사망자 비율은 39.1%로 회원국 평균(18.8%)의 두 배가 넘었고, 인구 10만 명당 노인 보행 사망자 수는 15.6명으로 회원국 평균(3.3명)보다 5배 가까이 높아 1위를 차지했다. 또한 도로교통공단이 2010년부터 3년간 자료를 분석한 결과 노인 교통사고 사망자 중 절반 이상(52.6%)은 보행 중 사망했으며, 이 중 횡단보도나 횡단보도 부근, 육교 부근을 횡단하다가 사망한 노인이 전체 보행 중 사망자의 70%를 차지했다. 따라서 움직이는 속도가 느린 노인을 배려해 횡단 신호를 연장하고, 긴 횡단보도에는 중앙보행섬을 설치하며, 횡단보도 주위에 안전시설을 설치하는 등 보행자 안전을 위한 기반을 갖춤으로써 횡단 시 사고 예방에 가장 중점을 두어야 한다. 또한 사고 위험이 높은 지역을 중심으로 보행우선구역 또는 노인보호구역을 지정해 위험을 지속적으로 관

---

17) 염주희, 「한국 고령자의 교통 이용 현황」, ≪보건복지 Issue&Focus≫(한국보건사회연구원, 2013).

리해야 한다.

노인은 신체가 건강하더라도 노화가 진행되면서 점차 자가운전보다 대중교통을 선호한다. 그러나 대중교통을 이용하더라도 신체적·인지적 어려움을 겪는 경우가 많다. 따라서 현재 이용하는 교통수단과 교통 시설물을 노인에 맞게 개선하고, 이동에 어려움을 겪는 신체적 약자를 위해 특별교통수단을 제공하며, 대중교통 취약지에 거주하는 사람을 위해 수요응답형 교통수단을 제공하는 등의 방안을 마련해야 한다. 특히 도시 환경적인 측면에서 중요한 요소는 버스나 지하철을 기다리는 대기 장소의 개선이다.

한편, 운전 경험이 있고 신체적으로 건강한 노인의 수가 증가하면서 고령운전자도 증가하는 추세다. 하지만 65세 이상의 고령 운전자가 야기한 교통사고 수도 1997년 1,830건에서 2006년 7,131건으로 약 3.9배 증가하는 등 고령 운전자 증가에는 인지능력 저하에 따른 위험이 상존한다. 그러므로 이들을 대상으로 한 안전 재교육 및 운전 가능 여부를 판단할 수 있도록 하는 운전적성검사 등 제도적인 장치를 마련해 사고를 줄일 수 있도록 노력해야 한다.

(5) 노인을 위한 공공공간·상업공간·복지공간의 개편 및 확대

2012년 한국보건사회연구원의 「도시지역 50대 장년층의 여가생활 실태와 정책과제」 보고서에 따르면 은퇴시기를 맞은 한국 베이비붐 세대들은 여가 활동 욕구는 높지만 젊은 시절 여가를 즐긴 경험이 많지 않아 스포츠, 봉사 활동, 문화생활, 자기계발 등 적극적인 여가보다는 종교모임, 친목모임 등 사교모임에 국한된 여가를 보내는 것으로 나타났다. 따라서 앞으로는 노인이 여가생활을 활기차게 보낼 수 있도록 여가공간과 프로그램을 확대해나가야 한다.

뉴욕 시의 고령친화도시 프로젝트는 뉴욕 시의 50개 시니어센터를 중심으로 이루어진다. 시니어센터에 문화·예술반 프로그램과 건강 프로그램을 도입한 의료 서비스와 식사 서비스를 제공하며, 노인이 시니어센터를 쉽게 이용할 수 있도록 학교 셔틀버스로 교통편을 제공한다. 노인의 도서관 수요도 높은 편이다. 서울 서초구의 국립중앙도서관은 평일에도 이용자로 북적이는데, 이들 대부분은 노인이다. 2009년 매달 5,000~5,700명 정도였던 60세 이상 이용자가 2011년에는 6,800~7,000명으로 꾸준히 늘어나는 등 이곳은 강남권 노인의 중심지가 되어가고 있다. 이러한 수요를 반영해 도서관에서는 노인을 위한 프로그램을 운영하기도 하며, 저시력자를 위한 독서확대기나 노인우대구역 등을 갖춘 노인도서관도 증가하는 추세다. 앞으로 평생교육이 늘어나 지속적으로 일하거나 공부하는 시대가 오면 노인층의 도서관 이용은 더욱 증가해 여가의 중요한 한 축으로 자리 잡을 것이다.

한편 노인을 겨냥해 쇼핑을 하다 쉴 수 있도록 간이의자를 마련한 상점, 가격표와 안내문 글씨를 키운 상점 등 노인 친화를 강조하는 상점도 늘어나는 추세다. 독일에서는 시니어 은퇴 세대와 그 가족을 겨냥한 시니어 전문 슈퍼마켓이 큰 반향을 얻고 있다. '에데가 50플러스'라는 이 슈퍼마켓 체인은 선반의 높이를 낮추고, 휠체어와 연결해서 이용하거나 몸이 불편한 사람도 이용할 수 있도록 카트 디자인을 개선했으며, 휴식코너에는 혈압계 등을 갖추었다. 또한 점원도 고객과 나이가 비슷한 50세 이상의 사람들로 채용하고, 주변의 은퇴자 아파트와 보호시설로 무료 셔틀버스를 운영하며, 택시콜 서비스도 제공한다. 일본에서는 젊은 손님이 줄어든 오락실을 찾는 은퇴 세대가 증가하면서 노인용 휴게실 마련, 노안경 대여, 은퇴 세대 대상 게임 강좌 개설 등 은퇴 세대를 겨냥해 시장이 빠르게 바뀌고 있다고 한다.

일본 도쿄의 스가모 시장은 '노인의 거리'로 알려져 있으며, '노인들의 하

라주쿠'라는 별칭도 갖고 있다. 노인이 고간지(高岩寺)라는 절에서 참배를 하고 돌아가면서 쇼핑을 하던 거리를 NHK가 '노인의 거리'라고 보도한 이후 노인 관련 상점이 더욱 밀집하게 되었으며, 방문객도 증가했다고 한다. 스가모 거리에는 노인을 위한 외출복, 속옷, 지팡이, 과자, 식사 등 노인 관련 상품을 파는 가게 200여 개가 모여 있는데, 이 가게들은 저렴한 상품을 다양하게 갖추고 가격표를 보기 쉽게 큰 글씨로 써두었으며 문턱을 없애고 소지품을 보관해주는 등 노인을 배려한 맞춤 서비스를 제공한다. 한편 스가모 역도 에스컬레이터 속도를 느리게 하고, 지도를 확대했으며 의자를 여러 군데 놓아두는 등 노인을 배려한 디자인을 갖추었다. 노인은 이곳에서 쇼핑하고 식사하고 참배도 하면서 즐겁게 하루 일과를 보낸다. 일본의 경제 주간지 ≪다이아몬드(ダイヤモンド)≫는 고층 건물이 밀집한 이케부쿠로보다 스가모의 상업 시설 밀집도가 더 높다고 전하면서 주변 상가들은 몇 년 새 하락세를 보인 반면, 스가모의 상가들은 최근 5년간 매출이 15%나 상승했다고 보도했다.

한국의 경우 남성 노인은 개방된 공간을 선호해 도시 지역의 공원을 출근하듯 다니는 노인도 많다. 노인이 자주 가는 곳으로 종로거리가 있긴 하지만 이곳은 스가모 거리처럼 양지화되지 못하고 갈 곳 없는 노인이 가는 장소로 인식되는 측면이 크다. 젊은 층이 젊은 사람이 많이 가는 거리에서 여가를 보내듯이 앞으로 노인에게도 쉽게 모일 수 있고 동년배와 함께 여가를 보낼 수 있는 공간이 필요하다. 따라서 노인이 놀기 좋은 거리, 노인이 놀기 좋은 장소를 만들고, 이곳에 접근하기 쉽도록 도시 환경을 바꾸어나가야 할 것이다. 향후 저출산 고령화 시대에 대비해 어린이 이용객이 적고 노인 이용객이 많은 공원을 노인 중심으로 바꾸고, 공원을 중심으로 다양한 상업 시설이나 여가·스포츠 시설을 운영해 노인이 편리하게 이용할 수 있는 지역을 조성해나가야 한다.

또한 이러한 장소에 의료시설, 복지시설을 결합해 설치한다면 마음먹고 외출한 노인이 한 장소에서 필요한 것을 모두 해결하게 되는 편의를 제공할 수 있을 것이다. 편의시설의 거점을 만드는 것은 서비스 제공자 입장에서도 서비스 제공비용을 줄이고 서비스를 더욱 다양화할 수 있는 방법이기도 하다. 2013년 서울특별시에서는 빅데이터 정보를 활용해 '어르신 여가 시설 입지 분석'을 마쳤다. 65세 이상 노인이 어디에 많이 살고 주로 어디에서 활동하는지를 토대로 지역별 대형 노인복지센터의 설립 장소를 선정하기로 한 것이다. 메가 수도권 차원에서도 노인이 모이는 거점 장소를 만들 필요성이 있으며, 정보통신기술을 활용한다면 서비스를 더욱 효율적으로 설계할 수 있을 것이다. 또한 이처럼 고령친화적인 장소를 조성하기 위해서는 지방자치단체뿐 아니라 주변 상인, 지역 시민, 시민단체, 관련 기업 등 다양한 참여자가 목표의식을 공유해야 하며 서로 협력해야 한다.

제4부 경쟁력 있는 메가 수도권 인프라

제9장 수도권·충청권·강원권을 포괄하는 메가 수도권 철도망 형성
| 김경석·지우석

제10장 광역 수도권의 3R 고속도로망 시스템 구축 | 지우석·김경석

제11장 초연결사회 실현을 위한 정보통신 인프라 구축 | 최민석

수도권·충청권·강원권을 포괄하는 메가 수도권 철도망 형성 _ 김경석·지우석

1. 수도권과 주변 지역인 충청권·강원권의 철도 인프라 현황

1) 수도권의 철도망

개발 압력이 높은 수도권은 특히 대규모 주거단지 개발이 많아 급증하는 수도권의 광역 통행을 처리하기 위해 단기간에 대응할 수 있는 도로 중심의 교통정책이 상당 기간 지속되었고, 이에 따라 철도 건설 투자는 미흡했다.

교통부문별 시설 확충 속도도 1980년부터 2008년까지 도로는 22.1% 증가하고, 항만하역 능력은 74.2% 증가한 데 비해 철도 연장은 1.9% 증가하는 데 그쳤다. 단, 도시철도 연장은 87.6% 증가한 것으로 나타났다.

수도권 철도 연장의 경우 한국은 1만 명당 0.24km로, 런던대도시권의 1.67km, 파리대도시권의 1.43km, 도쿄대도시권의 0.74km 등 국외 대도시권과 비교해 매우 열악한 수준임을 알 수 있다.

〈표 9-1〉 국외 대도시권 및 수도권의 철도 네트워크 비교

구분	런던대도시권 (2007년)	일드프랑스 (2007년)	도쿄대도시권 (2009년)	수도권(2009년)		
				수도권	서울특별시	경기도
면석(km²)	1,579	12,011	16,605	11,743	605	10,182
인구(만 명)	751	1,160	3,602	2,465	1,021	1,173
철도 연장(km)	1,253	1,665	2,650.1	592.3	340.9	214
인구당 연장(km/만 명)	1.67	1.43	0.74	0.24	0.33	0.18
면적당 연장(km/km²)	0.79	0.14	0.16	0.05	0.56	0.02

자료: 김채만, 『급행광역철도의 기능 정립 및 효과분석』(경기개발연구원, 2010).

2) 철도 네트워크의 확대 필요성과 여건

수도권의 광역 통행은 1997년 559만 명에서 2010년 1,000만 명으로 연평균 4.6%씩 급증하고, 수도권의 교통혼잡비용이 매년 15조 원 이상 발생해 도로건설만으로는 급증하는 수도권 광역 통행을 감당하는 데 한계가 있다. 따라서 수도권 교통 문제로 인한 혼잡비용, 에너지 비효율, 대기환경오염 등의 문제에 대응하는 최선의 대안은 철도 네트워크를 확장해 수도권 광역 통행의 대부분을 철도로 흡수하는 방안이다. 미래 철도계획은 한국과 중국 및 유라시아를 연결하는 종단철도 개념에서 철도 네트워크를 구상할 필요가 있고, 이 과정에서 수도권은 전진기지 역할을 할 것으로 판단된다.

선진국은 대도시권의 대기환경을 개선하고, 에너지 사용의 효율성을 높이기 위해 2000년대부터 철도 중심으로 대도시권 교통망을 구축하고 있으며, 특히 고속철도망을 지속적으로 확충하고 있다. 유럽이 '범유럽교통망계획'에서 제시한 30개 주요 사업을 보면 그중 22개 사업이 철도와 관련된 사업[1]이다.

---

1) 고속철도 연장: 1,000km(1990년) → 6,000km(2009년) → 2만 2,000km(2020년).

〈그림 9-1〉 수도권과 메가 수도권의 철도망 현황

수도권의 철도망

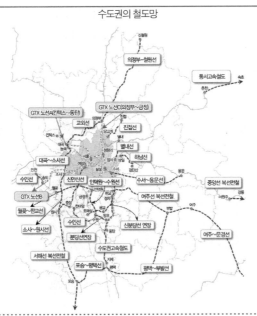

수도권과 인접한 충청권 및 강원권의 철도망

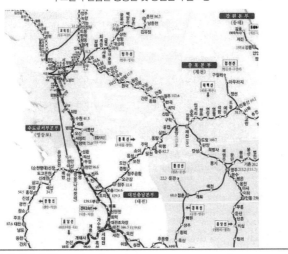

자료: 한국철도공사 홈페이지(www.korail.com).

〈그림 9-2〉 국가철도망 계획과 충청남도 공간구조 구상도

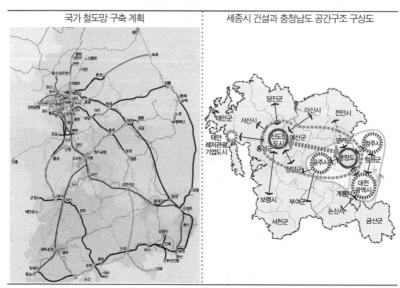

| 국가 철도망 구축 계획 | 세종시 건설과 충청남도 공간구조 구상도 |

자료: 한국철도공사 자료; 충청남도, 「제3차 충청남도종합계획 수정계획(2008~2020)」(2008).

　미국은 '여객철도 투자 및 개선에 관한 법령(PRIIA)'을 제정해 지역 간 여객철도 구축 활성화를 추진(고속철도로 대도시 간 2~3시간 이내 연결) 중이다. 중국은 2020년 기준 인구 20만 명 이상인 도시와 전국의 95% 이상을 포괄하는 철도 네트워크 구축을 추진(주간선 8종 8횡, 여객 전용 고속철도 4종 4횡) 중이다. 마지막으로 일본은 신칸센의 정비와 재래선의 고속화를 추진(2015년까지 5대 도시 간 3시간 이내 연결) 중이다.

　교통 측면에서 수도권의 범위는 일반적으로 서울을 중심으로 60km 범위인 평택·안성·여주 등을 경계선으로 인식해왔다. 그러나 메가 수도권의 경우 새로운 거점으로 성장한 도시와 교통축의 발달을 고려해 서해안축은 홍성군, 경부축은 세종시, 중부축은 충북 청주시까지 범위가 확대되며, 실제

영향권의 범위는 서울에서 약 110km 내외에 달한다. 메가 수도권을 강원 지역으로까지 확대하는 것은 동해안의 거점 도시인 강릉과 속초를 철도로 연결하는 것으로 완성될 수 있다. 충청남도를 포함하는 메가 수도권은 충청 남도에서 목표로 하는 경부고속철도(천안아산역), 호남고속철도(남공주역), 장항고속철도를 활용한 고속철도망이 구축되면 완성될 것으로 전망된다.

충청남도는 이 외에도 장기적으로 4×3 철도망(충청선, 서해선, 천안~문경선) 구축을 통한 지역 간 연계 개발을 추진 중이다. 또한 지역 균형발전 및 지역 관광산업 육성을 위한 금강관광경전철(세종~서천) 건설, 대도시 및 역세권을 연결하는 경전철 건설(천안~아산, 천안~세종, 남공주~세종, 천안~청주공항선, 서해산업선)도 중장기적으로 구상하고 있다.

2. 메가 수도권의 철도망 확대 전망

메가 수도권에 광역철도망을 구축하는 가장 큰 목표는 수도권과 수도권 주변 지역을 상생발전시키기 위해서다. 흔히 지방 도시는 광역화로 낮은 위계 도시가 상위 위계 도시에 흡수되는 현상(일명 빨대효과)에 큰 경계심을 보이므로 무엇보다 이러한 상생발전에 대한 공감대를 형성하는 것이 중요하다. 이런 차원에서 메가 수도권 광역철도망을 고속화·다양화해 지역 거점별로 토지 이용 효율성을 도모하고, 철도망 연계축을 다변화해 수도권과 강원권 및 충청권의 상생발전 통로를 확대 구축해야 한다.

충청남도 내부 지역에서는 내포신도시와 세종시가 새로운 거점 지역으로 성장하면서 충남 서북부 지역의 동서연결축 강화를 필요로 하며, 이로 인해 청주시~세종시~내포신도시~태안을 연결하는 동서축이 강화되었다.

<표 9-2> 수도권 GTX 확충계획

사업 구간	사업 내용	연장(km)
일산~수서(동탄)	복선전철	46.2
송도~청량리	복선전철	48.7
의정부~금정	복선전철	45.8

자료: 경기도, 「경기도 10개년 도시철도 기본계획」(2013).

<표 9-3> 경기도 광역철도 추진 사업

노선	연장(km)	사업비(억 원)	사업 기간	비고
수인선(수원~인천)	43.9	14,992	1995~2015	추진 중
분당선 연장(오리~수원)	19.5	14,285	2000~2013	추진 중
신분당선 연장(정자~광교)	12.8	15,343	2005~2016	추진 중
신분당선 연장(광교~호매실)	11.1	9,075	2014~2019	계획 중
신안산선 1단계(여의도~안산~원시)	41.2	31,293	2006~2018	계획 중
별내선(암사~별내)	12.7	7,988	2006~2017	검토 중
진접선(서울 지하철 4호선 연장)	14.5	11,938	2011~2017	검토 중
하남선(서울 지하철 5호선 연장)	8.0	10,591	2009~2018	검토 중
합계	163.7	115,505		

자료: 경기도, 「경기도 10개년 도시철도 기본계획」(2013).

특히 세종시를 중심으로 천안~내포신도시~당진을 연결하는 순환교통망을 통해 수도권과의 연계를 확충해야 할 필요성이 강조된다.

결과적으로 충청권은 수도권과 남북 3개 축으로 연계되어야 하며, 내부적으로는 동서 3개 축 중 2개 축을 통해 내부 순환망을 형성하고, 장기적으로는 수도권과 연계해 외부 순환망을 형성해야 한다.

전국적인 차원에서는 KTX, GTX를 활용해 전국 주요 지점을 고속으로 연결함으로써 국가 전체 및 수도권의 국제 경쟁력을 제고할 수 있다. 또한 장기간의 저성장 기조로 인해 앞으로 교통 시설에 대한 투자 환경이 악화될 것으로 예상되기 때문에 철도망과 도로망의 역할을 분담함으로써 효율적인 메가 수도권 광역교통체계를 구축해야 한다.

메가 수도권의 기능적 연계를 강화하기 위해서는 청주국제공항과 수도

〈표 9-4〉 추진/계획/검토 중인 경기도 고속철도 사업 및 경기도 일반 철도 추진 사업

	노선	연장(km)	사업비(억 원)	사업 기간	비고
고속 철도	수도권 고속철도(수서~평택)	61.0	37,231	~2014	추진 중
	수도권 고속선(수색~서울~시흥)	31.3	18,211	추가 검토	검토 중
	동서 고속철도(춘천~속초)	91.8	30,379		
일반 철도	여주선 복선전철(성남~여주)	57.0	18,830	2002~2015	추진 중
	중앙선 복선전철(덕소~원주)	90.4	20,368	1997~2012	추진 중
	인덕원~수원 복선전철	35.3	24,735	2012~2019	검토 중
	포승~평택선	30.3	6,397	2004~2019	추진 중
	여주~문경선	95.8	19,248	2005~2021	계획 중
	경원선 연장(동두천~연천)	20.3	3,498	2010~2016	계획 중
	소사~원시선	23.3	17,882	2003~2016	추진 중
	대곡~소사선	19.5	14,468	2006~2016	계획 중
	월곶~판교선	28.8	16,458	2011~2018	검토 중
	수서~용문선	44.1	14,971	추가 검토	검토 중
	교외선	29.9	16,345	2011~2018	검토 중
	평택~부발선	58.7	19,321	추가 검토	검토 중
	의정부~철원선	54.2	26,571	추가 검토	검토 중
	서해선 복선전철(홍성~송산)	89.2	39,482	2009~2018	추진 중
	합계	860.9	344,395		

자료: 「경기도 10개년 도시철도 기본계획」(2013).

권, 당진·평택항과 수도권·충청권을 연결함으로써 동북아시아의 교류 거점 기능을 강화해야 하며, 중앙행정 거점 기능을 강화하기 위해서는 수도권과 세종시의 유기적 연계를 강화해야 한다.

3. 수도권·충청권·강원권을 통합 연계하는 메가 수도권 철도망 구축

1) 충청권 및 강원권과의 연계와 확장 전략

수도권과 충청권의 철도망 연계에 대한 논의는 우선 수도권과 세종시를

연계하는 초고속광역전철망 구축의 필요성에서 시작해야 한다. 이 노선은 기존의 서울~천안~아산을 잇는 수도권 전철망보다 고속주행이 가능하도록 만들어 세종시와 서울특별시 및 수도권 주요 지점을 1시간 이내에 연결하는 초고속전철망으로 구상해야 한다.

추가적으로 현재 공사 중인 수도권의 성남~여주 철도망을 충청권으로 연장해 여주~음성~오송~청주를 연결하는 광역전철축을 검토하고, 동서 방향 철도망을 보완해 청주~세종시~내포신도시~서산~당진을 연계하는 광역초고속전철망(청주~세종)의 건설과 천안~아산~서산~당진을 연계하는 광역고속전철망 건설을 구상할 수 있다. 이러한 광역고속전철망이 완성되면 충청권 발전을 위한 상생발전축 역할을 할 것이다.

수도권과 강원권을 철도로 연계하는 계획의 경우, 현재 제시된 계획 외에 별도의 추가적인 계획이 필요하지는 않는다. 현재 평창 동계올림픽 유치와 관련해 원주~강릉 간 철도가 건설 중이기 때문에 이 노선은 자연스럽게 수도권과 강원권을 연결하는 주축이 될 것으로 기대된다. 수도권에서는 머지않아 성남~여주 노선이 완공되기 때문에 이 노선과 원주~강릉 노선 사이의 미연결구간인 여주~원주 노선을 추가로 건설하면 성남~여주~원주~강릉 간 철도노선이 구축된다. 이 노선은 향후 수도권의 월곶~판교 노선과 연결되어 한국의 서해안과 동해안을 연결하는 철도노선이 될 것으로 전망되며, 중앙선과 연결되어 수서~양평~원주~강릉으로도 연결될 것이다.

강원권을 연결하는 또 다른 주축은 현재 춘천까지 연결되어 있는 광역철도를 속초까지 연장해 청량리~속초 간 동서고속철도를 만들어 청량리~속초 간 통행을 2시간 이내로 단축시키는 계획이다. 이 두 노선이 완성되면 수도권과 강원도가 반나절 생활권으로 묶여 수도권의 일자리 기회, 문화 편익 등과 강원권의 자연친화적 주거 환경, 여가와 레저 기회 등이 상호 원원하는 상황으로 교류될 것으로 기대된다.

2) 메가 수도권을 위한 광역철도망 구축 전략

지금까지는 수도권 광역철도망이 방사선형으로 구축되었다. 하지만 서울특별시를 단핵으로 하는 수도권의 통행 패턴은 수도권의 거점 지역 간 통행이 증가함에 따라 다양화·다변화되었다. 이러한 통행 패턴의 변화에 대응하고 현재의 방사선형 중심의 수도권철도망을 보완하기 위해 이제는 이

〈그림 9-3〉 메가 수도권의 철도망 비전

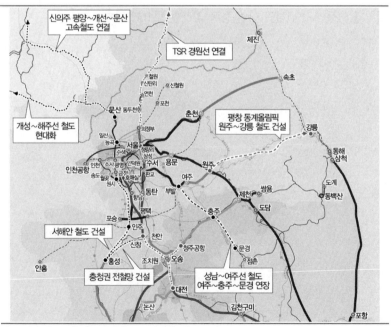

자료: 한국철도공사 자료를 바탕으로 재구성.

들 방사선형 철도망을 연계하는 동서 철도축을 구축해야 하는 시점이다. 이 동서축은 단순히 수도권의 동서 간 통행을 담당하는 것이 아니라, 남북 철도축 간 환승 기능을 편리하게 함으로써 남북 간 광역 통행을 철도로 흡수하는 중추 기능을 할 것으로 기대된다.

경기도에서 GTX를 계획했던 시점과는 달리 지금은 교통 기반시설 투자 환경에 큰 변화가 발생했기 때문에 GTX를 실질적·효율적으로 추진하기 위해서는 다음 몇 가지 사항을 고민해야 한다. 첫째, 동탄~수서 KTX 노선을 청량리~의정부까지 연장하는 노선으로 검토해 KTX 노선이 의정부 지역까지 서비스될 수 있도록 수정하는 방안, 둘째, 국내외적인 경제 저성장 기조를 감안해 3개 노선을 일괄 건설하기보다 타당성이 높은 노선부터 단계적으로 추진하는 방안, 셋째, 인천 지역으로 연결되는 노선을 경인선 지하화 계획과 연동해 추진하는 방안 등을 검토할 필요가 있다.

제10장

광역 수도권의 3R 고속도로망 시스템 구축

_ 지우석·김경석

1. 광역 수도권의 고속도로망 여건과 과제

한국 국토 전체의 고속도로망은 일반적으로 7×9, 즉 남북 7개 축, 동서 9
개 축으로 제시되며, 수도권의 고속도로망은 7×4＋2R, 즉 남북 7개 축, 동서
4개 축, 순환축 2개로 규정된다. 〈그림 10-1〉은 수도권과 주변 지역의 고속
도로망을 나타낸 것이다. 수도권에는 2011년 말 현재 경부선, 서해안선, 서
울외곽순환선 등 15개 노선, 610km의 고속도로가 있다. 주요 도로 축을 살
펴보면 남북축 7개 노선(293km), 동서축 6개 노선(205km), 순환축 2개 노선
(113km)으로 구성되어 있다. 가장 긴 노선은 서울외곽순환선(104km)이며,
가장 짧은 노선은 인천공항선(1.69km)이다.

국토해양부(2011)는 「제2차 도로정비기본계획(2011~2020)」에서 기존 전
국간선도로망(7×9) 계획을 근간으로 수도권 고속도로망(7×4＋3R)을 지선화
해 통합한 국토간선도로망(7×9＋6R)을 제시했다. 수도권에서는 이 계획 중

<그림 10-1> 수도권과 주변 지역의 고속도로망 현황

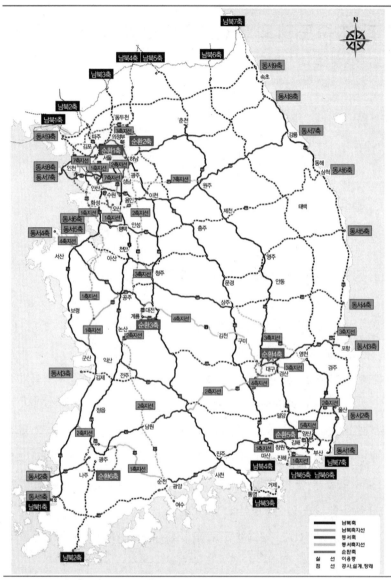

자료: 국토해양부, 「제2차 도로정비기본계획(2011~2020)」(2011. 6).

〈표 10-1〉 수도권 축별 고속도로망 구축 현황 및 계획(4×4+2R)

(단위: km)

축명	노선	현황		장래		비고
		연장	차로	연장	차로	
남북1축	강화~서울			29.70	-	2001년 예비 타당성 조사 완료
	서해안선	61.90	8~10			
남북1축 지선	서울~광명			19.80	4~6	설계 중
	수원~광명			29.50	4~6	공사 중
	평택화성선	18.15	4			
	평택~시흥			42.60	4~6	공사 중
	평택~부여			86.30	-	계획노선
남북 2축	문산~서울			34.70	4~6	설계 중
	경부선	55.82	8~10			
남북2축 지선	서울용인선	24.30	6			
	서울~세종(제2경부)			129.10	4~6	2009년 기본조사 완료
남북3축	연천~서울			55.90	-	계획노선
	중부선	64.51	4~10			
	제2중부	31.08	4			
남북3축 지선	구리~가산			40.40	4~6	구리~포천 민자고속도로 일부 구간, 공사 중
	포천~철원			25.30	-	계획노선
남북4축	가산~포천			12.60	4~6	구리~포천 민자고속도로 일부 구간, 공사 중
	중부내륙선	28.33	4	19.3	4	양평~북여주 구간 공사 중
동서6축	평택충주선	43.19	4			
동서7축	제2경인선	14.10	6			
	영동선	99.67	4~10			
	경인선	5.80	8			
동서7축 지선	서창~장수			4.00	4	계획 중
	안양~성남			21.9	4~6	공사 중
	성남~장호원			47.3	4~6	자동차 전용도로, 공사 중(2002년~)
	제2영동			57.0	4	공사 중
동서8축	인천공항선	1.69	8			
	서울양양선	40.46	6			
동서9축	강화~간성			211.5	-	자동차 전용도로, 계획노선
순환1축	서울외곽순환선	103.65	8~10			
순환2축	인천~김포			28.6	4~6	공사 중
	김포~파주			22.0	4	계획 중
	파주~포천			34.4	4	계획 중
	포천~화도			27.4	4	협상 중
	화도~양평			19.0	4	계획 중
	인천~안산			21.3	4~6	계획 중
	봉담~송산			18.5	4	협상 대상자 지정
	서수원~평택(동서)	17.80	6			
	오산~이천			29.7	4	협상 대상자 지정
	이천~양평			23.0	4	계획 중
총계		610.45		1,090.8		

주: 노선 현황 연장은 경기도 내 구간 연장이며, 장래 계획노선 연장은 노선 전체 연장임.
자료: 국토해양부, 「제2차 도로정비기본계획(2011~2020)」(2011. 6); 국토해양부, 「2010 도로현황 조서」(2011).

국토간선도로망(4×4+2R) 계획을 수용했다. 그러나 제2경부고속도로, 제2
영동고속도로, 서울~문산고속도로, 서울~포천고속도로 등 다수의 고속도
로 건설이 이미 결정되었지만 재정적 이유를 포함한 다양한 이유로 건설 일
정이 미뤄지는 실정이다.

2. 광역 수도권의 고속도로 수요 전망

인구 예측과 종사자 수 예측에 따라 수도권 통행량을 추정해보면 2030년
까지는 통행량이 지속적으로 증가할 것으로 보지만, 그 이후로는 안정되거
나 다소 감소할 것으로 전망된다. 2000년대 초중반까지는 부동산 경기 활성
화에 힘입어 도로 건설을 위한 가용투자 재원이 넉넉한 편이었으나 2000년
대 후반부터 부동산 경기 및 세계적인 경기 저성장 기조로 SOC 건설을 위한
가용투자 재원이 급감했으며 이러한 상황은 상당 기간 지속될 것으로 전망
된다.

〈그림 10-2〉 수도권 관련 총 목적 통행량(발생 기준)

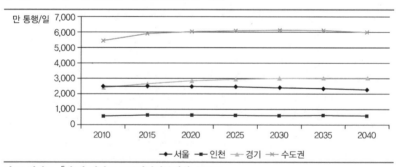

자료: 경기도, 「제2차 경기도 도로정비기본계획」(2012).

재정 투자 여건이 호의적이지 않은 상황에서는 도로 건설 투자 시 신중한 선택과 집중으로 도로 건설 효율화를 추구해야 한다. 더불어 도로 건설이 자연 환경 및 생활환경을 훼손한다는 인식이 팽배해 있는 현 상황을 개선하기 위해서는 지능형 교통체계를 확충하고 환경친화적 도로 건설을 추진해야 한다. 한편, 경기 북부 지역의 낙후된 도로 여건을 개선하기 위해서는 경기 북부 지역의 도로 네트워크 확충을 위한 투자가 우선적으로 필요하다.

3. 3R 고속도로망 시스템 구축의 비전과 전략

1) 광역 수도권의 제3외곽순환도로망 구축

수도권 외곽순환도로는 수도권의 다핵화에 대응하고, 다핵화를 촉진하며, 수도권의 토지 이용 효율을 높이는 역할을 한다. 통행량 측면에서도 매년 증가 추세를 보여, 순환형 도로의 필요성을 입증한다. 이러한 결과에 힘입어 현재 수도권에는 수도권 제2외곽순환도로가 건설되고 있다. 제2외곽순환도로의 서측 링크는 시흥~평택 고속도로가 담당하며, 남측 링크에는 송산~동탄 간 도로가 건설되는 등 순환형 링크의 모습을 갖추어가고 있다.

광역 수도권에서는 제1외곽순환도로와 제2외곽순환도로가 수도권의 발전과 토지 이용 효율화에 성공적으로 기여했는데, 제3외곽순환도로가 건설되면 이 도로 역시 이러한 기능을 할 수 있을 것으로 기대된다. 수도권 제3외곽순환도로의 서측 링크는 경기만 고속도로, 북측 링크는 동서 9축, 동측 링크는 중앙고속도로, 남측 링크는 평택~제천 간 고속도로(동서 6축)로 구성할 수 있다.

〈그림 10-3〉 광역 수도권의 3R

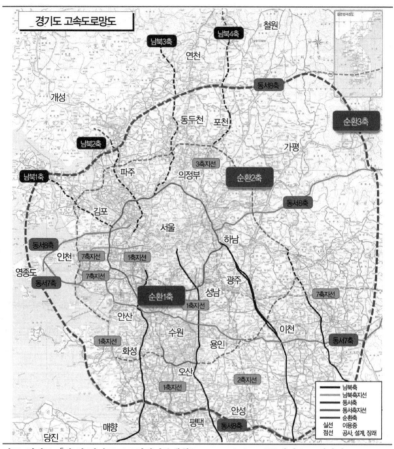

자료: 경기도, 「제2차 경기도 도로정비기본계획(2011-2020)」(2012)를 바탕으로 재작성.

2) 경기만 스마트 하이웨이 건설

서해안 지역의 발전을 선도하기 위해 건설된 서해안고속도로에서는 현재 급격한 교통량 증가가 나타나고, 상습적인 정체가 발생한다. 이에 따라 서해안고속도로의 교통량을 분산시키면서 경기만 지역의 경제발전을 촉진할 수 있는 고규격 도로를 건설해야 할 필요성이 지속적으로 제기된다. 경기만은 반도체, 자동차부품, 물류, LCD 산업의 핵심 기능을 수행하면서 명실상부한 대한민국의 산업 클러스터로 자리매김한다. 특히 중국 경제의 고도화 전략에 대응하기 위해서는 경기만 지역의 산업 기능을 효과적으로 지원하기 위한 고규격 SOC 시설을 확충해야 한다. 경기만 고속도로는 해상도로라서 비싼 토지보상비가 없고 관광 자원으로서의 가치도 높으므로 수도권의 국제적 위상을 더욱 높일 수 있을 것으로 기대된다.

〈표 10-2〉 경기만 스마트 하이웨이의 노선구간별 개요

구분	경유지	노선 연장	노선의 특징
1구간	당진·평택	29.7km	· 대전~당진, 평택~음성 고속도로에 연결 · 제2서해대교 건설
2구간	평택·화성·대부도	37.6km	· 기존 서해안고속도로의 정체 완화 · 수도권 서부 산업단지, 관광지로의 접근성 강화
3구간	대부도·영흥도·영종도	41.1km	· 인천국제공항과 수도권 남부 지역 및 서해안 지역을 직접 연결
4구간	영종도·김포·개성	38.2km	· 인천국제공항과 김포(강화), 개성을 연결 · 4-1구간은 인천국제공항고속도로(14.4km)와 공용
	영종도·강화·개성	43.0km	

〈그림 10-4〉 경기만 스마트 하이웨이 노선 구상도

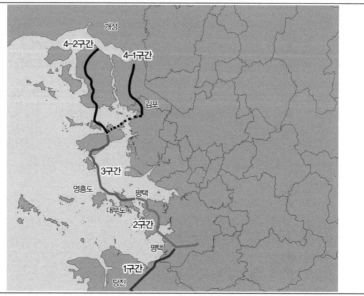

주: 경기만 스마트 하이웨이는 정보통신기술을 도입해 IC와 노선 운영을 효율적으로 수행하는 고
   속도로임.
자료: 국토해양부 외, 「서해안발전종합계획(안)」(2010)을 바탕으로 재작성.

3) 수도권과 충청권을 연계하는 고속도로망 구축

현재 충청권에서는 수도권의 남북축을 연계하기 위한 고속도로 건설 계
획이 추진 중이다. 대표적으로 세종~서울 간 고속도로(〈그림 10-6〉의 ②,
129.1km)를 건설해 수도권과 세종시를 연결하는 남북축을 강화하려는 계획
을 추진 중이다. 수도권과의 연계 측면에서는 평택~공주 간 고속도로(서오
산~평택 연장), 안성~연기 간 고속도로를 신설해 인천국제공항 및 수도권에
서의 신속한 이동성을 확보할 필요가 있다.

또 충청권 내부의 동서축을 보완하는 고속도로의 구축을 위해 첫째, 보령

〈그림 10-5〉 수도권~충청권 연계 고속도로망 확충안

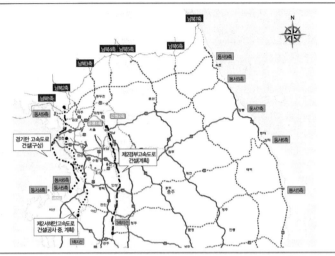

자료: 국토해양부, 「제2차 도로정비기본계획(2011~2020)」(2011)을 바탕으로 재작성.

〈그림 10-6〉 충청남도 고속도로 계획안

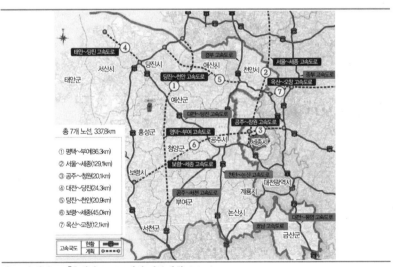

자료: 충청남도, 「충청남도 도로정비 기본계획」(2013).

~공주(세종) 간 고속도로(〈그림 10-6〉의 ⑥, 45.0km)를 건설해서 내륙과 서해안을 연결하는 동서축을 강화해야 한다. 둘째, 서해안의 지역발전을 촉진하고 세종시 접근을 지원하는 외곽순환교통망으로 공주~청원 간 고속도로(〈그림 10-6〉의 ③, 20.1km)를 건설해야 한다. 셋째, 태안(당진)~천안(오창) 간 고속도로(〈그림 10-6〉의 ⑤, 20.9km)를 건설해서 북부권의 산업 기능을 지원하고 수도권과 인접한 지역의 병목 현상을 해소해야 한다.

제11장

초연결사회 실현을 위한 정보통신 인프라 구축 _ 최민석

1. 초연결사회의 도래와 정보통신 인프라의 현황

1) 초연결사회의 도래

지금 한국 국민 대다수는 휴대전화를 이용해서 언제 어디서나 통화할 수 있고 인터넷에 접속해서 필요한 정보를 즉시 얻을 수 있는 생활을 영위하고 있다. 또 소비, 금융, 공공 서비스 등 많은 생활 서비스가 인터넷을 통해 제공되면서 도시의 정보통신 인프라[1]는 도시민의 생활수준을 결정하는 핵심적인 요인이 되었으며, 그 영향력은 점차 확대되고 있다.

---

[1] 인프라(infra)는 인프라스트럭처(infrastructure)의 준말로, 국가 운영에 필요한 기본적인 물리적 시스템을 의미한다(상하수도, 도로 등). 같은 맥락에서 정보통신 인프라는 정보통신이 제대로 이루어지는 데 필요한 기본적인 물리적 시스템을 의미하며, 대표적인 사례로는 네트워크 인프라를 들 수 있다.

최근 등장한 사물인터넷(Internet of Things: IoT) 패러다임은 정보통인 인프라가 생활에 미치는 영향력을 확대시킬 전망이다. 지금까지는 PC와 스마트폰을 통해서만 세상과 소통할 수 있었다면 앞으로는 세상의 모든 사물이 소통의 통로가 되는 것이다. 특히 사물의 개념이 인간과 대비되는 기계(machine)에 한정되지 않고 데이터, 프로세스 같은 유무형의 세상 만물에 적용될 수 있다는 주장까지 제기되면서 사물인터넷은 인간이 생각하고 행동하는 방식뿐 아니라 세상을 인식하는 체계까지 변화시킬 것으로 예상된다.

한편, 정보통신이 중심이 되는 미래사회를 초연결사회라고 칭하기도 한다. 초연결사회는 앞에서 언급한 연결 대상의 폭발적인 증가뿐 아니라, 네트워크를 통한 상시 접속과 연결(always-on), 조직의 프로세스와 데이터에 관한 광범위한 접근 가능성(readily accessible), 활발한 상호작용(interactive), 풍부한 데이터와 정보(information rich), 상시 기록과 보관(always recording)을 특징으로 한다.[2] 즉, 미래의 초연결사회에서는 무수히 많은 인간과 사물로 연결된 네트워크에 언제나 접속하는 것이다. 또한 그 속에서 이루어지는 생활은 네트워크에 저장되어 네트워크와 일체화된 삶을 살게 된다.

이렇듯 초연결사회에서의 삶은 향후 갖추어질 네트워크, 즉 정보통신 인프라에 따라 좌우될 것이다. 따라서 초연결사회를 실현하는 데 적합한 정보통신 인프라를 구축하고, 이를 적극적으로 활용하는 것이 매우 중요하다. 이에 이 장에서는 초연결사회에 대비하는 방안으로 메가 수도권에 정보통신 인프라를 구축하는 전략을 제안하고자 한다. 이를 위해 먼저 현재의 정보통신 인프라 현황을 분석하고 해결 과제를 제시할 것이다. 이어서 초연결

---

2) John Fredette et al., "The Promise and Peril of Hyperconnectivity for Organizations and Societies," *The Global Information Technology Report 2012*(2012), p. 113.

사회로 전환하는 데 영향을 주는 요인과 그 요인의 변화 추세 및 실현 가능성을 전망할 것이다. 마지막으로 메가 수도권의 정보통신 인프라 구축 전략을 제안할 것이다.

2) 메가 수도권의 유무선 네트워크

2012년 한국인터넷진흥원(KISA)에서 3,000명을 대상으로 실시한 인터넷 이용 실태 조사에 따르면 3G/4G 이동통신망, 무선랜 등을 이용한 무선 인터넷 이용률이 전국적으로 60%를 넘어섰으며, 이들의 약 70%는 무선랜을 이용하는 것으로 나타났다. 접속 기기별로 보면 스마트폰이 약 60%에 달했고, 노트북은 30%를 넘지 않았으며, 스마트패드와 내비게이션은 5%가 채 되지 않았다.

한편 2012년 정보화통계집에 따르면[3] 경기도의 정보화지수는 〈표 11-2〉에서 보는 바와 같이 많은 항목에서 광역지방자치단체의 평균을 넘어서며 서울특별시와 함께 상위권에 속하는 것으로 나타났다. 세부 기준을 살펴보면 경기도의 하드웨어나 네트워크 기반시설은 대체로 전국 평균보다 높으나 업무상 컴퓨터 이용 및 인터넷 이용은 평균에 미치지 못했다. 더구나 전자정부 서비스에 대한 인지도가 낮으며, 정보통신기술을 통한 생산 혁신을 다른 광역지방자치단체의 사업체에 비해 회의적으로 판단하는 것으로 드러났다.

메가 수도권의 다른 광역자치단체의 정보화지수를 보면 모든 부문에서 서울특별시가 단연 앞선 것으로 확인되었다. 정보기반 측면에서는 서울특

---

3) 전국의 모든 사업체를 모집단으로 표본 추출해서 얻은 결과다.

〈표 11-1〉 인터넷 이용 실태 조사 결과

(단위: %)

구분	무선 인터넷	무선랜*	스마트폰	노트북	스마트패드	내비게이션
서울특별시	69.0	70.8	57.4	35.9	5.3	1.1
인천광역시	64.9	78.9	34.6	24.6	6.4	5.6
대전광역시	82.6	51.7	51.8	18.2	4.9	5.0
경기도	65.5	74.6	67.0	31.5	4.8	3.7
강원도	51.6	70.6	70.6	32.5	7.9	4.2
충청북도	69.5	84.5	84.5	13.1	1.5	0.0
충청남도	73.7	55.2	53.7	21.1	1.4	0.0
전국 평균	65.2	69.2	60.1	27.9	4.7	2.4

* 무선 인터넷 이용자인 2,043명을 대상으로 한 수치.
자료: 한국지역정보개발원, 『2012 지역정보화백서』(2012), 403~409쪽.

별시를 제외한 모든 광역지방자치단체에서 컴퓨터 보유 수준 및 이용 수준
이 낮았으며, 네트워크 구축 측면에서는 충청남도를 제외한 모든 광역지방
자치단체가 전국 평균 이상이었다. 정보 이용 측면에서는 서울특별시에 이
어 대전광역시의 인터넷 접속 수준 및 모바일 기기 이용 수준이 높았다. 다
만, 전자정부 서비스에 대한 인지 및 이용에서는 인천광역시가 상대적으로
높았다. 정보화 투자에 대한 예산 및 최신 기술(공개 소프트웨어, 클라우드 서
비스) 이용 측면에서는 서울특별시와 강원도가 상대적으로 높았고, 대전광
역시와 인천광역시는 각각 예산과 신기술 이용 측면에서 강점을 보이는 것
으로 나타났다. 정보보호 및 보안 측면에서는 서울특별시와 인천광역시가
우수한 것으로 드러났다.

2005년 김석준 의원이 발표한 '전국 247개 시·군·구의 정보화지수'에 따
르면 서울특별시와 경기도, 강원도, 광주광역시, 울산광역시는 하위 50위
안에 시·군·구가 포함되지 않은 우수 정보화 광역자치단체다. 특히 서울의
광진구와 양천구, 강서구, 경기도 안양시 동안구는 각각 1~4위를 차지했으
며, 상위 30위권에 서울특별시 12개 구와 경기도 6개 시·군·구가 포함되었

〈표 11-2〉메가 수도권의 정보화지수

(단위: %)

구분		경기	서울	인천	대전	강원	충북	충남	전국 평균
정보기반	컴퓨터 보유	66.8	69.0	60.2	60.7	57.4	57.8	60.1	61.4
	컴퓨터 이용	65.9	68.4	58.6	61.4	57.1	57.8	59.5	61.0
	직원의 업무상 컴퓨터 이용*	80.6	89.1	77.7	81.6	83.0	81.8	81.3	82.9
	네트워크 구축	45.2	41.7	40.1	42.3	38.6	37.5	33.4	36.6
	LAN 구축**	79.7	80.4	77.4	84.9	64.3	71.8	71.6	82.6
	인트라넷 구축**	33.8	30.7	35.5	59.5	16.1	45.0	43.3	30.2
	엑스트라넷 구축**	7.2	7.1	12.7	6.1	4.3	1.2	5.9	6.8
정보이용	정보통신 활용	69.8	69.8	60.7	66.4	57.4	60.4	59.9	64.3
	인터넷 접속 가능	64.9	56.1	56.6	61.3	64.9	57.4	53.1	57.2
	인터넷 주 접속방법: 광랜***	54.9	46.4	53.4	56.6	17.6	55.6	44.3	55.0
	인터넷 주 접속방법: 무선랜***	6.7	8.7	6.5	6.4	0.4	4.8	5.5	4.6
	직원의 업무상 인터넷 이용률***	80.7	88.2	82.5	85.8	85.8	81.2	84.9	82.9
	모바일 기기 이용	24.6	24.2	13.5	25.2	5.0	14.6	18.0	18.3
	전자정부 서비스 인지	48.1	47.8	53.6	49.6	31.9	53.1	42.6	48.4
	전자정부 서비스 인지***	68.7	72.5	84.1	65.9	50.7	71.7	57.1	71.4
	전자정부 서비스 이용***	62.6	65.1	76.2	57.5	44.1	52.9	48.5	60.1
	홈페이지 보유	19.4	19.6	14.6	15.3	18.7	9.4	10.1	15.4
	전자상거래 이용	24.6	23.5	24.3	17.8	21.4	20.6	16.9	20.8
	전자상거래 구매	23.0	22.6	23.4	17.6	19.1	19.3	14.7	19.8
	전자상거래 판매	6.1	6.2	4.7	5.5	7.8	5.2	4.4	4.4
	RFID 서비스 이용 여부	7.9	7.5	6.3	8.9	3.4	7.4	6.3	6.9
정보화투자	정보화 예산 투자 있음	65.0	56.1	57.0	61.3	58.9	53.8	52.5	57.5
	ICT 생산 혁신 있음****	15.2	32.0	13.9	64.9	10.3	41.9	30.8	23.2
	ICT 업무처리 혁신 있음****	60.9	54.7	27.9	40.0	52.1	38.4	45.3	49.8
	공개 소프트웨어 이용	5.2	6.8	4.0	3.8	6.8	0.9	0.4	3.9
	클라우드 컴퓨팅 서비스 이용	3.0	3.0	4.0	1.6	2.9	2.3	0.8	2.7
	정보화 교육 실시	10.1	9.8	8.8	6.1	6.9	6.3	7.2	7.7
정보보호	자체 보안 정책 수립	6.0	5.2	5.5	3.8	4.8	4.4	3.3	4.9
	보안전담 조직 운영	2.2	1.5	1.6	0.6	0.7	0.6	0.6	1.4
	정보보호(보안)제품 사용 여부*	85.5	86.5	87.8	89.3	98.9	83.0	86.9	88.5
	CCTV 도입·운영 여부	18.3	24.6	21.1	12.0	21.4	13.9	17.5	18.0

* 컴퓨터 보유 사업체 기준.
** 네트워크 구축 사업체 기준.
*** 인터넷 접속 사업체 기준.
**** 생산 혁신이 있다고 응답한 사업체 기준.
주: 고딕 표시된 수치는 전국 평균에 비해 수치가 낮은 경우.
자료: 행정안전부·한국정보화진흥원, 『2012 정보화통계집』(2012), 177~365쪽.

다. 강원도는 춘천시가 전체 8위로 도 내에서 가장 높은 평가를 받았으며, 대전과 충청남북도에서는 청주시 홍덕구(14위)와 제천시(34위)만 50위권에 포함되었다. 4)

3) 유시티 사업의 추진 현황

2013년 국토교통부에서 발표한 정책자료5)에 따르면 유시티(U-City)는 첨단 정보통신기술을 이용한 도시통합운영센터를 효과적으로 운영함으로써 도시를 효율적으로 관리하고 시민에게 유용한 서비스를 제공하는 도시를 의미한다. 2008년 「유비쿼터스도시의 건설 등에 관한 법률」이 제정되면서 법적인 토대 위에서 유시티 사업이 추진되기 시작했다. 2009년부터 2013년까지 유시티 사업을 추진 중이거나 계획 중인 지방자치단체는 총 73개에 이르는 것으로 파악된다.

경기도의 경우 총 19개 시·군·구가 유시티 사업과 관련되어 있다. 3개의 시범도시와 14개의 도시계획 승인(또는 인정) 지역, 2개의 기타 지역이 여기

---

4) 정보화지수는 총 8개 항목(인터넷 이용률, 컴퓨터 보유율, 전자메일 보유율, 인터넷 이용비용, 인터넷 이용시간, 신문 구독시간, 유료 콘텐츠 이용률, 인터넷쇼핑몰 이용률)을 이용해 산출한 것이다. ≪뉴스와이어≫ "김석준 의원 전국 시군구별 정보화지수 국내 최초 발표(2005. 9. 20)", http://www.newswire.co.kr/newsRead.php?no=81485&ected=P256의 "10BN+Wire lessly Connected Devices Today, 30BN+ In 2020"'Internet Of Everything', Says ABI Research", TechCrunch.com http://techcrunch.com/2013/05/09/internet-of-everything/

5) 국토교통부, 「U-City의 개념 및 추진현황」(2013. 10. 7), http://www.molit.go.kr/USR/policyData/m_34681/dtl.jsp?search=&srch_dept_nm=&srch_dept_id=&srch_usr_nm=&srch_usr_titl=Y&srch_usr_ctnt=&search_regdate_s=&search_regdate_e=&psize=10&s_category=p_sec_9&p_category=902&lcmspage=1&id=93

<그림 11-1> 유시티 사업 추진 현황 및 계획

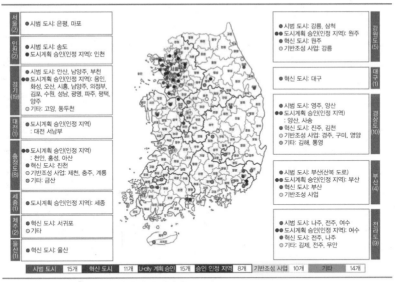

서울(2)
● 시범 도시: 은평, 마포

인천(2)
● 시범 도시: 송도
● 도시계획 승인(인정 지역): 인천

경기(19)
● 시범 도시: 안산, 남양주, 부천
●● 도시계획 승인(인정 지역): 용인, 화성, 오산, 시흥, 남양주, 의정부, 김포, 수원, 성남, 광명, 파주, 평택, 양주
● 기타: 고양, 동두천

대전(1)
●● 도시계획 승인(인정 지역)
: 대전 서남부

충청도(8)
●● 도시계획 승인(인정 지역)
: 천안, 홍성, 아산
● 혁신 도시: 진천
● 기반조성 사업: 제천, 충주, 계룡
● 기타: 금산

세종(1)
● 도시계획 승인(인정 지역): 세종

제주(2)
● 혁신 도시: 서귀포
● 기타

울산(1)
● 혁신 도시: 울산

강원도(5)
● 시범 도시: 강릉, 삼척
●● 도시계획 승인(인정 지역): 원주
● 혁신 도시: 원주
○ 기반조성 사업: 강릉

대구(1)
● 혁신 도시: 대구

경상도(10)
● 시범 도시: 영주, 양산
●● 도시계획 승인(인정 지역)
: 양산, 사송
● 혁신 도시: 진주, 김천
● 기반조성 사업: 경주, 구미, 영양
● 기타: 김해, 통영

부산(4)
● 시범 도시: 부산(산복 도로)
●● 도시계획 승인(인정 지역): 부산
● 혁신 도시: 부산
○ 기반조성 사업

전라도(3)
● 시범 도시: 나주, 전주, 여수
●● 도시계획 승인(인정 지역): 여수
● 혁신 도시: 전주, 나주
● 기타: 김제, 전주, 무안

| 시범 도시 | 15개 | 혁신 도시 | 11개 | U-city 계획 승인 | 15개 | 승인 인정 지역 | 8개 | 기반조성 사업 | 10개 | 기타 | 14개 |

자료: 국토교통부, 「U-City의 개념 및 추진현황」(2013. 10. 7).

에 포함된다. 시범도시는 안산시, 남양주시, 부천시다. 안산시는 2011년 정부에서 15억 원을 지원 받아 시민체감형 유시티 서비스, 자녀행사 스마트방송 등을 개발했다. 남양주시는 2011년부터 2013년까지 총 20억 원을 지원 받았다. 14개의 도시계획 승인(또는 인정) 지역 중 화성시(동탄 유시티 스마트 통합운영모델 구축을 위해 4억 5,000만 원을 지원 받음)와 부천시(U-치매천국 원격 진료 및 안심보호 서비스를 위해 7억 5,000만 원을 지원 받음)는 2013년 사업을 시작했다.

메가 수도권의 기타 지역에서 시범도시로 지정된 곳은 서울특별시의 은평구와 마포구, 인천광역시의 송도, 강원도의 강릉과 삼척이다. 도시계획 승인(인정) 지역으로는 인천광역시와 대전 서남부권, 강원도의 원주, 충청

〈표 11-3〉 유시티 시범도시 사업 현황

구분		지방자치단체	보조 사업 지원 내역
2009년	3곳 (60억 원)	인천 송도	지능형 상황인지 방범 서비스, 공공주차장 서비스 등
		부산시	U-방재 통합 플랫폼, 배수펌프장 원격관리 시스템 등
		서울 마포구	아현뉴타운 U-커뮤니티센터, U-파크 애비뉴, U-스트리트 등
2010년	5곳 (40억 원)	인천 송도	지능형 상황인지 방범 서비스, U-모바일 서비스 등
		부산시	스마트폰 기반의 U-시민 서비스, 인프라 기반 확장 등
		서울 마포구	U-마포안전존, U-정보보안 체계, 통합운영체계 등
		여수시	U-바이크 공영자전거 시스템 등
		강릉시	유비쿼터스 도시계획 수립
2011년	7곳 (49억 원)	인천 송도	어린이케어 서비스, 인천경제자유구역 스마트앱 확장 등
		서울 은평구	스마트 재난취약 지역 관리 및 재난비상경보 서비스 등
		안산시	시민체감형 유시티 서비스, 자녀행사 스마트방송 등
		나주시	그린 스마트 시티 시범운영센터 구축 등
		남양주시	U-안전 서비스, U-통합 민원처리·시민소통 서비스 등
		여수시	여수-마켓 포털 시스템, U-주차정보 시스템 등
		부산시	U-방재 상습침수지구 모니터링 체계 구축
2012년	6곳 (43억 원)	인천 송도	운영비 확보를 위한 수익형 민·관 서비스 모델 구축
		부산시	도심 재생을 위한 U-산복도로 르네상스 사업
		전주시	U-천사마을 시범도시 구축
		남양주시	시민들이 만들어가는 구도심 재생형 유시티 구축
		영주시	'U-기술 적용을 통한 도심재생' U-후생 커뮤니티 창조사업
		양산시	사람중심의 U-에코 그린시티 구축
		전담기관	지방자치단체 사업 관리
2013년	7곳 (39억 원)	남양주시	표준 플랫폼 도입을 통한 시민체감-UP 유시티 구축
		은평구	은평 스마트 시티 3D·지능형 CCTV 통합관제 구축
		화성시	화성 동탄 유시티 스마트 통합운영 모델 구축
		부천시	U-치매천국 원격진료 및 안심보호 서비스
		삼척시	삼척시 U-교량안전관리 시스템 구축
		양산시	U-스마트 안심 택시 시범 구축
		IFEZ	유비쿼터스 시범도시 5단계 조성 사업
		전담기관	지방자치단체 사업 관리

자료: 국토교통부, 「U-City의 개념 및 추진현황」(2013. 10. 7).

남도의 천안, 아산, 홍성이 있다. 이 외에 기반조성 사업 지역으로는 강릉,
제천, 충주, 계룡이 있으며, 기타 지역으로는 금산이 있다.

4) ITS와 BIS

　지방자치단체의 지능형 교통정보 시스템(Intelligent Transportation Systems: ITS)은 모두 2010년에 구축되었다. 광역지방자치단체 중에서는 대전광역시의 ITS 비율이 20.1%로 가장 높고, 그 뒤를 전라북도(16.0%), 서울특별시(11.8%), 경기도(10.6%), 충청남도(9.8%), 인천광역시(8.8%) 순으로 잇고 있다. 메가 수도권의 광역자치단체 중에서는 충청북도가 2.8%로 가장 낮다. 이는 0%인 경상남도와 경상북도에 이어 낮은 순위로 3위에 해당된다.[6]

　메가 수도권의 버스정보 시스템(Bus Information System: BIS)의 경우 사당역~수원 창용문사거리 구간이 2005년 8월 준공된 이후 대전역~청주공항 및 청주터미널(2006년 8월), 천안터미널~아산 현충사(2007년 9월), 춘천 강원도청~홍천군 남면(2009년 5월) 구간이 구축되어 운영 중이다. 또한 2010년 5월에는 서울 서북권(당산~부천, 오전~인천항 등 7개 축)과 동북권(청량리~구리 시청~남양주시청 등 6개 축), 서남권(수원 장안~오산시청~평택시청 등 5개 축), 동남권(잠실~성남 분당~용인 기흥 등)에 BIS가 구축되었다.[7]

5) 해결 과제

　지방자치단체의 정보화 정책 방향에 관한 한국지역정보개발원의 2011년도 조사에서는 주민과의 소통 활성화(22.5%), 개인정보 보호와 보안 강화(18.1%), 새로운 통신기기를 활용한 서비스 제공(15.4%), 행정 효율성 향상

---

6) 한국지역정보개발원, 『2012 지역정보화백서』, 401~402쪽.
7) 같은 책, 402쪽.

(13.2%), 주민의 전자정부 접근성 향상(9.9%), 온라인 서비스의 질적 향상(9.3%), 새로운 온라인 서비스 제공(8.8%)이 우선적으로 추진되어야 할 발전 방향으로 조사되었다.[8]

이러한 조사 결과에 덧붙여 성공적인 미래를 지향하는 정보통신 인프라가 되기 위해서는 다음 세 가지를 함께 해결해야 한다. 첫째, 사물인터넷으로 대표되는 초연결사회로의 전환을 준비해야 한다. 이를 위해 필요한 정보통신 인프라를 조기에 구축하고 이를 적극 활용해야 하며, 무엇보다 적절한 무선 기반의 센서 네트워크를 갖추어야 한다. 둘째, 현재 여러 도시에 나눠주는 형태로 진행되는 시범사업을 통합해 한 도시에 집중적으로 지원해서 도시를 업그레이드해야 한다. 이때 여러 서비스가 동시에 안정적으로 제공될 수 있을 정도의 기술적 신뢰성을 확보하는 것이 관건이다. 셋째, 기술의 빠른 발전 속도와 다양성을 고려할 때 정보통신 인프라는 쉽게 버전업(version-up)할 수 있어야 하며, 호환성 높은 공개 소프트웨어 형태를 갖추어야 한다. 유연성이 없는 기술을 도입하면 차세대로의 전환에 오히려 걸림돌이 된다.

이와 같은 조건을 갖춘 정보통신 인프라는 미래사회 전체의 핵심 과제인 저출산·고령화를 비롯해 양극화 심화, 다문화 사회화, 에너지 자원 수요 증가, 지구온난화 심화, 사이버테러 증가 등의 문제를 해결하는 필요조건이 될 것이다.[9]

---

8) 같은 책, 19~21쪽.
9) 같은 책, 18~19쪽.

2. 초연결사회의 형성 전망

1) 영향 변수

초연결사회로 본격적인 전환이 시작되면 진행 속도에서 다음 세 가지 변수의 영향을 받을 것으로 보인다. 첫째, 초연결사회로의 진행과 관련된 기술적[10]·경제적 변수다. 이러한 변수는 주로 지방자치단체의 입장에서는 주어진 값으로 인식되는 것이다. 예를 들면, 인터넷에 연결된 기기의 가격 하락, 특히 통신 모듈의 가격 하락이 중요하다.[11] 또 전원 공급의 한계를 극복할 수 있어야 한다.[12]

---

10) 네트워크 장비업체인 시스코는 초연결사회로의 전환을 가속화시키는 네 가지 요인으로 초고속인터넷 보급률 증가, 디지털 모니터의 크기와 해상도 증가, 네트워크 연결 가능 기기의 확대, 컴퓨팅기기의 성능 향상을 든다[Phillippa Giggs et al., *Global Information Technology Report* (2012), p. 47].

11) 2007년에 30달러 후반이던 2G 셀룰러 모듈의 가격은 2011년 13~17달러까지 하락했으며, 같은 해 3G 모듈의 가격은 35~47달러였다. 이는 10만원 내외의 의료기기에 장착하기에는 부담스러운 수준이다. 수동형 RFID 태그의 가격은 5센트 이하로 하락했지만, 1센트 수준까지 하락해야 본격적으로 바코드를 대체할 것이라는 주장이 줄곧 제기되어 왔다. 한편 능동형 RFID 태그의 가격은 수동형 RFID 태그의 약 10배다. 블루투스나 와이파이, 지그비 등 다른 통신 모듈의 가격은 RFID와 셀룰러 모듈의 중간선에서 형성되었다. 참고로 와이파이와 블루투스 모듈은 아이폰4와 아이폰5에 각각 7.8달러, 5.0달러에 사용되었다[GSMA & Machina Research, "The Global Impact of the Connected Life"(2012. 2); RFIDJournal.com; IntechOpen.com; Kevin Keller, iSupply.com(2010. 6. 28); Cody Lee, iDownLoadBlog.com(2012. 9. 19)].

12) 전원의 고성능화 및 소형화, 저전력화(블루투스 LE, 전력반도체) 기술이 지속적으로 발전해왔다. 하지만 무선전력 전송기술 같은 새로운 전송 방식이나 에너지 하베스트 기술은 기술 완성도나 가격 경쟁력 측면에서 아직 충분히 성숙하지 못했다[IERC, *The Internet of Things 2012: New Horizon*(2012), p. 87].

둘째, 초연결사회로의 전환에 대한 지방자치단체의 적극적인 노력이 핵심적인 변수다. 수요처인 지방자치단체가 초연결사회를 적극적으로 수용하면 규모의 경제에 의한 비용 감소를 유발하고, 기술발전의 원동력이 될 것이다. 특히 정보통신 인프라는 공공 부문에서 여러 가지 이슈(노령화 사회 대비, 환경보호, 근로생산성 향상)를 창의적인 방법으로 해결하는 데에 새로운 가능성을 제공할 것이다.

셋째, 이러한 기술적·경제적 요소와 지방자치단체의 적극적 노력이 뒷받침되더라도 사회적·문화적 변화가 동반되지 않으면 초연결사회로의 전환을 위한 노력은 지속되지 못하고 시범사업의 형태로 끝날 가능성이 높다. 이와 관련된 대표적인 이슈로는 데이터 공유 문화와 프로세스 개선 의지 등이 있다. 즉, 정보통신기술의 활용에 필요한 사회·문화적 저항을 최소화할 수 있어야 초연결사회를 위한 인프라를 구축하고 새로운 부가가치를 만들어낼 수 있다.

2) 추세 전망 및 정책적 대안

〈표 11-4〉에서 보듯 유무선 인터넷 이용률의 증가 추세가 지속된다면 2020년경에는 전국적인 유선 및 무선 인터넷 이용률이 각각 80%와 95%에 이를 것으로 전망된다. 특히 2012년에 무선 인터넷 이용률이 유선 인터넷 이용률을 넘어선 후 그 격차는 앞으로 점차 확대될 것으로 전망된다.

또 2008년 1인당 인터넷 연결기기의 개수가 전 세계적으로 60억 개에 이르러 1인당 1개 이상의 인터넷 연결기기를 사용하게 된 후[13] 그 수가 꾸준

---

13) RFID 태그는 제외함[Dave Evans, "The Internet of Things," *Cisco IBSG*(2011. 4)].

<표 11-4> 유무선 인터넷 이용률

(단위: %)

구분(연도)	2000	2001	2002	2003	2004	2005	2006	2007	2008	2009	2010	2011	2012
유선 인터넷	44.7	56.6	59.4	65.5	70.2	72.8	74.1	75.5	76.5	77.2	77.8	78.0	78.4
e-전자정부	-	-	-	-	-	-	-	-	-	-	-	-	51.2
무선 인터넷	-	-	-	-	40.0	43.0	45.0	48.0	53.0	55.0	59.0	65.0	87.0
m-전자정부	-	-	-	-	-	-	-	-	-	-	-	-	32.6

자료: 유선 인터넷 이용률은 e-나라지표, 무선 인터넷 이용률은 한국인터넷진흥원 인터넷통계 정보검색 시스템, 전자정부는 행정안전부·한국정보화진흥원, 「2012 전자정부서비스 이용실태조사」(2012), 7, 11쪽 참조.

히 증가해 2013년 현재 인터넷 연결기기가 100억~150억 개에 이르는 것으로 추정된다.[14] 그리고 이 수는 2020년까지 약 200억~700억 개로 증가할 것으로 예상되는데, 이는 1인당 3~6개의 인터넷 연결기기를 사용하게 된다는 것을 의미한다.[15] 한국이 정보통신 분야를 선도하는 국가 중 하나라는 점을 감안하면 이 수치는 더욱 높아질 것으로 예상된다.

　　그러나 이처럼 현행 추세가 유지될 것이라는 시나리오는 실현 가능성 측면에서 다음과 같은 걸림돌을 안고 있다. 첫째, 유선 인터넷 이용률이 2005년 이후 큰 증가 없이 정체된 것은 컴퓨터와 초고속인터넷 서비스를 구매할 수 없는 저소득층이나 이를 이용할 수 없는 장애인 및 노인 인구에 기인한

---

14) 전체 연결 대상 사물의 1%에도 미치지 못한다[Dave Evans, "Embracing the Internet of Everything To Capture Your Share of $ 14.4 Trillion," *Cisco IBSG*(2013. 6)].

15) 기관마다 전망치가 다르다. 각각 OECD는 200억 개[OECD, "Building Blocks for Smart Networks"(2013. 1. 17)], 마키나 리서치(Machina Research)는 240억 개(GSMA & Machina Research, "The Global Impact of the Connected Life), N. Lomas는 300억 개[N. Lomas, "10BN+ Wirelessly Connected Devices Today, 30BN+ In 2020 'Internet Of Everything'", ABI Research TechCrunch.com(http://techcrunch.com/2013/05/09/internet-of-everything/), 데이브 에번스(Dave Evans)는 500억 개라고 주장함(Dave Evans, "The Internet of Things").

다고 볼 수 있다. 따라서 이들이 인터넷에 접속할 수 있도록 지원해야 무선 인터넷 이용률도 100%에 이를 것이다. 둘째, 무선 인터넷 이용률이 90%에 육박함에도 전자정부 이용률이 크게 향상되지 않는 것은 모바일 기반의 전자정부 서비스로 충분히 전환되지 않았기 때문인 것으로 판단된다. 따라서 현재 유선 기반으로 설계되어 운영되는 행정정보 시스템 및 서비스를 무선 기반으로 빨리 변경해야 한다. 마지막으로, 지방자치단체의 내부 업무 프로세스와 권한 및 책임이 데이터에 기반을 두고 실시간으로 처리하는 형태로 획기적으로 변모하지 않으면 우수한 무선 인터넷 인프라와 모바일 전자정부 서비스로 전환되는 효과가 반감될 것이다.

따라서 정책적으로 적절하게 대응하면 지금과 같은 추세를 유지하는 시나리오로 이끌어갈 수 있을 것이다. 만약 무료(또는 정액제)로 제공되는 무선정보통신 인프라를 광범위하게 구축하고 데이터기반의 모바일 전자정부 시스템을 내외부적으로 완벽하게 구축한다면, 즉 무선 기반의 정보통신 인프라를 지금보다 좀 더 적극적으로 구축해서 행정 서비스를 제공한다면 무선 인터넷 이용률은 2020년까지 100%에 이를 것이며, 모바일 전자정부 이용률 또한 70%에 육박할 것으로 기대된다. 또 현재 파편화되어 제공되는 여러 가지 서비스를 하나의 운영체제로 관리할 수 있기 때문에 더욱 적은 인력으로도 도시를 효율적으로 운영할 수 있을 것이다.

3. 초연결사회 정보통신 인프라의 비전과 전략

1) 비전 설정

초연결사회의 실현, 즉 2020년까지 무선 인터넷 이용률이 100%에 이르고 모바일 전자정부 이용률이 70%를 상회하기 위한 전략의 기본 방향은 다음과 같다. 첫째, 초연결사회로의 전환 및 진화에 적합한 정보통신 환경을 구축해 개인이나 단체가 무선 인터넷 및 모바일 전자정부를 이용하도록 유도하는 것이다. 즉, 개인이 3~6개의 인터넷 연결기기를 사용하고 도시 공간의 상당수가 센서 네트워크로 채워지는 방향으로 도시의 인프라가 진화하면 사람들은 언제 어디서나 도시생활에 필요한 서비스를 제공받을 수 있을 것이다.

둘째, 정보통신기술을 적극적으로 활용해 도시민의 생활을 변화시키고 이와 동시에 행정업무가 이루어지는 과정도 함께 변화시키는 것이다. 정보시스템의 도입이 늘어나는데도 생산성 향상이나 고객 만족도가 제고되지 않는 이유 중 하나는 서비스를 제공하는 내부 프로세스가 함께 변화하지 않기 때문이다. 따라서 정보통신기술을 이용해 생활에서의 변화뿐 아니라 일하는 방식이나 소통하는 방식도 함께 변화해야 진정한 의미의 초연결사회로 전환될 것이다.

셋째, 메가 수도권에 속한 광역지방자치단체 간에 상호 시너지를 창출할 수 있는 정보통신 활용체계를 마련하는 것이다. 중앙정부로부터 예산을 획득하는 과정에서 경쟁 관계에 있는 경기도와 서울특별시, 인천광역시, 대전광역시, 강원도, 충청북도, 충청남도는 각자 색다른 시범사업을 운영한 바 있다. 그런데 진정한 의미에서 도시 공간을 업그레이드하려면 도시생활에 필요한 모든 부분에서 동시에 업그레이드가 이루어져야 한다. 따라서 각 광역지방자치단체에서 보유한 지식을 다른 광역지방자치단체로 확산시킬 수 있어야 한다.

초연결사회의 이상적인 모습은 언제 어디서나 개인용 단말과 연결된 공간을 이용해 도시생활에 필요한 정보와 서비스에 접근할 수 있도록 도시 환경을 구축하는 것이다. 물론 이때 개인의 프라이버시를 최대한 보장해주고 자신과 관련된 의사결정을 개인이 스스로 내릴 수 있어야 개인의 이용 만족도가 제고될 것이다. 한편 도시를 관리하는 지방자치단체의 입장에서는 도시 운영에 필요한 정보를 쉽게 획득하고 분석해서 적은 비용으로 최상의 서비스를 제공할 수 있기를 원한다. 이를 위해서는 도시 운영의 많은 부분이 자동화되어 관리되어야 한다. 따라서 이런 초연결사회를 구현하기 위한 정보통신 인프라의 비전을 '개인의 행복 주도권과 도시의 운영 자율성이 연결된 조화'로 설정하기로 한다.

초연결사회의 이상적인 도시 공간구조는 공공건물과 교통 중심지, 도로, 철도, 항만에 무료 무선 인터넷 시설이 구비되어 있고, 이러한 주요 공간 간에 대용량의 정보가 광인터넷으로 빠르게 전송되는 형태일 것이다. 무엇보다 개인은 언제 어디서나 연결 가능한 네트워크를 통해 증강현실(augmented reality)을 상시 사용함으로써 도시 공간에서는 물리적 세계와 사이버 세계가 중첩되어 보일 것이다.

한편 도시관제센터로 전송될 데이터는 주로 CCTV와 각종 센서에서 만들어질 것이다. 그리고 원격 제어 및 서비스의 사용이 일상화되면서 도시에서의 생활 속도는 점차 빨라질 것이다. 또 사이버상에서의 경험과 실세상에서의 경험 간 차이가 줄어들 것이다. 궁극적으로는 인간이 개입하지 않아도 인공지능을 통해 도시 인프라가 자동적으로 운영되는 형태로 진화할 것으로 기대된다.

센서와 계측기의 폭발적인 보급과 소셜 네트워크의 결합에 따른 도시민의 인식 및 생활 변화에 대해 치라그 라바리(Chirag Rabari)와 마이클 스토퍼(Michael Storper)는 크게 다음의 네 가지 변화가 있을 것으로 예상했다. 바로 스마트시티로 대표되는 도시 운영 및 관리 시스템의 개선, 시민과 행정기관의 사이버 공간에서의 활발한 의사소통, 공간에 대한 인식 변화, 빅데이터를 이용한 인간 행동의 분석이다.[16)]

2) 초연결사회 정보통신 인프라 실현 전략

(1) 무선 네트워크 중심의 접근성 확대

첫째, 무선랜을 손쉽게 사용할 수 있는 환경을 구축해야 한다. 가트너 그룹의 「2013년도 스마트시티 기술 및 솔루션의 하이프 사이클(Hype Cycle for Smart City Technologies and Solution 2013)」에 따르면 무선랜과 광인터넷 기술은 이미 성숙기에 진입한 기술로 구분된다. 이 보고서에서도 밝혔듯이 이런 성숙 기술을 광범위하게 적용하는 것은 초연결사회를 형성하는 데 중요한 의미가 있다. 특히 센서 등 사물인터넷 기기에서 막대한 정보를 수집하는 필요조건이기 때문이다.

도시 전체에 무료 무선랜을 설치하려던 공공 와이파이 시도가 비록 제대로 성공하진 못했지만, 해외에서는 이러한 시도가 지속적으로 이루어지고 있다. 특히 사물인터넷의 부상과 함께 공공 와이파이가 새롭게 조명되었다.

---

16) Chirag Rabari and Michael Storper, "The Digital Skin of Cities: Urban Theory and Research in the Age of the Sensored and Metered City, Ubiquitous Computing, and Big Data," *Working Paper Draft* 5(2013. 1).

미국 로스앤젤레스 시의회는 2011년 11월 5일 시 전역의 네트워크 인프라를 광통신[17]과 공공 와이파이 기반으로 업그레이드하는 계획을 13명 전원의 만장일치로 통과시켰다. 이 계획에는 약 30억~50억 달러의 예산이 소요될 것으로 보이는데,[18] 이 중에서 공공 와이파이 구현에는 약 6,000만~1억 달러가 소요될 것으로 예상된다.[19] 로스앤젤레스 시는 2007년 2월에도 같은 계획을 발표했으나 예산 부족[20]으로 실행에 옮기지 못하고 2009년 사업을 포기했었다. 한편, 일각에서는 이미 중심 상업지구에 와이파이망이 잘 구축되어 있는데 굳이 시 전역으로 확대할 필요가 있을까 하는 의문과 함께 구축 후 운영비용을 감당할 수 있는지에 대한 우려를 제기했다.[21]

샌프란시스코 시도 2004년부터 시 전역에 대한 공공 와이파이 설치를 계획해서 2006년 4월 어스링크(Earthlink)와 구글(Google) 컨소시엄을 4년 계약 기간의 사업자로 선정했다. 당시 예상 소요 비용은 약 1,400만~1,700만 달러였다. 그러나 2007년 9월 서비스 운영자인 어스링크의 사업 수익성이 악화되면서 사업이 중단되었다.[22] 최근에 구글이 샌프란시스코 시에 60만 달러를 기부해 시의 31개 공공공원에 무료 와이파이를 설치할 것이라고 밝히면서 공공 와이파이 계획은 명맥을 유지했다.[23]

---

17) 2~5Mbps는 무상으로 제공하고 그 이상의 속도는 유료로 제공한다.

18) Alexis Santos, "Los Angeles moves forward with proposal for free citywide broadband," Engadgt.com(2011. 11. 5).

19) *LA Times*, "Does L.A. need free Wi-Fi?"(2011. 11. 8).

20) 2007년 당시 약 3,800만~4,600만 달러가 소요될 것으로 예상되었다[Bob DeCastro, "Los Angeles Looking to Offer Free WiFi to Residents," worldNow.com(2013. 11. 6)].

21) *LA Times*, "Does L.A. need free Wi-Fi?"(2011. 11. 8).

22) The Associated Press, "EarthLink Abandons San Francisco Wi-Fi Project," *The New York Times*(2007. 8. 31).

이 두 도시 외에도 세계적으로 많은 도시가 공공시설에서 공공 와이파이 서비스를 제공한다. 미국 내에서는 구글 본사가 위치한 마운틴 뷰와 팔로알토, 산타모니카, 시카고, 뉴욕 등에, 미국 외에서는 런던, 파리, 싱가포르, 홍콩 등에서 공공 와이파이를 제공한다.[24]

한편 지금까지 공공 와이파이 시도는 기존의 인터넷 액세스 서비스를 보완하려는 목적으로만 이루어지면서 사업성 악화, 법적 문제 등의 이유로 많은 경우 성공하지 못했다. 예를 들면, 시애틀 시는 2012년 4월 29일자로 시의 일부 지역에서 7년간 제공하던 실험적인 공공 와이파이 서비스를 중단했다.[25] 샌프란시스코와 마찬가지로 필라델피아 시는 2004년에 이미 공공 와이파이 구축에 나섰다. 135제곱마일(약 350km²)의 넓은 면적에 유무선 네트워크 인프라를 구축하는 계획을 발표한 것이다. 이 계획에는 길거리에 와이파이를 촘촘하게 설치하는 내용까지 포함되어 있었다. 무엇보다 이 계획을 통해 저소득층에게 무료 또는 싼 가격으로 서비스를 제공함으로써 디지털 격차를 해소하려고 했다.[26] 그러나 시정부가 유료 서비스를 제공하는 것에 대해 통신서비스 업체인 버라이즌 커뮤니케이션스(Verizon Communications)가 소송을 제기했고, 이후 필라델피아 시와 버라이즌 커뮤니케이션즈는 가까스로 합의에 이르렀다.[27] 결과적으로 필라델피아 시의 공공 와이파이 사업은 소송으로 추진력을 상실했다고 볼 수 있다.

23) Melissa Grey, "Google donates $600,000 to bring free WiFi to San Francisco parks," Engadget.com(2013. 7. 24).

24) iPass.com의 블로그.

25) Mari Silbey, "Seattle ends free Wi-Fi," SmartPlanet.com(2012. 5. 8).

26) Jim Hu, Marguerite Reardon, "Philadelphia reveals Wi-Fi plan," CNet(2005. 4. 7).

27) Stephen Lawson, "Philadelphia Wi-Fi Plans Move Forward," PCWorld(2004. 12. 2).

한편, 주요 공공장소에서 무료 와이파이 서비스를 제공하는 것은 도시 전체에 공공 와이파이를 설치하는 것에 비해 현실적인 대안으로 인식되며, 지금까지 좋은 성과를 거두었다.[28] 메가 수도권의 주요 공공건물, 예를 들면, 도·시·구·군 청사와 버스터미널·기차역·지하철역, 무엇보다 공공도서관에 무선랜을 설치해서 별도의 요금 부담 없이 인터넷을 활용할 수 있도록 하는 것은 초연결사회를 형성하는 기초를 마련하는 일이다. 이때 무료 무선랜은 공공기관의 내부망과 분리, 제공되어야 한다. 한 발 나아가 커피숍 같은 민간 시설에 무료로 개방되는 무선랜을 설치할 수 있도록 재정적으로 지원하는 것도 좋은 방안이다. 특히 저소득층이나 사회적 약자가 활동하는 지역에 무료 공공 무선랜을 좀 더 많이 설치하면 통신비 감면 효과를 얻을 수 있다. 또 향후 무선랜을 이용한 위치확인 시스템(Wi-Fi Positioning Systems)의 활용이 현실화되면 이 분야에서 혁신이 일어날 것이다.

최근 국제전기통신연합(International Telecommunication Union: ITU)에서는 서울특별시를 대상으로 삼은 스마트시티 보고서를 발표했는데, 이 보고서는 서울특별시가 2015년까지 공원, 광장 등의 공공장소에서 무료 무선랜 지역을 확대할 것이라는 계획을 소개했다.[29] 또한 이 보고서에는 2015년까지 독일을 관통하는 약 1,200km의 로테르담~비엔나 고속도로에 대량의 무선랜 액세스 포인트를 설치함으로써 급브레이크 등 트래픽에 변화 요인이 발생했을 때 이를 운행 차량에 전송하는 경보 시스템을 구축할 것이라는 계획도 들어 있다.[30]

---

28) *The Economist*, "Whatever happened to municipal Wi-Fi?"(2013. 7. 26), http://www. economist.com/blogs/babbage/2013/07/wireless-networks
29) ITU, "Smart Cities Seoul: A case study"(2013. 2).
30) 이와 관련해 독일의 뮌헨공과대학팀은 500대의 자동차에 와이파이 모듈을 장착해 운행

한편, 유선 인터넷 접속의 경우 세계에서 가장 빠른 인터넷 속도를 자랑하던 한국이 지난 수년간 1Gbps 인터넷 서비스를 시범사업 형태로만 시도하는 사이 미국을 비롯한 후발주자들은 기가급 인터넷을 도시 단위로 업그레이드하는 작업에 나섰다. 대표적으로 구글은 미국의 여러 도시를 대상으로 신청 절차를 거쳐 1Gbps급으로 업그레이드해주는 사업을 진행 중이다. 현재 미주리 주와 캔자스 주 경계에 위치한 캔자스시티, 텍사스 주 오스틴, 유타 주 프로보가 그 대상이다.[31] 특히 구글이 낙후된 도시를 우선적으로 선택한 점에 주목할 필요가 있다.[32] 최근에는 구글에 이어 AT&T도 텍사스 주 오스틴을 1Gbps 인터넷 제공 지역으로 선정했다.

둘째, 무선 센서 네트워크(Wireless Sensor Network: WSN)를 활용함으로써 정보 관리의 효율성을 증대시켜야 한다. 인간이 개입해서 데이터를 수집하는 데에는 많은 비용이 요구된다. 그러나 센서를 통해 필요한 데이터를 확보하면 경제적 이득을 얻을 수 있다. 또 인간의 능력을 넘어서는 측정 능력을 갖춘 센서도 있기 때문에 센서를 활용하면 이전에는 수집하지 못한 데이터를 생성할 수도 있다. 이러한 사례는 에셜론(Echelon)의 가로등 점등 및 밝기 자동조정 시스템[33]이나 영국 지질조사연구소(Britsh Geological Survey)

중의 위험 상황이나 트래픽 정보를 주고받는 상황을 테스트했다. 참고로 이 기술을 독일 전체 고속도로에 적용할 경우 교통사고 감소, 운행시간 단축, 환경오염 감축 등으로 연간 145억 달러의 효과가 발생할 것으로 예상된다[Light Reading, "If These Cars Could Talk"(2013. 6. 20)].

31) Google Fiber 홈페이지, https://fiber.google.com/about, 2013년 10월 5일 검색.

32) Sam Gustin, "Google Fiber Issues Public Challenges: Get Up To Speed!, The Time," (2012. 9. 14), http://business.time.com/2012/09/14/with-google-fiber-search- giant-issues-public-challenge-get-up-to-speed

33) 에셜론(Echelon.com). 바이브레인 솔루션스(Vibrain Solutions)에서도 유사한 개념의 사업계획을 제시했다. IoT-Butler.eu(2013. 6).

| 스페인 산탄데르의 무선 센서 네트워크 프로젝트 |

이 프로젝트는 스페인 북쪽 해안에 위치한 인구 18만 명의 산탄데르 도심*에 약 1만 2,000개의 센서를 설치해서 도시 차원의 테스트베드를 구축하는 작업이다. 프로젝트의 핵심은 센서와 액추에이터, 카메라, 스크린으로 구성된 플랫폼을 통해 시민에게 유용한 정보를 제공하고 이들을 참여시킴으로써 도시 운영의 효율을 높이는 것이다.**

산탄데르에 사용된 애플리케이션으로는 도시 환경 모니터링(약 2,000개의 사물인터넷 디바이스 이용)과 옥외 주차공간 관리(375개의 센서 이용), 모바일 환경 모니터링(약 150대의 공공 차량에 센서 장착), 교통 혼잡 모니터링(도심의 주요 입구에 60개의 디바이스 설치), 무료 주차공간 안내, 공원과 정원의 관개시설 지원(약 50개의 디바이스 활용)이다. 이 외에도 도심에 부착된 RFID 태그와 QR 코드 레이블을 이용한 증강현실 서비스와 시민 참여형 센싱 서비스가 있다.***

* 도심의 크기는 약 6km².
** 강미선·강현우·정윤수, 「미래 도시를 위한 센서 네트워크 응용 서비스 사례」, 《주간기술동향》 (2013. 6. 12).
*** 스마트 산탄데르 프로젝트 홈페이지(http://www.smartsantander.eu/index.php/testb eds/item/132-santander-summary).

의 음향센서를 기반으로 한 산사태 움직임 감지 시스템인 실시간 음파 모니터링 시스템 파(Assessment of Landslides using Acoustic Real-time Monitoring Systems: ALARMS)[34] 등 무수히 많다.

셋째, 디지털 소외 계층의 스마트기기 구매 또는 임대를 적극적으로 지원해야 한다. 정보통신기술의 발달이 도시생활의 빈부 격차를 심화시킨다는 주장이 제기되었다.[35] 한국의 유선 인터넷 이용률이 70%대 후반에서 정체

---

34) http://www.bgs.ac.uk/research/tomography/ALARMS.html
35) Youngjun Shin and Dong-Hee Shin, "Community Informatics and the New Urbanism:

되어 있는 이유 중 하나는 저소득층이나 장애인, 노인층이 컴퓨터를 구매하지 않기 때문이듯이, 경제적 요인으로 정보통신 인프라를 활용할 수 없는 경우가 있다. 현재 저소득층에 통신비를 감면해주는 제도는 있으나 기기 구입을 보조해주는 제도는 없다. 그러나 수십만 원에 해당하는 기기 구입비용에 도움을 주지 않는다면 정보통신 서비스를 이용하지 않는 사각지대는 여전히 남아 있을 것이다. 따라서 지방자치단체는 모바일 중심의 초연결사회로의 진입에 앞서 사회적 취약계층에 모바일 기기 구입에 대한 보조금을 제공하는 방안을 적극적으로 검토해볼 필요가 있다. 이때 지방자치단체에서 일괄 구매해서 지급하는 방식보다는 시중에서 유통되는 제품 중 일부에 대해 보조금을 지급하는 방식이 더 적합하다. 또는 서울특별시와 같이 기부를 통해 저소득층에 필요한 정보통신기기를 마련하는 것도 좋은 대안이다.[36]

(2) 통합 인프라 기반의 복합 서비스 제공

첫째, 분산되어 있는 공공기관 사이에 원활한 의사소통을 가능하게 해주는 서비스를 제공해야 한다. 중앙정부기관의 세종시 입주와 공공기관의 지방 이전으로 이들 사이의 물리적 거리가 급격하게 늘어날 전망이다. 특히 세종시가 메가 수도권에 포함되어 있기 때문에 물리적으로 분산된 공공기관 간 원활한 의사소통을 위해 정보통신 인프라를 구축하는 일은 미래의 메가 수도권의 핵심 이슈가 될 전망이다. 지난 2009년 세종로에 있던 세 개의 행정부처 이전에 따른 논란이 불거졌을 때 행정학회와 행정연구원이 세종

Incorporating Information and Communication Technologies into Planning Integrated Urban Communities," *Journal of Urban Technology*, Vol. 19, No. 1(2012), pp. 23~42.
36) ITU, "Smart Cities Seoul: A case study"(2013. 2).

| 네덜란드 브라이트 시티의 스마트워크센터 |*

네덜란드의 스마트워크센터는 2008년 9월 암스테르담 동쪽에 위치한 알메레 시에 처음 설립되었다. 암스테르담까지 출퇴근하는 데 평균 3시간 이상 소요되는 주민의 불편을 줄이기 위해 설립되었는데, HP와 시스코시스템즈에 의해 구축되었다. 당초 재택근무도 아닌 형태라서 성공할지 반신반의했지만 시민의 큰 호응을 얻어 성공을 거두었다.

이를 계기로 암스테르담 시당국은 시스코시스템즈와 IBM, 네덜란드 최대 은행인 ABN암로 등의 투자를 유치해서 더블유라는 컨소시엄을 구성했으며, 2010년까지 2년 동안 100여 개의 스마트워크센터를 건설했다.

암스테르담에서 남쪽으로 약 7km 떨어져 있는 자위다스에서는 일명 '브라이트 시티(Bright City)'라는 스마트워크센터가 활발하게 운영되고 있다. 이 스마트워크센터는 화상회의실과 발표장, 고급 레스토랑, 카페까지 갖춘 복합 업무 공간이다.

결과적으로 암스테르담의 스마트워크센터는 자동차 등의 교통 이용을 줄이고, 자전거 같은 친환경 이동수단의 이용을 촉진하면서 친환경 도시로 전환하는 데 도움을 준다. 또한 2009년부터는 스마트그리드 기술을 이용해 2025년까지 이산화탄소 배출량을 1990년의 40% 수준으로 줄이는 것을 목표로 하는 암스테르담 스마트시티 시범사업을 진행 중이다.

* 김상훈, "암스테르담, 근무 개념을 바꾸다", ≪동아일보≫(2011. 1. 3).

시 민관합동위원회의 의뢰로 분석한 결과에 따르면 공무원의 출장비용과 민간인의 방문비용이 연간 1,300억 원에 달할 것으로 추정되었다.[37] 또 세종시 이전 1단계 기관에 근무하는 공무원 중 출퇴근을 희망하는 1,500명을 위해 2013년에 총 76억 원을 사용할 예정이라는 기사도 있었다.[38] 비록 전

---

37) 정책TV, "부처 이전 비효율 20년간 100조원"(2009. 12. 15); 윤경, "행정硏, 세종시 행정비용", ≪시대일보≫.

| 리우데자네이루의 도시통합운영센터 |

리우데자네이루의 도시통합운영센터는 세계 최초로 도시의 복수 기능을 단일 운영센터로 통합한 사례라고 볼 수 있다. 도시통합운영센터에서는 약 30개의 기관이 관리하는 정보를 통합해 도시 운영에 반영한다.* 2010년 4월 5일 발생한 홍수로 인해 70여 명의 사망자가 발생한 것이 계기**가 되어, 당시 시장이던 에두아르도 파에스(Eduardo Paes)의 주도로 도시 전체의 상태를 빠르게 파악하고 위험을 예측해서 효과적으로 대응하기 위해 IBM***에 시스템 설계를 의뢰해 2010년 말 운영센서를 오픈했다.**** 무엇보다 기존의 IT 자원을 최대한 활용함으로써 신규 투자를 최소화해 짧은 기간에 프로젝트가 완료될 수 있었다.*****

이 도시통합운영센터에서는 도시 전체에 설치된 센서와 비디오카메라, 위성위치확인시스템(Global Positioning System: GPS) 장착 장비에서 수집된 정보를 대형 화면과 개인별 모니터를 통해 실시간으로 파악할 수 있다. 이를 통해 위급 상황 시 도시의 가용 자원을 효율적으로 활용할 수 있게 되었다. 심지어 시민들이 전화나 이메일, 문자메시지 등으로 접수한 제보도 통합되어 실시간으로 확인할 수 있다. 그리고 알고리즘을 이용해 수집된 모든 종류의 정보로 패턴과 추세를 추출할 수도 있다. 예를 들면, 도시통합운영센터에서는 리우데자네이루 주변의 기상 변화를 예측해서 자연재해를 예고하고 있다.****** 이 외에도 쓰레기 수거 스케줄을 효율화함으로써 비용을 절감하고 동시에 서비스를 개선했다. 이 도시통합운영센터는 400여 명의 운영요원이 24시간 365일 교대로 근무하며 운영된다.*******

---

* Natasha Singer, "Mission Control, Built for Cities," *The New York Times*(2012. 3. 12).
** 당시 2014년 월드컵과 2016년 올림픽을 개최할 예정이라서 신속하게 추진할 수 있었다.
*** 스마트시티 사업 부문에서 담당한다.
**** Steve Hamm, "Smarter Leadership: How Rio de Janeiro Created an Intelligent Operations Center," A Smarter Planet의 블로그(2012. 3. 4).
***** IBM 홈페이지.
****** Tim Ryan, "How Smart Cities are Leveraging the Real-time Availability of Data," PSFK. com(2013. 1. 6).
******* 미국 환경청의 "US-Brazil Joint Initiative on Urban Substantiality" 홈페이지.

---

38) 최고운, "내년 수도권-세종시 연결 통근버스 운행", 〈SBS뉴스〉(2012. 11. 4).

체 규모는 드러나지 않았지만, 공공 부문과 민간 부문 모두 상당한 규모의 출장비를 소비할 것으로 예상된다.

만약 세종시 이전에 따른 출장비용의 절반가량인 650억 원을 매년 화상회의 시스템 구축에 투자한다고 가정해보자. 물론 세종시로 출장 가는 모든 기업이나 기관에 화상회의 시설을 갖출 수는 없을 것이다. 특히 출장 횟수가 적다면 화상회의 시스템 도입으로 얻는 이익이 시스템 도입 비용보다 적어서 굳이 화상회의 시스템을 도입할 필요가 없다. 그러므로 세종시에 입주할 정부기관으로 자주 출장을 가는 기관에 우선적으로 화상회의 시스템을 도입할 필요가 있다.

둘째, 메가 수도권에서 수행되었거나 수행 중인 시범사업의 범위를 확대해야 한다. 초연결사회의 미래 도시에서는 공공 서비스가 지금과는 다른 형태로 제공될 것으로 예상된다. 즉, 텔레매틱스, 스마트그리드, 모바일 공공 서비스 등의 다양한 서비스가 정보통신 인프라와 결합해서 데이터 기반의 자동화된 서비스 형태로 제공될 것이다. 따라서 도시마다 복수의 정보통신기술 융합 서비스를 원활하게 제공할 수 있어야 한다.

지금의 유시티 시범사업은 광역지방자치단체 간 경쟁을 거쳐 대상이 선정되기 때문에 한 개의 지방자치단체가 소수의 시범사업만 추진하는 경우가 대부분이다. 따라서 적어도 메가 수도권 내에서 추진되었거나 추진 중인 시범사업으로 쌓은 지식을 다른 시·도로 전파할 필요가 있다. 이를 통해 각 도시는 초연결사회의 종합적인 서비스를 이용할 수 있는 형태로 발전할 것으로 기대된다. 특히 공공장소는 단순히 무료 무선랜 서비스를 제공하는 공간으로만 머물지 않고, 다목적 서비스를 제공하는 공간으로 변모할 가능성이 높다. 특히 원격 서비스 및 제어가 확대되면 물리적 이동이 감소되기 때문에 주거지 인근의 공공건물을 복합적인 서비스를 제공하는 공간으로 집

중 개발할 필요가 있다.[39]

셋째, 도시통합운영센터를 중심으로 도시를 운영하고 도시의 운영 상황을 한눈에 이해할 수 있도록 대시보드를 적극 활용해야 한다. 앞에서 제시한 여러 서비스를 효율적으로 관리하고 운영하기 위해서는 도시통합운영센터를 구축해서 이를 효과적으로 운영해야 한다. 예를 들면, 2014년 월드컵과 2016년 올림픽 개최를 앞둔 브라질의 리우데자네이루 시는 600여 개의 카메라와 3대의 헬리콥터에서 전송되는 영상 정보를 약 300개의 스크린으로 모니터링해서 GPS가 탑재된 약 1만 대의 버스와 구급차에 연결할 수 있는 도시통합운영센터를 갖춤으로써 시설 관리와 응급상황 관리에서 효율을 제고할 수 있다.[40]

도시통합운영센터는 스크린을 이용해 현장 상황을 직접 모니터링하는 것 외에도 도시의 운영 상태를 한눈에 알아볼 수 있는 대시보드를 갖추어야 한다. 비록 도시 정보통신 인프라는 아니지만 최근 미국 오바마 행정부에서 IT 지출을 한눈에 파악할 수 있게 하는 IT대시보드를 만든 것이[41] 좋은 사례라고 할 수 있다. 최근 영국에서 30여 개 도시와 경쟁해 정부가 지원하는 스마트시티로 선정된 글래스고에서도 대시보드를 구축하는 것이 프로젝트에 포함되어 있다.[42]

---

39) 이진희·신동빈, 「유시티 도래에 따른 도시민 생활양식 변화가 도시공간에 미치는 영향」, ≪한국공간정보학회지≫, 제20권, 제5호(2012. 10), 37~47쪽.

40) IBM에 의해 건립되었다[S. Anthony, "The internet of things and smart cities: Will an IBM computer be your next mayor?"(2012. 4. 26); L. Garcia-Navapro, Ketr.org(2013. 5. 31)].

41) IT대시보드 홈페이지(https://www.itdashboard.gov).

42) 글래스고 시 홈페이지(http://www.glasgow.gov.uk/index.aspx?articleid=9676, 2013년 9월 27일 검색).

(3) 유연하고 신속한 업데이트가 가능한 플랫폼 구축

첫째, 공개 소스 소프트웨어(Open Source Software: OSS)나 공개 표준에 기반을 두고 개발된 도시 운영 플랫폼을 도입해야 한다. 도시통합운영센터가 다양한 서비스를 제공하는 환경에서 제대로 작동하기 위해서는 통합 플랫폼이 필요하다. 대표적인 통합 플랫폼으로는 세계경제포럼에서 2012년 기술 개척자(technology pioneer)로 선정된 스티븐 루이스(Steven Lewis)가 이끄는 포르투갈 회사인 리빙플랜아이티(Living PlanIT)의 어반OS(Urban OS, 이하 UOS)가 있다.43) 2012년 영국 런던 시는 스마트그리드 서비스를 제공하기 위한 플랫폼으로 리빙플랜아이티의 UOS를 채택, 테스트에 들어갔다.44) 또 UOS는 2017년까지 건설될 약 22만 명 규모의 포르투갈 신도시 운영체제로도 채택되었다.45)

이와 같은 통합 플랫폼의 운영체제는 유연성과 견고성을 갖추기 위해 당연히 오픈 소스 기반의 소프트웨어를 이용해야 하며, 정보통신 분야의 각종 표준과 호환할 수 있어야 한다.46)

둘째, 개인 프라이버시 보호를 최우선 가치로 두고 정보통신 인프라를 세심하게 설계해야 한다. 센서를 통해 수집한 정보가 개인의 프라이버시를 위

---

43) 세계경제포럼 홈페이지(http://www.weforum.org/videos/technology-pioneer-2012-st even-lewis-living-planit, 2013년 10월 14일 검색).

44) Charlie Osborne, "London tests out Smart City operating system," Smartplanet(2012. 5. 8), http://www.smartplanet.com/blog/smart-takes/london-tests-out-smart-city-operating-system

45) David Hatch, "Smart Cities," CQPress(2012. 7. 27), http://photo.pds.org:5012/cqre searcher/document.php?id=cqresrre2012072700#.Ul2F3FDikyQ

46) 상호접속 레이어에서의 유연성을 확보하는 가장 좋은 방법은 무선기술을 적극적으로 활용하는 것이다. 이는 기술 변화를 수용하기에 좋다.

〈그림 11-2〉 리빙플랜아이티의 도시운영체제

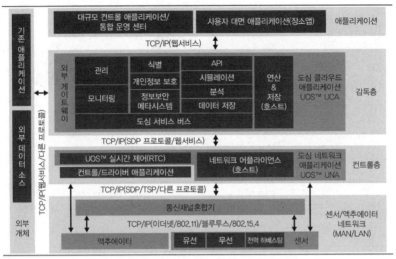

자료: Living PlanIT[세계경제포럼 발표자료(2012)].

협할 수 있기 때문에 수집된 정보를 이용하기 전후에 개인에게 이용 여부를 확인할 수 있는 피드백이 필요하다. 〈그림 11-3〉은 가정의 냉장고에서 정보가 수집되면 개인에게 통보해 기업에 제공할지 여부를 문의하고, 기업이 해당 정보를 사용하고자 할 때에는 재차 개인에게 통보하며, 정보를 제공하고 싶지 않을 경우 정보 제공을 거부하는 상황을 나타낸 것으로, 이 경우에는 개인의 프라이버시를 보호받을 가능성이 높다.

이때 센서를 적극적으로 활용한다는 것은 도시에서 계측 정보를 양산한다는 것과 디지털로 생산된 정보를 아날로그로 전환하지 않고 활용한다는 것을 동시에 의미한다. 또 이런 빅데이터 기반의 업무 프로세스에서 생산성을 높이기 위해서는 단순한 형식 변화 같은 비생산적인 작업을 최대한 없애야 한다. 마찬가지 이유로 데이터를 종이에서 처리하는 단계도 최소화하는 것이 바람직하다. 그렇지 않으면 초연결사회의 정보통신 인프라가 제대로

<〈그림 11-3〉 개인프라이버시 보호를 고려한 인간-기계의 상호작용 시나리오

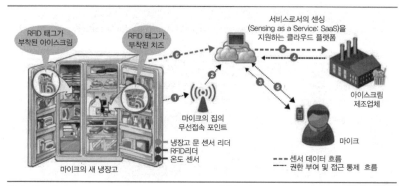

자료: Charith Perera et al., "Sensing as a service model for smart cities supported by Internet of Things, Transactions on Emerging Telecommunications Technologies," doi: 10.1002/ett.2704 (2013).

구축되더라도 실제 생산성은 개선되지 않을 것이다.

셋째, 정보통신 인프라를 지속적·능동적으로 혁신하기 위해 내부 인력을 적극적으로 양성해야 한다. 현재 한국 정보 시스템의 구축 및 운영, 유지보수는 주로 아웃소싱 방식으로 이루어지는데, 이로 인해 시스템이 정보 시스템을 약간만 변경하려 해도 신속하게 반영할 수가 없다. 즉, 상황 변화에 민첩하게 대응하지 못하는 문제가 발생한다. 심지어 공공기관에서는 용역을 발주하는 절차에 많은 시일이 걸리기 때문에 몇 달 뒤에나 반영되는 일도 있다. 또 아웃소싱 방식에서는 시스템을 능동적으로 개선하는 것이 아니라 수동적으로 개선하기 마련이다. 즉, 기술 분야를 잘 모르는 발주기관 사용자는 개선을 위한 아이디어만 있을 뿐 실현 가능성은 확인할 수 없어서 시스템 개선에 능동적으로 나서지 않으며 아웃소싱 업체도 발주기관의 요구에만 수동적으로 대응하기 때문에 시스템의 개선과 혁신이 지속적으로 이루어지기 어렵다.

이를 해결하기 위해서는 무엇보다도 시스템 변경과 유지 보수를 위한 내부 인력 및 조직을 육성해야 한다. 그리고 이러한 조직과 일선 사용자 간의 의사소통 채널을 구축하는 것은 물론이거니와 이들이 협업할 수 있는 환경도 조성해야 한다.

제5부 연안 자원과 에너지 이용체계 혁신

제12장 경기만 연안 자원의 이용과 관리 | 강상준

제13장 메가 수도권의 에너지 수급체계 혁신 | 유영성

제12장

경기만 연안 자원의 이용과 관리 _ 강상준

1. 세계 5대 갯벌 중 하나인 경기만

1) 경기만의 도시화·산업용지화

경기도 연안 지역인 안산·시흥·화성·평택·김포의 2000~2010년 인구 증가율은 40.9%로 경기도의 25.3%를 상회하는 것으로 나타났다. 이렇듯 경기만 연안은 도시화 지역이자 산업공단과 물류항만 시설이 집중된 지역이기도 하다.

경기도 내 연안을 포함하는 시·군으로는 김포시·시흥시·안산시·화성시·평택시가 있다. 경기만의 해안선은 총 254km로 육지부는 213km, 도서부는 41km에 달하며, 경기만 해안선의 59%인 150km는 인공해안선이며 41%인 104km는 자연해안선이다. 김포시는 84%가 자연해안선이지만 그 외 지역은 인공해양선 비중이 높은 것으로 나타났다.[1]

기존 법에서는 연안 육역에 대한 별도의 관리 기준이 없어 이들 지역은

<표 12-1> 연안의 정의 및 개념

관점		정의 및 개념
법적인 관점 (「연안관리법」 제2조)		· 연안 해역과 연안 육역으로 구분 - 연안 해역은 바닷가와 바다를 의미 - 연안 육역은 무인도서 및 연안 해역의 육지 쪽 경계선에서 500m(항만, 어항, 산업단지의 경우 1km) 범위 내에 있는 육지 지역을 포함
학문적 관점	일반적 개념	· 해안선을 중심으로 해양 환경에 영향을 미치는 일정한 범위의 육지와 육지 활동으로부터 직접 또는 간접적으로 영향을 받는 해역을 포함하 는 지역 · 만, 갯벌, 백사장, 삼각주, 기수역 등의 다양한 자연 환경 형태로 구성
	공간적 관점	· 육지와 바다가 만나는 곳으로서 상호공생하며 영향을 미치는 공간
	환경적 관점	· 하나의 개체와 같은 동일체로 인식될 만큼 상호의존도가 매우 높은 지역
	사회적 관점	· 바다를 필요로 하는 활동이 활발하거나 하구를 비롯한 자연적·지리적 이점에서 인간 활동에 유리한 지역으로서 다양하고 복잡한 공간 이용 형태를 지닌 지역

자료: 해양수산부 연안포털(http://www.coast.kr/CoastKnowledge/Contents/CoastCommonSense.
aspx).

여타 내륙 지역에서 적용되는 「국토의 계획 및 이용에 관한 법률」에 따라
이용 및 관리되고 있다.[2]

경기도에는 평택항만과 국가어항[3] 1개소(화성시 궁평항), 지방어항[4] 5개
소(안산시 풍도항과 탄도항·김포시 대명항·화성시 제부항과 전곡항), 어촌정주어
항[5] 9개소(김포시 2개, 화성시 7개), 소규모 포구 18개소가 입지해 있다. 한편,
인천광역시는 수도권 내 연안을 포함하는 지역으로 해안선 총 연장은 약
1,051km이며, 육지부가 338km, 도서부가 713km에 달한다.[6]

---

1) 해양수산부 연안포털.
2) 연안 해역은 절대 보전 연안, 준보전 연안, 이용 연안, 개발 조정 연안, 개발 유도 연안으
로 구분되어 있다.
3) 이용 범위가 전국적인 어항·섬·외딴 곳에 있어 어장 개발·어선 대피에 필요한 어항을 뜻
한다(「어촌어항법」 제2조 3항).
4) 이용 범위가 지역적이고 연안 어업에 대한 지원의 근거지가 되는 어항을 뜻한다(「어촌
어항법」 제2조 3항).
5) 어촌의 생활 근거지가 되는 소규모 어항을 뜻한다(「어촌어항법」 제2조 3항).

<표 12-2> 경기도 해안선 현황(2010년 현재)

(단위: km)

시·군	김포시	시흥시	안산시	화성시	평택시
인공해안선	5.11	14.50	47.80	40.00	42.40
자연해안선	27.20	1.15	46.50	29.40	0.18
총 해안선	32.31	15.65	94.30	69.40	42.58

자료: 경기통계.

<표 12-3> 경기권 해안과 인접한 충청남도 해안선 현황(2011년 현재)

(단위: km)

해안선 시·군	아산시	당진군	서산시
육지부 해안선	7.96	65.90	115.07

자료: 충남통계.

<그림 12-1> 세계 주요 갯벌

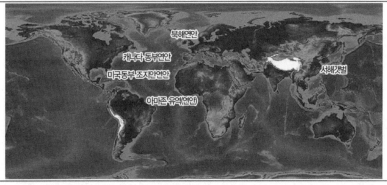

자료: 해양수산부 갯벌정보시스템(http://tidalflat.ecosea.go.kr/contents/intro/world_flat/fivestatus.jsp, 2013년 4월 17일 검색).

연안의 환경적 가치를 대표하는 공간은 만조 시에는 잠기고 간조 시에 드러나는 연안의 평탄한 지역인 갯벌이라 할 수 있다. 특히 한국의 갯벌은 북해 연안(네덜란드, 독일, 덴마크 해안의 갯벌), 캐나다 동부 연안(대서양 연안을 따라

---

6) 인천광역시 통계DB(http://stat.kosis.kr/nsikor_h/view/stat10.do).

<표 12-4> 한국의 갯벌 면적 변화 추이

구분	1987년	1998년	2003년	2008년
갯벌 면적(km²)	3,203.5	2,393.0	2,550.2	2,489.4

자료: 해양수산부 갯벌정보시스템.

<그림 12-2> 경인 및 충청권의 연안 현황(2007년)

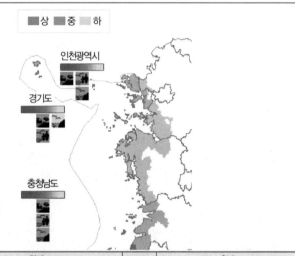

시·군	경기					인천	충남		
	김포	시흥	안산	화성	평택		아산	당진	서산
생활	중	중	상	중	중	중	중	상	중
이용	중	상	중	중	중	상	중	중	중
환경	하	중	하	하	중	중	중	하	중

자료: 해양수산부 연안포털(http://www.coast.kr/CoastMap/map/coast/stat.asp).

나타나는 염습지), 아마존 유역 연안(삼각주 형태로 발달), 미국 동부 조지아 연안(미국 대서양 연안 습지)과 함께 세계 5대 갯벌 중 하나로 평가된다.[7]

---

7) 해양수산부 갯벌정보시스템, "세계 주요 갯벌"(http://tidalflat.ecosea.go.kr/contents/in

해양수산부[8])에 따르면 2008년 기준 한국 갯벌의 면적은 약 2,489.4km^{2}로 2003년 2,550.2km^{2}보다 약 60.8km^2 감소한 것으로 나타났다. 일례로 인천광역시는 2000년부터 송도갯벌 매립을 진행했는데, 2009년부터는 매립되지 않은 일부 구간을 송도갯벌 습지보전 지역으로 지정해 관리한다. 또한 강화도와 석모도를 연결하는 4.5km의 인공 방조제를 만들어 420MW 규모의 조력발전소를 건설하려는 강화조력발전 사업은 갯벌과 생태계에 미치는 부정적 영향 등의 논란으로 인해 현재 추진이 불투명한 상황이다.

현재는 서해안이 국내 갯벌 면적의 약 83.6%인 2,080km^{2}를 차지하고 있으며, 나머지는 남해안에 산재해 있다. 시·도별로 보면 전체 갯벌 면적 중 전남이 약 41.7%, 인천·경기가 약 35.1%, 충남이 약 14.4%를 차지한다.

2) 연안 관리에 관한 법제도

정부는 2009년 5월 25일 제2차 연안정비계획(2011~2021)을 수립했다. 연안 통합 관리계획의 비전은 '찾고 싶은 에코 연안, 상생과 협력의 해양영토 창조'로 설정하고 경기권 연안의 비전은 '도서-육지, 개발-보전의 균형발전이 실현되는 연안'으로 설정했다. 이를 위한 세부 전략으로는 ① 신연안 관리제도 적용, ② 생태계 건강성 및 연안 경관 증진, ③ 기후 변화 및 재해 대응 강화, ④ 연안 거버넌스 구축, ⑤ 연안 관리 실행력 강화[9])를 제시했다.

연안 통합 관리계획은 8개 권역별(인천/경기도·충청남도·전북·전남·경남·부

tro/world_flat/ fivestatus.jsp).

8) 해양수산부 갯벌정보시스템, "우리나라 갯벌"(2004) 참조(http://tidalflat.ecosea.go.kr, 2013년 4월 17일 검색).

9) 해양수산부 연안포털.

산/울산·강원/경북·제주)로 수립되었으며, 기본 목표로는 다음 네 가지를 제시했다. 첫째, 도시 연안의 생태적 재개발을 통한 연안 지역 가치 증진, 둘째, 연안용도해역제 및 자연해안관리목표제 조기 정착, 셋째, 자연 해안 및 서식지 손실 최소화, 넷째, 한반도 평화-공동 번영을 위한 중심터전 조성이다.[10]

최근 들어 시화호·화성호·평택항으로 이어지는 경기만 일대는 중국의 부상과 함께 한중 교류의 전략 거점 지역으로 주목받고 있다.[11] 이러한 사회적 변화와 함께 현재 경기도는 경기만 연안 52km² 지역에 해양레저 콤플렉스 조성, 그린에너지 산업기반 구축, 수도권 물류기반 조성 등 20여 개의 대규모 개발 사업을 계획하고 있다.

2. 연안 관리의 전망

1) 연안 관리에 영향을 미치는 변수

경기권 연안은 계속되는 개발 압력과 보전과 개발의 조화를 추구하는 실천적 계획 수립 및 시행의 어려움 때문에 연안 관리가 자원 이용에 편중될 것으로 전망된다.

이러한 자원 이용 중심의 연안 관리는 크게 두 가지 변수에 따라 영향을 받을 것으로 전망되는데, 첫 번째 변수는 경기만 해양레저 및 관광 기반 조

---

10) 해양수산부 연안포털.
11) 이외희, 『경기도 연안지역 관리, 대안은 없나?』(경기개발연구원, 2012).

성 사업이다. 2013년 7월 중앙정부가 발표한 중앙정부 지역공약 이행계획은 서해 연안 지방정부의 숙원 사업 추진 및 실현에 매우 긍정적인 요소로 작용할 것으로 예상된다.

현재 경기권 연안과 관련해 논의되는 주요 내용은 경기만 해양레저 및 관광 기반을 조성하겠다는 것으로, 구체적인 내용으로는 글로벌 경쟁력을 갖춘 미래선도형 수도권 육성, 제부 마리나항 인프라 구축을 통한 경기만의 해양레저 및 관광 기반 조성 지원을 들 수 있다.

이러한 사업은 지역의 숙원 사업인 만큼 성급하게 사업을 추진할 경우 연안 시·군의 생태적으로 중요한 녹지공간인 코어녹지 감소, 연안과 내륙의 생태적 연계성의 지속적인 감소, 연안의 갯벌[12]과 습지 등 생태적 전이공간의 건강성 저하 등을 초래할 것으로 전망되며, 해역에서는 해양레저 및 관광 기반 등의 이용이 증가하고 육역에서는 내륙 도시화가 연안육역으로 확장될 것으로 전망된다.

두 번째 변수는 전라북도의 새만금 사업과 전라남도의 동북아시아 해양관광특구 및 서남해안 관광레저 간의 관계다. 경기도와 마찬가지로 2013년 7월 중앙정부가 발표한 지역공약 이행계획에는 전라북도에 대한 '새만금 사업의 지속적·안정적 추진의 적극 지원'과 전라남도에 대한 '동북아시아 해양관광특구 조성 지원 및 서남해안 관광레저도시 건설 사업 지원 방안 강구'

---

12) 갯벌이란 조류로 운반되어온 미세한 흙이 파도가 잔잔한 해안에 오랫동안 쌓여 생기는 평탄한 지형을 의미한다. 갯벌은 암반 지역, 펄 갯벌과 모래 갯벌, 펄과 모래가 섞인 혼성 갯벌 등으로 크게 구분된다. 펄(니, 점토) 갯벌은 모래의 비율이 낮고(대개 20~30% 이내) 펄의 성분이 많은(70~80%) 갯벌을 뜻하며, 모래 갯벌은 모래가 대부분인(대개 70% 이상) 갯벌을 뜻한다. 혼성 갯벌은 모래와 펄이 비슷하게 섞여 있는(모래가 40~70%) 갯벌을 뜻한다(해양수산부 갯벌정보 시스템).

가 포함되었다.

새만금 사업과 관련해서는 새만금을 미래 신성장동력의 핵심으로 육성하고 수질을 개선하기 위한 대책의 체계적인 추진 방안이 담겨 있다. 또한 전남의 동북아시아 해양관광특구 및 관광레저도시 건설 사업 지원 방안에는 전남을 동북아시아 물류, 광관, 미래 산업의 선도지역으로 발전시키기 위한 전략이 포함되어 있다. 따라서 경기 연안과 충청권 및 전라권 연안의 상호 관계 정립이 경기권 연안의 성패에 중요한 영향 변수로 작용할 것으로 보인다.

2) 연안 개발의 수요 증가 전망

현 추세가 지속될 경우 육역 및 해역 연안의 생태적 기능은 저하되는 반면, 레저관광단지 개발은 증가할 것이다. 연안 지역의 개발 압력과 수요로 연안에서는 대규모 개발 사업이 추진되었지만 구체적·실천적인 전략이 부족해 연안 시·군에서 생태적으로 중요한 녹지공간인 코어녹지가 감소하고, 연안과 내륙의 생태적 연계성이 더욱 낮아졌으며, 연안의 갯벌과 습지 등 생태적 전이공간의 건강성이 저하되는 현상이 나타났다. 게다가 해역에서는 해양레저 및 관광 기반 등의 이용이 증가하고, 육역에서는 내륙 도시화가 육역으로 확장되는 양상이 초래되었다.

또한 연안 상태도를 보면 이용 측면에서는 현재에 비해 상향되고, 생활 측면에서는 현재 수준을 유지하지만, 환경 측면에서는 현재에 비해 저하되는 것으로 나타났다.

한편, 갯벌을 보전하기 위해 정책적으로 개입할 경우 경기만 연안은 내륙의 환경재 수요 공급원으로서의 역할이 증대할 것이다. 수도권의 팽창으로

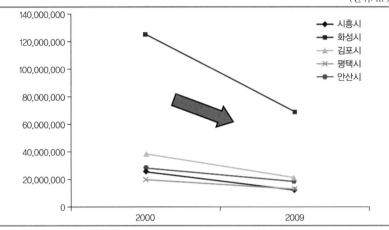

〈그림 12-3〉 핵심 녹지의 면적 변화(2000~2009년)

(단위: m²)

- ◆ 시흥시
- ■ 화성시
- ▲ 김포시
- ✖ 평택시
- ● 안산시

〈표 12-5〉 시나리오에 따른 연안 상태도 변화

시·군	경기					인천	충남		
	김포	시흥	안산	화성	평택		아산	당진	서산
생활	중	중	상	중	중	중	중	상	중
이용	중(상)	상	중(상)	중(상)	중(상)	상	중(상)	중(상)	중(상)
환경	하	중(하)	하	하	중(하)	중(하)	중(하)	하	중(하)

주: 괄호 안은 시나리오에 따른 연안 상태를 나타낸 것임.

경기만 내륙과 충청남도 내륙에 대한 개발이 확대되면서 내륙 지역에서 제공할 수 없는 환경재 수요를 공급하는 공급원으로서 연안 지역의 역할이 증대되었다. 즉, 연안의 생태적 기능이 강화된 것이다.

2008년 기준 경기만 일대는 평택항 항만건설공사로 갯벌을 매립해 갯벌 면적이 9km² 감소한 168.8km²로 나타났다. 하지만 향후 연안 일대의 환경재 수요 공급원으로의 역할이 증대됨에 따라 추가적인 갯벌 매립 없이 현 수준을 유지한다면 생태기능이 질적으로 향상될 것으로 보인다. 즉, 정책적 개입이 이루어지면 연안 갯벌의 감소 추세 둔화 또는 정지, 연안 갯벌의 질적 향상, 연안 생태계 기능 등의 연안 지역성이 고려된 연안 육역의 토지 이용 같은 효과를 거둘 수 있을 것이다.

3. 메가 수도권의 환경 서비스 공급원 비전과 전략

1) 경기도-충청권의 환경 서비스 공급원 비전

생태계 기반의 환경재를 공급하기 위해서는 해양레저 및 관광 기반을 조성하기에 앞서 내륙의 환경재 수요 공급원으로의 역할을 증대시키기 위한 원칙을 마련하는 것이 중요하다. 연안의 생태적 기능을 회복하고 내륙과 해안의 생태적 연계성을 강화함으로써 신수도권(경기도-충청권)의 인구밀집 지역에 여가, 관광, 동식물 서식처 등의 환경 서비스를 제공하는 핵심 지역으로 조성하는 것이다.

2) 경기만 갯벌의 새로운 역할

경기만 갯벌이 맡아야 할 새로운 역할을 살펴보면, 첫째, 무인도서 활용과 해역과의 생태적 연계를 통해 연안육역의 친환경 토지를 이용하는 데 실천적인 역할을 해야 한다. 해양레저와 관광 기반, 내륙 도시화의 연안육역으로의 내륙개발형 확장은 연안의 지역성을 훼손하고 연안의 경관 및 생태계를 훼손할 가능성이 크므로 연안의 토지 및 경관성을 살리기 위한 방안이 필요하다.

〈그림 12-4〉 경기만 연안 자원의 이용 및 관리 비전

A 남북공동 보존연안
(한강, 임진강 하구, 서해 예성강)

B 갯벌의 환경성 회복
(경기 김포, 안산 시화호, 당진, 안산)

C 무인도 체험·관광

D 갯벌을 통한 상징적 경관 창출
(전곡항~평택항)

세부적으로는 ① 해역의 생태환경(자연 및 인공해안선)과 육역의 녹지 생태성(녹지생태축)을 기능적으로 연계시켜야 한다. 특히 바다에서 갯벌을 거쳐 내륙의 담수 및 녹지까지 연결되는 축을 중심으로 내륙이 제공받는 환경 서비스보다 한층 더 다양하고 폭넓은 환경 서비스를 제공할 수 있도록 경기만 연안 자원을 이용 및 관리해야 한다. ② 연안 갯벌 및 습지의 생태적 기능성을 확보하기 위해 육역 연안의 친환경 토지 이용을 실천해야 한다. ③ 연안의 토지를 이용하는 데 해당 연안의 연안용도 해역제 및 자연해안관리목표제를 반영해 계획 및 관리의 정합성을 추구해야 한다. ④ 특히 연안 토지 이용은 각 지방정부 주도로 세부 계획을 수립해 실천성을 강화하는 것이 중요하다. ⑤ 경기권 서해안에 위치한 무인도서 가운데 역사적·생태적 보존 가치가 높지 않은 무인도서에는 무인도 체험 프로그램을 시행하거나 리조트 등을 건설한 테마섬을 조성하는 구상도 생각해볼 수 있다. 현재 경기도 서해안에는 46개의 무인도서가 있는데, 안산시 대부동의 큰햄섬, 대부남동

〈그림 12-5〉 안산시 할미섬의 위치 및 경관

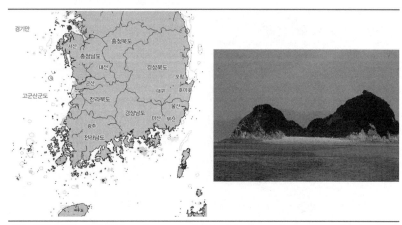

자료: 해양수산부 연안포털(http://cmis.coast.kr/islands/manage_info_coast_pop_detail.asp?mng
_idx=2051&gubun=potal&uni_type=N#none, 2013년 4월 17일 검색).

의 할미섬, 풍도동의 중육도 등은 개발 가능 관리 유형으로 분류된다.

둘째, 세계 5대 갯벌의 하나인 연안 갯벌을 보전하고 활용하는 세계적인 모델을 제시해야 한다. 무엇보다도 연안 갯벌의 생태적 질을 향상하기 위한 원칙과 전략을 제시해야 한다. 생태적 질을 향상시키는 전제조건은 연안 갯벌 매립 추세를 둔화시키는 것이다. 동시에 연안 갯벌 보전과 활용의 세계적인 모델이 되기 위해서는 활용 측면에서도 지역성 회복 및 이를 바탕으로 한 경제 모델이 필요하다.

세계 5대 갯벌의 대표성을 확대하기 위한 세부 내용은 다음과 같다. ① 한중 교류의 거점 지역인 경기만 어항의 지역 특성을 확립하고 상징적 경관을 창출해야 한다. 주요 지점으로는 화성~평택 서해안 해양레저벨트로 논의 중인 전곡항에서 평택항에 이르는 구간이 해당된다. ② 현재 환경 연안 생태도에서 '낮음'으로 평가되는 경기도 김포시·안산시·화성시와 충청남도의 당

<그림 12-6> 국토연안 생태 네트워크 개념도

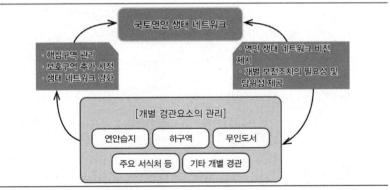

자료: 박창석 외, 『국토연안생태네트워크 구축과 계획적 관리방안』(한국환경정책평가연구원, 2008), 123쪽에서 발췌.

진군 연안은 한 단계 높은 수준의 환경성을 회복하기 위한 정책을 수립하고 실천해야 한다.

세계적 갯벌로 발돋움하는 데 중요한 것은 지역개발과의 절충이다. 2013년 서남해안 갯벌을 세계유산으로 등재시키려는 노력이 전개되었으나, 개발 제한에 따른 주민 반발로 난항을 겪은 점을 고려해야 한다. 보존은 지역 경제와의 상생 방안과 함께 추진되어야 하며, 그래야만 보전과 활용의 세계적 모델로 평가받을 수 있을 것이다.

이를 위해서는 우선 통합 환경 생태망 관리를 통해 이 지역이 남북공동 보존연안의 역할을 하도록 만들어야 한다. 북측의 예성강과 남측의 한강 및 임진강이 만나는 하구 일대는 향후 남북관계 개선 시 활용가치가 높아 지리적 잠재력을 보유하고 있다. 또한 이 지역은 담수가 바다로 들어가 해수와 섞이는 곳이라서 광범위한 염분 농도로 생태적 가치가 높다는 지역적 특성도 지녔다. 따라서 현재 여타 서해안 연안에 비해 생태적으로 훼손 정도가 낮을 것으로 추정되는 하구 일대를 향후 항만 등으로의 연안활용계획보다

〈그림 12-7〉 경기 및 충청권 연안의 갯벌 현황

주: 짙은 색으로 표시된 부분이 갯벌임.
자료: 해양수산부 연안포털.

우선하는 남북공동 보존연안으로 지정하는 구상이 필요하다.

남북공동 보존연안 구상에는 민통선에서부터 한강·임진강·한강 하구를 거쳐 서해로 이어지는 생태 네트워크 관리 개념이 포함되어야 하며, 이는 남북 통합 환경 생태망 관리로 추진되어야 한다. 남북 통합 환경 생태망 관리를 위해서는 북한 지역의 산림녹화가 필수적이다. 북한은 땔감 채취와 다락밭 개발로 산지가 크게 황폐해진 상황이다. 북한은 2002년 우리 정부에 산림녹화용 묘목 1억 그루를 2003년부터 2007년까지 제공해줄 것을 요구한 바 있다. 하지만 현재 북한의 산림녹화 사업은 묘목 고사 등으로 성과를 보지 못해, 지금까지의 접근 방식에 대한 재고가 필요하다.

한편 묘목 지원도 중요하지만 임진강 유역 북쪽에는 사방 사업이 우선적으로 필요하다. 사방 사업이란 황폐지를 복구하고, 산지 및 기타 토지의 붕괴나 토사 유출에 의한 재해를 예방·방지·복구하기 위해 구조물을 설치하고, 식물을 파종 또는 식재하는 사업 또는 이와 관련된 경관을 조성하거나 수원을 함양하는 사업을 의미한다.

또한 표토 유실을 방지하거나 복원하기 위한 대책이 필요하다. 표토는 식물과 동물의 생활터전이자 생태계 유지의 근간으로 재생이 어려운 자원이다. 따라서 표토를 보호하기 위해서는 토양 침식량, 강우량, 식생 등의 조사를 통해 표토 유실 방지 및 복원 대책을 세움으로써 토양 자원 관리를 추진해야 한다. 명수정에 따르면 북한의 일부 지역은 나무를 심으려 해도 표토층 유실로 나무가 쉽게 자랄 수 없는 상태에까지 이르렀다고 한다.[13] 표토층이 있으면 나무를 심을 때 나무가 쉽게 뿌리를 내리고 자랄 수 있지만, 표토층이 없으면 조림에 어려움을 겪는다. 또한 훼손된 산림이 빨리 회복되지 않으면 나무가 뿌리를 내리고 자라는 데 필수적인 표토층이 유실되면서 다시 산림이 형성될 토대가 무너질 수도 있다.

---

13) 명수정, 『북한의 자연재해 취약지 추정 및 남북협력 방안 연구』(한국환경정책평가연구원, 2008).

제13장

메가 수도권의 에너지 수급체계 혁신 _ 유영성

1. 메가 수도권의 에너지 수급체계

1) 수도권 에너지체계의 특징

경기도는 향후 메가 수도권의 에너지와 관련된 특정의 축소판이 될 것으로 보인다. 경기도는 전국 17개 시·도 중 특별시·광역시를 제외하고 가장 높은 인구밀도를 보이며, 신도시, 산업단지,[1] 에너지 다소비업체 등의 밀집 지역으로 에너지 수요가 대량으로 발생하는 지역이다. 에너지 다소비업체의 전국 대비 경기도 비중은 2011년 기준 약 21%이다. 2010년 전국 에너지 생산 및 소비 현황을 보면 경기도는 전국 대비 4.5%의 에너지를 생산하고 12.4%의 에너지를 소비하는 것으로 나타나 에너지 수급 불균형을 보이고

---

[1] 구체적으로 1km^2 이상의 산업단지가 11개로 전국 최다이며, 11개 산업단지의 총면적은 약 62km^{2}로 여의도 면적(2.95km^2)의 약 21배다.

〈표 13-1〉 전국 에너지 다소비업체 현황(2011년)

계	경기	서울	경남	경북	충남	충북	인천	울산	부산	대구	전북	전남	대전	강원	광주	제주
3,178	664	413	286	271	258	187	163	156	151	137	125	120	107	66	58	16

〈표 13-2〉 전국 에너지 생산 및 소비 현황(2010년)

(단위: 1,000TOE)

구분	서울	부산	대구	인천	광주	대전	울산	경기
생산	224	6,371	169	316	39	46	998	1,082(4.5%)
소비	15,717	6,683	4,569	10,630	2,386	2,568	20,744	24,043(12.4%)
구분	강원	충북	충남	전북	전남	경북	경남	제주	계
생산	1,775	536	100	474	12,708	15,632	383	58	193,828
소비	7,732	6,191	21,468	5,121	37,345	19,134	8,329	1,168	40,911

주: 괄호 안은 전국 대비 경기도 비중.

있다.

그런데 메가 수도권에 포함될 지역, 즉 기존 수도권, 충남·충북·세종·강원·개성·황해도의 에너지 다소비업체 비중은 2011년 기준 전국 대비 55%를 넘어, 에너지 다소비의 과반이 메가 수도권 지역에서 발생해 메가 수도권이 에너지 다소비업체 초과밀 지역으로 부상할 것으로 예상된다. 그뿐 아니라 메가 수도권 지역의 에너지 생산 및 소비량은 2010년 기준 전국 대비 약 9.9%의 에너지를 생산하고, 약 44%의 에너지를 소비하는 것으로 나타나 경기도의 에너지 수급 불균형(소비가 공급의 약 2.8배)에 비해 월등히 큰 불균형(소비가 공급의 약 4.4배)을 보인다.[2]

경기도의 최종 에너지 수요는 2009~2013년 중 연평균 3.3%씩 늘어나, 2014년에는 2,900만 2,000TOE에 달할 전망이다.[3] 그뿐 아니라 경기도의

---

2) 자료 수집상의 문제로 메가 수도권에 속한 지역 중 세종시, 황해도 개성은 제외했다.
3) 에너지경제연구원의 인공신경망모형을 활용했다(에너지경제연구원, 「경기도 지역에너

<그림 13-1> 행정구역별 전기 소비 증가 추세

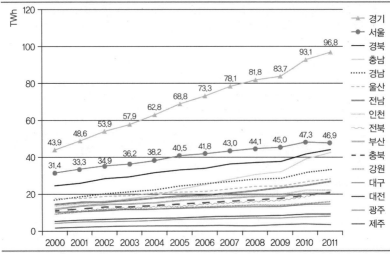

자료: 석광훈, 「국내에너지공급 관점에서 원자력의 현황과 쟁점」, 한국환경정책평가연구원 전력
세미나(2012).

최종 에너지 소비 비중도 전국 대비 증가 추세를 보이고 있다(1991년 10.1%
→ 2007년 13.1%). 더 나아가 전기 소비 증가율은 전국에서 경기도가 최고로
높다. 이러한 특징이 메가 수도권에서도 대동소이하게 나타날 것으로 예상
된다.

경기도는 에너지비용 증가 및 안정적 전력계통 운영의 어려움 때문에 부
담이 가중되고 있다. 이는 경기도에만 한정된 문제라기보다 수도권 전체로
확대해서 적용할 수 있는 문제다. 그런 만큼 이 문제는 메가 수도권이 형성
될 경우 그대로 메가 수도권의 문제가 될 것이다. 더욱 구체적으로는 다음
과 같은 문제점을 지적할 수 있다.

───────────
지 계획」(2009)].

〈그림 13-2〉 수도권과 원전단지의 양극화 현황 및 765KV 초고압 송전탑 위치

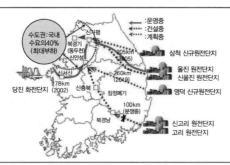

자료: 석광훈, 「국내에너지공급 관점에서 원자력의 현황과 쟁점」(2012).

　첫째, 수도권으로의 부하 집중, 초대형 발전단지 증가로 전력망의 수송
능력이 취약해져 경기도의 에너지비용이 증가할 수 있다. 현재 에너지 수급
은 경상북도, 전라남도에서 생산한 에너지를 충청도와 수도권에서 소비하
는 형태를 보인다. 이러한 중앙집중형 발전은 생산된 에너지를 에너지 다소
비지역으로 보내기 위한 송전선 케이블 설치를 필수적으로 동반한다. 2012
년 현재 수도권에는 765kV 송전선 2개 루트와 345kV 4개 루트를 연계한 송
전선이 운전 중이며, 6개 송전망 루트 중 어느 선로 하나가 정지될 경우 수
도권 계통의 전압 안정성이 취약해져 해당 지역에 대규모 정전이 발생할 수
있다.[4] 또한 최근 개인의 재산권과 환경적 제약 때문에 송전선 건설이 지연
되는 사례가 급증해 송전선 건설에 차질이 생기고 비용 증가 문제가 발생하
기도 한다. 현재 한국전력은 울주 신고리원전에서 생산한 전력을 고리~기
장~양산~밀양을 거쳐 창녕의 북경남변전소까지 송전할 수 있도록 90.5km

<hr />

4) 김태훈, "전력계통 이대로 괜찮은가", ≪전기신문≫(2013. 3. 25), http://www.electi
　mes.com/home/news/main/viewmain.jsp?news_uid=102291

에 걸쳐 765kV 송전탑을 161개 건설할 예정이다. 밀양 765kV 송전탑반대대책위원회는 765kV 송전탑은 기존 154kV 송전탑보다 전력량이 18배나 많고, 송전탑 높이도 140m에 달하며, 소음이 심각하고, 송전선 바로 아래 지름 0.1km에만 보상하는 문제 등으로 송전탑 건설을 반대해온 실정이다.

둘째, 원자력·신재생에너지 발전이 확대됨에 따라 전력계통을 안정적으로 운영하는 데 어려움을 겪을 수 있다. 원자력은 석탄화력과 달리 수요 수준에 따른 출력 변동이 제한적이어서 에너지원에서 차지하는 비중이 커지면 안정적인 전력계통 운영을 저해한다. 반면, 신재생에너지는 출력 변동이 심해 전력계통을 불안하게 만든다.

2) 에너지 수급 관련 과제

메가 수도권의 에너지 수급은 국가 차원의 현 여건과 과제에 따라 구속을 받을 수밖에 없다. 이러한 여건과 과제는 크게 기후 변화 대응, 에너지 효율 향상, 신성장동력 창출, 에너지 안정 측면에서 고찰해볼 수 있다.

첫째, 기후 변화 대응과 관련해서는 국가 온실가스 감축 목표 달성 및 저탄소 녹색성장 인프라 구축이 당면 여건이자 과제다. 구체적으로는 2020년까지 배출전망치(Business As Usual: BAU) 대비 30%를 감축해야 한다. 2020년까지 BAU 기준 탄소 배출량 30% 감축이라는 목표를 달성하려면 특히 전력 인프라 구축 등 발전 부문을 혁신해야 하는 실정이다. 구체적으로 발전 부문은 온실가스 배출량의 38%를 차지한다. 전통적 화석연료인 석탄이나 석유에 의존하는 발전에서 벗어나야 하는 과제를 눈앞에 둔 것이다.

둘째, 국가 에너지 효율을 향상시키고 지속가능한 성장을 이루기 위해서는 에너지 저소비 사회로의 전환이 필수적이다. 국가 에너지 효율을 선진국 수준으로 높이기 위해 한국은 2030년까지 에너지 원단위를 46.7% 향상시키려는 목표를 설정했다(연평균 2.6% 개선).

셋째, 에너지 분야에서 신성장동력을 창출하는 것이 국가적 과제다. 예를 들어 그린IT 등 지능형전력망 산업은 전력, 통신, 가전, 건설 자동차, 에너지 등 산업 전반과의 연계는 물론 전후방과도 연계효과가 큰 산업으로 성장 잠재력이 매우 크며, 고부가가치 녹색 일자리 창출이 가능한 산업이다. 이밖에 신성장동력 창출은 에너지의 안정적인 수급을 보장하는 사업이나 산업을 육성하는 것을 의미하기도 한다.

넷째, 한국은 향후 에너지를 원자력이나 신재생에너지에 전적으로 의존해서 확보할 수도 없는 처지다. 결국 화석연료에 상당 부분 의존해야 하는 여건이므로 환경과 온실가스 측면에서 더 나은 대안인 천연가스의 비중을 가능한 한 늘려 에너지 안정을 도모해야 한다. 최근에는 미국에서 액화천연가스(LNG)로 셰일가스를 도입하거나 러시아에서 파이프라인 전송가스(PNG)를 도입함으로써 에너지 수급 문제를 해결하려고 노력한다. 이는 또한 연관 산업의 육성에 따라 하나의 신성장동력으로 부각될 수도 있다.

에너지 안정 측면에서 LNG 또는 PNG 도입을 좀 더 고찰해보도록 하자. 한국은 세계 제1의 LNG 구매국으로(2011년 기준 27조 원 상당의 3,669만 톤을 수입) 지금은 대부분 중동과 동남아시아 국가에서 LNG를 들여오는데, 특히 상위 5개국에 80% 이상의 높은 의존도를 보인다. 이러한 상황을 탈피하기 위해 가스 공급선의 다변화가 지속적으로 추진되어왔지만, 천연가스 수요 예측 실패로 최근에는 전체 소비의 20%가량을 현물거래를 통해 값비싸게 들여오는 상황이다. 그뿐 아니라 20년 이상의 장기공급계약을 맺는 LNG 공급계약의 특성상 1990년대 초반에 대거 체결되었던 장기공급계약이 2013년부터 2015년 사이에 연쇄적으로 만료되기 때문에 여러 이유에서 안정적인 공급처를 확보하는 것이 다시금 중요한 문제로 대두되었다. 지금은 한국전력이 아닌 민간 발전회사도 LNG를 직도입할 수 있도록 허용하려는 분위기다.

3) 지역에너지정책의 한계

한국의 에너지정책은 중앙정부 중심으로 이루어지며, 지역의 역할은 신재생에너지 지원 사업을 집행하거나 에너지 절약 사업 단위의 중앙정부 보조금 사업을 집행하는 수준에 머물러 있는 실정이다. 그렇다고 지역에너지정책이 존재하지 않는다고는 할 수 없다. 메가 수도권을 상정할 경우 이러한 지역에너지정책의 근간이 변화해야 하긴 하지만 '에너지기본조례'와 「에너지법」에 의거해 5년마다 5년 이상을 계획기간으로 지역에너지계획을 수립하고는 있다. 이 지역에너지계획은 현재 광역지방자치단체가 수립하도록 되어 있으며, 주요 내용으로 ① 에너지 수급의 추이와 전망, ② 에너지의 안정적 공급을 위한 대책, ③ 신재생에너지 등 환경친화적 에너지 사용을 위한 대책, ④ 에너지 사용의 합리화와 이를 통한 온실가스 배출 감소를 위한 대책, ⑤ 집단에너지 공급을 위한 대책, ⑥ 미활용 에너지원의 개발·사용을 위한 대책 등을 담고 있다.

한편 「에너지이용합리화법」은 국가 에너지이용 합리화 기본계획에 따라 광역지방자치단체가 '에너지이용 합리화에 관한 실시계획'을 수립, 시행하고, 실시계획 및 시행 결과를 산업통상자원부 장관에게 제출하도록 한다. 실시계획 수립 및 추진 실적 제출 대상 기관은 「에너지이용합리화 추진에 관한 규정」에 따라 광역지방자치단체뿐 아니라 기초지방자치단체까지 포함된다. 신재생에너지에 관해서는 「신에너지 및 재생에너지 개발·이용·보급 촉진법」에서 '신·재생에너지 기술 개발 및 이용·보급에 관한 계획'을 수립·시행하려면 산업통상자원부 장관과 협의하도록 해 계획 수립이 의무화되어 있지 않다. 공공기관은 에너지이용 합리화 대책과 함께 온실가스·에너지 목표관리제 시행에 따라 2015년까지 온실가스 배출량 20% 감축을 목표로 연간 목표를 수립하고 이행해야 한다. 이밖에 지방자치단체의 에너지 프로그램은 중앙정부가 지원하는 지역에너지 절약 사업과 신재생에너지 지원 사업에 의존한다.

저탄소 녹색성장 정책이 추진되면서 광역지방자치단체는 「저탄소 녹색성장 기본법」에 따라 저탄소 녹색성장 추진계획을 수립하는 한편, 국가 온실가스 감축 목표에 맞춰 자발적 온실가스 감축 목표를 설정했다. 또한 온실가스 감축대책, 지역에너지계획, 신재생에너지계획 등을 수립하는 사례가 일부 기초지방자치단체에까지 확산되었다. 광역지방자치단체의 경우 그동안 지역에너지계획에서 에너지 관리 목표를 구체적으로 제시하지 않았던 것과 비교하면 온실가스 감축 목표를 설정한 것은 진일보한 현상이라고 평가할 수 있다. 그러나 지방자치단체의 온실가스 감축 목표와 대책은 법적 구속력이 없고 이행평가체계가 없어 실행력이 부족한 상황은 이전과 다르지 않다.

2. 메가 수도권 에너지체계의 전망

1) 에너지 수요 관리 및 분산형 에너지 시스템의 중요성 증대

2000년대 후반 들어 전력 공급 능력보다 수요가 빠르게 증가하면서 전력

<그림 13-3> OECD 국가의 전력소비 지표 및 신재생에너지 발전 비중

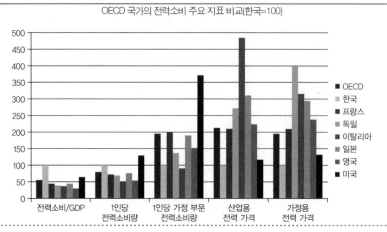

OECD 국가의 전력소비 주요 지표 비교(한국=100)

OECD 국가의 신재생에너지 발전 비중

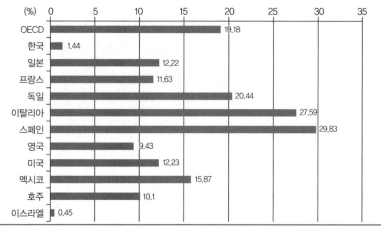

자료: OECD, *Energy Balances of OECD Countries*(2013).

난이 하계와 동계에 국한되지 않고, 상시화되는 추세다. 이 외에도 대형 발전소나 송전탑 건설을 둘러싼 갈등, 후쿠시마 원자력발전소 사고, 원전의 잦은 고장 등에 따른 불안 증가로 원자력에너지에 대한 사회적 수용성이 감소됨에 따라 분산형 에너지 비중의 확대가 요구되는 실정이다.

한편, 에너지 가격체계 개편 추진으로 에너지 효율 향상의 중요성이 증대됨에 따라 에너지절약 시설 투자, 건물 에너지 관리 시스템(BEMS), 에너지 공급사 에너지 효율 향상 투자 등 에너지 수요 관리가 활발하게 추진될 예정이다.

국가 차원에서도 이러한 흐름에 정책적으로 부응하고 있다. 국가 제2차 에너지기본계획은 에너지원별 상대적 가격 조정, 수요 관리, 원전 비중 하향 조정 및 분산형 전원 확대(2035년까지 발전량의 15% 이상을 분산형 전원으로 공급) 등을 주요 내용으로 한다.

2) 스마트그리드 사업의 확대

2015년을 전후로 글로벌 스마트그리드 시장이 열릴 것으로 전망된다. 이런 전망하에 정부는 에너지 사용 효율을 향상시키고 전력 수급 안정화 문제를 해결하기 위한 방안의 일환으로 에너지 스마트그리드 사업 추진의 필요성을 크게 절감하고 있다. 특히 최근 전력 블랙아웃 위험 등이 빈발하는 추세인데, 이 문제를 해결하는 데 스마트그리드가 적합하다는 인식과 피크 시 과부하를 줄이는 데 스마트그리드가 매우 유용하다는 판단하에 스마트그리드를 적용하는 방안이 주목받고 있다. 실제 대규모 제주도 실증 사업에서는 정부 주도로 다양한 분야의 스마트그리드 사업이 추진되기도 한다.

국내 최대 전력 소비는 지난 10년 동안 연평균 5.3% 증가한 반면, 공급은 연평균 4.9% 증가해 소비의 증가 속도가 지속적으로 앞서는 실정이다. 이는 우리 사회가 저렴한 전기요금 등으로 전력 다소비 사회가 되고 있음을 말해준다. 이런 와중에 최근에는 폭염, 한파 등의 기후 변화로 예측 불확실

<그림 13-4> 스마트그리드의 개념

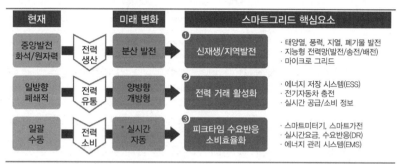

자료: 이정민·이선미, 「전력위기의 해법, 스마트그리드」, 『이슈 크런치 스페셜』(KT스마트그린개발단·kt경제경영연구소, 2013).

성이 증대되어 전력 소비는 증가하는 반면, 원자력발전소 비리 등이 겹쳐 발전소 가동은 줄여야 하는 등의 결과로 전력 예비율이 떨어지면서 전력 수급 불안이 지속되고 있다. 특히 2013년 여름 전력 사용량이 연일 최고치를 경신하고 전력 수급 비상 관심경보가 여러 차례 발령되는 등의 현상이 발생하면서 수시로 블랙아웃을 걱정해야 하는 형편이기도 하다. 앞으로도 지속적인 전력 수급 불안정은 피하기 어려울 것으로 보인다. 이에 대한 해결책 중 하나는 저렴한 가격하에 공급을 확대하는 것이지만, 발전소 건립에 대한 사회적 저항 등으로 발전소 건립 추진이 쉽지 않으며, 후쿠시마 원전사고 등으로 계획된 공급 용량조차 확보하기 어려워진 실정이다. 궁여지책으로 정부가 취한 국민 계몽 및 강제 절전 방식의 수요 관리는 전력 위기 시 실시간으로 대응하기에는 비효율적이며, 국고로 절전 보조금을 지원하는 방식은 예산 낭비 논란을 불러일으키기도 한다.

따라서 이러한 문제를 조금이나마 해결하기 위한 조치로 전력 시스템에 혁신을 일으킬 스마트그리드를 도입하는 방안을 각 나라 정부가 고려하지 않을 수 없게 되었다. 정보통신기술이 융합된 스마트그리드는 전력 생산에

서부터 소비에 이르는 전 과정을 효율화시키기 때문이다. 실제 미국의 경우 2003년 동북부 일부 지역에서 최악의 블랙아웃을 겪은 후, 스마트그리드 구축 로드맵인 '그리드 2030'을 전격 채택하고 이 로드맵에 따라 스마트그리드 투자 규모를 2010년 71억 달러까지 확대했다.

유무선 통신, 제어, 센서 등 정보통신기술이 접목되는 스마트그리드하에서는 공급자와 소비자가 양방향으로 실시간 전력 정보를 교환함으로써 분산 발전할 수 있기 때문에 안정적인 전력 공급이 가능하며, 피크 시간에는 소비자 스스로 전력 사용량을 파악하고 조절함으로써 피크타임 소비를 감축할 수 있다. 스마트그리드를 통한 국내 피크 전력 감축 및 전력 소비 절감률은 약 10%로 예상되며 이에 따른 경제적 효과는 약 10조 원에 달할 것으로 전망된다.[5]

정부가 지능형전력망 기본계획을 통해 2020년까지 1,800만 호에 달하는 스마트미터를 보급할 계획을 수립, 추진하고 있기는 하지만, 국내 스마트미터기 보급은 2012년 현재 3%에 그칠 정도로 미미한 수준이다. 이는 근본적으로 한국의 전력 서비스 시장이 OECD 국가 중 유일하게 한국전력 독점 구조여서, 민간 사업자의 참여에 의한 시장 창출이 어려워 시장이 거의 형성되어 있지 않기 때문이다. 이런 상황에서는 스마트그리드 시장의 형성 및 활성화를 정부 관여에 의지할 수밖에 없다.

한편 정부에서는 스마트그리드 거점지구를 추진한다. 정부는 2013년 스마트그리드 거점지구 선정안을 마련함으로써 거점지구 사업자를 선정하고, 2014~2016년에 걸쳐 거점지구를 구축하며, 광역 단위 확대 방안을 검토하

---

5) 이정민·이선미, 「전력위기의 해법, 스마트그리드」, 『이슈 크런치 스페셜』(KT스마트그린개발단·kt경제경영연구소, 2013).

고자 한다. 구체적으로 정부는 7대 광역권6)별로 지역별 특성에 맞는 거점 도시를 구축하는 것을 목표로 삼고 있다. 제1차 지능형전력망 기본계획 (2012. 7)에 따라 단계별로 목표를 설정했으며(2016년 거점도시 구축, 2021년 광역 단위 구축, 2030년 국가 단위 구축) 이를 통해 장기적인 국가 단위 구축을 위한 교두보 마련을 계획 중이다. 광역 단위 확대 방안에는 2014년부터 수요관리제도 개선 및 거점지구 연계, 정부 주도형 발전 중개 서비스, 신재생에너지저장장치(EES) 의무화 도입, 시장 주도형 에너지관리시스템(EMS) 시장 구축, 정부 주도형 충전 서비스 실시 등의 내용이 담겨 있다. 이러한 정책 집행 전망에 비춰볼 때 메가 수도권의 에너지 관련 사업에서 스마트그리드 사업은 중요한 위치를 차지할 것으로 판단된다.

이러한 스마트그리드 사업은 현 정부의 창조경제 기조에 부합한다고 할 수 있다. 정부의 창조경제 실현계획에 따르면 과학기술과 정보통신기술을 활용해 기존 산업에 활력을 불어넣기 위한 창조경제 비타민 프로젝트를 추진하려고 한다. 2013년 8월 수립된 정보통신기술 기반 에너지수요관리대책 에서는 정보통신기술을 활용한 ESS, EMS, LED 등 시스템적인 수요 관리를 추진하고, 이를 창조경제의 신성장동력으로 활용하는 계획을 제시한다.

3) 셰일가스 및 비전통 천연가스의 비중 확대

한국은 석유공사, 가스공사 등 공기업의 선도로 셰일가스를 포함한 비전

---

6) 7대 광역경제권이란 수도권, 강원권, 충청권, 호남권, 대경권, 동남권, 제주권을 뜻한다. 2013년 9월 현재 정부가 광역경제권 구분을 철회한 상태이므로, 향후 어떤 권역 구분법 이 적용될지 귀추가 주목된다.

〈표 13-3〉 국내 기업의 비전통 가스 개발 및 도입 현황

기업	프로젝트 지역	운영사	지분	자원량	자산 유형	비고
석유 공사	BlackGold (캐나다)	KNOC 자회사	100%	2.16억 배럴	오일샌드	2007년 미국 뉴몬트 (Newmont)에서 인수
	Eagle Ford (미국)	Anadarko	23.7%	1.12억BOE	셰일오일/ 셰일가스	2011년 3월 인수
	동해(한국)	KNOC	100%	6.2억 톤	가스하이드레이트	
가스 공사	Horn River Kiwigana (캐나다)	Encana	50%	1.63조 세제곱피트	셰일가스	2012년 생산
	Jackpine & Noel (캐나다)	Encana	50%	0.79조 세제곱피트	셰일가스	2010년 시험생산
	Cordova (캐나다)	PennWest	10%	4.5조 세제곱피트	셰일가스	
	Gladstone (호주)	Santos	15%	4.2조 세제곱피트	LNG (CBM액화)	2015년부터 연간 350 만 톤 LNG 도입
	Kitimatt (캐나다)	Shell	20%	연간 1,200만 톤	LNG (셰일가스액화)	
	Sabine Pass LNG(미국)	Cheniere	-	연간 350만 톤	LNG (셰일가스액화)	2017년부터 연간 350 만 톤 LNG 도입*

* 실제로는 연간 280만 톤의 LNG 도입을 추진함(70만 톤을 프랑스 토탈(Total)사에 재판매).
자료: 성동원, 「셰일가스 개발 동향 및 시사점」(한국수출입은행 해외경제연구소, 2012).

통자원의 해외개발 사업에 진출하는 실정이다. 석유공사는 2007년 한국 최초로 비전통 자원개발(캐나다 오일샌드 사업)에 참여해 지분 100%를 보유하고 있으며, 2011년 3월에는 미국의 셰일자산[7] 지분의 23.7%를 인수했다. 가스공사는 캐나다 혼리버(Horn River), 잭 파인(Jack Pine), 노엘(Noel) 셰일가스 광구 지분의 50%를 인수했으며, 코르도바(Cordova) 셰일가스 광구 지분의 10%를 확보했고, 호주 산토스(Santos)가 운영하는 글래드스톤(Gladstone) LNG 프로젝트의 지분을 15% 매입했다. 이러한 셰일가스의 도입은 메가 수도권 차원에서도 에너지 안정에 기여할 것으로 보인다.

---

7) 셰일오일과 셰일가스를 보유한 미국 이글포드(Eagle Ford)의 사업.

〈표 13-4〉 셰일가스 도입이 국내 경제에 미치는 영향

분야	영향
자동차 및 조선 분야	·자동차 연료 전환 - 버스, 트럭 같은 대형 차량이 CNG 차량으로 교체 - 석유 차량과 전기자동차에 대해 가스차가 경쟁력을 확보 ·해상 벙커링(bunkering)과 선박용 에너지의 천연가스로의 전환[예를 들면 핀란드 선박엔진 전문기업인 바르질라(Wartsila)는 LNG를 주 연료로 사용하는 엔진 개발]
발전 분야	·석탄, 신재생에너지, 석유, 원전에서 천연가스로 전환(급증하는 전력 수요에 대응) - 전기요금을 하락시켜 제조업 경쟁력 상승 - 석탄가스화발전(IGCC)보다 복합가스발전(NGCC)을 더 선호함(저렴한 비용 및 환경친화적 요인)
석유 화학 분야	·석유화학 분야 에틸렌 생산의 원료는 석유(나프타)가 아닌 천연가스(에탄)가 주가 됨 - 천연가스 원료 중심인 북미 지역의 석유화학 산업이 재도약[엑손모빌 케미컬(Exxon-Mobil Chemical), 노바 케미컬(Nova Chemical), 쉘 케미컬(Shell Chemicals), 리온델바젤(LyondellBasell) 등의 실적 개선] - 쉘을 비롯한 기업은 2018년까지 미국 내 신규 에틸렌 설비를 증설해 총 1,254만 톤의 에틸렌 설비 투자계획을 발표(한국 설비 규모인 828만 톤의 약 1.5배 수준) - 한국처럼 석유 중심의 나프타를 이용한 에틸렌 생산 시설 구조가 고착화된 경우 원가 경쟁력이 약화됨
유관 산업 분야	·철강·기계·조선 등 관련 인프라 산업 활성화 - 셰일가스 개발에 따라 시추용 파이프 및 LNG 플랜트(철강 산업), 가스압축기, 산업용 감속기, 굴착기 등(기계 산업), LNG 수송선(조선 산업) 등의 생산 증대

자료: KBC, "Global Energy Perspectives"(2011); LyondellBasell(각 연도); 삼성경제연구소, 「셰일 가스가 가져올 3대 변화」, ≪SERI 경영노트≫ 제143호(2012) 재인용; Yang-Hoon Sonn, *Shale Gas Impacts*(2012) 재구성.

특히 가스공사가 2015년부터 연간 350만 톤의 LNG를 호주에서 도입하고, 2017년부터 연간 280만 톤의 LNG를 미국에서 도입하면 셰일가스와 관련된 LNG가 한국 가스 시장 및 경제에 영향을 미칠 것으로 보인다. 이로 인해 전반적으로 천연가스 가격이 하락하고 수급이 안정되어 기존에 이용하던 에너지를 천연가스로 대체하려는 시장 움직임 및 유관 산업상의 변화가 발생할 것으로 예상된다.

이는 한국 경제에 일부 부정적인 영향을 미칠 수도 있으나 대체로 긍정적인 요인으로 작용할 것으로 전망된다. 셰일가스와 관련된 LNG의 도입이 미칠 영향을 구체적으로 살펴보면, 첫째, 셰일가스 도입선 다변화로 도입 협

〈그림 13-5〉 석유화학 분야의 에틸렌 생산원가 및 마진 추이

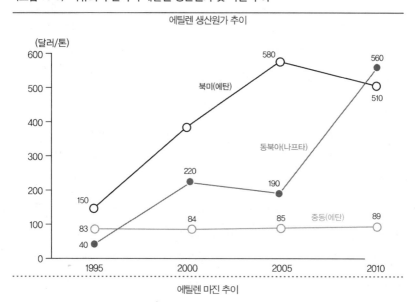

에틸렌 생산원가 추이

(달러/톤)

북미(에탄)

동북아(나프타)

중동(에탄)

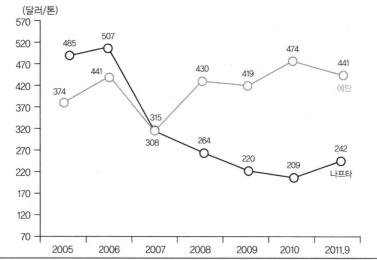

에틸렌 마진 추이

(달러/톤)

에탄

나프타

자료: 삼성경제연구소, 「셰일가스가 가져올 3대 변화」, ≪SERI 경영노트≫ 제143호(2012) 재인용;
Yang-Hoon Sonn, *Shale Gas Impacts*(2012) 재구성.

상력이 증대되고 LNG 도입 유연성이 제고되어 저가 LNG 도입이 가능해지며, 국내 기업의 천연가스 개발·도입 사업이 확대될 수 있다. 둘째, 조선, 발전, 철강 산업 등에서 국내 전후방 산업(금융 포함)의 사업 기회가 증가될 것이다. 한편, 석유화학에서 북미의 원료비·연료비 하락으로 국내 기업의 경쟁력이 하락할 수 있는 부정적인 영향도 있다.

그뿐 아니라 미국의 천연가스 가격은 현재 3~4달러/MMBtu 정도인데, 이는 17달러 수준인 아태 지역 가격의 1/6 정도에 불과하다. 아태 지역 시장 가격이 배럴당 90달러 이하일 때는 헨리 허브(Henry Hub) 가격이 8~9달러/MMBtu 수준까지 오르더라도 가격 경쟁력이 있을 것으로 전망된다. 향후 천연가스는 가격이 상승할 것으로 전망되나(예상폭은 5~8달러/MMBtu 수준) 장기적으로는 셰일가스 때문에 낮은 가격을 유지할 것으로 예상된다. 이는 셰일가스 도입 및 개발 확대를 부추길 것으로 보이며, 비셰일가스 LNG를 포함해 에너지 전체에서 가스가 차지하는 비중은 늘어날 것으로 예상된다.

4) 러시아 PNG 도입의 현실화 가능성

러시아는 전통적인 천연가스 강국으로 2008년까지 세계 최대 천연가스 생산국이었으며, 현재까지 세계 최대의 천연가스 수출국 지위를 유지하고 있다. 유럽 천연가스 시장의 러시아 의존도는 30%에 달하지만, 파이프라인 공급을 둘러싼 갈등과 유럽의 러시아 의존도 탈피정책 추진 등으로 러시아는 새로운 시장을 개척할 필요성에 직면했다. 그뿐 아니라 극동 시베리아 개발을 적극적으로 추진하는 러시아 입장에서는 동북아시아 시장이 상당히 매력적으로 느껴질 것이며, 아태 지역 시장은 현재 LNG에 전량 의존하기 때문에 PNG를 통한 장기적이고 안정적인 가스 공급은 충분히 경쟁력 있는 조건이다. 더군다나 최근 미국 중심의 셰일가스 붐으로 전통적인 천연가스 수출에 의존하는 러시아 경제가 크게 휘청거릴 처지에 놓인 실정이라서 러시아산 PNG 공급처를 확보하는 일이 중요한 국가적 이슈가 되었다.

그런데 한국과 러시아는 남·북·러 가스관을 통해 한국의 천연가스 연간 소비량의 20%에 해당하는 750만 톤(10bcm)을 러시아에서 들여올 것을 논의하다 중단한 적이 있다. 현재 한국은 천연가스를 도입하기 위한 국가 간 협상에서 한층 유리한 여건이고, 천연가스 도입은 한국의 에너지 문제 해결에서 큰 비중을 차지하는 국가적 과제인 만큼 향후 10년 이내에 이 사업이 재추진되어 현실화될 것으로 전망된다.

특히 향후 10년 간 전기자동차의 상용화 및 보급 확대가 전기에너지 수요를 크게 증폭시킬 것이므로 타 에너지원을 통해 전기 공급을 증대시키는 것은 물리적으로나 경제적으로 한계에 봉착할 것으로 보인다. 이는 상대적으로 저렴한 PNG 천연가스를 도입하고, 전기 전환에 가스를 이용하는 사업을 키움으로써 해결될 수 있을 것이다. 메가 수도권 차원에서도 향후 전기자동차 부상으로 발생할 에너지 문제를 해결하는 방향이 정책적으로나 시장에서의 가격경쟁력으로나 이 같은 방식으로 귀결될 것으로 전망된다.

그뿐 아니라 메가 수도권이 형성될 경우 농촌, 산촌, 어촌 등 도심에 비해 상대적으로 낙후되거나 지리적 접근성이 열악한 지역이 많아질 것이므로 이들 지역의 에너지 문제를 해결하는 것도 과제로 부상할 것이다. 이들 지역은 신재생에너지를 통해 에너지 문제를 해결하는 방안을 모색할 수도 있지만 그 이전에 도시가스를 공급하는 것이 우선 과제가 될 것이다. 도시가스가 공급되면 타 에너지에 비해 상대적으로 저렴한 가격으로 에너지를 충분히 공급해줄 수 있기 때문이다.

문제는 수요가 느는 데 비해 공급이 제한될 경우 메가 수도권에서의 도시가스 가격이 상승할 수 있으므로 비도심에 에너지를 공급하는 이점이 사라지고 말 것이다. 따라서 메가 수도권에 천연가스를 충분히 공급하는 것, 그것도 저렴한 가격으로 공급하는 것은 정책적으로 무엇보다 우선시되는 과제다. 러시아산 PNG의 도입은 메가 수도권의 에너지 문제를 해결하는 데 그만큼 절실한 사항이다.

5) 지역 차원의 지역에너지정책 사업 추진의 증가

후쿠시마 원전 사고를 계기로 지역에너지에 대한 관심이 높아지고 기초지방자치단체에서도 원전 확대 중심의 정부정책을 비판하기 시작하면서 기초지방자치단체에서 자체적으로 에너지정책을 수립하는 사례가 늘어나고 있는데, 이러한 추세는 지속될 것으로 전망된다. 지역에너지정책 사업을 추진하는 대표적인 사례로는 서울특별시를 들 수 있다.

서울특별시는 에너지 위기와 기후 변화에 대응하기 위해 에너지 소비도시에서 절약과 생산도시로 전환하는 것을 목표로 2012년 4월 26일 '원전 1기 줄이기' 정책을 발표했다. 에너지 수요 감축과 생산 확대를 통해 2014년까지 원전 1기에서 생산되는 만큼의 전력량을 절감하고, 2011년 2.28%인 전력 자급률을 2014년 8%, 2020년 20%까지 높이며, 온실가스를 733만 톤 CO_2eq 줄일 계획이다. 총 200만TOE의 에너지를 줄이기 위해 150만TOE의 에너지 수요 감축대책(전력 58만TOE, 석유 46만TOE, 도시가스 55만TOE)뿐 아니라 41만TOE의 에너지 생산대책(전력 21만TOE, 열 20만TOE)도 적극적으로 포함하고 있다는 점이 특징이다.

서울특별시는 서울특별시, 자치구, 학교, 시민단체, 풀뿌리공동체, 기업 등 각 이해 당사자가 참여하는 '원전 1기 줄이기' 시민위원회와 실행위원회,

<그림 13-6> 서울특별시 원전 1기 줄이기 정책의 배경 및 목표

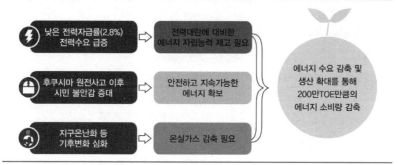

자료: 에너지경제연구원, 「경기도 지역에너지 계획」(2009) 재구성.

민관합동추진단을 구성해 에너지 거버넌스를 구축했다. 2014년까지 서울특별시 예산 6,366억 원을 포함해 국비 2,321억 원, 민자 2조 3,757억 원 등 총 3조 2,444억 원을 투입함으로써 약 2조 800억 원의 경제적 편익이 발생하고, 4만 개의 일자리가 창출될 것으로 기대된다. 서울특별시의 이 같은 사례는 에너지 외부 의존도가 높고 다소비 지역인 지방자치단체가 스스로 에너지 절감을 정책의 최우선 과제로 삼아 종합대책을 수립하고, 조직, 예산 등의 추진체계를 마련한다는 점에서 매우 고무적이다.

3. 메가 수도권의 스마트 그린 에너지 비전과 전략

1) '스마트 그린 중심의 메가 수도권 지역에너지 안정'의 비전

메가 수도권의 에너지 비전은 정보통신기술의 발달로 스마트화된 최근의 추세를 적극 반영하고, 그린 중심의 가치를 담아야 할 필요가 있다. 이러

<그림 13-7> 메가 수도권의 스마트 그린 비전

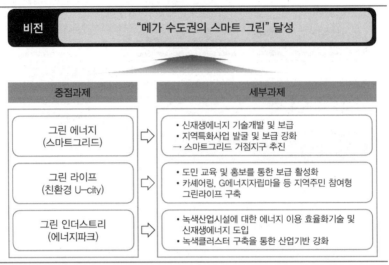

자료: 최영수, 『서울특별시 에너지 정책의 방향: 에너지 수요절감과 신재생에너지 생산 확대를 중심으로』(경기개발연구원, 2013).

한 기조하에 에너지 문제와 관련된 전통적인 주제인 기후 변화 대응, 에너지 효율 향상, 신성장동력 창출, 에너지 안정을 균형 있게 안배해야 한다.

그러나 스마트 그린 중심의 비전은 기후 변화 대응, 에너지 효율 향상, 신성장동력 창출에는 부합하지만 에너지 안정 측면에서는 약점이 될 수 있다. 특히 메가 수도권이 형성, 개발되면서 메가 수도권으로 인구가 집중되면 에너지 소비가 크게 증가할 것이므로 에너지의 충분한 공급에 의한 에너지 안정이 무엇보다 가장 중요한 과제로 부각될 수밖에 없다는 점에서 이러한 약점은 대단히 치명적일 수 있다. 하지만 이는 해외에서 저가의 천연가스를 대량 도입함으로써 에너지원별 구성비에서 천연가스의 비중을 늘리면 해결할 수 있을 것으로 보인다. 천연가스의 비중 증가는 탄소 배출이 상대적으로 적어 환경에 유익하며, 신산업을 일으킨다는 점에서 신성장동력을 창출할 것이다. 또한 현재 미진한 수준에 머물러 있는 신재생에너지 활용을 장기적인 차원에서 실현시키는 징검다리 역할을 할 수도 있다. 그뿐 아니라 에너지 믹스에서 천연가스의 비중이 커지면 원전에서 전력을 공급받음으로써 발생하는 제반 문제가 상당 부분 해소될 것이다.[8]

2) 메가 수도권의 스마트 그린 에너지 전략 추진

(1) 스마트그리드 거점지구 지정과 시범사업 추진

메가 수도권에서는 스마트그리드 거점지구 사업을 적극 추진할 필요가 있다. 이를 통해 수도권의 에너지 소비 편중 구조로 인한 위험요인에서 탈피하고, 생산원가 절감을 통해 기업 경쟁력을 강화하며, 관련 산업의 일자리를 창출하고, 기존 산업과 정보통신기술을 결합한 스마트그리드를 통해 창조경제를 구현할 수 있을 것이다.

스마트그리드 거점지구 추진 전략의 기본 방향은 그 유형으로 살펴볼 때, 지역적 특성을 활용한 지역 특화 및 종합형을 추진하는 데 두어야 한다. 경기도는 기존 한국 마이크로 에너지 그리드(K-MEG) 인프라를 이용해 광교테크노밸리, 화성연료전지발전소, 시화조력발전소 등의 인프라를 미리 구축함으로써 타 시·도에 비해 우위를 선점했다. 따라서 메가 수도권의 스마트그리드 거점 사업은 경기도를 중심으로 시범적으로 실시하면서 차츰 지역

---

8) 경기도의 비전은 메가 수도권 에너지 비전의 축소판으로서 좋은 참고 사례가 될 수 있다. 경기도는 국내외적 환경 변화와 정부의 정책 기조 및 경기도의 지역 특성 등을 고려해 경기도 그린 소사이어티(Green Society) 구축을 통한 '스마트 그린(Smart Green) 경기'라는 비전을 수립했다. 여기에 에너지 안정 관련 과제를 포함하면 메가 수도권 에너지 비전이 완결된 형태의 소모형이 될 수 있을 것이다.

〈표 13-5〉 스마트그리드 거점지구의 유형

거점지구 유형	세부 내용
지능형 소비자형	주거단지, 업무용 건물, 산업단지 등을 대상으로 실시간 정보를 교환하고 제공하기 위한 스마트미터, 정보제공 시스템, 통신장치, ESS 설치 및 에너지정보 수집·관리를 위한 EMS 운영
지능형 운송형	전기자동차 충전 인프라를 활용해 전기자동차 렌트, 카셰어링, 전기자동차 충전 서비스, 이동충전 서비스 등을 사업화
지능형 신재생형	이미 구축된 신재생에너지(태양광, 풍력 등)에 ESS를 도입해 전력 피크 때 전력을 감축하는 모델
기타(지역특화)	지역별로 특화된 기 구축 인프라를 이용한 유형
종합형	상기 개별 유형들을 종합해서 추진

적 범위를 확대하는 쪽으로 방향을 잡아나갈 필요가 있다.

이러한 거점지구 사업을 메가 수도권에 맞게 실시하면서 메가 수도권의 스마트그리드 시장을 활성화해나가야 한다. 이를 위해서는 무엇보다도 전력 서비스 시장을 개방함으로써 민간 사업자가 스마트그리드 서비스에 참여할 수 있는 환경을 국가 차원에서 조성해야 한다. 즉, 스마트미터기 인프라 구축의 확대, 전력 수요 관리 전담기구의 설립 등 거버넌스 체계를 확립해야 한다.

한편 메가 수도권의 스마트그리드 사업 거점지구는 각각 개인, 집, 빌딩에 대한 에너지 정보를 스마트 기기의 앱을 통해 통합해서 제공하는 시스템을 갖추어야 한다. 이러한 시스템하에서 일반 가정이나 건물, 공장 등에 스마트미터기가 설치되면 스마트폰, 태블릿 등 스마트 기기에 깔려 있는 앱 서비스를 통해 집이나 건물에서 사용하는 전력량 및 요금 정보를 소비자가 즉시 알 수 있어 스스로 사용량을 조절할 수 있을 것이다.

미국의 오파워(Opower)는 가정의 전기 사용량을 비교하고 토의할 수 있는 게이미피케이션(Gamification)을 스마트 앱 서비스로 제공함으로써 친구들과 에너지 사용에 대해 이야기하고 전기를 절약할 수 있는 새로운 접근법

〈그림 13-8〉 스마트 기기의 개인, 집, 빌딩에 대한 에너지 정보 솔루션

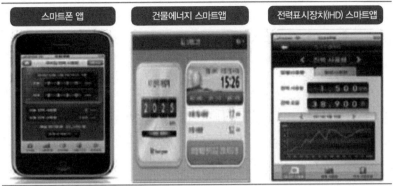

자료: 이정민·이선미, 「전력위기의 해법, 스마트그리드」, 『이슈 크런치 스페셜』(KT스마트그린개발단·kt경제경영연구소, 2013).

〈그림 13-9〉 스마트그리드로 인한 피크 수요 감소

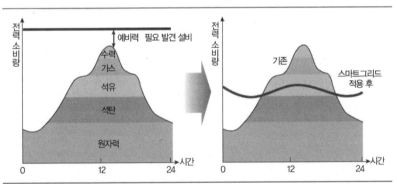

자료: 이정민·이선미, 「전력위기의 해법, 스마트그리드」, 『이슈 크런치 스페셜』(KT스마트그린개발단·kt경제경영연구소, 2013).

을 통해 에너지 효율성을 개선하려는 시도를 하고 있다.[9]

---

9) 이정민·이선미, 「전력위기의 해법, 스마트그리드」.

이러한 메가 수도권의 스마트그리드 거점 사업은 구체적으로 다음과 같은 효과를 거둘 수 있다. 첫째, 전력 피크 수요를 감소시켜 전력난의 위험을 줄일 수 있다. 둘째, 산업 부문에서 기업 경쟁력을 강화시키고 관련 산업에서 일자리를 창출하며 창조경제를 구현할 수 있다. 구체적으로 ① 에너지 이용 효율을 향상시키고, 수급 불균형을 해소함으로써 에너지 다소비업체의 경쟁력을 강화하고, 노후 산단의 자생력을 확보할 수 있다. ② 제조업, 건설업, 서비스업 등 유관 산업에서 수요가 창출된다. ③ 과학기술을 매개로 해 산·학·연 및 지방자치단체가 공동으로 신산업 생태계를 조성할 수 있다. 참조로 국정 과제 가운데 세 번째가 산·학·연·지역 연계를 통한 창조 산업 생태계 조성이다. 셋째, 도시 및 주거 부문에서 유시티를 구현할 기틀을 마련할 수 있다. 초고속통신망 인프라, 주거 내 최첨단 홈 IT기술 등을 활용함으로써 유시티 구축 기반을 마련할 수 있는 것이다.

(2) 셰일가스 도입 전략의 적극 활용

정부는 2012년 9월 7일 셰일가스 개발 도입 및 활용 전략을 마련해 추진 중이다. 메가 수도권에서는 이런 정책적 흐름을 메가 수도권을 대상으로 한 에너지정책 흐름에 그대로 반영해 에너지 소비 중 가스 비중을 늘리고 가스

정부의 셰일가스 개발 도입 및 활용 전략의 주요 추진 과제
① 북미산 셰일가스의 개발 및 도입 확대
② 공기업·민간 협력형 수직 일괄 개발 및 도입체제 구축
③ 셰일가스 투자 확대를 위한 재원 확충
④ 셰일가스 활용 확대를 위한 기반 강화
⑤ 셰일가스 개발기술 확보 및 전문 인력 육성

중에서도 셰일가스에 상당 부분 할애하는 방향으로 정책을 설정할 필요가 있다. 특히 셰일가스의 도입 및 개발과 관련된 대책을 중심으로 해 낮은 에너지비용을 활용함으로써 산업경제 전체를 활성화하는 전략으로 적극 전환해 이를 메가 수도권의 신성장동력으로 삼아야 한다.

(3) 러시아산 PNG 도입 적극 고려

남북관계 불안정 등의 이유로 현실화 여부는 불확실하지만 천연가스 공급처를 다양화하려는 노력의 연장이자 가격이 저렴하다는 경제적 이점을 활용해 러시아에서 PNG를 수입하는 방안을 고려할 수 있다. 단, 이를 위해서는 몇 가지 해결해야 할 문제가 있는 것이 사실이다.

첫째, 남·북·러 파이프라인이 경제성이 있는지에 대해 아직 확정적인 답을 내리지 못하는 실정이다. 이는 정확한 가격을 예상하기 어렵기 때문으로 전체적인 노선이 확정되지 않았다는 점과 각 통과 국가 간 부지수용비 및 인건비가 상이해 일률적으로 산정하기 어렵다는 점에 기인한다. 그런데 권원순은 배관 설치비용을 총 22억 3,560만 달러, PNG 북한 통과비용을 연 1억 1,840만 달러로 추산하고, 한국이 25년간 러시아 가스 750만 톤을 수입한다는 가정 아래 산정한 PNG 가격은 0.31달러/MMBtu(47.667MMBtu = 0.73톤)로 배로 운반하는 LNG(9.4달러)보다 훨씬 쌀 것이라고 추정한다.[10] 결국 수송 단가 기준으로 볼 때 PNG 방식은 LNG보다 경제적이라 할 수 있다. 문제는 도입 단가인데, 이는 관련 국가의 도입 단가 협상 결과에 좌우될 것으로 보인다.

---

10) 권원순, 「러시아와 천연가스 협력 및 PNG 구축」, 아태연구센터 남북러가스관 정책세미나(2012. 5. 25).

둘째, 공급 안정성 문제로, 북한에 대한 정치적 리스크와 러시아에 대한 신뢰 여부가 쟁점이다. 먼저 북한에 대한 리스크는 북한의 가스 절도와 가스관 폭파 우려를 뜻하는데, 이는 PNG의 여러 특성을 고려할 때 현실성이 없는 기우에 불과하다. 남·북·러 가스관의 가스를 북한도 사용하기 때문에 가스관에 문제가 생겨 공급이 중단되면 북한 측의 피해도 클 수밖에 없기 때문이다. 그럼에도 북한 리스크 때문에 가스 공급이 중단될 경우 사할린에 액화설비를 설치해 LNG를 공급받거나, 중국이 제시한 서해 해저 파이프라인으로 LNG를 공급받는 방법 등이 대안으로 고려될 수도 있다.

러시아에 대한 불신 또한 지나친 기우다. 러시아는 파이프라인의 북한 부분에 대한 건설과 위험관리를 그들이 담당할 것이라는 의사를 여러 번 타진한 바 있기 때문이다. 한국가스공사 또한 이러한 조건으로 사업을 추진하겠다고 밝힌 바 있어 러시아에 대한 신뢰에는 문제가 없다고 볼 수 있다.

러시아산 PNG가 국내로 도입될 경우 상식적인 판단으로는 동해안을 타고 파이프로 운송될 것으로 보인다. 그러나 경우에 따라서는 북한에서 파이프가 둘로 갈라져 하나는 동해안으로, 다른 하나는 국토를 횡단해 서해안 쪽으로 올 수도 있다. 따라서 어떤 식으로 파이프가 설치될지는 아직 판단하기 어려워 일방적으로 동해안을 거쳐 올 것이라고 재단할 수는 없다. 다만, 메가 수도권 입장에서 보면 동해안으로 파이프가 내려올 경우에는 강원도 지역에 중간 거점 기지를 설립해야 할 것이고, 파이프가 갈라져 서해안으로 내려올 경우에는 인천시를 LNG 기지의 거점으로 활용해야 할 것이다. 그런 연후에 기존 에너지 수송 인프라 및 체계와의 접목을 통해 천연가스를 공급하면 될 것으로 보인다.

(4) 지역에너지정책의 적극 추진

후쿠시마 원전 사고를 계기로 원전 확대 중심의 정부정책에 대한 저항이
생겨나고 지방자치단체 차원에서 자체적으로 에너지정책을 수립하는 흐름
에 순응해 메가 수도권 차원에서도 지역에너지정책을 수립해나가야 한다.
특히 서울특별시의 사례에서 보듯이 지방자치단체가 에너지 소비를 줄이고
온실가스 배출을 절감하는 등 대단히 고무적인 결과를 산출한다는 점에서
지역에너지정책의 변화를 초래할 것으로 보인다. 서울특별시가 선도하는
가운데 경기도가 이에 호응하고, 그 연장에서 메가 수도권에 속하는 지방자
치단체나 지역이 지역에너지정책을 수용한다면 메가 수도권 전체에서 지역
에너지정책을 추진하는 것은 자연스럽게 큰 힘을 얻을 수 있을 것이다.

제6부 지역 간 상생과 광역 거버넌스 실현

제14장 평택·아산만 광역도시권 공동 개발 | 오용준

제15장 수도권–강원권 간 관광 3개 벨트 형성 | 이수진

제16장 광역 거버넌스를 위한 6개 시·도 간 정책 협력체제 구축

　| 이용환·임정빈

평택·아산만 광역도시권 공동 개발 _ 오용준

1. 수도권·충청권 상생발전의 여건과 과제

1) 상생발전의 출발점

상생발전이란 복수의 지역 간에 상호이익이 발생하면서 진화하는 과정을 의미한다.[1] 상생은 한 지역의 성장이 다른 지역의 성장을 방해하지 않고 공생발전을 이루는 상태를 뜻하는데, 이는 복수의 지역 간 관계가 지배-종속이 아니라 상호의존적이어야 가능하다.

그동안 수도권과 비수도권의 관계는 지역 간 양적 불균형을 해소하는 차원에서 설정되었다. 하지만 이제는 지방자치단체를 중심으로 한 쌍방의 질적 균형발전정책으로 전환할 시점이 되었다. 국가균형발전을 위해 수도권을 규제하고 상대적 낙후 지역인 지방의 발전을 촉진하는 이분법적인 정책

---

1) 박양호 외, 『통합국토를 향한 지역 간 공동발전방안 연구』(국토연구원, 2003), 13쪽.

이 아니라, 지역발전이 지방과 수도권의 성장과 발전을 촉진해 국가발전의 잠재력을 확대시키고 국가경쟁력을 강화하도록 만드는 신균형발전정책이 필요하다.

　정부는 국토정책의 기조를 지역 간 연합에 두고 도시권 개념을 다양한 형태로 변형하며 운용해왔다. 도시권은 「대도시권 광역교통관리에 관한 특별법」에 따른 대도시권, 「국토의 계획 및 이용에 관한 법률」에 따른 광역도시권,2) 「국가균형발전특별법」에 따른 초광역개발권-광역경제권-기초생활권(이명박 정부)과 지역생활권-지역협력권(박근혜 정부),3) 「지역균형발전 및 지방중소기업육성에 관한 법률」에 따른 광역개발권4) 등 다양한 형태로 나뉜다. 특히 수도권은 인구 밀도가 높고 인구 규모가 큰 중심 대도시와 통근·통학 등 기능적인 연계성이 높은 주변의 도시화된 지역으로 구성된 대도시권으로 규정되어왔다. 그러나 최근에는 국토 공간의 관리 단위를 도시 간 지리적인 연접성이나 통근·통학 등 기능적인 연계성에 의존한 공간범역이 아니라 비공간적이고 장거리 도시 간에도 형성 가능한 도시 간 연계·협력 네트워크 개념에서 인식한다.5) 도시 네트워크 또는 네트워크 도시권은 공

---

2) 광역도시권이란 둘 이상의 광역시, 시 또는 군의 공간구조 및 기능을 상호 연계하고, 환경을 보전하며, 광역 시설을 체계적으로 정비하기 위해 그 행정구역의 전부 또는 일부를 해당 시장, 군수, 시·도지사 또는 국토교통부 장관이 필요에 따라 지정하는 광역계획권을 의미한다(「국토의 계획 및 이용에 관한 법률」 제10조의 ①).

3) 2013년 박근혜 정부는 새로운 지역발전정책의 핵심 공간개념으로 생활공간에 기반을 둔 권역(지역생활권 및 지역협력권) 개념을 도입하고, 지방자치단체가 자율적으로 협의해 설정하도록 했다.

4) 국토교통부 장관은 광역시와 그 주변 지역, 산업단지와 그 배후 지역 또는 여러 도시가 상호 인접해 동일한 생활권을 이루고 있거나 자원의 공동 개발 및 관리가 필요한 지역 등을 광역적으로 개발할 필요가 있다고 인정하는 경우, 그 지역을 광역개발권역으로 지정해 개발할 수 있다(「지역 균형개발 및 지방중소기업 육성에 관한 법률」 제4조의 ①).

<그림 14-1> 전후방 연계성으로 구분한 지역경제의 구조

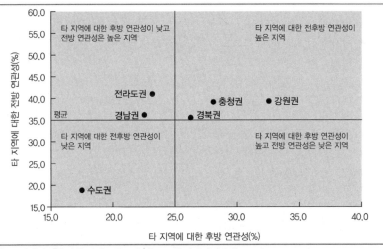

자료: 임형빈, 『충청권 경제모형 구축연구 I』(충남발전연구원, 2008).

간적 단위나 지리적인 단위가 고정되어 있지 않고, 지역 간 연계와 협력의 필요성에 따라 참여하는 도시가 변하는 연성적인 특성을 가지고 있다.

이러한 관점에서 수도권의 초광역화 추세에 따른 부정적인 외부 효과를 최소화하면서 메가 수도권의 상생개념을 적용하기 용이한 지역으로 충청권과 강원권을 주목한다. 특히 충청권은 전형적인 교역형 지역으로 지역 내외로 이입되거나 이출되는 비율이 높은 개방형 경제 구조다.[6] 이러한 경제 구조는 수도권과 충청권에 상생발전을 위한 재정 투자가 이루어지면 생산 유발 효과가 전국으로 확산될 수 있다는 점에서 상생발전의 중요한 명분이 된

---

5) 김용웅, 「제16장 지역 간 연계·협력의 이론적 배경과 발전방향」, 이정식·김용웅 엮음, 『세계화와 지역발전』(한울아카데미, 2001), 477~479쪽.

6) 충청권의 전후방 연관성을 종합해보면 충청권은 수도권과 경남권에서 중간재를 많이 구매할 뿐 아니라 판매도 많이 해 이들 지역과 연계성이 높다고 할 수 있다.

다. 경기도-충청도 지역 간에 긍정적으로 연계협력할 수 있는 도시연합체를 찾고 경쟁력을 확보하도록 하는 것은 지방의 활성화뿐 아니라 수도권발전 및 국가발전에도 효과적으로 기여할 것이다.

2) 상생발전의 여건과 과제

국토정책 차원에서 정부는 1994년 전국 7대 광역권개발계획(아산만권, 대전권, 군산·장항권, 광주·목포권, 광양권, 부산권, 대구·포항권 등 U자형 산업벨트 구축)을 발표했다. 7개 광역권은 「지역 균형개발 및 중소기업 육성에 관한 법률」에 따라 광역개발권역으로 지정되면서 광역개발계획이 수립되었다. 이 중 충남 서북부 지역과 경기 남부 지역을 포함하는 아산만권 광역개발계획은 아산공단 및 아산항을 확충하고, 평택·당진·아산에 배후신도시를 건설하며, 천안 주변 고속전철역 부지를 신시가지로 조성하는 내용을 포함한 대규모 개발계획이었다. 아산만권 광역개발계획은 이들 지역의 미래를 바꾸는 획기적인 계기였지만, 지역 간에 실질적인 협력 성과는 미흡했다. 중앙정부가 사업별로 예산을 배정하는 방식으로 사업이 추진되어 지방자치단체 간 자발적인 협력이 부족했고, 권역 내 지방자치단체 간 협력 사업에 대해 기획, 집행, 관리 등 전반적인 연계·협력을 주관할 구심점이 없었기 때문이다.[7]

광역정책 차원에서 경기도와 충청남도는 다양한 형태의 상생발전협력을 시도한 바 있다. 특히 2005년에는 아산만 광역도시권을 중심으로 경기-충남 상생발전협약을 체결하고, 세 가지 핵심 사업을 추진하기로 결정했다.

---

7) 김동주 외, 『글로벌 도시권 육성방안 연구 II』(국토연구원, 2011), 104~105쪽.

평택·당진항을 중심으로 경제자유구역을 공동 지정하고, 경기 남부 지역(평택·화성·오산·안성)과 충남 서북부 지역(천안·아산·서산·당진)을 자동차 및 IT-디스플레이 초광역 클러스터로 조성하며, 경기도와 충청남도의 지역 산업 상생발전과 난개발 치유책의 일환으로 안성시와 천안시의 접도 지역에 협력산업단지를 조성하기로 한 것이다. 그러나 현재 산업 간 연계협력 분야를 제외한 계획입지(경제자유구역, 산업단지) 조성 사업은 부동산 경기 침체 등의 이유로 구역이 대폭 축소되거나 해제될 위기에 봉착해 있다.

지역정책 차원에서는 2007년 평택·아산·당진의 시장 또는 군수가 '광역 아산만권 발전 전략 정책토론회' 결과를 토대로 협약을 체결한 바 있다. 아산만권을 국가경제의 중심지이자 동북아시아 물류의 허브로 발전시킬 수 있도록 3개 도시의 기능을 연결하고, 상호 보완하는 공동발전 전략을 수립하자는 것이었다. 이를 토대로 도로와 철도, 항만 등 광역적인 개발이 필요한 공동 사업에 적극 협력하기로 하고, 공동발전협의회 및 실무협의회를 구성했다. 그러나 수도권 규제 완화 여부에 따른 지역 간 이해가 상이해 협의회는 제대로 작동되지 못한 채 아산만 발전을 위한 느슨한 형태의 선언 수준에 그치고 말았다. 따라서 수도권 규제를 둘러싼 불필요한 갈등을 유발하지 않는 새로운 차원의 국토 균형발전정책이 필요하다. 신균형발전정책은 지방분권을 바탕으로 지역 균형발전정책의 직접 당사자인 수도권과 비수도권 지방자치단체의 자율적인 협력에 바탕을 두고 수립·집행되어야 한다.

그동안 평택·아산만권은 상생협력권의 핵심으로 회자되어왔으나, 공동발전을 위한 정책은 느슨한 협력 수준에 그쳐 도시권 형성을 위한 실질적인 노력이 부족했다. 수도권과 충청권이 새로운 차원의 상생발전을 하기 위해서는 다음과 같은 협력 대상을 발굴해야 한다.

우선, 세종시가 성공적으로 건설되어 제 기능을 발휘하도록 지원해야 한다. 세종시의 불완전한 건설은 수도권과 세종시 사이의 과도한 교통 수요를 불러일으킬 뿐 아니라 수도권과 충청권의 상생발전에도 악영향을 미칠 수 있기 때문이다. 세종시가 국토의 동서 지역 간 발전축의 결절점이자 전국의 교환통로라는 점에서 세종시와 연결된 서해안축을 물적 기반을 갖춘 발전축으로 어떻게 발전시킬 것인지 고민해야 한다.

중국 경제의 성장 추세가 지금처럼 지속된다면 조만간 중국은 미국을 능가하는 세계 최대 경제국이 될 것이다. 따라서 한국과 중국 경제의 분업 구조 때문에 고부가가치 산업이 중국으로 유출되는 것을 방지해야 한다. 또한 중국 진출 이후 한국으로 되돌아오는 유턴기업의 정착을 지원해야 하며, 나아가 중국 기업을 유치하기 위해 수도권·충청권 산업벨트 지역의 산업경쟁력을 강화해야 한다.8) 다른 한편으로는 핵심 부품소재 산업의 대일 의존도를 낮춰야 한다. 평택·아산만의 평판디스플레이 양산력은 세계 시장의 1/4을 점유하고 있다.9) 문제는 핵심 부품소재의 일본 의존성을 어떻게 극복하느냐인데, R&D를 통한 원천기술 확보 등으로 부품소재 부문에서 자립하는 것이 한국 경제의 생존전략이 되어야 한다.

수도권·충청권 경제가 성장하고 서해안 산업벨트가 활성화될수록 난개발과 환경오염 같은 부작용이 발생할 우려도 크다. 따라서 합리적이고 효율적인 도시성장 관리 방안과 함께 서해안의 생태환경을 보전하기 위한 계획적인 연안 관리가 필요하다. 환경정의 측면에서 수도권의 역할도 재조명해야 한다. 최근 수도권은 지방 에너지, 식량, 물 등을 염가로 구입해 대량으로

---

8) 강현수, 「수도권과 충청권의 상생발전 비전과 전략」, 메가 수도권의 발전비전과 전략 워크숍 자료(2013).

9) 2000년대 들어 삼성코닝 정밀유리공장 및 삼성 LCD 공장이 충남 아산시 탕정면에서 가동하기 시작했으며, 지금은 세계 최대의 디스플레이 생산단지로 발돋움했다.

소비하고 대량으로 재생산하는 등 자원 순환 및 배분에 공정하지 못하다는 비판을 받는다. 이는 수도권-충청권 간 새로운 협력 대상으로 화력발전소[10] 전력 문제에 주목해야 하는 이유이기도 하다. 충남 서해안 화력발전소에서 생산하는 전력의 63.8%가 수도권 등 다른 지역으로 송출되지만 지역민에게 돌아가는 혜택은 거의 없다. 2011년 현재 화력발전소의 대기오염물질로 인한 사회적 비용은 2조 1,445억 원으로 추계되는데, 이 중 충남이 7,365억 원으로 전국의 34.3%를 차지했다.

2. 상생발전의 흐름과 전망

1) 수도권·충청권에서 주목할 새로운 변화의 흐름

대외적으로 중국 경제가 부상하고 대중국 교류가 확대되면서 황해경제권 및 서해안의 중요성이 증대되고 있다. 현재 중국은 기업의 자본이 외부로 나가는 것을 국가 정책적으로 일부 제약하고 있으나, 중국 기업이 서해안권에 투자할 가능성은 여전히 높다. 다행히 한국의 수직적인 한·중·일 산업 구조는 산업적인 연계가 강화되면서 수평적 연계로 변화하고 있으며, 서해안의 관문인 평택·당진항과 황해경제자유구역 등을 통해 직교류 기반이 구축되는 중이다. 경기 및 충남 서해안축을 따라 산업 집적지가 형성되면서 서해안축이 영남 해안권을 압도하는 국가의 가장 중요한 산업벨트로 부상

---

[10] 충남 서해안 일대에는 서천화력과 보령화력, 당진화력, 태안화력 등 크게 4곳의 화력발전소가 있으며, 2012년 현재 연간 1만 5,253MW의 전력을 생산한다.

한 것이다. 이로 인해 앞으로 서해안고속도로를 중심으로 한 서해안축이 경부축을 보완 또는 대체하는 한국 경제의 새로운 중심축이 될 것이라는 전망이 구체화되고 있다.

대내적으로는 수도권이 초광역화되고 있다. KTX 개통 및 고속도로망의 발전으로 수도권의 실질적인 영역이 경기도 경계를 넘어 충남·충북·강원도 지역으로 지속적으로 확장되고 있다. 충남의 서북부 지역(천안·아산·서산·당진)과 충북 북부 지역(음성·진천)은 수도권 경제권에 포섭되고 있는 징후가 곳곳에서 나타난다. 앞으로 수도권의 초광역화 추세가 진전되면 수도권의 물리적인 경계가 대전시·세종시·청주시를 포함하는 충청권 전체를 넘어설 가능성도 배제할 수 없다. 다른 한편으로는 국가균형발전의 상징인 세종시로 중앙정부의 기능 이전이 본격화되고 있다. 정부의 중추관리 기능이 충청권에 입지하게 되면서 충청권의 발전이 가속화되고, 수도권과 충청권의 교류와 연계는 더욱 강화될 것이다.[11] 다만, 부동산 개발 위주의 정책이 한계에 봉착해 기존 개발 방식에 대한 전면적인 수정은 불가피할 전망이다. 즉, 수도권·충청권은 선택과 집중을 통해 효율적이고도 지속가능한 지역개발을 추구하는 한편, 생산 기반 중심에서 삶의 질을 제고하기 위한 지역정책을 개발해야 하는 과제를 안고 있다.

2) 상생발전의 전망

지금과 같이 경쟁적·갈등적 구조를 보이는 대립적 지역 구조는 앞으로도 지속될 것이다. 국토연구원은 수도권에 대한 충청권의 물리적인 접근성이

---

11) 강현수, 「수도권과 충청권의 상생발전 비전과 전략」.

개선되면서 중앙행정, 연구개발, 산업 지원 등 업무뿐 아니라 여가문화, 쇼핑, 의료 등 일상생활의 연계도 매우 강화되어 수도권과 충청권은 초(超)연계된(hyper-connected) 대도시권이 될 것이라고 전망한다.[12) 수도권과 세종시 간의 연계가 강화되면서 수도권과 세종시를 포괄하는 거대 도시권이 형성될 가능성이 높다는 것이다. 비수도권은 이러한 수도권 발전 전망이 광역적인 연계협력의 순기능을 발휘하기보다는 자칫 대(大)수도권 논리에 빠지는 우를 범할 수 있다며 경계한다. 그동안 대수도권 논의가 수도권의 규제 완화를 위해 주장되어왔기 때문이다.

특히 서해안 산업벨트가 고도화되지 못할 경우 충청권은 중추관리 기능이나 고부가가치 기능은 수도권에 의존한 채 저부가가치 분공장 경제 구조로 전락할 수 있다. 환경정의 측면에서 정책 개입이 이루어지지 않는다면 수도권의 대기오염 방지를 위해 서해안에 석탄화력발전소를 짓고 초고압 송전선을 통해 발전전력을 수도권 소비지로 보내는 구조가 고착화되어 수도권과 충청권 간 환경 갈등이 유발될 것이다.

그런데 지역상생의 정치와 정책을 추진한다면 수평적 지역 간 구조로 바뀔 수 있다. 한국 경제는 저성장 추세를 보이지만 수도권과 충청권의 경제 전망은 그나마 밝은 편이다. 수도권·충청권은 한국 경제를 공동으로 책임지는 곳이므로 갈등 대신 상생으로 나아가야 한다.[13) 평택·아산만권 지역이 국가국제 기능, 광역 기능, 지역 기능을 특화하고 분담하면서 네트워크 도시체계를 구성하면 국가 중추적인 기능의 일부를 담당해 동반성장의 기반을 마련할 수 있다.[14)

---

12) 이용우 외, 『국토 대예측 연구 III』(국토연구원, 2011).
13) 강현수, 「수도권과 충청권의 상생발전 비전과 전략」.

<그림 14-2> 메가 수도권 연계권 발전 시나리오

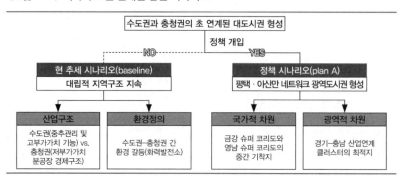

국가적인 차원에서 메가 수도권 전략은 초광역 공동체라는 새로운 공간 구도하에서 내륙의 도시연합과 해안의 거점도시가 새로운 산업 클러스터를 일으켜 이들 지역을 특성 있는 권역으로 세분화시키는 촉매제가 될 수 있다. 비수도권의 발전회랑은 호남고속철도를 중심으로 금강과 새만금을 연결하는 금강 슈퍼 코리도(Corridor)와 경부고속철도를 중심으로 한 낙동강 슈퍼 코리도로 구분할 수 있다. 이 중에서 평택·아산만 광역도시권은 메가 수도권과 금강 슈퍼 코리도를 연결하는 중간기착지라고 할 수 있다. 평택·아산만 광역도시권은 평택·당진항을 중심으로 기능적인 연계성이나 지리적인 근접성을 고려해 경기도 남부 지역과 충청남도 서북부 지역을 대상으로 한다.

광역적 차원에서는 적극적인 정책 개입을 통한 긍정적인 시나리오도 상정할 수 있다. 경기·충청남도의 접경지역을 중심으로 네트워크형 도시체계

---

14) 오용준, 「아산만 도시권의 특성과 연계 발전방향」, 지역발전위원회·충청권광역경제발전위원회 공동 주관 아산만 도시권 연계발전방안 정책 세미나 자료(2012).

를 구축해 협력적인 지역발전을 추구하는 경우다. 평택·아산만권은 경기도·충청남도의 접경지역으로 국가기간 산업 및 첨단 산업의 전후방 연계효과를 극대화할 수 있는 최적지로 평가받는다. 평택·아산만권에 도시 간 네트워크를 형성해 경제거점과 주변 지역을 연계한다면 산업 간 연계효과가 극대화될 것이다.

3. 수도권·충청권 상생발전의 비전과 전략

1) 상생발전의 비전

수도권·충청권의 상생발전정책이 지속되려면 수도권과 충청권 간에 공동의 발전목표가 있어야 한다. 공동발전목표는 경기와 충남의 상생발전을 통해 새로운 국가균형발전을 촉진하는 데 기여하도록 설정하는 것이 바람직하다. 이런 관점에서 평택·아산만권은 상생발전의 효과적인 대상이다.

평택·아산만권을 공동으로 개발하는 목적은 수도권 접경지역에 경쟁력 있는 네트워크형 광역도시권을 형성해 경기·충남 상생협력의 거점 역할을 수행하도록 촉진하기 위해서다. 이를 위한 핵심 전략은 국제 기능, 국가 기능, 광역 기능을 설정하고, 이에 걸맞은 상생발전 전략을 도출하며, 정책을 효과적으로 추진하기 위한 거버넌스를 구축하는 것이다.

평택·아산만 광역도시권의 국제 기능은 환황해경제권 성장에 따른 대중국 교류의 중심지로서 위상을 강화하는 데 초점을 맞춰야 한다. 중국 경제의 부상 및 환황해경제권의 도래로 중국 및 서해안과 접한 평택·아산만 광역도시권의 새로운 가능성이 부각되었기 때문이다. 따라서 세계적인 경쟁력을 갖춘 수도권·충청권 산업을 공동으로 육성하고, 동아시아 경제와 직교류할 수 있는 기반을 갖추는 것이 중요하다. 이를 위해 서해안 중추도시(한국, 중국)와 연계하고 교류하는 서해안도시 얼라이언스(Alliance)를 구축할 필요가 있다. 서해안도시 얼라이언스는 평택·아산만이 환황해경제권의 거점으로 성장할 수 있도록 광역도시권 지방자치단체와 중국 동부권 주요 도시 간의 환황해권 파트너십을 통해 구체화할 수 있다. 서해안도시 파트너십을 통해 산업 간 연계, 농식품 분야 협력, 문화 및 관광 교류, 대기환경 보호 등 다각적인 협력을 모색할 수 있다. 아울러 해상교역의 관문이자 선진외국 문물의 전래지인 평택·당진항을 중심으로 서해안 시대의 국제관문(Global Gateway)을 조성하는 것도 중요한 과제다.

평택·아산만 광역도시권의 국가 기능은 국가균형발전을 선도하는 다극화된 네트워크 거대 도시권으로 국토공간구조를 개편하는 데 촉매제 역할을 수행하도록 설정해야 한다. 그동안 한국의 지역발전은 경부축을 중심으로 이루어져 지역 간 발전 격차가 컸던 게 사실이다. 평택·아산만 광역도시권이 제 역할을 수행한다면 현재 경부축 중심의 국가발전축이 서해안 쪽으로 이동하는 계기가 될 것이다. 그렇게 되면 평택·아산만권은 수도(서울특별시)와 행정중심복합도시(세종시)를 연결하는 상징적인 거점이자 수도권 발전 효과를 비수도권에 전달하는 혁신 거점으로서의 역할을 수행할 수 있을 것이다.

평택·아산만 광역도시권의 광역 기능은 지역 간 연계협력을 통해 도시 간 네트워크체계를 구축하도록 설정해야 한다. 세계적인 네트워크 도시로 잘 알려진 네덜란드 란드스타드(Randstad)와 일본 간사이 지역에서는 지역 간 네트워크가 지역발전 효과의 1/4 정도를 차지한다는 점에 주목할 필요가 있다. 한국 또한 KTX 역세권(천안·아산)을 지역성장 네트워크의 핵심 거점으로 육성해 황해경제자유구역, 국제과학비즈니스벨트 등과 긴밀히 연계해야 한다.

2) 상생발전을 위한 전략

(1) 평택·아산만 광역도시권의 형성 전략 추진

평택·아산만 광역도시권 내 신성장거점도시(황해경제자유구역, 기업도시, 평택 및 아산신도시 등)의 원활한 조성을 위해서는 선별적으로 규제를 완화하고 자족 기능을 강화하는 데 역량을 집중해야 하며, 이후에 주변 시·군으로 파급효과를 확산시키는 전략을 채택하는 것이 바람직하다. 글로벌 투자와 교육 및 네트워크의 중심지로 육성하기 위한 인프라를 확충하고 고차서비스업을 유치하며, 우수한 정주 환경을 조성하기 위한 투자와 지원도 필요하다.

특히 부동산 경기 침체에 따라 황해경제자유구역의 규모가 축소되면서 경제자유구역을 재활성화해 이를 평택·아산만권의 핵심 거점으로 육성하기 위한 대책을 마련하는 것은 시급한 공동과제다. 단기적으로는 경제자유구역에서 해제된 지역을 대상으로 도시관리계획을 수립해 난개발을 방지해야 하며, 생활밀착형 SOC(농로포장사업, 수리시설 개·보수, 마을안길 등)를 조기에 공급해 주민 불편을 해소해야 한다. 중장기적으로는 기존의 계획입지 중 산업의 전후방 연관 효과가 높고, 입지경쟁력을 갖춘 산업단지나 토지 및 시행자가 확보된 지역(서산 바이오웰빙특구 등)을 경제자유구역으로 중복 지정해 국내외 기업을 유치하는 방안도 검토할 수 있을 것이다.

한편 평택·아산만 도시권의 랜드마크형 사업으로 제3세대 산업단지를 조성할 필요가 있다. 제3세대 산업단지는 근로자 가족의 동반 이주를 촉진하도록 교육, 복지, 의료서비스 공급체계와 긴밀히 연계된 입지를 선정한

〈그림 14-3〉 제3세대 산업단지의 개념

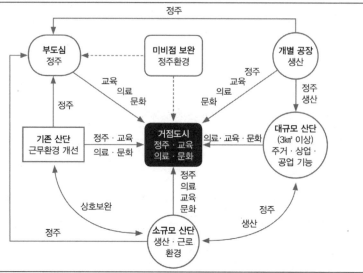

자료: 오용준, 「아산만 광역도시권의 특성과 연계 발전방향」(2012), 아산만 도시권 연계발전 방안
정책세미나 발표자료.

다. 경기·충남 상생발전의 시범사업으로 접도 지역에 제3세대 산업단지를
조성하되, 산업용지는 충남에 두고 주거용지는 경기에 배치하는 형태로 공
동개발하는 방안을 검토해야 한다. 제3세대 산업단지를 국제과학비즈니스
벨트 기능지구와 연계해 기초연구를 산업화하는 생산 거점으로 조성하는
것도 효과적인 대안이다.

아울러 평택·아산만 광역도시권의 중심지와 주변 지역 간 전문화된 기능
분담을 통해 수도권과 충청권이 공유할 수 있는 생활밀착형 정책을 구체화
해야 한다. 충청권은 친환경 농업의 소비처로서 수도권의 역할이 필요하며,
수도권은 베이비붐 세대의 대규모 은퇴를 앞두었다. 따라서 접도 지역에 액
티브 시니어(Active Senior)를 위한 자연친화적이고 여성친화적인 전원마을

을 조성하는 등 다양한 형태로 상생협력 사업을 추진할 필요가 있다.

(2) 평택·아산만 광역도시권 내 지역 간 연계협력 사업 추진

평택·아산만 광역도시권 내 지역 간 연계협력 사업을 추진하기 위해서는 평택·아산만 광역도시권이 환황해권 도시 간 네트워킹에 참여할 수 있는 방안을 모색해야 한다. 이를 위해서는 평택·아산만권이 글로벌 시장과 직접 교류할 수 있는 국제적 인프라와 연계를 강화해야 한다. 서해안 주요 거점을 연결하는 서해안 초고속 스마트 하이웨이(Smart Highway)를 건설하고, 평택·당진항의 배후 지역인 내항을 경기도·충청남도의 상생발전을 위한 창조적인 물류 및 비즈니스 플랫폼(Port Biz Platform)으로 개발할 필요가 있다.

평택·아산만 광역도시권의 지속가능한 발전을 위해 스마트 성장(Smart Growth) 관리 시스템을 구축하는 것도 중요한 과제다. 스마트 성장이란 개발로 인한 부작용을 예방하면서 경제적인 특성과 인구 특성을 고려해 공동 목표로 설정된 성장을 추구하고 실현하는 일련의 행위를 말한다. 인구 저성장 시대의 스마트 성장은 도시성장 경계 획정이나 압축개발, 도시재생을 통해 구현될 수 있지만 연안통합 관리나 문화관광 연계협력 분야에서는 조기에 성과를 창출할 수 있다.

평택·아산만권은 개발 압력과 보전 강도가 치열하게 충돌하는 경합 지역이다. 우선, 평택·아산만권은 자연해안 관리의 공동목표를 설정해 자연해안을 보호해야 하며, 화력발전소 입지 지역(과도한 탄소배출 지역)에 대해서는 공정한 대가지불체계를 마련해야 한다. 아울러 평택·아산만으로 유입되는 안성천(평택·천안·아산 등), 삽교천(천안·아산·당진 등) 유역 지방자치단체 간에 협력적인 환경 거버넌스를 구축함으로써 평택·아산만 하구 주변이 광역도시권 공동체의 근간이 되도록 적극 지원할 필요가 있다.

<그림 14-4> 삽교천 유역의 물통합 관리 전략

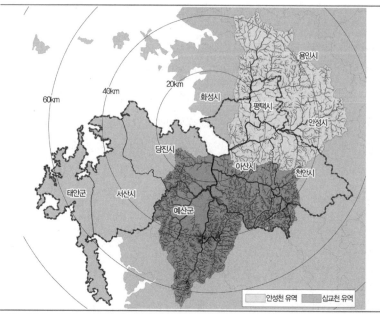

자료: 오용준, 「아산만 광역도시권의 특성과 연계 발전방향」(2012), 아산만 도시권 연계발전 방안 정책세미나 발표자료.

문화관광 분야에서는 광역도시권 내 지방자치단체가 상호호혜적인 관계 속에서 시너지 효과를 제고할 수 있는 협력 방안을 마련해야 한다. 우선, 문화관광협력 분야에서는 문화관광 자원을 선형이나 점적인 형태로 연결하는 사업(역사 자원 분포 지역을 연결하는 기호유교 문화권 개발 사업)을 추진하고, 관광객 이동 패턴에 따라 문화관광 서비스를 공급하는 사업(시티투어 사업과 같이 관광객 이동 흐름을 중심으로 한 연계협력 사업, 평택·아산만의 조류탐조15) 생태

15) 평택·아산만은 연간 320여 종의 조류가 서식하고 겨울철에는 50여만 마리의 철새가 모이는 세계적인 철새도래지다. 특히 국제적 멸종위기종인 가창오리가 전 세계 생존집단

관광·해양관광 등을 주제로 한 연계협력 사업 등)과 연계해야 한다. 중국 관광객을 유치하기 위한 공동프로모션(공동마케팅 체계)과 관광역량 강화 사업(문화관광포럼, 아카데미 사업 등)을 추진하는 것도 효과적이다. 중장기적으로는 평택·아산만 관광을 진흥하기 위한 공동기금을 확보하고, 공동의 이익에 부합하는 지역 간 관광협력 사업을 추진하는 방안을 검토해야 한다.

(3) 평택·아산만 광역도시권의 신성장동력 창출전략 추진

한국 경제의 지속가능한 성장을 위해서는 서해안 지역의 산업 포트폴리오를 다변화해야 한다. 수도권 중심의 수출 주도형 산업보다는 내수기반을 확대할 수 있는 산업을 선정하고 산업 촉진 생태계를 조성하는 것이 수도권과 충청권의 동반성장 효과를 극대화하는 길이다.

이를 위해서는 우선, 행정 및 산업지원기관이 내수기반 확대 산업에 대한 비즈니스 매칭 기능, 인재 육성 기능, 지적 관리 및 활용 기능 등 중소기업 지원 서비스를 충실히 제공해야 한다. 또한 평택·아산만권의 경쟁력을 규모에서 찾기보다는 본질적으로 첨단기술과 산업 기반을 확대함으로써 확보해야 한다. 이를 위한 효과적인 수단은 공간적·산업적인 연계를 강화하는 것인데, 경기·충남·대전은 KTX 천안아산역을 중심으로 국제과학비즈니스벨트 기능지구와 대덕연구개발특구를 연결하는 SOC 건설을 위해 공동으로 협력하고 국가에 공동지원을 요청해야 한다.

평택·아산만이 세계 경제와 직교류할 수 있는 기반을 마련하는 것은 국가

의 90% 이상 도래해 서산 천수만은 람사르가 정한 6개 습지 요건 가운데 3개 요건(전 세계 생존개체 수의 1%, 멸종위기종 부양 서식지, 2만 마리 이상의 개체 수 수용)을 충족한다.

〈그림 14-5〉 서해안 첨단 산업벨트 구상

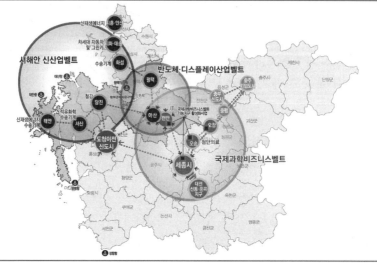

자료: 오용준, 「아산만 광역도시권의 특성과 연계 발전방향」(2012), 아산만 도시권 연계발전 방안 정책세미나 발표자료.

적인 과제다. 지식기반 산업과 첨단 산업이 연계된 산업 클러스터를 형성하기 위해서는 몇 가지 요건이 필요한데, 그중에서 평택·아산만권이 글로벌 기업의 모공장(Mother factory)으로서의 기능을 강화하는 방안이 무엇인지를 고민해야 한다. 우선, 평택·아산만 광역도시권은 국제적인 경쟁력을 확보한 전략 산업(자동차, IT, 디스플레이, 차세대 철강 및 석유화학 등) 클러스터를 구축하기에 용이한 지역이다. 따라서 평택·아산만에 대기업−중소기업 간 부품소재 무역 분업 네트워크를 구축함으로써 신성장 산업 수요를 창출하고, 평택·아산만의 차별화된 입지 환경을 활용해 공동발전을 추구함으로써 환황해권의 글로벌 경쟁력을 확보해야 한다. 평택·아산만권이 글로벌 인재와 자본이 집적되는 교류 거점으로 성장하기 위해서는 중핵적인 연구개발 거점(과학비즈니스벨트 기능지구)을 육성하고, 관련 거점으로의 접근성을 강화하는 물리적인 조건 개선이 선행되어야 한다. 아울러 관련 기업뿐 아니라 연구 및 지원 기관 등의 집적을 유도하고 정주 환경(문화, 복지, 의료 등)을 개선하는 등 소프트파워를 강화해야 한다. 여기에 평택·당진항의 국제교류 기능이 어우러진다면 평택·아산만은 세계적인 산업 클러스터와 경쟁하는 네트워크 공간으로 조성될 수 있을 것이다.

(4) 도시연합 거버넌스 구축

평택·아산만 광역도시권은 지역 간 공동이익에 부합하는 정책을 추진하기 위한 지방자치단체 간 협력적인 거버넌스를 구축해야 한다. 평택·아산만의 지역발전을 위해서는 지역 간 연계협력과 네트워크 도시체계를 구축하는 것이 관건이기 때문이다.

특히 서해안 시대에 평택·아산만권이 국가균형발전을 도모하고 광역도시권 내의 지역 간 갈등을 방지·해소할 수 있는 시스템을 구축하는 일이 필수적이다. 이러한 시스템은 평택·아산만권 시·군의 상생발전 거버넌스로 구현하는 것이 바람직하다. 그러므로 상생발전 거버넌스의 기능은 광역도시권 내 연계협력 사업을 발굴해서 동반성장의 기반을 구축하는 데 초점을 두어야 한다. 상생발전 거버넌스는 지방정부 간 상생발전을 위한 정책 활동(상생발전정책 의제 형성, 정책 결정, 정책 집행, 정책 평가)을 수행하도록 설계되어야 한다. 상생발전 거버넌스는 평택·아산만권 상생발전협의체를 조직해서 그 기능을 수행하는 것이 효과적이다.

상생발전협의체는 평택·아산만 광역도시권 내 도시 간 상생발전을 추진할 때 발생하는 광역적·지역적 차원의 문제를 해결하는 조직이라 할 수 있다. 상생발전협의체는 평택·아산만의 상생발전이라는 지역 문제에 대해 상호이익과 관심을 공유하는 광역자치단체(경기도·충청남도) 및 기초자치단체

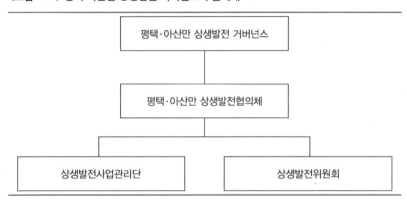

로 구성된 광역도시정책조직이라는 점에서 기존 행정조직과 차별화된다. 상생발전협의체는 별도의 협력조례를 제정·운영함으로써 법적 근거를 갖추고 예산 확보 및 실행력을 갖추도록 해야 한다.

상생발전협의체의 하부조직으로는 상생발전사업관리단과 상생발전위원회를 두도록 구성한다. 상생발전사업관리단은 상생발전협의체의 기능을 집행하기 위한 실무 추진 조직으로 광역지방자치단체와 기초지방자치단체 공무원으로 구성되며, 평택·아산만권 상생발전계획을 수립하고 상생발전 사업을 추진하는 역할을 담당한다. 상생발전위원회는 상생발전 사업의 발굴 및 심의를 위한 조직으로 전문가, 시민단체, 주민대표 등을 중심으로 구성하며, 상생발전 사업을 발굴하고 상생발전계획에 제시된 상생발전 사업을 심의하는 기능을 담당한다.

제15장

수도권-강원권 간 관광 3개 벨트 형성

_ 이수진

1. 관광산업을 매개로 한 수도권-강원권 연관 산업 구조 형성

1) 새로운 관계 형성의 계기가 된 평창 동계올림픽

지금까지 경기도와 강원도는 수도권 규제정책을 둘러싸고 상호 갈등을 빚거나 경쟁을 벌이는 지역으로 인식되어왔다. 즉, 경기도와 강원도는 서로 산업 구조와 특화 산업이 다름에도 지역개발과 공장 유치 측면에서 경쟁적인 지위만 인식해 공동의 이익을 추구하려는 노력이 부족했다. 하지만 경기도와 강원도는 지리적으로 가깝고 DMZ 등을 바탕으로 한 문화적·정서적 환경이 유사해 공동생활권이 형성되어 있으므로 지역상생 방안을 모색하기 용이한 편이다.

특히 2018년 평창 동계올림픽 유치는 개최지인 강원도뿐 아니라 경기도의 발전에도 호재로 작용할 것으로 예상된다. 2018년 동계올림픽이 평창에

| 경기도에 미치는 파급효과를 추계하기 위해 전제한 경기도와 강원도의 산업 연관 구조 |

· 강원도 내 인프라 구축 등 정부 투자에 따른 전국 생산 유발 효과 1원 발생 시 경기도의 생산
  유발 효과는 0.10원, 부가가치 유발 효과는 0.09원임을 의미.
· 강원도 내 정부 투자로 전국의 취업 유발 효과 1명 발생 시 경기도 고용 유발 효과는 0.08명
  임을 의미.

〈표 15-1〉 지역산업 연관표 대분류상 경기도와 강원도의 산업 연관

구분	경기도 생산 유발	경기도 부가가치 유발	경기도 고용 유발
정부 투자(강원도)	0.10	0.09	0.09
민간 투자(강원도)	0.12	0.10	0.10
민간 소비(강원도)	0.13	0.10	0.10

주: 생산 유발 효과와 부가가치 유발 효과는 강원도의 투자 또는 소비에 따라 전국에 걸쳐 부가가
치 유발 효과가 1원일 때 경기도에서 발생하는 효과를 의미하며, 고용 유발 효과는 투자 또는 소
비에 따라 전국에 걸쳐 고용 유발 효과가 1명일 때 경기도에서 발생하는 효과를 의미함.
자료: 한국은행 지역산업연관표(2005년 기준).

서 개최됨에 따라 중앙정부의 집중적인 인프라 구축 등이 예상되며, 세계
각국의 관광객 방문으로 국가 전체에 상당한 경제적·사회적 파급효과가 생
길 것으로 전망된다. 여러 연구기관(산업연구원, 현대경제연구원 등)에서 추정
한 평창 동계올림픽의 파급효과 분석에 따르면 수치상으로 다소 차이가 있
기는 하지만 적게는 약 20조 원에서 많게는 65조 원의 경제적 파급효과가
있을 것으로 나타났다. 경기개발연구원이 분석한 평창올림픽 개최를 통한
경기도의 경제적 파급효과에 따르면 경기도에 파급되는 생산 유발 효과는 4
조 6,334억 원에서 5조 1,441억 원에 이르며, 부가가치 유발 효과는 1조
8,678억 원에서 2조 215억 원이고, 고용 유발 효과는 4만 4,652명에서 4만
7,887명에 이를 것으로 예측되었다.[1)]
  그동안 경기도-강원도가 서로 상생·발전할 수 있는 방안에 대해 전혀 모

| 2018 평창 동계올림픽 성공 개최 및 지역상생발전을 위한 경기도-강원도 광역 행정협력 합의문 |

경기도와 강원도는 2018 평창 동계올림픽이 대한민국의 국격을 높이고 지역발전에 이바지하는 데 인식을 같이하며, 성공적인 동계올림픽 개최 및 양 지역의 공동이익과 지속가능한 발전을 위해 다음과 같이 협력하기로 합의한다.

1. 양 도는 2018 평창 동계올림픽의 성공적 개최를 위해 문화, 관광, 스포츠, 홍보, SOC 분야에서 긴밀히 협력한다.

2. 양 도는 「2018 평창 동계올림픽대회 지원 등에 관한 특별법」 제정과 올림픽 특구의 조기 지정을 위해 공동 대응한다.

3. 양 도는 지역의 우수한 자원을 활용하여 2018 평창 동계올림픽과 연계한 관광 상품 개발 및 공동 마케팅에 적극 협력한다.

4. 양 도는 국가에 수도권·강원권의 도로망, 철도망 조기 구축 건의 및 자체 투자를 통하여 양 지역 교통 접근성 개선에 공동으로 노력한다.

5. 양 도는 외국인 의료관광 활성화를 위한 상품개발 및 상호 해외 거점사무소를 통한 의료산업 수출 지원 등 의료관광 네트워크 구축 사업을 공동으로 추진한다.

6. 양 도는 DMZ 일원 접경지역을 세계적 관광지로 개발할 수 있도록 관광 인프라 구축 및 생물권보전지역 지정·관리 등에 적극 협력한다.

7. 양 도는 금강산 관광 및 개성 관광의 재개 등 남북협력 사업의 활성화를 위해 공동으로 대응하고 협력한다.

본 협약은 경기도지사와 강원도지사가 양 도민을 대표하여 서명하며, 합의사항이 구체적으로 이행되도록 적극 협력하기로 한다.

2011. 11. 21
경기도지사 김문수, 강원도지사 최문순

색하지 않은 것은 아니다. 특히 경기도와 강원도는 문화체육관광 측면에서

---

1) 이수진·황상연·조응래, 「평창 동계올림픽 유치와 경기도」(경기개발연구원, 2011).

상생발전 방안을 모색해왔는데, 그 예로 2018년 평창 동계올림픽 성공 개최 및 지역상생발전을 위한 경기도-강원도 광역 행정협력 합의문을 작성하고 DMZ 생물권보전지역 신청서를 합동으로 제출하는 등의 성과를 보였다.

이명박 정부는 5개 초광역개발권 중 경기도와 강원도가 포함되어 있는 접경지역 세부 사업계획을 2010년 확정했다. 세부 사업계획을 살펴보면 행정안전부가 담당하는 남북교류 접경벨트는 경기도·인천시·강원도에 걸쳐 있는데, 경기도에서는 김포, 고양, 파주, 양주, 동두천, 연천, 포천의 일부 지역이 포함되었다. 남북교류 접경벨트는 통일시대에 대비한 국토기반 조성을 목표로 산업·관광 분야 등에서의 교류를 활성화하고 생태관광 네트워크를 구축한다는 구상이 주요 내용이다. 또한 DMZ 생태·관광벨트 육성은 DMZ에 존재하는 희귀생태자원과 문화유산을 세계의 공동 자산으로 활용하기 위해 DMZ를 유네스코 생물권 보전지역과 지질공원(Geo-Park)으로 지정하는 것을 주요 내용으로 한다. 이 사업계획에는 김포, 파주, 연천 등에 생태평화공원을 조성하고 김포와 인천 지역에 해양 크루즈 콤플렉스를 조성하는 계획도 포함되어 있다. 또한 인천 강화에서 강원도 고성까지 DMZ 인근 495km를 동서로 연결하는 자전거도로도 추진할 계획이다.

현재 경기도 남부에 집중되어 있는 재원과 투자 등을 경기 북부와 강원도로 유도하고, 통일 이후 북한 지역의 경제 재건을 위한 배후 지대를 육성하기 위해서는 녹색기술과 청정에너지 기반의 신성장 산업을 육성해야 한다. 정부의 접경벨트 발전종합계획에는 장기적으로 단절된 교통망을 연결해 동서·남북 간 물류통합 기반을 구축하는 방안도 포함될 전망이다. 기존 도로를 최대한 활용해서 서해안과 동해안을 연결하는 동서 녹색평화도로를 건설하는 방안도 논의 중이다. 경원선(연천~원산), 금강산선(연천~금강산) 등 남북을 연결하는 철도 복원도 추진할 계획이며, 환황해경제권의 진출 관문으로 인천국제공항과 해주·개성 지역을 연결하는 서해안 남북 연륙교 구축도 이 계획에 포함된다.

2) 수도권-강원권 상생협력 과제

경기도와 강원도를 연계하는 접경지역은 경기도 전체 인구의 3.2%만이 거주하는 심각한 인구과소 지역으로, 유소년 및 경제 활동 인구는 감소하는 반면 고령 인구는 증가 추세에 있다. 특히 경기도 접경지역의 총면적은 2,402km^{2}인데 이 중 75%인 1,800여km^{2}가 군사시설보호구역으로 지정되어 있어 토지 이용에 대한 규제가 지나친 실정이다. 앞서 밝힌 것처럼 경기도와 강원도는 수도권 규제정책을 둘러싼 상호 갈등과 경쟁이 일어나는 지역으로 인식되어왔다. 그러나 경기도와 강원도는 문화적·정서적 환경이 유사하고, 공동생활권이 형성되어 있어 지역상생 방안을 모색하기 용이한 편이다.

하지만 수도권-강원권의 지역상생을 위한 방안을 모색하는 데에는 여전히 어려움이 존재한다. 특히 하드웨어 중심의 관광(지)개발 업무 등에서 지역상생 전략을 수립하는 일은 지역의 경제적 이윤과 직접적으로 연관되기 때문에 큰 어려움이 있는 것이 현실이다. 또한 대표적인 관광명소로 손꼽히는 관광 자원인 DMZ는 경기도, 강원도, 인천광역시 등 광범위한 지역에 걸쳐 있기 때문에 각 지역별로 별도의 관리 및 개발 계획이 수립·운영되어 있어 통일성과 대표성이 부족하다. 앞에서 제시된 문제점을 극복하기 위해서는 다양한 협력을 통해 상생 방안을 모색해야 하지만, 단기간에 이러한 문제를 해결하기란 쉽지 않다. 그러나 얼마 남지 않은 평창 동계올림픽을 계기로 경기도-강원도 간 협력을 통한 상생 방안을 마련하고, 평화벨트 등을 활용한 장기적인 계획을 고려해야 한다.

2. 수도권과 강원권의 관광 전망

이처럼 경기도와 강원도를 연계하는 것은 현실적으로 어려움이 있지만 장기적인 발전을 위해서는 반드시 이루어내야 하는 공동의 목표다. 기존에 조성되어 있는 자원을 올림픽 기간 내에 효율적으로 활용할 수 있는 방안을 논의해야 '제3차 관광개발기본계획(2012~2021)'에서 제시한 초광역관광벨트화사업[2]의 일부인 경기도-강원도 문화체육관광벨트화 사업을 추진함으로써 기존 자원을 일관된 개념으로 엮어낼 수 있다. 또 이를 통해 향후 남북통일시대를 대비하면 경기도와 강원도의 협력을 통한 상생이 더욱 확대될 것으로 기대된다.

이러한 경기도와 강원도의 협력을 바탕으로 추진되는 경기도-강원도 간 문화체육관광벨트는 교통 및 정보통신기술의 발달로 관광객의 활동 범위가 확대되는 관광환경을 고려한 것으로, 역사·문화 자원 및 해양 등 광범위하게 분포한 관광 자원에 대한 공동 활용 요구가 증대됨에 따라 더욱 의의를 갖는다. 이는 인위적인 행정구역을 초월해서 분포하는 자연 및 문화 자원을 보유한 자치단체 간 협력을 통해 한정된 자원을 효율적으로 활용하고, 중복 및 유사 사업의 조정을 통해 낭비적인 투자를 최소화하며, 경쟁력 높은 테마를 집중 개발해 투자 효율성을 극대화하기 위한 방안이다.

---

2) '제3차 관광개발기본계획(안)'에서는 초광역관광권 설정을 통한 국토의 대외개방성 확보 및 지역 간 연계협력 강화를 통한 관광 경쟁력 강화, 문화관광 자원의 연계를 통한 초광역적 문화생태관광벨트 설정, 국제 관광 교류의 기반 마련을 통한 국제 관광 시장에서의 동북아시아시대 개막 등에 대한 고려가 이루어졌다. 초광역 관광벨트로는 3대 해안벨트인 동·서·남해안 3대 해안벨트와 평화생명지대(PLZ) 남북관광 교류벨트, 강변생태문화 관광벨트, 백두대간생태문화 관광벨트 등이 있다.

〈표 15-2〉 북한의 관광특구 개발계획

구분	주요 내용
원산 관광특구	원산-금강산 증기기관차 운행, 원산항 출발 유람선 관광, 마식령 스키장, 명사십리·갈마 MICE/휴양지구 조성, 주변 치료 관광·등산 관광·농어촌 관광 등과의 연계, 고객 서비스와 전문 인력 양성 등
칠보산 관광특구	연계운송로 개선, 포하관광려관구역·보천관광려관·염분진호텔 등 총 5,000여 명의 수용 시설 확보, 관광열차 개선, 스키장·골프장·경마장 투자 유치 등
백두산 관광특구	도로 개선, 임시 국내 항로를 정기 항로로 개편, 입국 관광객의 목적지 자유 선택, 5성급 호텔 등 숙박 시설 건설, 동물원·식물원·온천 등 관람·방문 시설 추가 개발, 국경초소 통과 능력 개선(700명/일→1만 명/일) 등

자료: 이영주, 『북한의 관광정책 변화와 시사점』(강원발전연구원, 2013).

현재 경기도와 강원도는 평창 동계올림픽 개최를 준비하는 동시에 지역민의 여가향유 기회를 확대하고, 경제성장에 따른 문화 관광 수요 증대에 대응하기 위해 각종 문화체육관광 개발 사업을 추진 중이다. 경기도-강원도 접경지역은 역사, 문화, 레저, 관광, 생태 등의 측면에서 지역 고유의 자산과 잠재력을 보유하므로 협력을 통해 이를 다양한 문화 관광 자원으로 활용할 수 있다.

과거 남북한도 금강산 관광과 개성 관광 사업을 공동으로 추진한 경험이 있다. 금강산 관광은 1998년 11월 해로 관광이 시작된 이후 2003년 육로 관광이 본격화되었으나 2008년 7월 관광객 피격사건 발생으로 중단되었다. 이후 2011년 현대 직원들이 전면 철수했고, 이와 함께 북한은 「금강산국제관광특구법」을 채택해 관광, 세금, 보험 규정을 포함하는 기업 창설 운영규정을 발표했다. 개성 관광은 2005년 8월과 9월 3차례의 시범관광을 실시했고, 2007년 12월부터 본격적인 관광을 시작해 약 10개월 동안 누적 관광객 10만 명을 돌파했으나, 2008년 11월 남북관계가 악화됨에 따라 중단되었다. 최근 북한은 원산, 칠보산, 백두산의 3대 관광특구 개발계획을 발표했으며, 주요 내용은 〈표 15-2〉와 같다.

그러나 한국 외에도 DMZ를 공동으로 개발하려는 노력은 세계적으로 지

현재 전 세계적으로 12개의 DMZ가 존재하며, 한국과 같이 대부분의 DMZ는 무력 충돌을 방지하기 위한 완충지대로 설정되어 있다. 이집트와 이스라엘 간 시나이 반도, 쿠웨이트와 이라크의 국경, 세르비아와 코소보의 국경, 캄보디아와 타이의 국경 등이 대표적이다. 특정 국가의 이익 독점과 이에 따른 훼손을 방지하기 위해 국제사회가 DMZ로 설정한 남극과, 영유권 문제를 해결하기 위해 파리협약을 통해 DMZ로 남게 된 노르웨이의 스발바르 제도 등 지역적 특성 때문에 DMZ로 관리되는 곳도 있다.

대부분의 DMZ는 단순한 완충지대로 남겨져 있지만, 일부 지역에서는 양국의 상호 이익을 증진시키고 평화를 정착시키는 데 DMZ를 적극적으로 활용하기도 한다. 예를 들어, 통일 전 동서독과 남북 예멘, 현재 비무장 지역인 키프로스, 핀란드와 러시아 접경지역에서는 수계 공동 관리, 자원개발을 통한 경제적 편익 추구, 환경 생태 보전 등을 목적으로 평화협력이 추진되기도 했다.

1. 모로코/ 스페인
2. 남한/ 북한
3. 캄보디아/ 타이
4. 쿠웨이트/ 이라크
5. 이집트/ 이스라엘(시나이 반도)
6. 시리아/ 골란고원
7. 키프로스
8. 핀란드/ 러시아/ 스웨덴(올란드 제도)
9. 노르웨이/ 러시아/ 영국/ 미국(스발바르 제도)
10. 트란스니스트리아/ 몰도바
11. 세르비아/ 코소보
12. 남극

자료: 박은진 외, 「분단·대립 접경지역의 해외사례와 한반도 DMZ의 시사점」, ≪이슈&진단≫, 44호(경기개발연구원, 2012); 조응래 외, 『DMZ의 미래: DMZ 가치의 세계화와 지속가능발전』(한울아카데미, 2013).

속되고 있다. DMZ를 관광지로 개발하는 것은 평화적 분위기를 조성하고 공동의 이익을 창출할 수 있으며, 양국의 교류에도 상당히 진전된 역할을 할 수 있기 때문이다.

남북통일시대 이후에는 남북한 DMZ~금강산 라인, DMZ 트라이앵글(가

〈그림 15-1〉 한국 DMZ 일원 관광 역량의 SWOT 분석

외적요소 / 내적요소	기회(O)	위협(T)
	· 높은 인지도 · 통일의 전진기지 · 중국관광객 증대 · 안보에 따른 동정여론	· 남북관계 악화 · 중첩규제
	(SO)	(ST)
강점(S) · 세계유일의 분단 현장이라는 독특성 · 풍부한 생태, 역사, 문화관광자원	· 안보, 생태, 역사, 문화관광자원을 활용한 매력 있는 체험관광지 개발	· 분단, 통일 정체성의 강화 및 마케팅
	(WO)	(WT)
약점(W) · 강력한 관광매력물과 체류거점 부재 · 물리적 접근성 취약 · 군사지역, 심리적인 거리 · 안전 및 보안 문제에서의 취약 이미지	· DMZ관광의 중추 거점 구축 · 접근성 증대 · 관광객 체류 및 소비 지출 활성화 · 군사시설 활용한 관광 프로그램화	· 규제 완화를 통한 발전 계기 마련 · 남북관계를 인지도 제고 기회로 활용 (dark tourism)

▼

DMZ 관광 발전전략의 기본 요소

자료: 경기개발연구원, 「경기북부 관광활성화 방안」(경기도관광전략회의, 2011).

칭)이 부상할 것으로 예측된다. 남북통일시대 이후에는 DMZ를 확대해 한국의 경기도 파주·연천, 강원도 철원, 북한의 원산 금강산특구를 잇는 남북한 DMZ 트라이앵글을 조성함으로써 남한과 북한 지역의 DMZ를 한꺼번에 아우르는 DMZ 관광명소화를 추진할 수도 있을 것이다. 현재 북한은 3차 핵실험 이후 대남 위협 수위를 지속적으로 높이고 있음에도 중국인과 유럽인 등을 대상으로 판문점 북한 지역과 38선상에 위치한 군사박물관 등을 주요

코스로 포함한 DMZ 관광을 대표 상품으로 판매한다.

현재는 경기도와 강원도가 합동으로 한국 지역의 DMZ를 생물권 보전 지역으로 신청한 상태다. 하지만 향후에는 북한과 평화적 협력 분위기를 조성해 북한 지역의 DMZ도 포함해 논의를 추진함으로써 평화적 협력체계를 구축할 필요가 있다.

3. 수도권-강원권 3개 벨트 형성의 비전과 전략

1) 비전의 설정

수도권-강원권 간 관광을 매개로 한 지역상생의 비전은 '통일시대, 분단을 넘어 세계적 관광명소로'로 설정했다. 이러한 비전을 달성하기 위한 세 가지 목표는 첫째, 문화 상생을 통해 창조적 상상과 문화유산을 지닌 지역으로 만드는 것, 둘째, 생명 상생을 통해 자연과 생태의 깨끗함과 다양성이 넘치는 곳으로 만드는 것, 셋째, 포용 상생을 통해 지역, 계층, 민족이 통합

〈그림 15-2〉 수도권-강원권 관광을 통한 지역상생의 비전과 목표

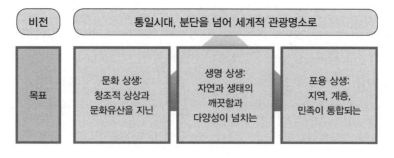

되는 접도 지역으로 만드는 것이다.

2) 수도권-강원권 3개 벨트 형성의 비전과 전략

(1) 3개 벨트 형성 전략 추진

경기도와 강원도의 접도 지역은 크게 세 가지로 분류된다. 즉, 남한강 라인[경기도 여주와 강원도 원주(제1영동, 제2영동) 중심으로 확장], 북한강 라인(경기도 가평과 강원도 춘천 중심으로 확장), 임진강~DMZ 라인(접경지역 DMZ 라인인 경기도 연천과 강원도 철원)이다.

경기도-강원도 간 문화체육관광벨트 조성지역으로는 경기도-강원도 일대의 남한강 라인(영동라인, 여주~이천~양평의 남한강 지역 및 원주~횡성~영월의 영서지역)과 북한강 라인(경춘라인, 가평~춘천~홍천의 강원 영서 북한강 지역)을 검토할 수 있다. 이 지역은 서로 인접해 있어 자연자원, 산업 기반, 생활문화적 측면에서 많은 공통점이 있으며, 관광 측면에서는 호수, 산, 계곡 등 자연 중심 관광에서 리조트, 캠핑 등 가족형 레저문화 관광으로 변화하는 유사한 패턴을 보인다. 다음으로 연계권 형성을 통해 상생을 모색할 수 있는 지역으로는 경기도-강원도 일원에 함께 걸쳐 있는 공동의 관광 자원인 DMZ를 들 수 있다. DMZ 지역은 경기도와 강원도 지역 모두의 대표적인 관광명소로 손꼽히며, 분단국가만의 특수 관광 목적지로서 관광객에게 인기가 높다. 또한 DMZ 지역은 향후 남북통일시대에 활용 가능성이 더욱 높을 것으로 예측된다.

각 라인의 구체적인 특징과 전략을 살펴보면 다음과 같다. 첫째, 남한강 라인은 남한강을 따라 3도가 만나는 지역이지만, 북한강 라인이나 임진강 라인/금강산밸리에 비해 경기도-강원도의 연계 및 상생 논의가 상대적으

〈그림 15-3〉 수도권-강원권 자원 현황

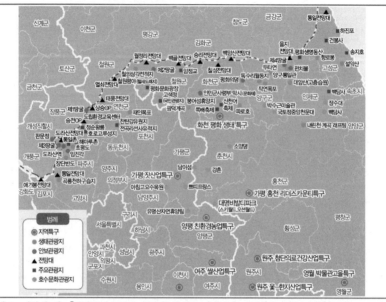

자료: 이상대 외, 「평창동계올림픽 개최와 연계한 지역상생 발전방안」(경기개발연구원, 2011)을 토대로 재작성.

로 더디다는 단점이 있다. 따라서 물리적인 사업을 우선 추진하기보다는 문화적 측면에서 3개 도의 공통 요소를 발견해나가면서 연계와 상생의 필요성에 대한 사회적 공감대를 형성하는 것이 급선무다. 원주는 한반도의 중심부로 강원도 남서부에 위치하며, 서쪽으로는 경기도 여주군·양평군, 남쪽으로는 충주시·제천시와 접해 있어 3도가 만나는 접점 지역이다. 따라서 3도 특유의 문화적 특성을 한자리에서 만날 수 있는 멜팅 팟(Melting Pot) 개념을 도입해야 하며, 3도 재래장터를 복원하기 위한 사업을 추진해야 한다. 장터는 각 지역의 특산물을 사고파는 물물교환의 장이자 문화교류가 이루어지는 복합공간으로, 최근 전국 각지에서는 재래장터 복원 사업이 활발하게 이루어지고 있다.

둘째, 북한강 라인인 강원도 춘천시와 경기도 가평군은 북한강 유역에 서로 인접해 있어 자연 자원, 산업 기반, 생활문화적 측면에서 많은 공통점이 있다. 특히 관광적 측면에서는 호반을 배경으로 유원지 및 자연휴양지 개념에서 단위명소별로 관광객을 집객하다가 최근에는 캠핑을 중심으로 하는 가족형 레저문화의 핵심 장소로 부각되는 점이 유사하다. 폐철도 자원 활용 차원에서 모색된 레일바이크 사업이나, 최근 드라마의 영향으로 급성장한 제이드 가든, 자라섬과 남이섬 등의 입지는 춘천시와 가평군의 관광연계 필요성을 현실적으로 보여주는 중요한 요소다.

한편, 경기도 가평군과 강원도 5개 시·군(춘천시, 화천군, 홍천군, 인제군, 양구군)이 협력해 2009년 발족한 호수문화관광권 광역 관광협의회는 그동안 구체화된 연계발전 논의가 부족했으나, 최근 적극적인 행보를 시작했다. 지금까지는 업무 협약과 일회성 행사 중심으로 활동해왔으나 요즈음에는 공동마케팅을 시작으로 다양한 분야의 관광협력을 계획한다. 당일 관광객이 점차 많아지면서 호반을 중심으로 춘천시와 가평군 일대에 밀집한 펜션 중심 숙박업체와 영세 음식점은 2개 시·군을 둘러싸고 최근 변화한 메커니즘에 적극 대처하지 못하는 상황이다. 호수문화관광권 광역 관광협의회로 인해 이 지역이 수도권 동부의 최대 여가·관광목적지로 자리매김할 수 있는 좋은 여건이 마련되고 있으므로, 경춘권을 하나로 묶는 광역 관광브랜딩을 추진하면서 지역 관광 서비스업의 품질 개선을 바탕으로 한 매력적인 숙박 패키지 상품을 발굴하는 것이 경춘권의 경기도-강원도 연계 및 상생을 위한 최우선 과제다.

셋째, 임진강-금강산라인을 만들기 위해 지금부터 준비해야 한다. 지금까지 접경지역을 효과적으로 지원하기 위한 수많은 개선 방안이 논의되어

왔으나 냉전시대적인 시각에서 군사 시설이 밀집한 안보 지역으로 인식하는 견해가 지배적이었다. 탈냉전과 세계화시대에 따라 분단에 대한 국민의 시각이 다양해지고, DMZ 및 접경지역이 교류협력의 전진기지이자 평화생명 지역으로 인식된다는 사실을 토대로 경기·강원의 연계 및 상생발전 방안을 모색해야 한다.

또한 통일시대가 열리면 임진강-금강산라인이 한반도 공간관리의 중추 지역이 될 것이므로 이를 반영할 수 있는 연계 및 상생발전 전략을 모색해야 한다. 금강산밸리를 발전시키기 위해서는 DMZ와 접경지역을 공유하는 경기도 연천·포천과 강원도 철원이 통일시대의 중심이 된다는 비전과 목표를 가지고 통일시대 이전에는 분단국가의 특수목적지, 통일시대 이후에는 남북철도 관광을 위한 내륙 터미널의 역할을 하도록 기능을 차별화해야 한다. 북한도 현재 추진 중인 다양한 대규모 관광개발 사업의 활성화를 위해 금강산을 최종 목적지화하기보다는 금강산-원산-칠보산-백두산을 잇는 내륙 관광 루트를 염두에 두고 사업을 벌이고 있기 때문에 금강산밸리의 존재를 부각시키는 것은 이곳이 내륙을 통해 남과 북의 관광객이 이동할 수 있는 최적의 입지임을 강조하는 것이기도 하다.

다만, 금강산밸리를 추진하면서 이곳이 남과 북을 이어주는 경유지 역할에 머물지 않도록 국제 기준에 맞는 서비스 환경을 장기간에 걸쳐 만들어나가는 전략을 함께 추진해야 한다. 통일 이후 10년간 금강산밸리를 방문할 주 수요자 층은 외국인과 더불어 어느 정도 구매력을 갖춘 뉴시니어(New Senior)일 가능성이 높기 때문이다. 또한 금강산밸리만이 가질 수 있는 지역 문화 고유의 특성을 심도 있게 조사, 분석해 이곳이 인문학 여행의 거점이 될 수 있도록 관련된 콘텐츠 자원을 발굴, 활용하는 데 주의를 기울일 필요가 있다.

〈그림 15-4〉 호수문화관광권 주요 방문 목적지

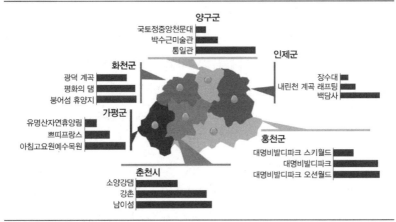

자료: 춘천시, 「호수문화관광권 광역 관광개발 연계협력사업」(2013).

〈그림 15-5〉 호수문화관광권 5개 호수지구별 테마

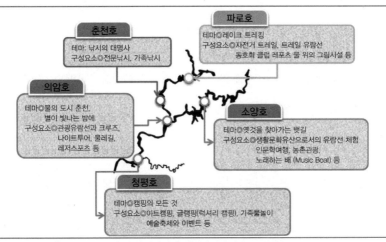

자료: 춘천시, 「호수문화관광권 광역 관광개발 연계협력사업」(2013).

(2) 평창 동계올림픽을 활용한 관광 기반시설 구축

평창올림픽 개최 시 숙박대책을 세울 때 경기도와 강원도 간 협력을 통해 경기도에 위치한 다양한 관광 인프라를 적극적으로 활용할 수 있도록 노력해야 한다. 과거에는 올림픽 개최를 앞두고 대규모 투자를 기반으로 관광 인프라를 조성했다가 향후 활용 방안 대책이 미흡해 예산 낭비 등의 부작용을 겪은 사례가 많았다. 이러한 부작용을 최소화하기 위해 경기도는 강원도와의 협력을 통해 경기도 내에 있는 숙박 시설과 한옥, 템플스테이, 고택 등의 대체 숙박 시설을 강원도가 적극 활용하도록 지원해야 한다. 또한 경기도-강원도 문화체육관광벨트 내에 위치한 낙후한 숙박 시설을 개선하고 수변 오토캠핑장을 조성함으로써 지역 관광 경쟁력을 증대해야 한다.

다음으로 지속적으로 성장하는 레저스포츠 관광객의 욕구를 충족시키기 위해 평택항을 중심으로 크루즈항 기반시설을 확충하고, 부대시설을 보강해 평창올림픽 개최 시 한·중·일을 연계하는 동북아시아 크루즈 상품을 개발함으로써 경쟁력을 강화해야 한다. 또한 인천공항을 통해 입국하는 외국 관광객이 색다른 교통수단인 크루즈를 타고 서해에서 한강까지 이동할 수 있도록 아라뱃길 등과 연계해 경기도-강원도 문화체육관광벨트 내 다양한 관광 상품을 개발해야 한다.

(3) 정보 제공 및 마케팅 추진

경기도-강원도 문화체육관광벨트를 추진하기 위해서는 공동조직을 구성해야 한다. 특히 관광마케팅 측면에서 정보 공유 등 관광객의 전달체계 일원화, 지역 공동브랜드 사업 추진(상상나라) 및 홍보 등 공동마케팅/브랜딩, 광역형 이벤트 개최, 경기도-강원도 공동 관광 상품 개발 등을 모색해야 한다. 지금은 관광객이 경기도와 강원도의 관광 정보를 검색할 때 각각의 홈페이지를 따로 검색해야 하는 불편을 겪고 있다. 이에 경기도-강원도 문화체육관광벨트를 중심으로 인근 지역의 정보를 공유할 수 있도록 별도의 홈페이지를 만들어 관광객의 수요를 주변 지역으로 확대시키고 유인력을 제고해 시너지를 창출할 수 있도록 협력해야 한다.

다음으로 소프트웨어 경쟁력을 향상시키기 위해서는 기존 경기도와 강원도에서 별도로 개최하는 동일한 주제의 축제를 통합해 공동으로 진행하는 광역적 축제(이벤트)를 검토해야 한다. 한 예로 강변을 중심으로 한 경기도-강원도 문화체육관광벨트의 이점을 강조해 기존 지역별로 추진되던 마라톤대회, 자전거대회 등을 연계·확대해서 세계적인 대표 축제로 육성하는 방안을 검토할 수 있다. 이밖에 경기도-강원도 문화체육관광벨트의 진흥을 촉진하기 위한 네트워크를 구축함으로써 벨트 내 자연 환경과 생활문화, 역사 자원 등을 적절히 조화시킨 연계 관광 상품(연계 관광지 순환버스, 유람선 등)을 공동으로 개발하고, 공동브랜드 및 공동마케팅 활동을 통해 지역 방문을 적극 유도하며 체류 기간을 연장할 수 있도록 상호 노력해야 한다.

(4) 법·제도적 측면의 준비

경기도-강원도 문화체육관광벨트를 확대하기 위해서는 관광 개발과 관련해 공통적으로 적용되는 각종 규제를 완화하기 위한 대책을 마련해야 한다. 즉, 경기도-강원도 간 공동의 이익과 지속적인 발전을 위해서는 「수도권정비계획법」에 따른 상수원 보호구역, 「군사시설보호법」에 따른 군사보호지역, 「국토의 계획 및 이용에 관한 법률」에 따른 개발제한구역, 「한강수계 상수원 수질개선 및 주민지원 등에 관한 법률」에 따른 수변 인접 지역 개발 제한, 「환경정책기본법」에 따른 수질 보전을 위한 특별 대책지역 등 각종 관광 개발과 관련된 규제를 완화하기 위한 공동대책을 마련해야 한다.

이를 바탕으로 경기도-강원도 문화체육관광벨트 내 북한강 라인(경기도 가평과 강원도 춘천), 남한강 라인[경기도 여주와 강원도 원주(제1영동, 제2영동)]에 원활한 관광 인프라를 조성함으로써 관광 활성화를 모색할 수 있을 것이다.

(5) 지원 및 교육 추진

경기도-강원도 문화체육관광벨트를 중심으로 지역별 특성과 여건에 맞는 지역 특화 발전 및 연계협력 방안을 지속적으로 모색해야 한다. 이를 위해서는 생물권 보전지역 확대 재편, 경기도-강원도 지질공원 지정을 위한 공동 지원 등의 노력이 함께 이루어져야 한다. 또한 북한강 라인, 남한강 라인, 임진강 라인 등 경기도-강원도 문화체육관광벨트의 발전을 위한 사업을 발굴하고, 세부 실천 방안을 위한 포럼 공동개최 등 관련 학술교류를 증진함으로써 협력을 강화해야 한다.

이때 우선시해야 할 사항은 경기도-강원도 문화체육관광벨트 조성을 통한 공동사업 추진의 필요성과 중요성, 기대효과 등을 주민 및 관련 사업체와 공유하는 것이다. 이를 위해서는 다양한 주민 대상 교육과 홍보를 적극적으로 실시해야 한다. 이러한 전략을 추진하면 경기도-강원도 문화체육관광벨트는 자연 자원의 효과적인 개발, 중복·유사 사업의 정리, 예산의 효율적인 활용, 지역 간 매력 향상을 통해 수도권 문화관광 거점 지역으로 자리매김할 것이다.

광역 거버넌스를 위한 6개 시·도 간 정책 협력체제 구축 _ 이용환·임정빈

1. 메가 수도권의 광역 거버넌스 추진 여건

1) 광역 거버넌스의 필요성

시·도 간 정책 협력에 관한 일반적인 제도나 체제는 광역 행정에서 찾아볼 수 있다. 일반적으로 광역 행정은 행정의 민주성, 효과성, 능률성을 제고하기 위해 지방자치단체의 구역을 넘어 넓은 지역에 걸쳐 일정한 행정 사무를 종합적·통일적으로 처리하려는 행정기능의 수행 방법으로 정의된다.[1] 또는 지방정부의 법적 행정구역에만 국한되지 않고, 그 구역을 넘어서 발생하는 일정한 행정 수요를 처리하기 위해 기존의 행정구역과 그 영향권 내에 있는 주변 지방정부를 포함해 행정업무를 통합적으로 처리하는 행정관리

---

[1] J. L. Yayler, *Planning Urban Growth*(1972).

방식으로 정의되기도 한다.[2] 한편 한국행정학회에서는 광역 행정을 행정의 효율성 향상과 주민의 편의를 도모하기 위해 기존의 지방행정구역(지방자치구역)을 넘어 더욱 넓은 지역을 대상으로 하는 지방행정이라고 정의한다. 다시 말해 광역 행정은 지방자치단체에 속한 기존의 행정구역을 벗어나 발생하는 여러 가지 행정 수요를 처리하기 위해 인접한 둘 이상의 자치단체 구역을 단위로 행정업무를 통일적·종합적으로 수행함으로써 행정의 능률성·경제성·합목적성을 높이려는 지방행정 방식이라고 정의할 수 있다.[3]

이와 같은 광역 행정의 배경 및 필요성은 다음과 같이 설명할 수 있다. 첫째, 행정 서비스 기능이 광역화되고 행정구역을 넘어서는 광역 행정 수요가 발생해 이에 대처할 필요가 있기 때문이다. 산업이 발달하고 도시 인구가 급증해 생활권이 도시의 행정구역을 넘어서면서 일정한 행정업무가 하나의 도시에서 해결되지 않고 주변 지역까지 광역적으로 영향을 미치는 현상이 발생했다. 특히 대도시화가 진행되면서 도시 내부에서 해결할 수 없는 문제가 나타나 도시 기능이 주변 지역에까지 광역적으로 확대됨에 따라 광역 행정 수요가 발생했다. 둘째, 주민의 생활권과 행정구역 간 불일치가 발생하면서 지역 간 기능적 연계가 필요해졌기 때문이다. 이러한 현상은 도시화와 함께 인접한 도시 및 지역에서 더욱 분명하게 나타난다. 예를 들어, 도시권의 확대로 신도시가 개발되고, 직장과 주거가 분리되었으며, 주거와 쇼핑센터의 행정구역이 분리됨에 따라 문제 해결의 필요성이 제기되었고, 상·하수도, 보건, 위생, 도시재개발, 환경 등 다양한 분야에서 광역 행정 수요에 대한 지방정부 간 협력이 불가피한 요소가 되었다. 셋째, 지방정부가 자신의

---

2) 이규환, 『한국지방행정론』(법문사, 2000).
3) 한국행정학회 홈페이지 참조.

<표 16-1> 광역 행정의 필요성

정치·행정적 측면	경제적 측면	사회적 측면
· 행정 서비스 중복 방지 · 광역 행정 수요 증대에 대응 · 행정 협력·조정 강화 · 민주적 책임성 확보	· 규모의 경제 실현 · 자원의 효율적 이용	· 생활권과 행정권 일치 · 광역도시화 대응 · 지역갈등 완화

관할구역 내에서 개별적으로 행정을 수행할 경우 나타나는 부작용을 극복할 필요가 있기 때문이다. 예를 들어, 인접 도시 및 지역의 정부 간 업무 중복, 사회·문화 시설 및 인프라에 대한 중복 투자, 인접 지역 간의 불필요한 경쟁·갈등에 따른 부작용 등 개별 행정으로 인한 낭비와 행정의 비효율, 지역 간의 갈등 등이 발생하기 때문에 이에 대한 해소가 필요한 것이다. 따라서 광역 행정에서는 기존의 행정구역별 행정 및 개발 모델을 벗어나 지방정부 간의 상호 보완, 자원 공유, 상호 호혜, 공동발전의 새로운 모델을 추구해 광역적으로 협력과 행정 및 정책의 통합체제를 추진함으로써 지역경쟁력, 나아가 국가경쟁력을 강화하는 것이 당면과제로 부각되었다.

그동안 지방정부 간 협력체제, 특히 광역지방정부라 할 수 있는 시·도 간 정책 협력이나 연계사업에서는 국가가 주도하는 광역경제권 개발 등 국가 개발 사업을 추진하는 정책이 중심이었다고 할 수 있다. 국가의 지역발전정책을 추진하는 데에는 국가경제를 성장시키기 위해 발전 효율이 높은 지역을 선택해 국가의 발전정책을 선도하는 측면과 국가 전체의 발전과 성장과정에서 나타난 지역 간 발전 격차를 해소하는 측면이 공존한다. 특히 한국은 고도성장의 이면에서 발생한 지역 격차가 지역 간 갈등과 반목의 원인으로 작용해 국가 발전을 저해하는 요인으로 지적되어왔다. 따라서 지금까지 국가는 지역 간 균형발전, 국가 균형발전, 수도권−비수도권의 상생발전을 국가의 주요 목표 및 정책으로 추진해왔다.

그러나 균형발전정책이 소기의 성과를 달성했다고 볼 수는 없다. 여전히 지방의 발전은 미흡하며, 지방정부도 스스로 자기 지역의 발전에 제 기능과 역할을 수행하지 못하기 때문에 발전에 대한 전략과 지역정책이 더욱 적극적으로 필요한 시점이라고 할 수 있다. 국가 주도의 지역 간 균형발전정책이 추진되었지만 지역 격차가 완화되지는 않았다. 오히려 수도권으로 인구와 산업이 더 집중되어 비수도권이 과거보다 상대적으로 더 낙후되었다. 그렇다면 이제 지역발전정책이나 균형발전정책에서 전환을 추구해야 한다. 국가 주도의 균형발전정책도 다시 점검해 지방정부가 적극적으로 참여해서 지역 간 발전을 이룰 수 있도록 그동안의 정책을 변형시키는 방안을 고려해야 한다. 변형이란 단순한 변화를 넘어 특정형질로 전환되는 것을 의미한다. 한국의 국가정책인 균형발전을 단순히 변화시키는 것이 아니라 지역 간의 상생발전정책으로 변형시켜야 한다. 이러한 변형을 위해서는 지역발전에 내재하는 가치, 정책 목적, 정책 추진의 주체가 바뀌어야 한다. 정책 변형이란 국민의 삶의 질이 향상되는 방향으로 이전보다 더 바람직하게 바뀌어야 함을 의미한다.

그동안의 균형발전은 국가의 정책 추진 또는 국가발전 전략에 따라 이루어졌다. 최근의 균형발전정책은 정치적 목적에 의해 접근되는 것이 주요 특징이었다. 선거에서의 승리를 목적으로 정책이 형성·추진되었으므로 정치적 뒷받침을 받기는 했지만 지역 간 갈등이 더욱 가중되는 현상도 나타났다. 한편, 정치적으로 후원을 받은 균형발전정책은 으레 국가적 메가 프로젝트로 추진되어왔다. 대표적인 정책이 신행정수도-세종시 및 혁신도시의 건설, 광역경제권, 초광역개발권 사업이다.

최근에는 균형발전보다 상생발전이라는 용어를 더 많이 사용한다. 이러한 용어는 대표적으로 상생발전기금에서 나타난다. 그런데 상생발전은 국가 주도로 추진되기보다는 지역 스스로 상호 협력하는 의미라 할 수 있으며, 지역 스스로 상호 협력해야만 소기의 목적을 달성할 수 있다. 정책 목적의 주요 대상인 지역(지방정부) 간 경쟁을 통해 국가 전체의 발전을 도모하는 것이다. 지방의 적극적인 참여를 통해 지역이 지역 간 상생발전의 주체로 기능하도록 만드는 것은 상생발전정책을 합리적으로 추진하는 방안일 수 있다. 이처럼 국가가 지방을 대상으로 실시했던 지방정책이 효과적이지 않았던 데 대한 대안적인 접근이 필요하다.

이명박 정부에서 추진했던 광역경제권4)정책이 박근혜 정부에 와서 변화했다. 국가 지역정책의 핵심 개념으로 자리매김했던 '5+2 광역경제권'을 변경해 '지역협력권'이라는 권역을 도입하면서 지역정책의 개념을 수정한 것이다. 아울러 국가 지역정책의 추진 방법이나 내용도 과거와는 다르게 전면 수정될 것으로 예상된다. 기존의 '5+2 광역경제권'은 전국을 수도권, 충청권, 동남권(부산·경남), 호남권 등 5개 광역경제권과 강원도, 제주도의 2개 지역을 포함한 권역으로 설정해 지역발전 사업을 추진하는 방식이었다. 특히 광역경제권에서는 지방정부 간에 연계·협력해서 추진할 수 있는 사업을 발굴하고, 이 사업에 재원을 지원하는 체제를 갖추었다. 그러나 이제 이러한 광역경제권정책의 내용이 변화한 것이다.

새로 개정된 「국가균형발전특별법」5)에 따르면 행정구역을 중심으로 현

---

4) 「국가균형발전특별법」 제2조는 "광역경제권이란 지역 간의 연계 및 협력을 통한 지역경쟁력을 효율적으로 향상시키기 위하여 경제·산어권과 역사·문화적인 동질성 등을 고려하여 설정한 권역으로서 대통령령으로 정하는 지역을 말한다"라고 규정하며, "초광역개발권이란 지역경쟁력을 향상시키기 위하여 광역경제권 간 또는 다른 광역경제권에 속하는 지방자치단체 간의 산업·문화·관광 및 교통 등의 연계·협력 사업을 추진하는 권역으로서 대통령령으로 정하는 지역을 말한다"라고 규정한다.

5) 2013년 9월 17일 국가균형발전특별법 일부개정법률(안) 입법예고(기획재정부 공고 제

재 국가에서 인위적으로 설정하는 권역 설정 방식을 지방정부가 자율적 협의를 통해 권역을 설정하는 방식으로 전환해 과거의 광역경제권과 초광역개발권이 시·도 중심의 지역협력권으로 전환된다. 또한 초광역개발권 설정에 관한 내용은 법령에 포함하지 않아 시·도 단위 중심의 개발이나 협력이 강화될 것이다.

'5+2 광역경제권' 체제에서의 '광역경제권 발전계획'은 '시·도 발전계획'으로 대체되며, 이 '시·도 발전계획'에 '시·도 간 연계협력 발전에 관한 사항'을 포함시켜 시·도지사가 발전계획을 수립할 수 있게 되었다. 과거 '5+2 광역경제권' 체제에서는 시·도 간 또는 지역 간 정책 협력이 광역경제권협의회를 통해 이루어졌다고 볼 수 있는데, 이러한 지방정부 간 협의·협력 방식도 변화를 맞이했다.

2) 해결 과제

관할구역을 넘어서는 행정과 정책의 수요에 대응하기 위한 광역 행정의 방식은 다양한 모습을 보인다. 광역 행정 방식으로는 해당 지방정부 간 협력체제, 특별기구, 대도시 정부 등이 있으며, 더 구체적인 방식은 연합, 합병, 협의체, 특별지구 설정, 통합 방식 등으로 다양하다.

한국에서는 광역 행정을 실시하기 위해 「지방자치법」에 의거해 특별지방자치단체 설치(제2조), 구역 합병 및 통합(제4조), 사무 위탁(제151조), 지방자치단체조합의 설립(제159조), 행정협의회의 구성(제152조) 등의 근거를 마련하고 있다. 또한 「지방자치법」에는 규정되어 있지 않으나 2개 이상의 지방

2013-171호, 산업통상자원부공고 제2013-254호) 참조.

〈표 16-2〉 현행 광역 행정기구

구분	법조항	내용	상급정부 와의 관계	지방의회 검토	비고
사무위탁	「지방자치법」 제151조	소관사무 일부를 위탁 (사전협의를 통한 협력 사업 실시)	보고	없음	
행정협의회	「지방자치법」 제152조	분쟁 해결 (사후처리)	보고	의결	· 1966년 도시권행정협의회 설치요강 작성(내무부) · 1973년 행정협의회에 관한 규정 신설
지방자치 단체조합	「지방자치법」 제159조	공공사업사무 (사전협의를 통한 협력 사업 실시)	승인	의결	· 1949년 「지방자치법」에 시·읍·면 조합 · 1973년 「지방자치에 관한 임시조치법」 개정으로 모든 지방자치단체에서 조합 설치가 가능해짐
지방자치 단체 간 협력 사업	없음	공동사업 (사전협의를 통한 협력 사업 실시)	없음	없음	
광역경제권 발전위원회	「국가균형발 전특별법」 제28조	협력 사업 실시	없음	없음	

자치단체가 협약 등을 체결해 공동으로 사업을 추진하는 협력 사업도 있다.

권자경은 지방정부 간 협력에서는 지방정부의 전략적 적합성, 규율의 완결성, 절차적 합리성 등이 매우 의미 있는 성공 요인이라고 설명한다.[6] 지방정부는 협력을 추진하기 전 단계에서 공동으로 추진하고자 하는 사업, 정책, 계획 등에 협력 당사자가 공동으로 목표를 설정하고 공동으로 비전을 수립해야 한다. 또한 공동사업을 추진하기 전에 업무 진행 과정을 표준화해야 지방정부 간 공공 협력이 성공할 수 있다고 지적한다. 시·도 간 정책 협력에서도 협력 당사자가 공동으로 목표를 설정하고 비전을 수립함으로써

---

6) 권자경, 「거래비용관점에서 지방자치단체 간 파트너십의 결정요인과 성과」, ≪한국지방자치학회보≫, 제22권 제4호(2010. 12), 57~82쪽.

| 상생발전의 핵심 요소 |
- 상생발전 기회와 이슈 확인을 위한 정례 모임 개최
- 상호이해에 필요한 정보 공개 및 공유(회의, 기획, 정책 입안 시 상대방 초청)
- 상호이해, 갈등 관리를 다루는 공동위원회 구성·운영
- 상호이익을 위해 자원, 장비, 기술 공유
- 공공서비스 교환, 교차 지원
- 각종 발전계획 수립 시 상대방과 소통해서 조정
- 공동사업 추진

공동으로 추진하는 사업의 업무 진행 과정을 표준화해야 당사자가 서로 이해하고 예측할 수 있다.

지방정부 간 협력 정도는 상호 추구하는 공동사업 추진에 필요한 절차 등의 규율을 어느 정도 구체적으로 준비하느냐에 달려 있다. 지방정부가 상호 협력하려면 여러 부분에서 협상과 협의가 필요하다. 이러한 과정은 많은 비용과 시간을 소비하다보면 자칫 공동 협력이나 사업에서 성과를 얻기 어려울 수도 있다. 따라서 협력에 필요한 제도(법률, 조례, 지침, 협약서, 정관 등)를 구체적으로 완비하고, 참여 당사자가 이에 동의해야 한다. 시·도 간 정책 협력을 위해서는 시·도 간 정책 협력에 필요한 제도를 완비하는 것이 선결 과제다. 또한 개별협력 사업을 위해 공동으로 인정하는 조례 제정과 같은 절차도 필요하다. 이와 같이 공동 협력에 필요한 규율의 완결성은 시·도 간 정책 협력이 안정적으로 지속되는 데 기여한다.

정부 간 협력은 상호 신뢰가 바탕이 되어야 한다. 공공 협력의 절차적 합리성은 정부 간 상호 신뢰를 확보하는 주요 요인으로 나타난다.[7] 절차적 합리성이 확보된다는 것은 지방정부 간 협력 절차가 합리적으로 관리된다는

것을 의미한다. 정부 간 협력 사업을 운영하는 절차가 합리적이면 협력 과정에서 담당자가 교체되어도 그 사업이 서로 기대한 대로 유지되기 때문에 절차적 합리성은 매우 중요하다. 협력 사업의 절차적 합리성을 확보하기 위해서는 공공 협력에 참여하는 당사자의 역할, 책임, 사업의 절차, 일정 등을 명시적으로 관리해야 한다.

2. 수도권-충청권-강원권 간 정책 협력의 비전과 전략

1) 수도권 플러스 정책협력위원회 설치

수도권 플러스 정책협력위원회(가칭)는 수도권(서울특별시·인천시·경기도), 충청권(충청남도·충청북도), 강원권(강원도) 및 북한의 접경지역과 같이 관할 구역이 인접하는 광역지방정부 간에 협약을 체결해 설치하는 시·도 공동 기관이라 할 수 있다. 이 기관은 한강·임진강·서해안의 수자원과 자연 자원의 올바르고, 통합적이고, 종합적인 개발·이용·보전을 활성화하는 기능을 수행하며, 서울·경기·인천·충청·강원의 도시가 연담화되고 지역이 통합되는 데 따른 지역 상호 발전과 보전에 관한 기능적인 연계 협력을 추진한다. 수도권 플러스 정책협력위원회는 서울·인천·경기·충남·충북·강원의 경우 개별 광역지방정부가 회원으로 가입해야 하며, 기타 지역은 광역지방정부가 준회원으로 가입해 공동의 목적을 위해 노력할 수 있다.

각각의 회원 광역지방정부는 3~5명의 대표단을 임명해 위원회를 운영하

---

7) 권자경, 「거래비용관점에서 지방자치단체 간 파트너십의 결정요인과 성과」.

도록 한다. 이 대표단에는 각 광역지방정부의 시·도지사, 광역의원, 고위 정
책 담당자 등이 포함되도록 한다. 위원회는 이사회를 두며 이사회의 의장은
매년 회원 시·도의 시장이나 도지사가 돌아가면서 맡는다. 위원회의 사무
조직을 구성해 특정 지역에 사무소를 입지하도록 해 항구성을 부여한다.

수도권 플러스 정책협력위원회를 설치하기 위해서는 메가 수도권에 속
한 광역지방정부가 공동 협약을 맺고, 동일한 설치 조례를 제정해야 하며,
준회원으로 가입하는 광역지방정부는 추가적인 협약을 체결해야 한다.

(1) 조직과 기능

① 임무 및 목적

수도권 플러스 정책협력위원회는 수도권, 충청권, 강원권 지역을 건강하
고 활기차게 발전시키려는 비전을 달성하기 위해 회원으로 가입하는 인접
광역지방정부가 의견을 합치고 함께 노력할 수 있도록 지원하는 기관이다.
수도권 플러스 정책협력위원회의 업무와 서비스는 커뮤니케이션 및 교육,
정보 통합 및 보고, 사업 촉진 및 의견 통합, 정책 조정 및 상호 독려에 초점
이 맞춰져 있다.

수도권 플러스 정책협력위원회의 목적은 수도권 플러스 광역 협약의 약
정과 조건을 수행하는 것이다. 따라서 앞에서 말한 메가 수도권 지역의 성
장과 관리, 한강, 임진강, 서해안의 수자원과 자연 자원의 올바르고 통합적
이고 종합적인 개발·이용·보전·신장과 같은 목적을 협약에 명시할 필요가
있다.

② 비전

수도권 플러스 정책협력위원회는 메가 수도권 관련 지역인 관련 수도권,

충청권, 강원권 등의 지방정부와 관심 있는 지방정부들이 공동으로 자신의 비전을 성취하도록 지원하는 초광역적 차원의 기관이다. 수도권 플러스 정책협력위원회는 품격 있고 공신력 있는 의견을 제시하는 것이 중요하다. 그래야 회원 지방정부의 신뢰를 얻을 수 있기 때문이다. 수도권 플러스 정책협력위원회는 상호 협력을 통해 활동하거나 입장을 취하고, 경제적 번영과 환경 보전을 고취하며, 과학적 분석을 토대로 정책 협력을 추진하는 기관이어야 한다. 또한 회원 지방정부의 의사결정자 사이의 대화를 촉진하는 정기적인 정책 포럼을 개최하는 것도 수도권 플러스 정책협력위원회의 중요한 기능이다. 이와 같은 포럼은 회원 지방정부가 메가 수도권 지역의 문제를 해결하기 위한 우선사항에 합의하고 통합된 의견을 제시하는 데 도움을 줄 것이다.

③ 기대효과

수도권 플러스 정책협력위원회는 수도권, 충청권, 강원권의 경제성장, 환경 보전, 문화·관광 개발을 위해 지역의 자원을 공동으로 활용·보전하는 선도자적인 역할을 할 것이다. 수도권 플러스 정책협력위원회는 지역개발과 환경 보전, 사회복지, 문화 발전 같은 상충할 수 있는 목적을 조화시켜야 한다. 아울러 공공정책 문제에 통합적이고 객관적으로 접근하여 성과를 얻도록 노력해야 한다.

수도권 플러스 정책협력위원회의 모든 활동은 활력 있게 성장하는 경제, 건강한 환경, 모든 시민의 높은 생활의 질 달성이라는 위원회의 비전을 실현하는 데 방향을 맞추어야 한다. 이와 같은 비전을 달성하기 위해서는 다음과 같은 세 가지 기본 원칙이 필요하다. 즉, 커뮤니케이션(수도권 플러스 지역 회원인 광역지방정부 간의 커뮤니케이션), 정책 연구(지역적 이익에 관한 이슈의 개발과 조정), 옹호 및 고취(회원 지방정부가 동의하는 입장에 대한 옹호 및 고취)다.

수도권 플러스 정책협력위원회는 지역개발, 관광개발, 환경 보호, 자원 관리, 교통 및 사회·문화적 발전을 포함하는 광범위한 이슈를 업무 대상으로 한다. 수도권 플러스 정책협력위원회는 분야별 소위원회(committee) 및 특정 정책과 관련된 태스크 포스(task force)를 조직해 공동의 이슈를 확인하고 협의해야 한다. 이를 통해 각 회원 지방정부의 정책적 입장을 조정하고, 적절한 대안을 채택하는 방향으로 운영해야 한다. 따라서 소위원회 및 태스크 포스가 수행하는 업무는 매우 중요한 역할을 담당한다. 또한 국가와 다른 지역의 지방정부들은 외부 지원 기관으로 수도권 플러스 정책협력위원회의 기능에 참여할 수 있다.

④ 다국적 협력

수도권 플러스 정책협력위원회는 광역지방정부 간 정책협력기관이다. 그러나 메가 수도권의 발전과 개발, 보전이 미치는 영향은 당해 지역의 내부에만 국한되지 않는다. 따라서 메가 수도권의 정책 협력 및 연계사업의 발전을 위해서는 다른 지역의 지방정부나 국외의 지방정부와 제휴를 맺어 상호 협력할 수 있다. 이와 같은 폭넓은 제휴를 통해 메가 수도권의 발전과 관련한 이슈에 통합적으로 접근해야 하며, 일관적이고 상호조정적인 정부 간 기구로 발전해야 한다.

(2) 사업 영역

① 정보통신기술을 활용한 커뮤니케이션

최근 비약적으로 발전하는 정보통신기술을 활용해 메가 수도권을 발전시키고, 자연 자원 보전 같은 공공정책 결정에 대한 적극적인 참여를 신장하는 것을 목표로 한다. 이 프로그램의 주요 활동은 온라인 및 전통적인 인쇄, 출판을 통해 수도권 플러스 정책협력위원회의 모든 업적과 결과를 작성하고 디자인하며 마케팅을 담당하는 것이다. 이와 같은 업무에는 수도권 플러스 정책협력위원회의 연례보고서, 격월간 자문 뉴스레터, 인터넷 홈페이지 등이 포함된다. 한편 수도권 플러스 정보 네트워크를 통해 메가 수도권 지역과 관련된 정보를 전달해야 한다. 저널리즘에 관한 훈련을 바탕으로 자료 관리, 인쇄, 출판, 웹디자인에 최선을 다하는 것이 중요하다.

② 데이터 및 정보 관리

광범위한 공공정책 이슈에 대한 의사결정을 하는 데 필요한 정보를 제공하는 역할을 수행하기 위해 관련 데이터 및 정보를 관리하는 기능을 해야 한다. 따라서 이와 관련한 데이터 및 정보 관리 프로그램을 통해 의사결정 지원 시스템 및 절차의 개발과 응용을 촉진할 필요가 있다. 여기에는 데이터베이스 시스템, 지역 네트워크, 정보 자원 관리, 지리정보 시스템(GIS)과 관련된 도구 및 장치가 포함된다. 이 기능을 수행하기 위해서는 지역적 차원의 GIS 조정이 매우 중요할 것으로 판단된다. 이와 같은 데이터 및 정보 관리를 통해 메가 수도권에 대한 연구, 계획, 사업, 개발과 보전에 관한 모니터링을 수행할 수 있다.

③ 지역개발 및 환경 관리

메가 수도권의 경제 활동을 신장하고 광역지방정부의 관할구역을 넘어서는 개발 수요를 관리해서 공동의 사업을 추진하는 협력·협의체로서의 역할을 수행한다. 수자원을 공동으로 관리하거나 환경오염에 대한 공공 협력을 촉진하고, 우수한 환경 지역을 보존하며, 과학적 연구와 모니터링을 유지해 메가 수도권의 건강한 환경을 유지하는 것이다. 이 지역개발 및 환경 관리 프로그램은 메가 수도권 지역이 주민에게 유익하게 활용될 수 있도록 공동의 노력을 지원하는 역할을 담당한다. 각 사업의 목적을 달성하기 위해 이 위원회는 최첨단의 정보통신기술을 활용해야 한다. 한편, 공공기관의 자원과 전문성을 유도, 조정하며, 메가 수도권 지역의 건강하고 지속적인 개발이 가능하도록 노력해야 한다.

④ 정부 간 조정

수도권 플러스 정책협력위원회의 정부 간 조정 기능은 지역적 리더십을 제공하고, 다양한 이해관계 속에서 지역적 차원의 우선순위에 대한 합의를 도출하며, 지역적 행동에 이르는 의사결정을 위한 공동 유대를 형성함으로써 공동으로 수도권, 충청권, 강원권에 대한 관리를 강화하는 역할을 한다. 이 수도권 플러스 정책협력위원회의 지역적 조정 프로그램은 기관 설립 근거인 수도권 플러스 광역 협약에 수록된 것으로, 회원인 광역지방정부 간의 합의를 도출하고, 지역적·국가적·국제적 파트너와 연대관계를 형성하며 메가 수도권 지역이나 국가에 권고안을 제시하는 것을 주요 의무로 한다.

⑤ 자원 관리

수도권 플러스 정책협력위원회는 지역의 자원 관리 사업을 통해 수도권, 충청권, 강원권의 자연 자원, 특히 한강 및 임진강 수계, 서해안의 수자원, 토지, 대기 및 자연 자원의 활용 및 관리를 추구한다. 다양한 사업과 지역적 공공서비스를 통해 지역의 자연 자원을 보전하고, 지속가능한 이용에 기여하는 역할을 수행한다. 또한 공공 및 민간의 다른 부문 및 기관과 사업을 제휴하는 방식으로 다양한 업무를 진행할 수 있다. 이러한 노력을 통해 메가 수도권 지역에서 지역적 우선순위를 추출하고, 정책을 개발하며, 연구를 수행함으로써 자원 관리 및 환경 보호에 관한 광범위한 정보를 공유하도록 선도하는 기능을 수행한다.

⑥ 교통 및 관광 개발

수도권 플러스 정책협력위원회에서 교통 및 관광 개발의 목적은 메가 수도권의 교통체계에 기반을 둔 물류, 유통, 수송 등 철도, 도로, 항만을 이용해 지역 간 경제적 활동, 지역의 교통체계를 향상시키는 것이다. 이러한 기능을 통해 메가 수도권의 경제, 사회, 문화 및 관광 활동을 지역 간 관계에 중점을 두고 개발 관리하는데, 주요 관심 분야는 철도, 도로, 항만 교통, 관광, 레저시설 개발 및 자연 환경 보전이다.

(3) 재원 조달

수도권 플러스 광역 협약에 예산과 비용 배분에 관한 규정을 두어 회원 지방정부의 부담을 공평하게 나누어야 한다. 협약에 따라 수도권 플러스 정책협력위원회에서 추계하는 지출 예산에 각 회원 지방정부가 승인하거나 또는 충당해야 할 금액을 명시할 필요가 있다. 구체적인 예산안은 다수결에 따라 결정하되, 각 회원 지방정부의 이익과 일치하도록 비용을 공평하게 배분해야 한다.

수도권 플러스 광역 협약에 따라 선출된 수도권 플러스 정책협력위원회의 사무처장은 위원회의 승인에 따라 기채(起債)할 수 있고, 정부 및 기관, 단체, 민간회사 및 개인과 서비스 계약을 할 수 있으며, 위원회의 활동과 관련해 기부금, 증여, 보조금, 물품 및 서비스 등의 지원을 받을 수 있도록 보장해야 한다.

2) 지방정부 간 갈등 관리기구 설치 운영

(1) 갈등 현황과 과제

우리 사회는 권위주의적 지배 양식에서 탈피해 자치와 분권의 제도화가 심화되는 과정에서 다양한 이해와 요구의 분출을 경험하고 있으며, 지방정부 간 자율성과 독립성이 크게 신장되고 지방정부가 공동으로 의사를 결정해 처리해야 할 광역사무가 증가함에 따라 구조적으로 지방정부 간 갈등의 가능성이 높아지고 있다. 더욱이 광역 단위의 사업을 추진하는 데에는 해당 지역 주민 및 인접 지방정부와의 원활한 공조가 더욱 크게 요청된다. 중앙정부와 지방정부, 지방정부와 지방정부가 공조해서 사업을 추진한다 하더라도 해당 지역 주민을 설득하고 합의를 도출하는 과정에서 상당한 사회적 비용을 치러야 한다. 또한 설득과 합의를 도출하지 못할 경우 지방정부와 주민의 갈등으로 중앙정부와 지방정부 간, 지방정부 간 협력관계가 오히려 갈등관계로 전변될 개연성이 크다.

특히 광역 행정을 둘러싼 지방정부 간, 지방정부-주민 간 갈등은 구조적 악순환의 딜레마를 안고 있다. 이러한 갈등을 단지 지역이기주의나 행정편의주의로 환원하는 단선적 문제의식은 갈등 해결에 소요되는 사회적 비용을 더욱 크게 초래할 수밖에 없다. 그러므로 지방정부 간 조정과 합의 및 주민참여의 제도화를 통해 광역갈등 해결 기제를 운영하는 것이 중요하다.

지방정부 간 갈등은 다양하게 나타나는데, 이를 갈등 주체별, 내용별, 이해관계별로 구분해서 살펴볼 수 있다. 먼저 지방정부 간 갈등의 유형을 주체별로 구분하면 〈그림 16-1〉과 같다.

지방정부 간 갈등을 갈등의 내용에 따라 구분하면 정치·행정적인 측면의 갈등, 법·제도적인 측면의 갈등, 행태적인 측면의 갈등의 세 가지로 정리할

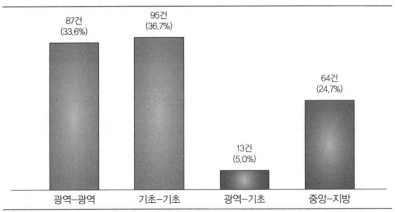

〈그림 16-1〉 주체별 지방정부 간 갈등 발생 현황(1995~2010년 말 기준)

	87건 (33.6%)	95건 (36.7%)	13건 (5.0%)	64건 (24.7%)
	광역-광역	기초-기초	광역-기초	중앙-지방

자료: 행정안전부,『행정안전부백서』(2010).

〈표 16-3〉 갈등 내용별 지방정부 간 갈등의 유형

분류	내용
정치·행정적 갈등	· 단체장의 선거공약 관련 갈등 · 정책 목표의 차이에 따른 갈등 · 비용 부담과 보상체계에 따른 갈등 · 의사소통체계에 따른 갈등
법·제도적 갈등	· 지방정부의 자율성 강화에 따른 갈등 · 권한·기능 범위의 모호성에 따른 갈등 · 관할권·재산권을 중심으로 한 갈등
행태적 갈등	· 지방정부 간 상호의존성 확대에 따른 갈등 · 지역이기주의 성향에 따른 갈등 · 인지의 차이에 따른 갈등

자료: 권경득 외,「지방정부 간 갈등과 협력에 관한 연구」(한국연구재단 연구보고서, 2004).

수 있다. 이와 같이 갈등의 내용에 따른 지방정부 간 갈등의 유형을 정리하면 〈표 16-3〉과 같다.

지방정부 간 갈등의 유형을 이해관계 내용별로 살펴보면 〈그림 16-2〉와 같다. 지방정부 간 갈등에 관한 국내의 연구동향을 살펴보면 주로 상호의존적 자원의 성격에 따라 크게 네 가지 주제에 초점이 맞추어져 있음을 알 수

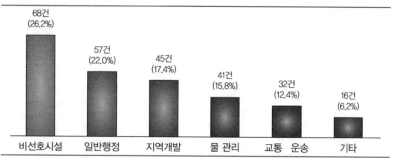

〈그림 16-2〉 이해관계별 갈등 발생 현황

- 68건 (26.2%) 비선호시설
- 57건 (22.0%) 일반행정
- 45건 (17.4%) 지역개발
- 41건 (15.8%) 물 관리
- 32건 (12.4%) 교통 운송
- 16건 (6.2%) 기타

자료: 행정안전부, 『행정안전부백서』(2010).

있다. 즉, 기피 갈등(님비 갈등), 선호 갈등(핌피 갈등), 관할권한 갈등, 관할구역 갈등이다.

광역지방정부 간 갈등에 관한 선행연구는 주로 관할권한 또는 관할구역 갈등에 초점이 맞추어져왔는데, 광역 서비스 공급과 관련한 지역 간 갈등에서부터 님비·핌피 현상 및 기타 정부 간 권한관계에 이르기까지 다양한 사례를 포괄하고 있다. 대상 사례의 수적 측면에서는 님비·핌피 현상에 관한 연구가 많은 비중을 차지하고 있다.

광역지방정부의 갈등을 포함한 지방정부 간 갈등관계를 이해하기 위해서는 정부 간 관계부터 이해해야 한다. 정부 간 관계(Intergovernmental Relations: IGR)란 한 국가의 단위정부 간에 현실적으로 설정되었거나 제시될 수 있는 법적·행정적·재정적 관계를 의미하는데,[8] 이는 지방자치 실시를 통한 권력의 분점 현상이 전제된 개념적 용어다.[9] 정부 간 관계는 국가 내 정부

---

8) 박정민, 「정부 간 관계 모형에 관한 고찰」, ≪NGO연구≫, 6권 1호(2008), 166쪽.
9) 김형준 외, 「중앙-지방간 창조적 협력관계 정립을 위한 연구」(행정안전부 연구보고서,

간 동태적 상호관계를 의미하는 것으로 데일 라이트(Deil Wright)를 비롯한 많은 학자에 의해 다양한 연구가 전개되고 있는데, 권한 및 자원의 배분과 상호의존관계에 관한 연구, 정부 간 상호작용 및 갈등에 관한 연구, 중앙·지방 간 관계의 성격에 관한 연구로 구분할 수 있다.[10] 그동안 정부 간 관계에 관한 기존의 논의는 대체로 분쟁관계 또는 갈등관계에 초점이 맞추어져왔다. 그러나 다양한 정부 간 관계에 관한 일련의 사례연구는 정부 간 관계가 협력적인 관계로 귀결되어 논의될 수 있음을 보여준다.[11]

(2) 갈등 관리 시나리오

갈등과 협력은 특정 이슈와 관련된 행위자 간의 끊임없는 상호작용에 따라 나타난다. 기존 연구에서 다룬 요인을 크게 세 가지 차원으로 유형화하면 다음과 같다. 첫째는 당사자 모두의 행위에 영향을 미치는 구조 및 환경적 차원의 요인이며, 둘째는 이러한 외부적 상황에 반응하도록 하는 당사자의 이해관계나 특성, 협상자로 구별될 수 있는 갈등 및 협력 단위별 차원의 요인이다. 셋째는 갈등 및 협력의 당사자가 동원하는 상호작용의 전략과 관련된 요인이다.

광역지방정부 간의 갈등 및 협력 사례에서는 공통적인 갈등 요인으로 갈등 조정이나 협상을 위한 제도의 미정립, 이슈의 정치적 이용과 관리전략, 지역 간 비용과 편익의 불공평성 등이 제시된다.[12]

2010), 14쪽.

10) 김병준, 「지방자치 시대의 중앙−지방관계: 권한 및 사무배분 문제를 중심으로」, ≪사회연구≫, 제3호(한국사회연구조사회, 2002), 96~98쪽.

11) 강성철 외, 『지방정부 간 갈등과 협력: 이론과 실제』(서울: 한국행정DB센타, 2006), 41~42쪽.

〈표 16-4〉 지방정부 간 갈등 및 협력 사례에서 제시된 공통적 갈등 요인

구분	갈등 요인
광역지방정부 간 갈등 및 협력 사례에서 제시된 공통적 갈등 요인	· 갈등 조정이나 협상을 위한 제도의 미정립 · 이슈의 정치적 이용과 관리전략 · 지역 간 비용과 편익의 불공평성
광역지방정부 및 기초정부 간 갈등 및 협력 사례에서 제시된 공통적 갈등 요인	· 비용과 편익의 불공평성 · 갈등 조정과 관련된 제도적 협력 장치의 미정립
기초정부 간 갈등 및 협력 사례에서 제시된 공통적 갈등 요인	· 비용과 편익의 불공평성
종합	· 비용과 편익의 불공평성 · 갈등 조정과 관련된 제도적 협력(협상) 장치의 미정립 · 이슈의 정치적 이용과 관리전략

자료: 강성철 외, 「지방정부 간 갈등과 협력: 이론과 실제」(한국행정DB센타, 2006), 66쪽.

〈표 16-5〉 지방정부 간 갈등 및 협력 사례에서 제시된 공통적 협력 요인

구분	갈등 해소 및 협력 요인
광역지방정부 간 갈등 및 협력 사례에서 제시된 공통적 협력 요인	· 비용과 편익의 불공평성에 따른 보상 및 재정 지원체계의 확립 · 갈등 조정과 관련된 제도적 협력(협상) 장치의 정립
광역지방정부 및 기초정부 간 갈등 및 협력 사례에서 제시된 공통적 협력 요인	· 비용과 편익의 형평성 확보
기초정부 간 갈등 및 협력 사례에서 제시된 공통적 협력 요인	· 갈등 조정과 관련된 제도적 협력(협상) 장치의 정립
종합	· 비용과 편익의 불공평성에 따른 보상 및 재정 지원체계의 확립을 통한 형평성 확보 · 갈등 조정과 관련된 제도적 협력(협상) 장치의 정립

자료: 강성철 외, 「지방정부 간 갈등과 협력: 이론과 실제」(한국행정DB센타, 2006), 67쪽.

---

12) 주재복, 「지방정부 간 분쟁의 조정과 협력 가능성 탐색」, 『한국행정학회 2000년도 기획
세미나 발표논문집』(2000); 이시경, 「공동수자원을 둘러싼 환경갈등의 해소방안」, ≪한
국지방자치학회보≫, 12권 2호(2001); 조승현, 「지방정부 간 갈등 관리 연구」, ≪한국행
정논집≫, 15권 1호(2003); 김인·강문희·조정현, 「지방정부 간 관할구역 관련 갈등에 관
한 연구」, 『한국지방정부학회 학술발표논문집』(한국지방정부학회, 2004), 283~305쪽.

<표 16-6> 공통적인 갈등 요인 및 협력 요인

갈등 요인	협력 요인
· 비용과 편익의 불공평성 · 갈등 조정과 관련된 제도적 협력(협상) 장치의 미정립 · 이슈의 정치적 이용과 관리전략	· 비용과 편익의 불공평성에 따른 보상 및 재정 지원체계의 확립을 통한 형평성 확보 · 갈등 조정과 관련된 제도적 협력(협상) 장치의 정립

그리고 광역지방정부 간 갈등 및 협력 사례에서는 공통적인 협력 요인으로 비용과 편익의 불공평성에 따른 보상 및 재정 지원체계의 확립, 갈등 조정과 관련된 제도적 협력(협상) 장치의 정립 등이 제시된다. [13)

이상에서 국내의 지방정부 간 갈등 및 협력 사례에서 제시된 공통적인 갈등 요인 및 협력 요인을 도출했다. 〈표 16-6〉은 지방정부 간 공통적 갈등 요인과 협력 요인을 제시한 것이다. 갈등 요인과 협력 요인은 서로 밀접히 관련되어 있으며, 갈등 요인은 크게 제도적 차원과 갈등 당사자의 행위적 차원으로 구분되는 것으로 나타났다.

즉, 갈등 요인 중에서 비용과 편익의 불공평성은 보상 및 재정 지원체계를 확립해 형평성을 확보함으로써 해결할 수 있으며, 갈등 조정과 관련된

---

13) 박기묵, 「하천의 상하류지역간 물 분쟁해결모형: 부산시와 대구시의 분쟁을 중심으로」, ≪한국행정학보≫, 31권 4호(1997), 4227~4243쪽; 안성민, 「지방정부 간 외부성으로 인한 갈등문제에 대한 소고(小考)」, ≪지방정부연구≫, 2권 2호(한국지방정부학회, 1998), 95~109쪽; 황재영, 「지방자치단체간의 갈등 관리에 관한 연구: 상수원갈등사례를 중심으로」(경희대학교 박사학위 논문, 1998); 최봉기·이시경, 「위천공단 조성을 둘러싼 정책 갈등의 해소방안」, ≪한국지방자치학회보≫, 26권 2호(1999); 김인철·최진식, 「지방정부 간의 갈등과 협상에 관한 연구: 대구 위천공단조성과 부산 낙동강 수질개선 문제를 중심으로」, ≪한국정책학회보≫, 8권 3호(1999); 이종렬·권해수, 「지역개발과정상 지방자치단체 간 갈등분석과 관리전략: 위천공단지정 사례분석」, ≪한국정책학회보≫, 7권 3호(1998); 주재복, 「지방정부 간 분쟁의 조정과 협력 가능성 탐색」, 『한국행정학회 2000년도 기획세미나 발표논문집』(2000); 이시경, 「공동수자원을 둘러싼 환경갈등의 해소방안」, ≪한국지방자치학회보≫, 12권 2호(2000).

제도적 협력(협상) 장치의 미정립 및 이슈의 정치적 이용과 관리전략 등의 갈등 요인은 갈등 조정과 관련된 제도적 협력(협상) 장치를 정립함으로써 해결할 수 있을 것으로 판단된다. 쉽게 말해 갈등의 가장 중요한 요인은 제도적 차원에서 협력기제가 미비한 것이며, 해결 기제로 가장 중요한 것도 제도적 협력 장치를 확립하는 것이다.

제7부 한반도 번영과 남북통합경제권 형성

제17장 한반도 번영을 위한 메가 경제권 발전 비전 | 박양호

제18장 남북한 접경지역의 경제협력지대 건설 | 신종호

제19장 임진강 유역 통합 수자원 관리체제 구축 | 이기영

한반도 번영을 위한 메가 경제권 발전 비전

_ 박양호

1. 한반도의 잠재력과 새로운 물꼬

1) 한반도의 지정학적 잠재력

한반도는 세계로 뻗어나가 세계와 교류하고 세계로부터 다양한 문화를 받아들이기에 아주 좋은 여건을 지니고 있다. 한반도는 삼면이 바다로 둘러싸인 반도여서, 세계에서 가장 넓은 바다인 태평양으로 나아가기에도 좋은 이점을 지니고 있다. 그뿐 아니라 세계에서 가장 큰 대륙이자 시베리아와 유럽으로 이루어진 유라시아대륙으로 뻗어가기에도 매우 좋은 위치에 자리하고 있다. 이처럼 한반도는 해양과 대륙을 활용하기에 매우 좋은 조건을 갖고 있다.

대륙과 해양을 연결하는 랜드 브리지(Land Bridge)이자 전략적 관문(Strategic Gateway)이라는 한반도의 이점을 활용하면 한국의 번영의 기회로 삼을 수 있다. 또한 한반도의 변화는 세계의 변화를 유도하는 교두보 역할을 할 수도 있다. 더욱이 한반도는 세계 경제가 과거 유럽의 대서양경제에서 태평양경제로 이동하면서 새로운 중심지로 급속히 떠오른 동북아시아의 요충지에 자리하고 있으므로 더없이 좋은 여건과 기회를 맞이한 셈이다.

한반도는 동북아시아의 주요 대도시를 매우 근거리에서 접근할 수 있기 때문에 글로벌 접근성 또한 매우 우수하다. 베이징(Beijing), 서울(Seoul), 도쿄(Tokyo)를 연결하는, 이른바 베세토(BESETO) 대도시 회랑에 입지하는 것이다. 서울에서 비행기로 1시간 30분대의 거리에는 30여 개의 대도시가 분포해 있으며, 3시간 30분의 항공시간대에는 70여 개의 대도시가 분포해 있어 한국이 동북아시아의 중심지적 잠재력을 보유하고 있음을 알 수 있다. 나아가 동북아시아의 거점대도시인 서울, 도쿄, 베이징, 상하이, 블라디보스토크 등 5대 도시 간 상호 거리와 시간거리를 기준으로 보면, 서울은 이들 거점대도시로 접근하기에 가장 최단거리인 지역이다.

이처럼 다양한 잠재력을 보유한 한반도가 이를 최대한 활용해 번영하기 위해서는 남북 간 인위적으로 단절되어 통행되지 않는 국토공간을 연속되고 통행이 자유로운 온전한 상태로 회복해야 한다. 그러자면 우선적으로 남북한의 새로운 교류와 통합을 촉진하는 것이 필수 관건이다. 한반도의 번영은 지정학적으로 동북아시아를 넘어 유라시아대륙과 태평양 지역의 공동발전을 긴밀히 연계시키는 지렛대 역할을 할 수 있다.

2) 김교신의 이상적 강토론: 새로운 세계문명의 발상지, 한반도

한반도가 세계적인 자랑거리이자 새로운 문명의 발상지로 발전할 수 있음은 지리학자인 김교신의 『조선지리소고(朝鮮地理小考)』에 잘 나타나 있다. 김교신은 지중해 문명의 중심지인 이탈리아와 그리스가 모두 반도국가이고, 이들 국가에서 로마 문명과 그리스 문명이 잉태되고 전파되었음을 강조했다. 또한 이탈리아 반도와 그리스 반도의 장점만을 결합한 반도국가가 있다면 이는 범에게 날개가 붙은 격이 될 것이며, 지구상에는 이 이상의 이상적인 강토를 상상할 수 없는데, 바로 그런 이상적인 강토가 한반도라고 주장했다. 김교신은 한반도가 동북아시아의 중심이고 심장이라고 주장하면서 미래에 세계적이고 고귀한 문명을 필연코 이 한반도에서 찾아볼 수 있을 것이라고 통찰한 바 있다. 가까운 미래에 전 세계에 영향을 미칠 새로운 21세기 문명이 지구상 최상의 이상적 강토인 이곳 한반도에서 잉태되고 꽃을 피워 전 세계로 전파되어나갈 것임을 예견했다고 할 수 있다.

3) 세계 경제의 장기 순환과 한반도의 기회

세계 경제가 장기적으로 큰 순환을 한다는 사실은 이미 오래 전에 밝혀졌다. 세계 경제는 2013년을 전후해 경제위기의 침체 국면을 맞고 있으나, 장기적으로는 점차 회복되어 상승궤도를 타고 2020~2030년의 세계 경제 피크를 향해 전진할 전망이다. 그 과정에서 인벡(INBEC) 산업, 즉 첨단정보통신 산업(IT), 신소재·나노 산업(NT), 바이오 산업(BT), 신재생 에너지와 환경 산업(ET), 문화관광산업(CT) 등이 성장하고, 이들 신산업의 신기술이 기존 산업에도 융합되어 다양한 첨단 창조 산업이 꽃을 피울 것이다. 세계 경제가 뿜어내는 새로운 기회를 선점해 자국으로 유치하기 위한 치열한 경쟁이 국가 간에 전개될 전망이다. 이러한 세계 경제의 장기순환 구조에 제때 효과적으로 대응할 수 있는 한반도 번영 시스템이 필요하며, 세계 경제의 변화는 한반도 번영에도 매우 유리한 새로운 기회를 부여할 것이다.

<그림 17-1> 세계경제사이클과 신성장 산업(INBEC 산업)

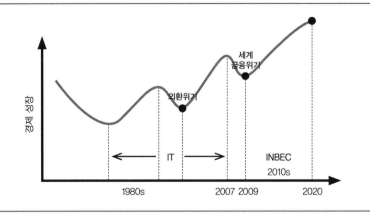

4) 한반도를 둘러싼 중국·일본·러시아의 변화

　한반도를 둘러싼 인근 주요 국가의 여건이 변화할 것으로 전망됨에 따라 새로운 국가전략이 요구된다. 중국은 세계 경제 파도타기에서 성공한 대표적인 국가다. 중국은 1978년 개혁·개방을 선언했는데, 이때는 세계 경제가 침체기에 진입하는 단계였다. 침체기에 개혁·개방을 선언한 중국은 바로 심천경제특구를 개발하고, 이어서 1990년대 상하이 푸동경제특구 개발을 성공시킴으로써 1990년대부터 본격적으로 시작된 세계 경제의 상승기에 기회를 대거 몰아왔다. 더 나아가 중국은 새로운 세계 경제 사이클에 주목하고, 지금의 경제위기 이후에 기회몰이를 하기 위해 대규모 재정 투자, 서부 대개발, 전략적 녹색투자, 신형도시화 전략 등을 추진하고 있으며, 상하이를 경제특구 차원을 넘어 자유무역시범구로 업그레이드해서 개발하는 등 제2의 개혁개방정책을 추진할 전망이다. 일본의 움직임도 비상하다. 최근 일본은 일본 재흥전략을 강력히 추진함으로써 장기 디플레이션의 악순환을 끊고 성장 잠재력을 높이기 위한 산업 기반 강화 및 전략적인 신시장 개척을 도모하고 있다. 나아가 일본은 최근 3대 도시권 중심의 국가전략특구제도를 추진함으로써 해외 투자를 유치하기 위한 규제 개혁과 민간 투자를 기반으로 한 대대적인 공공인프라 개발을 추진한다.

러시아의 푸틴 대통령이 최근 적극 추진한 신동방정책도 비상한 주목을 받고 있다. 러시아는 석유, 천연가스 등 에너지 자원의 보고인 시베리아 및 극동러시아를 중심으로 제조업의 국내 기반을 넓히고, 에너지 자원을 개발하며, 교통·물류망을 개혁함으로써 상대적으로 낙후된 지역의 발전을 도모하고 있다. 러시아는 연방부처 내에 극동개발부를 신설해, 극동 지역에 대한 투자계획을 세우고 이 지역을 관리하는 임무를 부여함으로써 범정부 차원에서 극동 투자의 고동을 울렸다.

이렇듯 중국, 일본, 러시아 등 한반도를 둘러싼 인근 주요 국가의 미래를 향한 전략적 동향과 전망을 고려한다면 한국도 국가발전의 새로운 지평을 여는 과감하고도 전향적인 새로운 전략으로서 한반도 전체를 아우르는 대(大)번영전략이 필요할 것이다. 인근 강대국가의 미래전략 흐름은 남북한이 함께 한반도 번영으로 나아가는 새로운 도정에 절호의 기회와 동시에 커다란 도전을 부여한다.

5) 한국 사회의 저성장·저출산·고령화 구조와 한반도

한국이 지속적으로 장기 발전하기 위해서는 극복해야 할 중요한 과제가 있다. 바로 저성장·저출산·고령화라는 구조적인 문제다. 저성장 구조로 일자리가 많이 늘어나지 않고, 저출산으로 여성의 경제 참여 기회는 높아졌지만 여성 일자리 부족 문제가 나타나며, 인구 감소 현상이 예견되어 내수 부족도 우려된다. 또한 고령화로 노동력 확보 문제도 우려된다.

이러한 한국 사회의 구조적이고 만성적인 문제를 해결할 수 있는 방법은 지금 교착 상태에 놓여 있는 남북교류와 협력을 획기적으로 활성화해 남북한의 공동발전, 즉 한반도의 새로운 번영을 구가할 수 있는 새로운 전략적 접근에서 찾을 수 있다. 세계 경제가 회복되더라도 과거와는 다른 상대적 저성장 구조가 지속될 수 있다. 한반도의 지경학적 장점을 적극 살리고 세계 경제의 변화 사이클에 맞춰 북한의 새로운 발전을 촉진한다면 한반도 전체가 저성장의 틀에서 벗어나 새로운 고성장의 길로 접어들 수도 있다. 또한 남북한 교류를 통해 7,300만 명이라는 남북한 총인구를 활용한다면 저출산으로 인한 인구 감소 현상을 해결할 수 있다. 나아가 북한의 인력을 이용하면 고령화로 인한 노동력 수급 문제도 해결의 실마리를 찾을 수 있을 것이다.

6) 한반도 번영을 위한 새로운 물꼬

한반도의 잠재력, 세계 경제의 장기 순환적인 큰 변화, 중국, 일본, 러시아 등 인근 주요 국가의 최근 동향과 전망, 그리고 우리 경제의 문제를 종합해보면 한반도의 새로운 번영은 중차대한 과제임을 알 수 있다. 그러나 오늘날 남북한 교류협력은 교착되어 있다. 지난 수십 년간의 남북교류협력 사업은 남북 간의 단절된 관계 극복 등 교류의 물꼬를 트는 데 치중했다. 한반도 동쪽 지역에서는 1998년부터 금강산 관광 사업을, 서쪽 지역에서는 2003년부터 개성공단 개발 사업을 전개했으나, 2013년 현재 여러 가지 요인으로 교착 상태에 처해 있다. 그러나 경제위기 이후 세계에서 뿜어져 나올 기회를 한국과 한반도 전체로 몰아오고 한국이 유라시아·태평양시대의 선도국가로 올라서기 위해서는 남북 간의 상생과 공영을 기반으로 남북교류협력의 새로운 물꼬를 터 새로운 한반도 번영시대를 조속히 열어나가야 한다.

2. 한반도 번영의 시나리오와 전망

1) 시나리오 1: 현상 유지

한반도 번영은 역사적 과제다. 그러나 남북관계가 계속해서 경색되면 남북한의 교류와 협력으로 얻을 수 있는 정치·경제·사회적 이득은 사장되고 말 것이다. 온전한 한반도가 아닌 상황에서는 한반도가 지니는 천혜의 지경학적 강점을 활용할 수 없으므로 유라시아와 태평양을 향한 한반도 번영과 남북한 공동발전, 새로운 문명을 한반도에서 창조하고 확산하려는 한반도의 꿈을 실현하기 어렵다. 남북 간 교류협력의 획기적인 진전 없이 남북한 분단의 벽이 지속되는 한 해외에서 지적하는 한반도 리스크는 사라지지 않을 것이다. 또한 북한의 경제발전은 요원해지고, 한반도는 유라시아 진출과 동북아시아의 상생적 발전에서 중심적인 역할을 수행하기 어려워질 것이다.

비록 남북한 교류가 재개되더라도 과거와 같이 단편적인 교류에만 한정된다면 성과의 양과 질적 측면에서 한계를 지닐 수밖에 없다. 남북한 모두 실리를 얻으면서도 동북아시아와 유라시아·태평양시대를 주도할 수 있도록 통찰력을 기반으로 한 전략적 틀 속에서 실천 가능한 접근방법을 모색해야 한다.

2) 시나리오 2: 한반도 번영을 위한 새로운 접근

한반도의 번영을 위해서는 남북한 교류협력의 새로운 물꼬를 터야 할 뿐 아니라 한반도-동북아시아-유라시아·태평양으로 구성되는 지역 연계 공동발전 과제의 실질적인 해법을 찾기 위해 전략적으로 접근해야 한다. 한반도 번영을 조기에 가시화하기 위해 한반도의 모든 지역을 동시에 개발하는 것은 불가능할 뿐 아니라, 효과도 없으며 투자의 낭비와 중복도 엄청나다.

따라서 단계적·현실적이며, 파급효과가 상대적으로 크고 확산효과 또한 지대한 선별적 공간 전략을 구사해야 한다. 이를 위해 한반도 번영을 위한 전략적 신거점지대로서의 메가 경제권을 설정해, 이 지역의 성장을 유도해야 한다. 그런 다음 타 지역발전으로의 연계효과를 극대화할 수 있는 시범 지역으로 메가 경제권을 발전시켜나가야 한다. 이렇게 볼 때 메가 경제권이란 한반도의 번영을 선도하는 지역으로 남북한이 서로 근접하고 남북한뿐 아니라 지역 간 공동발전도 선도할 수 있는 새로운 교류와 신성장의 중심 지역을 의미한다고 할 수 있다.

나아가 한반도 번영-동북아시아 상생발전-유라시아·태평양 지역의 공동발전이 상호 연결되고 시너지 효과를 극대화할 수 있는 전략을 추진해야 한다. 이를 위해 동북아시아 및 유라시아·태평양 지역의 발전과 긴밀히 연계될 수 있는 새로운 전략적 거점지대로서 한반도 내에 메가 경제권을 설정하는 것은 글로벌 발전의 거점지대를 설정하는 일이기도 하다.

우선 한반도 번영을 선도하기 위한 메가 경제권은 남북한의 주요 거점 지역을 선별적으로 포괄해야 하며, 상대적 경쟁력을 보유해야 한다. 이를 고려해 메가 경제권은 한반도 서해안 지역의 중앙 지대에 남북한의 주요 도시가 포함되는 전략적 입지로 설정할 수 있다. 대체로 한반도 서해안의 중앙

지대에 위치한 경기만 지역을 포함한 수도권(서울·인천·경기도)과 서해안의 당진 일대를 포함하고, 국토의 중핵지역으로 부각되는 세종시와 함께 성장 네트워크를 형성할 수 있다. 수도권과 인접한 춘천을 포함해 2018년 동계올림픽이 개최되는 평창 지역과도 성장 네트워크를 구성할 수 있다. 나아가 북한 지역과의 공동발전을 위해 수도권과 인접한 북한의 서해안 황해도 지역의 거점도시인 개성과 해주 일대를 포괄하는 공간적 범역을 지닐 수 있다.

3. 한반도 번영을 위한 메가 경제권의 비전과 전략

1) 메가 경제권의 비전과 6대 중핵 기능

한반도 번영을 향한 메가 경제권의 비전은 '한반도의 대도약과 신번영을 향한 창조적 한반도 거점 공간 구현'으로 정립할 수 있다. 이는 메가 경제권이 한반도의 새로운 번영과 상생의 발단을 제공하고, 나아가 동북아시아를 넘어 다가오는 유라시아·태평양시대를 선도할 한반도의 중앙 지대이자 창조적인 글로벌 거점 경제권이라는 의미를 지닌다. 동시에 이 지역은 남북한의 주요 거점 공간을 포함하는 남북한 중추 거점권으로서의 위상을 지닌다.

메가 경제권은 남북한 주민이 합심해서 평화적이고 진취적으로 지역의 발전을 이루려 노력하고, 이러한 노력이 결국 한반도 전체의 번영으로 직결되는 이노베이션 공간 시스템 역할을 담당할 것이다.

메가 경제권은 다음과 같은 여섯 가지 기능을 담당할 수 있다. 첫째, 창조 도시권으로서의 기능이다. 메가 경제권은 세계 경제의 흐름에 부응하는 새로운 창조 산업의 발전을 유도하는 거점도시권이자, 새로운 산업 공간 및 기존 도시의 재생과 부흥을 통해 새로운 경제 기반을 강화하고 주민의 삶의 질을 향상하도록 새로운 정주 기반을 형성하는 도시권이다. 또한 남북한이 거점 공간을 중심으로 융합해 새로운 발전의 기틀을 만들어가는 신성장도시권이다.

이는 글로벌 경제위기 이후의 큰 변화(The Next Big Thing)를 이끌어가는 원동력으로서 도시권(city-regions)을 중시하는 세계적인 추세와 맥락을 같이한다.[1] 중세시대에 도시국가가 생산과 상업, 교역의 중심이었듯이 향후 사람, 자본, 정보가 고도로 집중되는 도시권이 힘을 발휘하는 신중세주의(Neo-medievalism)시대가 전개될 것으로 전망되므로, 메가 경제권을 설정하는 것은 이에 부응하는 남북한 거점도시권 전략이기도 하다.

둘째, 글로벌 중추기지로서의 기능이다. 메가 경제권은 한반도에서 동북아시아·유라시아·태평양으로 진출하는 한편, 세계에서 한반도로 기회를 유입하는 중추기능을 담당할 수 있다. 이는 유라시아·태평양으로 구성되는 세계적인 거대 슈퍼지역을 대상으로 메가 경제권이 원심력과 구심력을 동시에 보유한 중추공간이자 진출과 유입의 시작과 종점, 즉 기종점(起終點)이 되는 지전략적(地戰略的, Geo-strategic)인 관문(Gateway) 기능을 담당한다는 것을 의미한다.

메가 경제권은 한반도를 중심으로 4개의 국제경제권이 모이는 지역에 자리한다. 즉, 중국을 포함하는 환황해경제권, 일본과 러시아를 포함하는 환동해경제권, 러시아와 유럽을 포함하는 유라시아대륙경제권, 태평양 연안 국가를 포함하는 태평양경제권이 메가 경제권에서 융합된다. 해류와 해류가 만나는 곳에 황금어장이 만들어지듯이 국제경제권과 국제경제권이 합쳐

---

1) "The Next Big Thing", *Foreign Policy*, 5·6월호(2009).

지는 메가 경제권 일대에는 황금의 국제시장이 형성될 수 있다.

메가 경제권 반경 1,200km 권역은 매년 6조 달러의 부가가치가 발생하고, 7억 명의 인구가 거주하는 역동적인 국제시장권이다. 이 글로벌 시장권을 대상으로 메가 경제권은 경제와 물류의 허브 앤 스포크(Hub & Spoke) 기능을 담당할 수 있다. 특히 국제적 기업이 진출해 국제적 자본, 기술, 인력이 모여 자유롭게 활동하면 수많은 일자리와 부가가치가 생산되고 경쟁력이 창조·강화되는 국제경제자유 클러스터 지역으로 기능할 수 있다.

셋째, 연계·융합 지역으로서의 기능이다. 메가 경제권은 육·해·공의 교통망, 수자원, 산업단지, 에너지 시설 등의 인프라를 남북한이 공동으로 사용하고 개발하는 각종 SOC의 융복합 지역이다. 또한 남한과 북한의 경제자원인 기술, 자본, 인력, 토지가 서로 결합되어 활용되는 경제 요소의 융합지대이기도 하다. 그리고 도시와 농어촌이 함께하는 지역이자 바다와 내륙이 연계되는 지역이다.

넷째, 남북한 신교류협력의 시범지역으로서의 기능이다. 남북한 교류협력이 교착 상태에서 벗어나 지속적이고 상호 이익을 공유할 수 있는 남북 신교류협력 모델을 메가 경제권에 우선 시범적으로 적용한 뒤, 그 성과를 남북한 전역으로 확산시킬 수 있다. 즉, 메가 경제권은 남북한 새로운 교류의 가장 모범적인 실례(Best Practices)를 창출하는 시범지역으로 기능할 수 있다.

다섯째, 선도적 지역상생 공간으로서의 기능이다. 한반도 중앙의 메가 경제권은 한편으로는 한반도의 균형발전과 남북한의 상생발전을 선도하는 전진기지이지만, 다른 한편으로는 한국의 수도권과 비수도권의 균형발전 및 지역 간 상생발전을 견인하는 지역 간 성장 네트워크를 구축할 수 있는 거점권의 역할도 수행할 수 있을 것이다.

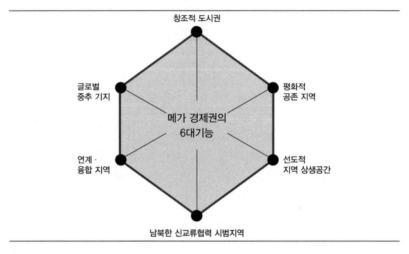

〈그림 17-2〉메가 경제권의 6대 중핵 기능

창조적 도시권

글로벌
중추 기지

평화적
공존 지역

메가 경제권의
6대기능

연계·
융합 지역

선도적
지역 상생공간

남북한 신교류협력 시범지역

여섯째, 평화적 공존 지역으로서의 기능이다. 한반도 중앙의 메가 경제권
은 한국과 북한이 평화롭게 공존·공영하면서 한반도의 평화적 번영을 위해
남북한이 공동으로 노력하고, 그 발전의 성과를 공유하는 새롭고도 진취적
인 평화선도 거점 역할을 담당할 수 있다. 나아가 한반도가 중심이 되는 평
화적이고 창조적인 문명의 발상지 역할을 담당할 수도 있다.

2) 한반도 번영을 위한 메가 경제권의 발전 전략

메가 경제권의 비전과 주요 기능을 효율적으로 수행하려면 다양한 전략
을 효과적으로 결합해 메가 경제권 내외에 종합적으로 펼쳐야 한다. 대체로
① 거점축 전략, ② 공간적 특성화 시스템 전략, ③ 창조 산업 전략, ④ 통합
인프라 전략, ⑤ 글로벌 게이트웨이 전략, ⑥ 공간재생 전략, ⑦ 자유경제특
구 전략, ⑧ 남북한의 경제·문화공동체 전략, ⑨ 지역 간 성장 네트워크 전

략, ⑩ 수자원·환경 통합 관리 전략 등을 결합해 추진할 수 있다.

(1) 거점축 전략: 메가 경제권과 연계된 한반도형 U+3 거점축

한반도 중앙의 메가 경제권이 한반도의 번영을 견인하기 위해서는 한반도가 보유한 잠재력을 잘 살려 거점축을 구축하고, 이 축상의 지역과 축 내외의 지역을 발전시켜나가야 한다. 그러자면 삼면이 바다인 잠재력을 살린 해양 거점축과 바다와 내륙을 연결하는 내륙 거점축이 한반도 발전의 지렛대 역할을 해야 한다. 이들 해양 및 내륙 거점축은 메가 경제권과 긴밀히 연계되어야 하며, 메가 경제권은 이들 거점축의 모도시(母都市)로 기능해야 한다. 대체로 거점축은 한반도의 바다 삼면을 연계함과 동시에 유라시아대륙과 태평양 경제권으로의 진출을 염두에 둔 한반도형의 큰 U자 형태로 구축할 수 있다. 이와 함께 메가 경제권에서 뻗어나가는 3대 내륙 거점축, 즉 메가 경제권-북한의 나진·선봉 지역축, 메가 경제권-강원 지역축, 메가 경제권-충청지역-대구-부산 지역축이 구성될 수 있다. 그러면 '한반도형의 U+3 거점축'이 구축될 수 있을 것이다.

한국의 연안 지역을 중심으로 한 작은 U자 형태의 발전축을 뛰어넘어 북한 지역까지 발전축으로 하는 한반도형의 큰 U자 형태 거점축은 서해안축, 남해안축, 동해안축으로 구성된다. 메가 경제권-광주-목포 거점축은 서해안축에 포함될 수 있다. 목포-광주-메가 경제권-남포-평양-신의주로 구성되는 서해안축은 중국의 동북 3성으로 뻗어가 글로벌 거점축으로 변화될 수 있다. 남해안축은 바로 태평양으로 뻗어나가는 글로벌축이고, 동해안축은 북으로는 극동러시아와 유라시아로, 남으로는 일본과 태평양 지역으로 뻗어갈 수 있는 글로벌축이다. 내륙의 3개 거점축은 서해안축, 남해안축, 동해안축과 연결되어, 그 자체로 글로벌축으로 변화될 수 있다.

〈그림 17-3〉 메가 경제권과 지역 성장 네트워크

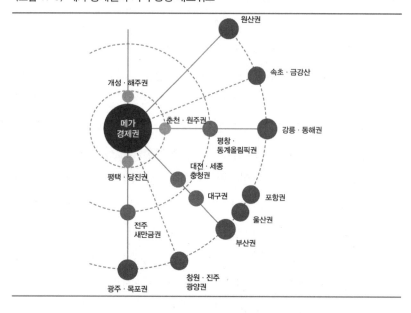

이 같은 U+3 거점축을 따라 메가 경제권을 비롯한 대·중·소의 중심지체계를 구축하고, 이를 바탕으로 지역생활권을 발전시킴으로써 삶의 질을 향상시켜나가야 한다. 그리고 축을 따라 기간 인프라와 산업 기반을 구축하면 한반도 번영의 기간축으로서의 발전 효과가 한반도 전역으로, 나아가 국제 경제권으로 확산될 수 있을 것이다.

(2) 공간적 특성화 시스템 전략: 메가 경제권 내에 전문화된 공간 시스템 개발

메가 경제권 내에 위치한 지역은 입지적 특성과 성장 잠재력이 각기 상이하기 때문에 메가 경제권 전체를 일률적으로 발전시키는 전략보다는 지역별 특성에 맞춰 지역별로 산업과 기능을 전문화시키고, 이를 연계해서 시너지를 창출하는 전략이 주효하다. 메가 경제권은 특성에 따라 몇 개의 지대

로 나누어 맞춤형 발전을 추구할 수 있다. 예를 들면 ① 국제교역 물류경제지대(인천·송도 등), ② 남북교류지대(인천·강화·파주·포천·연천·개성·해주 등), ③ 수도 서울의 세계도시, ④ 국제교류업무지대(고양시·김포·파주 등), ⑤ 첨단지식산업지대(수원·기흥·동탄·성남·용인 등), ⑥ 산업물류기지(평택·당진 등), ⑦ 전원도시지대(양평·가평·여주 등), ⑧ 서해 다도해 국제해양관광지대(강화도·백령도·영흥도 등 경기만 일대의 섬 지역) 등으로 특성화할 수 있다. 지역별로 특화 산업을 발전시키면서 필요한 인재와 기술을 양성하는 한편, 이들 자원을 지역 간에 교류하고 공유해서 시너지 효과를 창출해야 한다.

(3) 창조 산업 전략: 세계 경제 흐름에 부응하는 인벡 산업 성장의 기반 구축

세계 경제의 사이클로 보면 작금의 글로벌 경제위기가 극복되고 난 후 세계 경제는 상승 추세로 접어들어 전 세계에서 성장 기회가 엄청나게 뿜어져 나올 것이다. 이 기회의 상당 부분을 한반도로 몰아오기 위해서는 메가 경제권의 산업 활성화를 도모해야 한다. 2020년 전후가 될 것으로 예상되는 세계 경제 상승기를 이끌 신성장 산업은 창조 산업이다. 대체로 창조 산업은 IT, NT, BT, ET, CT로 구성되는 인벡 산업이다. 기존의 섬유, 신발 등 전통 산업에 IT 등의 첨단기술을 융합하면, 이들 전통 산업도 창조 산업으로 변화한다. 특히 한국은 IT 산업 강대국이므로 각종 산업에 IT기술을 융합해 창조 산업화할 수 있다.

따라서 세계 경제 흐름에 부응해 메가 경제권을 창조 산업기지로 육성해 나가야 한다. 메가 경제권 내의 거점도시별 특성에 부합하는 IT, NT, BT, ET, CT 산업을 집중 육성해나가야 하는 것이다. 특히 IT, BT, ET 산업의 부품 산업을 집중 육성하기 위해 거점도시의 노후산업지구를 재생하거나 신규 산업단지를 중점적으로 발전시켜나가야 한다. 메가 경제권 내에 있는 개성, 해주 등 북한의 거점도시에서도 특성에 맞는 인벡 산업을 육성하고, 섬유, 물류, 조선 산업 같은 북한의 기존 산업에도 IT 등의 첨단기술을 융합해 이를 창조 산업화함으로써 점차 기존 산업 구조를 인벡 산업으로 개편해나가야 한다. 이를 위해 지역 대학의 특성화 및 국제화를 도모하고 산학이 연계된 창조적인 고등교육 시스템으로 개편해야 한다.

(4) 통합 인프라 전략: 육·해·공의 남북 통합 교통망 구축

메가 경제권이 국제적 허브기능을 보유하기 위해서는 무엇보다도 역내외의 교통망이 거미줄처럼 짜여 효용가치를 발휘해야 한다. 메가 경제권은 육·해·공 교통망이 발달하기에 최적인 지역이다. 인구가 밀집한 배후 지역 측면과 교통망 발달 여건 측면 모두에서 육·해·공 통합 교통망 발달의 최적지라고 할 수 있다. 인천국제공항은 세계 최우수 국제공항으로 명성을 떨치면서 동북아시아 최고의 허브공항으로 자리 잡았다. 인천항과 평택항, 당진항은 연합한다면 항만 경쟁력에서 우위를 발휘할 수 있다. 고속철도는 메가 경제권 내외로 확충 중이며, 전철망과 고속도로도 확충되고 있다. 메가 경제권 내외의 육·해·공 통합 교통망이 더욱 효율성을 발휘하려면 국제 복합 환승 교통체계가 확충되어야 하고 교통망이 산업기지, 물류단지, 주거 지역 등으로 더욱 효율적으로 연결되어야 한다. 또한 교통망에 IT기술과 ET기술을 결합해 첨단 교통망으로 점차 업그레이드해야 한다.

나아가 메가 경제권 내의 북한 지역 거주자도 육·해·공 통합 교통망을 편리하게 이용할 수 있도록 북한의 거점도시로 교통망을 확장시켜야 하는데, 메가 경제권 내에 남북한 통합 육·해·공 교통망 시스템을 우선 구축한 뒤에 북한 전역으로 점차 확대해나가야 한다.

(5) 글로벌 게이트웨이 전략: 메가 경제권의 유라시아·태평양 황금루트 허브와 국제적 집산지 기반 구축

한반도는 유라시아대륙과 태평양 바다를 건너 태평양 연안 국가로 진출입하기에 최적의 여건을 구비했다. 한반도가 유라시아와 태평양을 잇는 랜드 브리지의 역할을 수행할 수 있기 때문이다. 이는 한반도가 글로벌 게이트웨이, 즉 관문국가로서의 잠재력을 보유한다는 의미다. 그중에서도 메가 경제권은 한반도가 보유한 글로벌 게이트웨이 조건을 가장 잘 활용할 수 있는 지역이다. 육·해·공 통합 교통망이 구비되어 있고, 이 교통망이 한반도 전역으로 확장될 수 있기 때문이다.

메가 경제권은 유라시아대륙과 태평양 국제교통로의 결절 지역(Nodal Region)으로 기능할 수 있다. 2013년 10월 18일 박근혜 대통령이 유라시아 이니셔티브에서 제안했듯이 유라시아대륙이 하나의 대륙, 창조의 대륙, 평화의 대륙으로 변혁하려면 먼저 유라시아 국제 교통망이 한반도와 연계되어야 한다. 여객과 물류를 신속하고 편리하게 이동시켜줄 유라시아 교통망은 한반도 횡단철도(TXR), 시베리아 횡단철도(TSR), 몽골 횡단철도(TMCR), 중국 횡단철도(TCR), 실크로드 익스프레스(SRX) 등 유라시아대륙을 횡단하는 국제 교통망으로 구성된다. 메가 경제권의 통합 교통망은 이들 국제 교통망과 연계될 수 있으며, 그렇게 되면 메가 경제권은 고속도로, 국제공항 등 타 교통망으로 원스톱 복합 환승할 수 있는 허브이자 기종점의 위력을 발휘할 수 있을 것이다.

또한 유라시아 국제교통망이 한반도와 연결되면 태평양을 통해 출입하는 선박과 항공기가 메가 경제권에 위치한 인천국제공항과 인천항·평택항·당진항·북한의 주요 항만을 편리하게 이용할 수 있다. 이렇듯 메가 경제권은 유라시아·태평양으로 이어지는 거대한 슈퍼 글로벌 황금루트의 허브 역

〈그림 17-4〉 유라시아를 하나의 대륙으로 연결하는 전략

〈박근혜 대통령의 유라시아 3대 이니셔티브〉
1. 하나의 대륙: 물류, 교통, 에너지 인프라를 구축해 거대한 단일시장 형성
2. 창조의 대륙: 창조경제 추진으로 유라시아 지역을 전 세계의 성장엔진으로
3. 평화의 대륙: 한반도 신뢰 프로세스와 동북아 평화협력 구상으로 경제통상과 문화교류에 큰 장벽인 평화와 안보 위협 해결

자료: ≪동아일보≫, "박근혜 대통령의 유라시아 이니셔티브: 유라시아를 하나로 연결하는 구상"(2013. 10. 19). 필자 재구성.

할을 할 수 있다.

한편, 메가 경제권은 러시아-한반도 간 천연가스 수송 등 유라시아대륙을 활용한 글로벌 에너지벨트와 글로벌 물류벨트의 기착지 역할을 담당할 수 있다. 한반도의 메가 경제권에는 국제에너지벨트·교통벨트·물류벨트가 상호 융합되어 외국의 다른 메가 경제권에는 없는 국제 인프라 자산과 국제 경쟁력, 국제적 명성, 글로벌 브랜드를 모두 보유하고 있으므로 메가 경제권은 막대한 부가가치의 국제적 집산지가 될 수 있다.

(6) 공간재생 전략: 메가 경제권 내 남북한 주요 도시와 농어촌의 시범적 재생

메가 경제권 내의 많은 도시와 농어촌은 노후화되었다. 특히 수도권의 기존 도시는 신도시를 제외하고는 주거 지역 등이 노후화되었다. 농어촌도 많이 노후했는데, 메가 경제권 내에 있는 북한 지역의 도시와 농어촌 편의시설

이 특히 많이 쇠퇴했다. 메가 경제권의 경제를 활성화하고, 주민의 삶을 질적으로 향상시키기 위해서는 노후화된 도시와 농어촌을 단계적·선별적으로 재생해나가야 하며, 도시와 농어촌의 낡은 시설을 수리하고 정비해서 살려나가는 전략을 추진해야 한다. 도시와 농어촌의 재생에서는 생활교통 인프라와 주택, 복지, 환경, 자녀 교육 및 보육, 문화와 일자리, 방재와 방범 기반 등이 융합된 공간재생 방식이 요구된다. 동시에 정보통신기술과 융합된 방범-방재 교통 시스템 등을 기반으로 한 스마트 공간재생 방식이 요구된다.

특히 메가 경제권 내에 있는 북한 거점도시의 주거환경과 산업 지역을 시범적으로 재생해야 하는데, 이를 위해서는 북한 지역 맞춤형 공간재생 모델을 개발, 보급해야 한다. 메가 경제권 내 북한 도시의 시범적 재생 성과는 향후 북한 내 다른 지역의 재생으로 확산해나가야 한다. 메가 경제권 내 북한 지역의 농어촌 지역을 재생할 때에는 한국의 새마을운동을 북한 지역의 특성에 맞춰 시범적으로 활용할 수 있을 것이다.

(7) 자유경제특구 전략: 메가 경제권의 세계경제자유기지화

세계 경제의 흐름과 전 세계적으로 확산되는 자유무역협정(FTA)으로 인한 새로운 개방화에 맞춰 장기적으로는 한반도 전체가 자유무역지역으로 변화되어야 한다. 그러나 그 길로 가기 위해서는 우선 메가 경제권을 세계경제 자유기지화해 세계적 기업과 외국기술 및 자본이 자유롭게 모이고 교역할 수 있도록 해야 한다. 메가 경제권을 싱가포르와 홍콩에 버금가는 자유경제도시로 만들어야 하는 것이다. 이는 메가 경제권을 홍콩과 싱가포르의 자유경제기능을 융합한 한반도형 자유무역지대(Free Trade Zone: FTZ)로 창조해가야 한다는 의미다. 메가 경제권 내에는 자유로운 외환거래를 포함해 금융의 자유화, 노동시장의 유연화, 조세감면, 탈규제, 원스톱 행정 등 글로벌 표준에 맞는 제도적 기반을 갖춰나가야 한다. 이를 위해서는 메가 경제권을 자유경제특구로 지정해 중국의 상하이 자유무역구 등과 경쟁하도록 해야 한다.

(8) 남북한의 경제·문화공동체 전략: 메가 경제권 내의 남북 공동시장화와 문화 융성

메가 경제권은 남북한 신교류협력 모델의 시범 지역 역할을 담당할 수 있다. 메가 경제권에 남북한이 경제공동체로서의 공동시장을 만들면 그 이익을 남북이 상호 공유할 수 있다. 공동시장 모델을 메가 경제권에 시범적으로 적용·실현하기 위해서는 남북 간 메가 경제권 내에 국한해 적용되는 '남북한 국지적 자유무역협정'을 체결할 수도 있다. 또한 메가 경제권 내에서는 남북 간에 통행·통신·통관 등 3통 문제가 우선 해결되어야 한다. 이를 위해 동서독의 사례를 벤치마킹할 수도 있다. 동서독은 분단 기간 동안 통행과 관련한 제도적 기반을 확고히 구축했다. 특히 1972년에 체결된 '양국의 인적·물적 통행 전반에 관한 조약'은 남북 간의 자유로운 왕복교통 기반을 구축하는 데 중요한 참고자료가 될 수 있을 것이다.

또한 경제공동체뿐 아니라 메가 경제권 내에 남북한 문화공동체를 만드는 것도 가능하다. 남북은 고려시대와 조선시대라는 역사문화에서 공통성을 갖는다. 따라서 우선 메가 경제권 내의 공통적인 역사문화를 중심으로 문화공동체를 만들어 자유로운 문화관광 활동을 보장하고, 역사문화 유적의 공동 발굴, 복원, 전시 및 연구를 남북한이 협력해 수행한다면 공통의 문화를 융성하는 기반을 창의적으로 만들어갈 수 있을 것이다.

특히 지금은 DMZ가 분단과 군사적으로 대치하는 공간이지만, DMZ를 새로운 미래가치로 승화시켜 한반도 번영의 도정에 기여하도록 할 수도 있다. 이런 차원에서 최근 부각된 DMZ세계평화공원 비전과 실천을 평화와 생명가치의 관점에서 접근하면 DMZ 공간은 남북경제·문화공동체를 구현하는 데 큰 역할을 할 수 있을 것이다.

(9) 지역 간 성장 네트워크 전략: 메가 경제권과 타 지역 간 공동발전을 위한 성장 네트워크

메가 경제권 발전에서는 지역 간 공동발전, 특히 수도권과 비수도권의 공동발전을 동시에 추구해야 한다. 최근 들어 수도권 인구가 비수도권으로 역류하는 현상이 일어나고 있다. 이는 세종시와 혁신도시로 정부기관과 주요 공공기관이 이전하고, 고속철도망의 운행으로 지역 간 접근성에서 커다란 변혁이 일어났기 때문이다. 이러한 상황은 과거에 인구가 지속적으로 수도권에 집중되던 시기와는 달리 지역 간 공동발전에 좋은 기회를 부여한다. 따라서 메가 경제권과 연계되는 U+3 거점축을 따라 성장 네트워크를 구축

〈그림 17-5〉 메가 경제권의 U+3 발전축

하고 성장 네트워크상의 거점도시권을 중심으로 특화 산업 등을 육성해나가야 한다. 동시에 전국적으로 지역행복생활권형 지역발전을 지속한다면 지역 간 공동발전의 성과를 주민이 직접 체감할 수 있을 것이다. 특히 메가 경제권과 세종시 간에 성장 네트워크를 육성하는 것은 수도권과 충청권 간의 공동발전에 기여할 것이다. 나아가 2018년 동계올림픽이 개최되는 평창 지역과 메가 경제권 간의 성장 네트워크는 지역 간 지능형 첨단교통망을 구축하고 평창 지역을 스포테인먼트(스포츠+엔터테인먼트)의 글로벌 거점으로 성장시키는 데 기여할 것이며, 이는 결국 강원도의 발전을 견인할 것이다.

(10) 수자원·환경 통합 관리 전략: 메가 경제권 내외 수자원·환경의 남북한 공동 통합 관리

메가 경제권은 환경생태적으로 우수한 지역이다. 임진강이 서해와 만나는 하구 지역은 환경적으로 민감한 지역이며, 민통선을 따라서 생태 자원이 잘 발달되어 있어 산-강-바다가 하나의 생태 네트워크를 형성한다. 그러므로 메가 경제권을 친환경적으로 발전시켜나가야 할 필요성이 있다. 그러자면 메가 경제권 내외를 대상으로 산-강-바다를 연계한 통합 수자원·환경 생태망을 남북한이 공동으로 관리해나가야 한다. 이를 위해서는 산-강-바다로 이어지는 방재체계를 우선적으로 구축해야 한다. 그 일환으로 메가 경제권 내에 있는 북한의 산에 나무를 대대적으로 심어 재해 방지와 경관 조성, 산림 자원 확보를 위한 산림녹화 프로젝트를 실시해야 한다. 특히 강 상류 지역의 산림녹화는 재해방지 효과를 더해줄 것이다. 아울러 임진강 등 주요 강에 첨단홍수방지체계를 갖춰야 한다. 이를 위해서는 남북 간에 우선 메가 경제권 내외의 수자원과 산림, 환경을 공동으로 통합 관리하는 제도를 도입하는 등 남북한이 상호 협력해야 한다.

4. 한반도 대국과 메가 경제권의 실천

한반도의 번영을 위해서는 한반도가 지닌 천혜의 잠재력을 반드시 활용해야 한다. 한반도는 북으로는 지구상에서 가장 큰 대륙인 유라시아대륙과 마주하며, 남으로는 세계에서 가장 큰 해양인 태평양을 마주한다. 서쪽으로는 환황해경제권이 발달하고 세계 경제의 슈퍼 파워로 급부상하는 중국과 마주하고 있으며, 동쪽으로는 환동해 경제권이 발달하고 세계 경제의 강자인 일본과 마주한다. 한반도의 지정학적 잠재력은 세계로 나아가 활약하고 부가가치 기회를 한반도로 끌어오기에 충분할 정도로 크다. 김교신이 일찍이 『조선지리소고』에서 밝혔듯이 새로운 세계 문명이 잉태하고 확산되는 용광로 역할을 할 수 있는 이상적인 강토가 한반도다. 한반도에서 살아가는 국민이 비전을 갖고 꾸준히 이상을 실천해간다면 한반도가 대국이 되는 것은 가능한 일이다.

한반도의 번영을 위해서는 이러한 잠재력이 가장 잘 구현될 수 있는 창조적 한반도의 거점권인 메가 경제권의 바람직한 기능과 비전 및 전략이 제대로 설정되고 실천되어야 한다. 또한 남북한이 대승적인 차원에서 한반도 융성 비전과 남북 간 자유로운 통행·통신·통관 등 3통을 포함한 메가 경제권 전략을 공동으로 수립하고 실천해나가야 하며, 머리를 맞대고 남북한의 공동 번영과 한반도 대국의 공동 실천을 위해 노력해야 한다. 그때까지는 메가 경제권에 대한 구상을 실행 가능한 것부터 단계적으로 실천해나가는 지혜가 필요하다.

제18장

남북한 접경지역의 경제협력지대 건설
_ 신종호

1. 남북한 접경지역의 협력 성과 및 해외 사례

1) 남북경제협력의 상징인 개성공단

남북한 사이에 체결된 3대 합의서(1991년 남북한 사이의 화해와 불가침 및 교류협력에 관한 합의서, 2000년 6·15 공동선언, 2007년 10·4 정상선언)에서는 공통적으로 남북경제협력(이하 남북경협)의 필요성과 추진에 합의했다.

2000년 6·15 남북정상회담 이후 개성공단, 금강산관광, 남북 도로/철도 연결 등 대규모 경협 사업이 남북한 접경지역에서 이루어졌고, 접경지역 지방자치단체들은 직·간접적으로 이 사업과 연계되어 있었다. 특히 개성공단 사업은 남북경협의 대표적인 상징이다.

2004년 개성공단 시범단지에 15개사의 입주가 시작된 이후 2012년 말까지 123개사가 가동되었다. 업종별로는 섬유업종이 72개사(58.5%)로 과반수

〈표 18-1〉 남북한 3대 합의서 중 경제협력 관련 내용

합의서	남북경협 관련 내용
기본합의서 제15조	남과 북은 민족경제의 통일적·균형적인 발전과 민족 전체의 복리 향상을 도모하기 위해 자원의 공동개발, 민족 내부 교류로서의 물자 교류, 합작투자 등 경제교류와 협력을 실시한다.
6·15 공동선언 4항	남과 북은 경제협력을 통해 민족경제를 균형적으로 발전시키고, 사회, 문화, 체육, 보건, 환경 등 제반 분야의 협력과 교류를 활성화하여 서로의 신뢰를 다져나간다.
10·4 정상선언 5항	남과 북은 민족경제의 균형적 발전과 공동의 번영을 위해 경제협력 사업을 공리공영과 유무상통의 원칙에서 적극 활성화하고 지속적으로 확대 발전시켜나간다.

를 차지했고, 기계금속업종 23개사(18.7%), 전기전자 13개사(10.6%), 화학업종 9개사(7.3%) 등으로 구성되어 있다. 개성공단은 2012년 말 현재 1단계인 100만 평(3.3km²) 개발이 진행되었으며, 입주 예정 기업 300여 개 중 123개 기업이 입주해 가동 중이다. 남북관계 경색으로 필지 기준 80여 개 기업이 미착공된 상태다. 개성공단의 최초 개발계획(안)은 2,000만 평(66km²)이었으나, 현재 2단계 이후의 개발은 보류된 상황이다.

2010년 천안함 사건 이후 5·24 조치가 시행되면서 남북교류는 크게 위축되었다. 또한 2010년 말 연평도 포격사건이 일어나고 2012년 말부터 2013년 초에 연이어 장거리 로켓 시험 발사와 핵실험이 실시되었음에도 중단되지 않고 지속된 남북교류는 개성공단 사업이었다. 남북관계의 경색 국면 속에서도 개성공단이 유지되었다는 사실은 개성공단의 상징적·실질적 효과를 잘 보여준다.

그러나 2013년 4월 3일 북한은 남한의 개성공단 출경을 금지하고 입경만 허용하겠다는 입장을 알려옴으로써 개성공단 통행이 정상적으로 이루어지지 않았고, 8일에는 북한 김양건 당 비서가 담화를 통해 개성공단 사업의 잠정 중단 및 북한 근로자 전원 철수를 발표했다. 이후 4개월간의 경색 국면이 지난 후 8월 14일 개최된 제7차 남북실무회담에서는 개성공단 정상화 합의

<표 18-2> 개성공단 남북한 근로자 추이

(단위: 명)

구분(연도)	2005	2006	2007	2008	2009	2010	2011	2012	2013
남한 근로자	507	791	785	1,055	935	804	776	779	757
북한 근로자	6,013	11,160	22,538	38,931	42,561	46,284	49,866	53,214	52,329

자료: 통일부.

<표 18-3> 개성공단 가동 기업 수 및 생산액 현황

(단위: 개, 만 달러)

구분	2005	2006	2007	2008	2009	2010	2011	2012	2013	계
가동 기업 수	18	30	65	93	117	121	123	123	123	-
연간 생산액	1,491	7,374	18,478	25,142	25,647	32,332	40,185	46,950	22,378	219,977

자료: 통일부.

5개 항을 발표했다. 주요 내용은 다음과 같다. ① 중단 사태 재발 방지와 정상 운영 보장, ② 신변 안전 보장과 통행·통신·통관 해결, ③ 외국 기업 유치 장려 등 공단 국제화, ④ 개성공단 남북공동위원회 구성, ⑤ 자산보호 장치 마련, 기업 재가동 노력 등이다.

2) 제2개성공단의 필요성

현재와 같은 남북관계 경색 국면이 해소되고 남북교류가 본격화되면 남북교류 사업 중 개성공단 사업의 확대(제2개성공단 또는 개성공단 국제화)가 가장 먼저 이루어질 것이다.

물론 개성공단 사업은 시행 초기 중국의 특구와 같은 역할을 수행해 북한의 개혁·개방을 지원하고 남북경제공동체 건설의 시험장이 될 수 있을 것으로 기대를 모았지만, 실제로는 북한 내부 경제와의 연계성이 부족해 북한 사회의 변화를 추동할 수 없다는 비판이 있었다.

하지만 5·24 조치 이전에 개성공단에 입주한 기업은 모든 생산물을 개성에서 생산하지 않고 개성과 경공업 협력 사업 등을 추진한 바 있는데, 이러한 위탁가공 방식에 대한 북한의 반응은 상당히 좋았던 것으로 알려졌다.[1] 개성공단 근무가 곤란한 유휴 인력(주부, 50대 등 고령 인력)을 활용할 수 있었기 때문이다.

결국 개성공단의 입주 기업이 개성 기업소와 추진한 위탁 가공 사업은 참여기업과 개성 기업 및 근로자 모두에게 이익이 된 것으로 평가할 수 있으며, 또한 개성공단의 경제효과가 개성으로 확산되는 효과도 있었다. 다만, 개성공단 1단계의 40%만 가동되는 현재 상황에서 개성에서 추가 인력을 공급받는 것은 한계에 도달한 실정이다. 이러한 상황에서 노동력 조달 문제를 해결하지 않고 개성공단 배후 지역으로 위탁가공을 활성화하는 것은 개성공단 내 미참여 기업의 불만을 증가시키는 등의 문제가 발생할 소지가 높다. 또 남한 직원의 위탁공장 현장 방문이 허용되지 않는 문제 등도 개선이 필요하다. 남북 간 노동 현장 관리 및 노동 문화의 차이로 직접 방문을 통한 기술지도, 품질 관리, 설비유지 보수 등이 필요한 실정이기 때문이다.

자생적 성장의 동력을 마련하지 못하는 북한 경제의 현실을 고려할 때 북한에 대한 외부의 지원이 불가피한데도 북한은 김정은 체제 수립 이후에도 핵과 미사일 개발을 지속해 국제사회의 제재를 자초한다. 그 결과 북한의 열악한 경제 상황은 지속되고 있으며, 결국 다시 외부 지원이 필요한 상황이 반복되었다. 북한은 이러한 상황을 돌파하기 위해 북·중 교류에 집중하고 있다.

---

1) 2013년 3월 4일, 관련 담당자 인터뷰. 2010년 5·24 조치로 중단될 때까지 공단 내 입주 기업 중 개성공단 밖 개성 기업소와 위탁가공 사업을 전개한 기업은 총 14개사다. 이는 2006년 1개사에서 크게 증가한 것으로 2006년 월 5,000달러 수준이던 위탁가공 규모도 2010년 월 20만 달러 규모로 확대되었다.

하지만 북한이 핵개발과 같은 도발적 조치를 지속하는 이상 남한을 포함한 국제사회가 전폭적으로 대북 지원을 하기는 불가능하다. 북한 핵 문제가 단기간에 해결될 가능성이 높지 않은 상황에서 남북관계의 전면적인 전환은 어려울 것이다. 특히 남북관계의 정치·군사적 측면에 민감한 중앙정부의 경우 국제사회의 여론을 고려할 수밖에 없기 때문에 대규모의 대북 지원을 제공할 수 없다. 그러나 남북관계의 전면적 단절은 대북 레버리지의 상실로 이어질 뿐 아니라 북한의 대(對)중국 의존도를 더욱 심화시킬 것이다. 이러한 상황에서 박근혜 정부는 '한반도 신뢰 프로세스'라는 새로운 대북 접근을 강조하지만, 2013년 2월 북한의 3차 핵실험 강행과 개성공단 폐쇄 및 재가동이라는 악순환 등으로 남북관계의 전면적 전환에는 시간이 더 소요될 것으로 보인다.

한국의 새 정부가 과거와 다른 대북정책, 즉 남북교류를 통한 대북정책의 변화를 꾀한다면 NGO, 지방자치단체, 개인 등을 통한 민간 차원(Track II)의 접근이 필요하다. 특히 남북관계의 경색 국면에서도 지속성을 유지해온 개성공단 사업의 성과를 더욱 확대할 수 있는 방안을 모색해야 한다.

3) 기존 정책 및 계획에서의 교류협력지구 구상

남북 접경지역에 대한 기본 구상은 2009년 행정안전부(현 안전행정부) 지역발전위원회가 확정한 초광역개발권 5대 추진 방향의 일환인 '통일시대를 대비한 남북교류지대 조성' 구상안에 따라 제기되었다. 이 구상에 따르면 남북 접경지역의 생태·평화벨트(Eco-Peace Belt)는 생태 자원의 보고인 DMZ를 중심으로 생태·관광 네트워크를 구축하고 남북한 교류협력지구와 세계평화협력의 상징공간을 단계적으로 조성하기로 되어 있다.

〈표 18-4〉 남북 접경지역 개발의 비전 및 목표

비전	한반도 중심의 생태·평화벨트 육성
목표	·청정 생태 자원의 보존 및 활용 ·남북교류 및 국제평화의 거점 구축 ·통일시대 새로운 성장동력 육성
전략	① DMZ 생태·관광벨트 육성 ② 세계평화협력의 상징공간 조성 ③ 동서-남북 간 교통 인프라 구축 ④ 남북한 교류협력지구 조성 ⑤ 저탄소 녹색성장지역 조성

자료: 행정안전부, 「접경초광역권 발전 기본 구상」, 보도자료(2009. 12. 1).

| 남북 접경지역 기본 구상 |

· DMZ 일원을 유네스코 생물권보전지역 및 지질공원(Geo-Park)*으로 지정 추진

· 강화~고성 간 민통선 지역을 평화누리길(자전거길)로 연결하고, 생태우수 지역 탐방 등 체류형 관광 상품 개발

· DMZ에 대한 국제적 관심을 유도하기 위해 국제사회가 참여하는 평화상징공간(UN 평화회의장 등)을 중장기적으로 조성

· 동서 간 생활권 통합을 위한 동서녹색평화도로 건설 추진, 장기적으로는 단절된 남북 철도·도로 복원 및 TCR·TSR과 연계

· 서부 지역에는 첨단 산업형 교류협력지구, 중부 지역에는 물류형 교류협력지구, 동부 해안 지역에는 관광형 교류협력지구 조성 추진

* 과학적으로 귀중하거나 경관이 아름다운 지형과 지역을 지역 주민이 이용해 지역발전을 도모하고 지구과학적 교육을 확산시켜나가는 일련의 시스템을 뜻한다.

〈그림 18-1〉 남북교류협력지구 주요 추진 과제

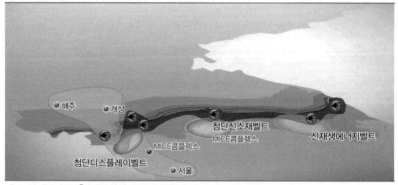

자료: 행정안전부, 「접경초광역권 발전 기본 구상」, 보도자료(2009. 12. 1).

4) 해외 접경지역 협력 사례

해외의 대표적인 접경지역 협력 사례는 중국-타이완, 북한-중국, 홍콩-선전 사례가 있다. 첫째, 정경 분리(政經分離)를 통한 중국-타이완 경제통합 사례를 살펴보면, 중국과 타이완은 정경분리 원칙에 따라 정치·군사적 긴장 상황에서도 인적·경제적 교류를 꾸준히 지속, 확대했다. 예를 들어, 1995~1996년 타이완해협 미사일 위기로 인한 긴장 시기에도 양안 간 수출입액은 1994년의 165억 달러보다 많은 200억~220억 달러를 기록했다. 인적 교류 역시 2002년 중국의 타이완해협에서의 미사일 배치 강화로 2003년 교류 인원이 일시 감소했으나, 2004년 다시 예년 수준을 회복했고, 1995년 157만 명에서 2011년에는 700만 명으로 확대되었다. 2008년 타이완에 경제협력을 우선시하는 마잉주(馬英九) 정권이 출범한 이후 중국과 타이완은 경제교류를 넘어 경제통합시대로 진입했다. 2010년 6월에는 양안 간 경제협력기본협정(ECFA) 체결에 합의했고, 2012년 8월 타이완 중앙은행과 중국이 화

〈표 18-5〉 2008년 이후 양안 간 고위급 회담 추진 경과

시기		주요 협의 내용
제1차	2008. 6	· 양안 항공 직항(전세기) 개설(주말 36편) · 중국인의 타이완 단체관광 조건부 허용
제2차	2008. 11	· 대삼통(大三通) 합의: 해운 및 항공 직항편 개설, 우편업무 협력 강화 · 식품안전 관련 상호 협의 시스템 구축
제3차	2009. 4	· 항공기 직항편 및 정기 운항편 확대 · 공동 범죄 퇴치 및 사법 공조, 금융 분야의 협력 강화
제4차	2009. 12	· 농산품 검역 협력, 표준검사·인증 협력, 어선 선원 노무 협력
제5차	2010. 6	· 중·타이완 경제협력기본협정 체결 합의
제6차	2010. 12	· 의약·위생 협력 및 여행 자유화 문제 협의
제7차	2011. 10	· 원자력 안전 협력 협의 · 5대 신흥 산업(LED 조명, TFT-LCD, 무선도시, 저온물류, 전기자동차) 분야 상호협력 강화
제8차	2012. 8	· 투자 보장협정 체결: 투자자의 신변 안전 보장, 투자 관련 분쟁해결 장 치 마련 등 · 세관협력협정 체결

제9차	2013. 6	· 서비스무역협정 체결: 전자상거래, 금융, 의료, 통신, 여행, 운수, 문화
		  창작 등의 분야 개방(중국은 타이완에 65개 항목, 타이완은 중국에 55
		  개 항목의 서비스 분야를 각각 개방)

제10차	2014. 2	· 기상 분야 협력 및 지진관측협정 체결: 기상 및 지진 관련 자료 교환, 인적 교류, 기술 협력

자료: 국무원대만사무판공실, 해협교류기금회, 행정원대륙위원회 등 참조.

폐 청산 양해각서(MOU)를 체결하면서 사실상 경제통합시대로 진입했다.

둘째, 북·중경협의 나선(나진·선봉)경제특구 사례다. 나선지역 경제특구는 1992년 자유경제무역지대 설치 시기부터 시작되었으나, 북한의 핵개발 및 수령지시형 비계획 경제운용과 과도한 당 통제 등으로 실패를 거듭했다. 1993년 1월 「나선특구법」이 최초로 제정된 후 이 법은 2011년 11월까지 총 6차례 개정되었다. 김정일은 사망하기 전 2010~2011년 사이에 중국을 3차례 방문한 뒤 「나선특구법」을 전향적으로 개정했다(제6차 「외국인투자법」 개정, 2011년 11월 29일 수정 보충).

북한의 「나선특구법」을 포함한 외국 투자 관계 법제는 개성공단 관련 법제에 비해 개혁·개방성이 떨어지는 측면이 있었으나, 2011년 이후부터는

헌법적 지원, 노동력 채용·시장 진출 등 경영 활동 조건, 개발 방식, 투자 보호 및 보험제도 등에서 진전된 변화를 보였다.

셋째, 접경 협력의 홍콩-선전 사례다. 선전은 1980년 8월 경제특구로 설치된 이래 20년간 지속적인 경제발전을 거듭해 당초 작은 어촌에서 현대적인 도시로 탈바꿈했으며, 산업 구조 또한 빠르게 변화해 농수산업 위주의 경제 구조에서 상업, 무역, 부동산 등 3차 산업 위주의 산업 구조로 재편되고 있다. 선전경제특구 내에 있는 서커우(蛇口)공업구에는 홍콩, 마카오 등지에 있던 완구, 신발 제조, 식품가공, 전자·전기 업종의 중소기업이 초기에 많이 이전해왔다. 이는 선전경제특구가 홍콩을 비롯한 동남아 지역의 산업 구조변화를 적절히 활용함으로써 개발에 성공했음을 보여준다.

1979년 선전이 경제특구로 지정된 이후 경제특구의 운영 주체인 선전시 정부는 외국 투자 자본 유치에 효율적인 경제 시스템을 수립하기 위해 여러 분야에 걸쳐 적극적인 개혁을 추진했다. 즉, 선전경제특구가 국제시장의 경쟁에 참여하기 위해서는 대응 능력이 빠르고 상대적으로 독립된 행정체제가 필요했는데, 이를 위해 중앙정부는 특구 운영에 대한 개입을 최소화하고 시정부에 독자적인 정책 수립 및 집행권을 부여함으로써 특구 운영의 효율성을 높이고자 했다.

이 사례에서 흥미로운 것은 선전과 홍콩의 관계 발전이다. 선전은 홍콩과 지리적으로 인접한 지경학적 강점을 최대한 활용해 제조업 부문의 투자 유치에 성공했다. 광둥어를 사용한다는 공통점과 생활문화의 동질성 및 지연·혈연상의 유사성은 홍콩 투자 유치에 강점으로 작용했다. 홍콩으로서는 노동집약적인 산업을 대륙으로 이전함으로써 산업 구조를 조정하고, 생산자 서비스를 중심으로 한 국제경쟁력 유지가 가능하다는 것이 선전 투자의 이점이 되었다. 홍콩의 제조업이 선전을 통해 본토로 이전함으로써 홍콩은 본토와 세계 시장을 중개하는 역할을 담당하게 되었다.[2] 이와 같이 중국 경제 특구 초기의 선전과 홍콩의 관계는 개성공단과 인천 또는 경기 북부 및 수도권의 연계를 통한 발전 가능성을 전망하는 데 많은 함의를 준다.

한편, 남북 접경지역 협력을 위해서는 투자 유치 유형인 중국 쑤저우(蘇州) 모델도 참고할 만하다. 1994년 중국은 싱가포르와 장쑤(江蘇)성에 쑤저우공단을 공동개발하면서, 입법·사법권을 제외한 나머지 분야에 모두 싱가포르 제도를 차용함으로써 쑤저우공단을 사회주의 제도하에서의 시장경제 성공 모델로 안착시켰다. 즉, 공단 근로자의 채용·임금·사회보험제도에 싱가포르 제도를 차용했으며, 공단지구 내 모든 중국인에게 이 제도를 적용했다. 또한 양국의 체제 차이에서 발생하는 문제점은 최상위 협의기구인 연합조정위원회를 통해 해결했고, 공단 운영의 실무는 쑤저우공단관리위원회가 맡았다. 연합조정위원회는 싱가포르 부총리와 중국 부총리를 대표로 구성했으며, 쑤저우공단관리위원회에는 투자 프로젝트 비준, 해외투자자 비자 발급, 공단 운영 실무 등에 대한 독자적인 권한을 부여했다. 총면적 $80km^2$인 쑤저우공단에는 2,000여 개의 외국 업체가 입주했으며, 2012년 기준 총 189억 달러의 투자를 유치했다. 개발 초기에는 중국의 국영기업이 많이 입주했으나, 현재는 삼성전자 정보통신, BT 산업, 나노 분야 등 최첨단 기업과 연구소가 밀집해 있으며, 싱가포르 국립대 등 23개 학교가 입주해 있다.

쑤저우공단의 성공 요인은 중국 정부가 싱가포르 식 경제제도와 행정관리 방식을 수용하면서 투자자들을 안심시켰기 때문이다. 또한 덩샤오핑(鄧小平) 정부의 개혁개방을 지지하는 싱가포르·동남아 국가의 화교 자본이 적

---

2) 이상준 외, 『동북아 협력시대의 북한 경제특구 활용전략: 경제특구의 수요와 공급요인 분석을 토대로』(국토연구원, 2004), 120~122쪽.

극적으로 투자된 것 역시 성공 요인으로 작용했다. 한국에서도 참여정부 시기에 쑤저우 모델을 개성공단에 적용시키기 위해 중국·싱가포르에 법제 연구 등 시찰단을 파견한 바 있으나, 북한의 개방경제에 대한 의지가 불투명해 성사되지 못했다. 향후 개성공단을 쑤저우 모델로 발전시키려면 북한 김정은 제1비서와 통치세력의 개방경제를 수용하려는 확실한 의지가 선차적으로 필요하다.

해외 사례가 새로운 남북경협 모델에 던지는 시사점은 다음과 같다. 첫째, 덩샤오핑의 결단으로 싱가포르 식 경제·행정제도를 과감히 도입한 쑤저우 모델처럼 북한도 개성공단 등을 독립적인 경제·행정특구로 발전시켜야 한다. 둘째, 중국−타이완의 경우처럼 철저한 정경분리 원칙하에 남북경협을 추진해야 한다. 이를 위해서는 남북 당국 간 회담을 통해 정경분리 원칙을 천명하고, 북한 리스크를 차단해야 한다. 특히 개성공단을 안정적이고 지속 발전 가능한 모델로 발전시키기 위해서는 남북경협이 정치·군사적 현안에 종속되어서는 안 된다. 셋째, 개성공단 사업 등 남북경협을 북한이 변화로 나아가는 수단과 과정으로 인식해야 한다. 개성공단 경협을 통해 북한의 포병부대를 후방으로 이동시킨 것은 좋은 사례가 될 수 있다.

2. 남북경협과 남북통합의 전망[3]

김정은의 경제 개혁·개방정책에 대한 발언이나 내각을 통한 경제 개선 조치 등 때문에 대내외적으로 북한의 경제 개혁·개방정책 실행에 대한 기대

---

3) 신종호 외, 『북중 경제협력 심화와 한국의 대응』(경기개발연구원, 2013).

감이 고조되었다. 김정은 국방위원회 제1위원장은 2012년 8월 2일 북한을 방문했던 왕자루이(王家瑞) 중국 공산당 대외연락부장을 접견한 자리에서 "경제를 발전시키고 생활수준을 증진시켜 주민이 행복하고 문명적인 생활을 누리도록 하는 것이 노동당의 목표"라고 밝혔다. 2012년 초에는 로두철 내각 부총리 주도로 '경제관리 방식 개선 소조'를 구성했다. 북한은 중국을 포함한 다양한 국가의 경제발전 방식을 학습하고 있다. 최근 북한의 경제 담당 관료와 학자들은 중국에서 경제특구와 관련된 집중 연수를 받고 있으며,[4] 북한 간부들은 동남아시아, 아프리카, 호주, 뉴질랜드 등을 방문하고 있다. 김영남 최고인민회의 상임위원장은 싱가포르와 인도를, 김영일 당 서기는 라오스, 베트남, 미얀마를 방문하는 등 활발한 대외 방문도 이어졌다.

이와 더불어 1,400km의 접경지역에서 이루어지는 중국과 북한의 협력 사업은 중국의 동북 3성 지역 개발에 필요한 자원과 저렴한 노동력, 해외 진출 통로 확보를 가능하게 함으로써 지역발전에 적지 않은 경제적 이익을 가져다줄 것이라는 점 역시 북한의 개혁개방을 유도하는 동기로 작용한다. 중국은 대북한 개혁개방을 위한 경제협력의 원칙을 '정부 인도, 기업 참여, 시장원칙'에서 '정부 유인, 기업 참여, 시장원칙', '정부 인도, 민간 참여, 시장원칙'으로 변화시키고 있는데, 이는 지방정부나 민간 차원에서 행해진 대북 경협을 중앙정부 차원에서 적극적으로 챙기겠다는 의지를 북한에 천명한 것이다. 이는 북한에 대한 경제적 관여정책을 추진해 개혁개방을 위한 환경을 조성하고, 대북 정치적 영향력을 강화해 궁극적으로 북한체제의 안정을

---

4) 중국 상무부는 황금평·위화도 공동 경제특구를 개발하기 위해 전문가 70여 명을 북한에 파견해서 경제특구의 운영 형태에서부터 특구 관련 각종 법 제도, 외국 투자 유치 방안 등에 대한 노하우를 전수 중인 것으로 알려졌다. ≪내일신문≫, "중국, 북한에 개혁개방 비법 전수중"(2013. 1. 9) 참고.

유지하고 비핵화를 유도하는 것을 목적으로 한다.[5]

북·중 교류의 확대가 북한의 개혁개방을 촉진할 수 있다면 결코 나쁜 일이 아니라는 견해와 함께, 북한 경제의 대중 의존도 심화는 한반도 통일에 부정적인 영향을 미칠 것이라는 우려가 동시에 제기된다.

북한의 경제난 극복을 위한 현실적인 대안으로 중국식 개혁개방이 자주 거론된다. 북한과 중국은 개혁개방 이전에 모두 사회주의 계획경제체제였다는 점, 자력갱생에 기초한 자립적 경제노선을 추구하면서 사회주의 국제분업체계에서 이탈했다는 점에서 유사성을 갖는다. 그러나 북한이 중국식 개혁개방 모델을 적용하고 발전시키는 데에는 여러 가지 제약 요인이 존재한다. 첫째, 중국은 개혁개방 초기 점(點)-선(線)-면(面)의 점진적이고 단계적인 개혁개방을 통해 체제 안정과 관련된 문제를 검증하고, 정치적인 영향을 제어하는 구조였다. 그러나 북한은 개혁개방 과정에서 나타날 수 있는 체제 안정에 위협적인 요인을 효율적으로 통제하기 어렵기 때문에 개혁개방의 폭과 범위를 점 단계로 제한할 가능성이 높다. 실제로 북한은 기존의 나진·선봉, 신의주, 개성공단, 금강산 외에 타 지역(남포, 해주, 원산 등)에서도 특구 전략을 추진하고 있다.[6]

또한 소규모 경제 국가인 북한은 중국처럼 거대한 내수 시장이 존재하지 않으므로 선진 기술 및 외자 도입이 필수적이다. 중국은 개혁개방 초기에 중화경제권의 존재로 인해 외자 도입이 신속하고 용이하게 이루어졌으나,

---

5) 윤승현, 「북한의 개혁·개방을 촉진을 위한 중국의 역할」, ≪통일경제≫, 104(2012), 71쪽.
6) 북한은 기존의 4개 특구 외에도 함흥특구(석탄 및 석유화학), 김책특구(제철 및 첨단 산업), 청진특구(수출입 항만), 원산특구(항만개발 및 조선), 남포특구(첨단기술 및 의약품), 평양특구(첨단기술 및 의약품), 신의주특구(방직 등 경공업), 해주특구(해운물류 등), 칠보산특구(관광) 등을 설치할 예정으로 알려져 있다.

<표 18-6> 북한의 13개 경제개발구

	경제개발구	지역
1	압록강경제개발구	평안북도 용운리
2	신평관광개발구	황해북도
3	송림수출가공구	황해북도
4	만포경제개발구	자강도 만포시 미타리, 포상리
5	위원공업개발구	위원군 덕암리, 고성리
6	현동공업개발구	강원도 원산시 현동리
7	흥남공업개발구	함경남도 함흥시
8	북청농업개발구	북청군 부동리, 종산리
9	청진개발구	함경북도
10	어랑농업개발구	함경북도
11	온성섬관광개발구	함경북도
12	혜산경제개발구	양강도
13	와우도수출가공구	남포시

자료: ≪연합뉴스≫, "북한 13개 경제개발구·신의주 특구"(2013. 12. 8).

북한은 이러한 역할을 해줄 수 있는 세력이 부재하며, 특히 미국을 비롯한 국제사회의 대북제재 때문에 외자 유치에 어려움이 존재한다. 따라서 북한이 외자 유치를 통해 개혁개방을 성공적으로 이끌기 위해서는 대외관계 개선이 필수적이다.

북한이 1984년 9월 「조선민주주의인민공화국 합영법」을 채택하면서 외국인 투자 유치를 위한 법령을 제정한 이후 2011년 12월 3일 「황금평·위화도경제지대법」 채택에 이르기까지, 북한의 해외 투자 유치법은 2012년 1월 1일 기준 총 14개 정도가 수정 보충되거나 새로 구성되어 대외에 공포되었다. 특히 이번에 처음 채택된 「황금평·위화도경제지대법」을 제외한 13개 법령이 2011년 말 최고인민회의 상임위원회 정령으로 집중 보완·개정되면서 외국인 투자 유치를 위한 관련 법령이 모두 재정비되었다.

이번 관련 법령의 개정은 최근 국제 기준이나 관례를 고려해 투자 보장 및 경영 자율성을 대폭 강화하는 방향으로 이루어져 외국 투자 유치에 어느

〈표 18-7〉 북한의 외국인 투자 유치 관련 법령 재정비 현황황금평·위화도경제지대법

외국인 투자 관련 법령(14개)	채택일	최종 수정 보충일
「합영법」	1984. 9. 8	2011. 11. 29
「외국인투자법」	1992. 10. 5	2011. 11. 29
「합작법」	1992. 10. 5	2011. 11. 29
「외국투자기업 및 외국인 세금법」	1993. 1. 31	2011. 12. 21
「나진·선봉 경제무역지대법」	1993. 1. 31	2011. 2. 3
「외국인기업법」	1992. 10. 5	2011. 11. 29
「토지임대법」	1993. 10. 27	2011. 11. 29
「외국투자은행법」	1993. 11. 24	2011. 12. 21
「외국인투자기업파산법」	2000. 4. 19	2011. 12. 21
「외국인투자기업등록법」	2006. 1. 25	2011. 12. 21
「외국인투자기업재정관리법」	2008. 10. 2	2011. 21. 21
「외국인투자기업회계법」	2006. 10. 25	2011. 12. 21
「외국인투자기업로동법」	2009. 1. 21	2011. 12. 21
「황금평·위화도경제지대법」	2011. 12. 3	-

자료: 북·중 라선경제무역구 관리위원회 제공.

정도 기여할 수 있을 것으로 예상되는데, 여기서 북한이 2020년까지를 목표로 수립한 국가경제개발 10개년 전략계획과의 연계성에 주목할 필요가 있다. 특히 나진·선봉 경제무역지대와 황금평 경제지대에는 입주업체에 자율적인 노동계약, 시장원칙에 따른 파산과 청산, 투자자의 자유로운 양도와 상속 등과 같은 시장경제원리를 실질적으로 상당 부분 도입해 중국의 경제특구와 유사한 수준이라는 해석이 제기된다. 이와 같은 관련 법령의 대대적인 수정 보충 작업은 북한이 외국인 투자 유치에서 실질적인 성과를 얻기 위해 주력하고 있음을 의미하기 때문에 향후 북한의 대외개방 진전을 위한 제도적 장치는 일정 수준 마련되었다고 평가할 수 있겠다.[7]

---

7) 윤병수, 「최근 북중 경제협력 동향과 전망」, 《북한정보시리즈》 11호(하나은행, 2012. 6) 참조.

〈표 18-8〉 북한 경제의 변화를 위한 조치

시기	주요 내용
2002. 7	7·1 경제관리개선 조치를 통해 임금과 물가 인상, 배급제 축소, 기업소의 자율권 강화를 시도했으나 결국 실패
2011. 1	국가경제개발 10개년 전략계획 발표
2012. 6	6·28 방침을 통해 협동농장 생산물을 국가와 협동농장이 7 대 3 비율로 나누고, 동년 8월부터 전국 우수 공장 300여 곳에 완전독립채산제를 도입해 1년간 시범 운영 실시
2013. 5	공장과 기업소의 자율성을 보장하는 대대적인 개혁 추진
2013. 5	5월 29일 「경제개발구법」 제정(총 7장 62조로 구성), 내각 산하에 국가경제개발위원회 신설
2013. 9	평양에서 공장과 기업소 책임자를 대상으로 새로운 경제관리 개선체계 교육 중(2014년부터 공장과 기업소의 책임자에게 생산과 판매, 경영과 고용 및 해외수출까지 모두 결정할 수 있는 자율권을 부여할 예정)

자료: 필자 정리.

그러나 이같이 법령을 개정했음에도 여전히 민간의 대북투자를 저해하는 요인으로 지적되는 북한체제의 특수성, 정보 부족, 낙후된 투자 환경, 고급인력 부족, 통신 문제, 기업 경영의 실질적 간섭, 국제사회의 신뢰 부족 등의 문제점은 지속적으로 개선되어야 하며, 무엇보다도 외국과의 관계 개선이 우선적으로 이루어져야 할 것이다.

북한의 변화 가능성에 대한 전망이 쉽지 않은 가운데 북한식 시장경제로의 방향 전환을 위한 초보적인 조치가 가시화되고 있다. 따라서 북한의 외국 자본 유치 및 경제개발 관련 동향을 파악함으로써 향후 남북관계 정상화에서 대북교류협력 사업의 방향을 모색할 필요가 있다.

현재 한반도의 대내외적 상황은 경색 국면을 벗어나지 못하고 있지만, 점차 낙관적으로 전개될 것임을 전제로 하면 남북한 통합은 중장기적으로 크게 다음 3단계를 상정할 수 있다.

1단계는 평화공존단계로, 남북관계의 경색 국면이 일정 부분 해소되면서 북한 핵문제에 대한 국제적 합의가 이루어지고, 북한의 대외관계 정상화가 추진되는 단계다.[8) 이 단계에서는 남북 간 경제특구 및 경제자유구역 무역지대 구상 등이 가능하다. 2단계는 북한의 개혁개방 추진단계로, 북한 내부의 경제·사회 체제개혁을 통해 농업과 공업 분야에서 자본주의적인 방식이 도입되고, 북한에 대한 외국인 투자가 본격적으로 이루어지기 시작하는 단계다.

남북한 접경지역에 경제자유구역을 지정하는 문제는 1단계(평화공존단계)와 2단계(북한개방단계)에서 고려할 수 있는 사안으로, 지금까지의 남북 경협의 역사와 경험을 토대로 더욱 발전적이고 진일보한 내용으로 구성할 필요가 있다. 특히 최근 개성공단 사태에서 알 수 있듯이 이른바 제2개성공단 사업을 구상할 때에는 저임금 분야 위주의 사업 구성은 지양하고, 첨단산업 위주로 재편해야 한다. 접경지역에 통일경제특구를 설치하는 구상 역시 미래 성장동력 산업을 과감하게 배치함으로써 미래지향적인 비전을 제시할 필요가 있다. 이 과정에서 한국의 신성장동력 산업과 중국의 전략적 신흥 산업 분야 중 한반도에 적용할 수 있는 분야를 선택하고, 북한의 참여를 이끌어내야 한다.

3단계는 남북경제통합 및 통일단계로, 통합 및 통일에 대한 논의가 본격적으로 진행되기 시작하는 단계다. 이 단계에서는 남북경제통합이 상당한 수준으로 진행되고, EU의 사례처럼 자본의 자유로운 이동 및 투자가 진행된다. 접경지역의 경제자유구역도 외국 자본의 유입을 통해 본격적으로 활성화되기 시작한다.

---

8) 이상준, 『동북아 협력시대의 한반도 서해안권 종합발전 구상』(국토연구원, 2010); 이상준 외, 『통일한반도 시대에 대비한 북한 주요 거점의 개발잠재력과 정책과제 I』(국토연구원, 2011).

남북경제통합단계가 진척될 경우 중국이 개혁개방 과정에서 보여준 점-선-면 확대 전략을 응용할 필요가 있다. 즉, 단순히 남북 접경지역에 특구를 지정해 운영하기보다는 선-면 등과 같이 점진적으로 확대하는 전략을 취한다면 북한에 끼치는 영향을 극대화할 수 있을 것이다.

3. 남북통합경제권 형성의 비전과 전략

1) 통일경제특구 지정과 조성

장기간 지속된 남북관계의 경색 국면을 타개하기 위해 통일경제특구를 설치하고자 하는 법안이 국회에서 논의되고 있다. 통일경제특구 구상은 2004년 말 개성공단 시범단지에서 첫 제품이 출시되고 시범단지 인프라가 거의 완공된 시점인 2005년 말부터 논의되기 시작했다. 2006년 2월 임태희 의원을 대표로 여야 의원 100명이 '통일경제특별구역의 지정 및 운영에 관한 법률안'을 공동발의하면서 정치권에도 통일경제특구 설치가 국가정책 현안으로 본격 제기되었다. 이후 개성공단 사업 1단계 완료 등 개성공단의 성장과 확대에 맞춰 통일경제특구의 필요성과 타당성에 대한 공감대가 지속적으로 확대되어왔으나, 남북관계가 경색되기 시작한 2008년 이후부터 최근까지 답보 상태에서 표류해왔다.

하지만 18대 국회 하반기부터 남북관계 변화의 필요성이 대두됨에 따라 통일경제특구 논의가 재부상했다. '통일경제특별구역의 지정 및 운영에 관한 법률안'(황진하 의원 대표발의)을 비롯해 네 건의 유사 법안이 국회 외교통상통일위원회(현 외교통일위원회)법안심사 소위원회에 계류되었고, 2010년

<표 18-9> 국회 통일경제특구 관련 주요 의안

구분	통일경제특별구역의 지정 및 운영에 관한 법률안	평화통일경제특별구역의 지정 및 운영에 관한 법률안	통일경제관광특별구역의 지정 및 운영에 관한 법률안
발의자	황진하 의원 등 11명	김현미 의원 등 19명	정문헌 의원 등 12명
발의일	2012. 6. 13	2013. 5. 22	2013. 5. 16
목적	남북경제적 상호보완성 증대 및 한반도 경제공동체 실현	남북경협 촉진과 경제적 상호보완성 제고 및 한반도 경제공동체 형성의 토대 마련	북한 인접 지역 관광 자원 개발 및 한반도 경제공동체 실현
우선지역	남북한 인접 지역(접경지역)	남북 접경지역	인접 지역
운영	대통령 소속 통일경제특별구역위원회 및 위원회 소속 통일경제특별구역관리청 설치	· 국무총리 소속 평화통일경제특별구역위원회 · 전담 행정기구인 경제특구청 설치	· 국무총리 소속 통일경제관광특별구역위원회 · 전담 행정기구인 통일경제관광특구청 설치
특례규정	· 내·외국인 투자자에게 각종 세제·자금 지원 · 기반시설 우선 지원	· 승인 절차 간소화 · 북한 주민의 체류 및 편의 제공 · 남북협력기금에 따른 지원 · 남북교류협력추진협의회에 대한 특례 · 남북합의서 특례	· 절차 간소화 · 북한 주민의 체류 및 편의 제공 · 남북협력기금 우선 지원 · 통일 관련 시설 설치 · 남북합의서 특례

주: 19대 국회에 통일경제특구와 관련된 5건의 의원 입법 발의안이 계류 중임. 이 표 외에도 '평화경제특별구역의 지정 및 운영에 관한 법률안'(윤후덕 의원 대표발의, 2012. 7. 6), '남북교류특별구역의 지정 및 운영에 관한 법률안'(김영우 의원 대표발의, 2013. 3. 5) 등이 있으나 내용이 중복되어 비교하지 않음.

자료: 국회의안정보 시스템(http://likms.assembly.go.kr/bill/jsp/BillDetail.jsp?bill_id=PRC_R1P3P0B5Y1C6E 1A7R0Z9X2B8H3Q8A6).

에는 정부(통일부) 조정안이 제출되었다. 하지만 이 법안은 18대 국회 종료와 함께 임기 만료되어 폐기되었다. 19대 국회가 개원하면서는 통일경제특구와 관련해 5건의 의원 입법 발의안이 국회에 계류 중이다.

통일경제특구 법안은 기본적으로 ① 경제를 통한 한반도 평화 공고화 및 (경제)통일 기반 조성, ② 낙후된 접경지역 개발의 시너지 효과 제고, ③ 개성공단 건설 사업의 문제점 보완 및 더욱 안정적인 남북경협 모델 구축 등을 목적으로 구상되었다.

통일경제특구는 다음 세 가지 측면에서 필요성이 제기된다. 첫째, 정치·

〈표 18-10〉 통일경제특구의 단계별 구상

단계	방안
1단계	접근성, 기존 인프라 활용, 비용대비 효과(수익성·경제성) 등에서 유리한 DMZ 인근 접경지역(도시)에 통일경제특구를 설치(파주)
2단계	중기적으로 남북한 교류의 전진기지 역할을 수행(개성, 파주)하다가 점차 기타 접경지역(철원, 고성 등)으로 확대·발전
3단계	남북한의 공권력 행사에서 자유로운 중립 지역이자 그 자체로 자기완결적인 무관세 독립자유경제지대 지향, 세금·자금 지원, 기반시설 우선 지원 등

군사적 측면이다. 통일경제특구는 단기적으로는 소외되고 낙후된 접경지역(강화, 파주, 철원 등)이 발전하는 계기를 마련할 수 있으며, 중기적으로는 남북관계 긴장 완화와 발전 촉진 및 남북교류협력 증대의 중추 역할을 수행할 수 있다. 장기적으로는 통일 환경을 조성하고 한반도 경제공동체의 기반을 구축할 수 있다.

둘째, 산업경쟁력 측면이다. 즉, 남한의 자본과 북한 노동력을 융합함으로써 노동집약적 산업의 경쟁력을 회복할 수 있다. 중국 진출을 계획 중인 중소기업을 유치함으로써 중소기업의 경쟁력을 회복할 수도 있다.

셋째, 자기충족적 측면이다. 통일경제특구는 개성공단의 자기충족적 경제특구로서 부족한 점을 보완할 수 있다. 즉, 개성공단의 파행적 운영에 대응함으로써 안정적인 남북경협 모델을 구축할 수 있다. 또한 개성공단과 상호보완성을 갖는 대응 특구로서 기능을 수행할 수도 있다.

결국 남북의 자유롭고 협력적인 경제활동이 가능하고 북한 당국이 동의할 수 있으며, 인프라가 확보된 안보 공간이자 경제적 효과를 극대화할 수 있는 장소로 통일경제특구가 필요하다.

2) 개성공단의 국제화 추진[9]

개성공단의 국제화를 촉진하는 요인은 다음과 같다. 개성공단은 그 자체로 경제성이 탁월하고, 저임금에 양질의 노동력 확보가 가능하며, 노사 분규 발생 가능성이 낮다. 또한 서울·인천과의 지리적 인접성이 탁월해 물류 처리 인프라가 양호하고, 남북한 정부의 지원 가능성이 여전히 존재하며, 세제 혜택 등 투자 유인책도 좋은 편이다.

반면, 개성공단 국제화에는 장애 요인도 존재한다. 먼저, 비경제적 논리가 우선하는 공단이라는 점에서 글로벌 기업이 경제 논리에 따라 투자하기에는 부적합한 이미지다. 즉, 외국인 입장에서는 경제특구공단이라는 이미지보다 분쟁 지역 내에 입지한 북한 공단이라는 이미지가 강하다. 둘째, 투자 보장이 미흡하다. 개성공단에서는 기업인의 출입이 자유롭지 못하며, 물류(자산) 이동의 자유가 보장되지 못한다. 특히 최근에 벌어진 일련의 사태에서 나타나듯이 북한의 자산 동결이나 몰수 등의 조치가 언제든 가능하다는 약점이 있다. 셋째, 개성공단 운영의 투명성이 미흡하다. 개성공단은 폐쇄적·비경제적 성격이 큰 공단이라서 외국 기업의 입장에서는 불리하다는 인식이 팽배하다. 넷째, 국제 공단으로 발전할 가능성에 대한 의문이 그치지 않는다. 2005년 개성공단 가동 이후 대부분의 기간 동안 정체 상태였기 때문에 성장 가능성을 낮게 볼 수밖에 없으며, 남북한 당국의 지원 의지에도 의구심이 존재한다.

개성공단 남북공동위원회는 2013년 9월 10~11일 제2차 회의를 열고 '남

---

9) 이 내용은 손광주 외, 『개성공단 10년 평가와 새로운 남북경협 모델의 모색』(경기개발연구원, 2013), 26~31쪽 참조.

<그림 18-3> 현행 개성공업지구 사업추진체계 및 법체계(2013년 8월 기준)

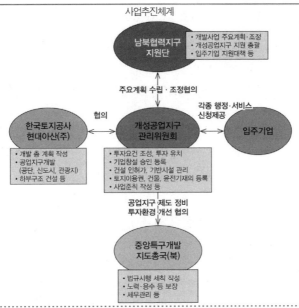

사업추진체계

남북협력지구
지원단
• 개발사업 주요계획·조정
• 개성공업지구 지원 총괄
• 입주기업 지원대책 등

주요계획 수립·조정협의

협의

한국토지공사
현대아산(주)
• 개발 총 계획 작성
• 공업지구개발
  (공단, 신도시, 관광지)
• 하부구조 건설 등

개성공업지구
관리위원회
• 투자요건 조성, 투자 유치
• 기업창설 승인 등록
• 건설 인허가, 기반시설 관리
• 토지이용권, 건물, 윤전기재의 등록
• 사업준칙 작성 등

각종 행정·서비스
신청제공

입주기업

공업지구 제도 정비
투자환경 개선 협의

중앙특구개발
지도총국(북)
• 법규시행 세칙 작성
• 노력·용수 등 보장
• 세무관리 등

법체계

당국 간 협의
• 경협합의서 – 투자 보장, 이중 과세 방지, 상사 분쟁 해결 절차, 청산 결제 등
• 개성공업지구 관련 합의서 – 통신, 통관, 검역, 출입체류 등
  * 당국 간 합의서가 「개성공업지구법」에 우선하여 적용

개성공업지구 관련 남한 법
• 「개성공업지구 지원에 관한 법률」
• 「남북교류협력에 관한 법률」
• 「남북협력기금법」 등

개성공업지구 법체계: 북한 법체계
• 기본법: 「개성공업지구법」(46개 조항) *경제활동에 대해 북한의 다른 법규 적용 배제
• 하위규정: 기업 창설·운영, 세금, 노동, 부동산, 출입·체류·거주 등 16개 규정 제정
• 기본법과 하위규정은 북한 최고인민회의 상임위원회에서 제정
• 세칙: 중앙특구개발지도총국 제정
• 준칙: 관리위원회가 제정 *관리위원회가 초안을 작성하여 남북협력지구지원단 등 관계기관의
  검토와 이해관계인의 의견수렴을 거쳐 제정 (2011년 3월 당시 시행 중인 준칙은 50개)

자료: 손광주 외, 『개성공단 10년 평가와 새로운 남북경협 모델의 모색』(경기개발연구원, 2013), 28~29쪽.

북상사중재위원회 구성·운영에 관한 합의서' 이행을 위한 부속합의서 체결, 2013년 내 3통 해결을 위한 RFID 도입 등에 합의했다. 그러나 개성공단 국제화가 쑤저우 모델의 경제공동특구로 발전할지는 분명치 않다.

이런 의미에서 개성공단 국제화를 추진하려면 남북경제공동특구화를 목표로 설정할 필요가 있다. 북한의 「개성공업지구법」에 따라 북한이 공단을 설치, 관리·감독하는 지금과 같은 방식을 남북한이 공동특구로 설정해서 공동운영하는 방식으로 발전시켜야 한다. 이를 위해서는 남북한 당국 간 합의를 통해 개성공단 경제공동특구 선언을 추진하고, 구체적인 실천 조치를 마련해서 시행해야 한다.

남북 경제공동특구를 추진하기 위해서는 다음과 같은 과제를 해결해야 한다. 첫째, 남북 합의법제를 추진해야 한다. 즉, 지금과 같이 북한의 「개성공업지구법」, 남한의 「개성공업지구지원법」의 이원적 규율방식을 폐기하고 '개성공단합의법'(가칭) 같은 형태로 개성공단에 적용되는 법과 제도를 남북 합의하에 새롭게 구축해야 하는 것이다. 개성공단에 적용되는 법률 수준 규범은 개성공업지구지원위원회(남북한 합의기구)에서 제정해 양측의 승인을 받아 시행하고, 행정법령은 독립성이 보장된 개성공업지구관리위원회에서 제정·시행하도록 한다. 이 경우 현행 「개성공업지구법」과 「개성공업지구지원법」은 남북 합의법제 마련에 따라 각각 폐지하도록 한다.

둘째, 개성공단 관리·운영체제의 독립성과 전문성을 확보해야 한다. 개성공단에 대한 최고결정기관인 개성공업지구지원위원회를 남북한이 합의에 따라 구성·운영하고 이 위원회가 북한 중앙특구개발지도총국의 권한을 대신하도록 한다. 개성공업지구관리위원회에는 개성공단 총괄 행정청으로서의 독립성을 부여하고, 이 위원회가 공단 운영 행정뿐 아니라 출입, 세금, 세관, 노동, 외환, 안전관리 등도 관장하도록 한다. 또한 국제 수준의 공단 운영체제를 구축하기 위해 외국인 공단 운영 전문가를 개성공업지구관리위원회에 채용할 필요가 있다.

셋째, 개성공단 출입을 보장해야 한다. 남북한 군대를 통한 출입 상호 통지 및 동의 절차를 폐지하고 출입관리를 개성공업지구관리위원회로 일원화해야 한다. 남한에서 개성공단으로 출입하는 데 필요한 절차는 남북출입사무소 절차로 모두 완료하고, 북한 측에는 사실만 통지하도록 한다. 또한 개성공단에서 북한으로 출입하는 지역은 북한의 출입경 관리지역으로 지정한다. 군은 개성공단 출입로에 대한 경계업무만 수행하고, 사업자가 개성공단 출입로를 상시 통행할 수 있도록 허용함으로써 사실상 개성공단 출입경을 자유화해야 한다.

넷째, 투자를 보장해야 한다. 투자 보장의 1차 주체는 개성공업지구관리위원회로 해 투자 보장의 구체성을 담보하도록 한다. 2차 주체는 남북한 당국이다. 투자 보장 합의서를 작성할 때에는 합의서 실행체제의 구축과 실제 가동 가능성을 염두에 두어야 한다. 이는 북한 주민의 계약 준수 의식 등의 법질서 학습 및 경제활동의 규범화 학습에도 기여할 수 있을 것이다.

다섯째, 외국 기업 진출과 관련한 법제화가 필요하다. 개성공단 '남북 합의법'에 외국 기업 진출에 필요한 절차 등을 규정할 필요가 있다. 하지만 외국 기업이 개성공단에 진출하는 데 추가로 검토해야 할 법률적인 사항은 많지 않을 것으로 판단된다. 외국 기업이 개성공단에 직접 진출할 경우 개성공단 남북 합의법제에 따라 처리하고, 국내를 경유해 진출할 경우 종래 국내법에 따라 처리하도록 한다.

마지막으로 이상의 실행 방안을 담은 개성공단 국제화 로드맵(Roadmap)을 마련해서 대북협상을 추진해야 한다. 남북 간 협상을 통해 개성공단을 남북한 공동특구로 설정하는 합의를 도출하고, 로드맵을 구체화해서 추진

일정을 발표하도록 한다.

3) 접경지역 에너지공동체 형성

북한은 석탄과 수력이 1차 에너지원의 85%를 넘는 구조로 되어 있다. 석탄 매장량은 남한의 10배 이상이지만, 생산 시설의 노후화, 홍수 피해, 갱목 부족 등으로 생산량이 점차 감소하는 추세에 있다. 특히 석탄 생산량과 강수량 부족 및 전력 부족이라는 악순환의 반복은 북한 경제난의 주요 원인 중 하나로 지목된다. 최근 들어 북한 에너지원의 70% 이상을 차지하는 무연탄(석탄)이 대규모로 중국에 수출되면서 원래 어려운 북한 내부의 전력 및 에너지 사정은 더욱 악화되었고, 수력발전이 어려워지는 겨울철 갈수기에는 주민 고통이 배가될 수밖에 없었다.[10]

북한 경제의 주요 동력은 석유와 가스가 아니라 석탄과 전력이다. 특히 전력은 경공업과 중화학공업, 수송 부문(전기철도) 같은 산업 전체의 생산성을 좌우하므로 전력난은 북한 경제에 심각한 영향을 끼친다. 북한은 2012년 7월 ≪경제연구≫ 최신호에서 밝힌 것처럼 녹색 산업과 재생에너지를 강조하면서 환경 보전과 경제 개발을 동시에 추구하는 정책도 준비하는 것으로 보인다.[11]

경기도는 신재생에너지 협력 사업 등 국제기구와의 협력을 통한 남북협력 사업에 지속적으로 관심을 보였지만, 북한 내부의 수용성 문제, 남북관계의 악화 등으로 가시적인 성과는 거두지 못했다. 그러나 2012년부터 축산

---

10) 이석, 「2012년 북한경제 평가와 2013년 전망」, ≪KDI 북한경제리뷰≫(2013), 6쪽.
11) ≪연합뉴스≫, "北도 녹색산업 박차 …… '경제강국 건설에 중요'"(2012. 9. 9).

폐기물 해양 투기가 전면 금지된 현실을 고려할 때 신재생에너지와 관련된 산업은 남북협력과 무관하게 관심을 가져야 하는 분야다. 따라서 북한에서 축산 분야와 관련된 남북협력 사업을 추진하기를 원한다면 남한에서는 소규모 전력 생산 등에 활용될 수 있는 신재생에너지 사업을 남북협력 사업으로 제안할 수 있다. 신재생에너지 사업을 청정개발체제(Clean Development Mechanism: CDM)와 연계해 추진한다면 온실가스 감축과 관련해 세계은행 등 국제기구의 기금을 지원받을 수도 있다. 국제기금의 지원이 사업의 추진에 반드시 필요한 것은 아니지만 신재생에너지 사업은 온실가스 감축과 관련해 한국의 이미지를 개선하고, 남북협력을 연결시키는 상징적인 사업이 될 수 있을 것이다. 이 경우 사업의 규모가 일정 정도 확보되어야 하므로 축산협력에 관심이 있는 제주도, 전라남도 등 다른 지방자치단체와 협력해 추진하는 것이 바람직하다.

제19장

임진강 유역 통합 수자원 관리체제 구축
_ 이기영

1. 임진강 유역과 개성공단 개발

1) 임진강 유역

세계적인 물관리 추세의 목표는 지속가능한 발전을 위해 물과 토지 및 관련 자원의 조화로운 개발과 관리를 촉진하는 통합 수자원 관리(Integrated Water Resources Management: IWRM)다.

한국도 통합 수자원 관리체제를 구축하기 위해 노력하고 있으나 수량, 수질, 생태 및 토지 이용이 개별법에 따라 작동하는 시스템이 오래 전부터 구축되어 있어 통합 수자원 관리가 쉽지 않은 실정이다.

임진강은 북한에서 시작해 남한으로 흐르는 대표적인 공유 하천이지만 수자원 이용과 관리 측면에서 봤을 때 남북한의 협력이 거의 없는 실정이다. 북한에 건설되어 있는 황강댐과 4월5일댐에서 예고 없이 방류하는 물

<그림 19-1> 임진강 유역 현황 및 수계도

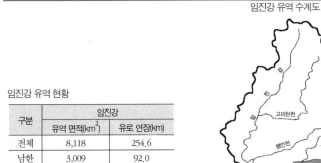

임진강 유역 수계도

임진강 유역 현황

구분	임진강	
	유역 면적(km²)	유로 연장(km)
전체	8,118	254.6
남한	3,009	92.0
북한	5,109	162.6

자료: 김동성 외, 「임진강 수계를 활용한 경기도의 남북협력 방안 연구」(경기개발연구원, 2012).

로 임진강 하류에서 인명과 재산 피해가 발생하고 있다. 이 문제를 해결하기 위해 남과 북이 여러 차례 회담을 개최했으나, 진전이 없는 상태다.

임진강 유역의 최근 동향 중 주목할 만한 변화는 개성공단을 둘러싼 남북한의 움직임이다. 폐쇄 조치되었던 개성공단은 재가동되고 있다. 이 과정에서 비록 이념은 다르지만 개성공단의 중요성에 대한 남과 북의 공감대가 형성되어 있음을 확인했으므로 장래에도 개성공단의 중요성은 커질 것으로 전망된다.

임진강의 유역 면적은 8,117.5km²이고, 총 유로 연장은 254.6km이다. 임진강의 남한 유역 면적은 3,008.7km²로 전체 유역 면적의 약 1/3을 차지하고 있으며, 나머지 2/3는 북한이 차지하고 있다.

〈표 19-1〉 남북 간 임진강 유역 관련 회담 및 협의회

일시	내용
2000. 8. 29~9. 1(평양)	제2차 남북장관급 회담
2000. 12. 12~16(평양)	제4차 남북장관급 회담
2000. 12. 28~30	제1차 남북경제협력추진위원회
2001. 2. 21~24	제1차 남북임진강수해방지 실무협의회
2002. 10. 30~11. 2	제2차 남북임진강수해방지 실무협의회
2004. 3. 2~3. 5	제8차 남북경제협력추진위원회
2004. 4. 8~4. 10	제3차 남북임진강수해방지 실무협의회
2005. 7. 9~12	제10차 남북경제협력추진위원회
2006. 6. 26~27	남북임진강수해방지 실무접촉
2009. 10. 14	임진강수해방지 실무회담

북한의 임진강 상류 댐 건설로 하류 지역에 피해가 발생하는데, 이는 수자원과 관련된 남북 간 교류와 협력이 없기 때문이다. 북한의 예고 없는 댐 방류는 임진강 하류 지역 주민의 인명 및 재산에 피해를 주고, 갈수기에는 북한의 임진강 물 이용으로 하류 지역에 물 부족 문제가 발생하기도 한다.

이러한 문제를 해결하기 위해 2000년 제2차 남북 장관회담부터 2009년 임진강 수해방지 실무회담까지 남북은 임진강 유역 관련 회담 및 협의회를 열어 문제 해결 방안을 논의했으나, 큰 진전은 없는 상태다.

2) 개성공단의 개발

개성공단은 남한의 자본과 기술력, 북한의 토지와 인력이 결합한 형태로, 2000년 개성공단 건설 합의서를 작성한 이후 2003년 착공되었다. 2013년까지 개성공업지구의 누계 생산액은 20억 원을 초과했으며, 북한 근로자 수도 5만 명을 넘어 남북 상호 협력의 거점으로 자리 잡았다. 2013년 4월 정치적인 문제로 개성공단 폐쇄 조치가 취해졌으나, 그해 9월 재가동되었다. 이는

<表 19-2> 개성공업지구 단계별 개발계획

구분	1단계(공단: 3.3km^2)	2단계(공단: 5km^2, 배후도시: 3.3km^2)	3단계(공단: 11.6km^2, 배후도시: 6.6km^2)
입주 분야	봉제, 신발, 가방 등 노동집약 업종 중심 공단	기계, 전기, 전자 등 기술집약적 공단	IT, 바이오 등 첨단 산업 분야의 복합공업단지
개발 방식	중소기업 우선 분양, 중소기업 활로 개척	산업 구조 조정, 수도권 연계 개발	해외 유명 기업 및 대기업 유치
개발 목표	남북경협 기반 구축	세계적 수출기지 육성	동북아시아 거점 개발

자료: 개성공업지구 지원재단 홈페이지.

개성공단의 순기능적 측면에 남북이 공감대를 형성한 근거로 볼 수 있다.

개성공단에는 3단계의 개발 청사진이 있다. 1단계는 남북경협 기반 구축, 2단계는 세계적 수출기지 육성, 3단계는 동북아시아 거점 개발을 목표로 한다. 3단계에는 해외 유명 기업이나 대기업 참여 계획이 있어서, 3단계가 실현될 경우 임진강 유역에 위치한 개성공단이 수도권, 나아가 한반도의 산업 기지가 될 수 있을 것으로 본다.

남북한 경계의 임진강 수질은 BOD 기준 1등급으로 양호한 반면, 임진강 남쪽 하천 수질은 경기 북부 지역의 개발로 인한 수질 악화로 농업용수 이외의 목적으로 활용하기에는 곤란한 수준이다. <그림 19-2>는 환경부 수질 측정망 자료 중 임진강 남쪽 최북단에 위치한 임진1 지점에서 측정한 수질 변화 추이를 제시한 것이다.

북한의 예고 없는 댐 방류에 대응하려는 목적으로 건설한 군남 홍수조절지 댐에서 2012년 유량을 분석한 결과 첨두시의 유량과 평상시의 유량 차이가 상당히 크다는 것을 관찰할 수 있었다. 그 이유는 평상시에는 황강댐에서 전력발전을 목적으로 임진강 물을 예성강 쪽으로 방류하기 때문에 임진강의 유량이 줄어드는 반면, 강우가 집중되는 여름철에는 방류량이 크게 증가하기 때문이다.

〈그림 19-2〉 남북 경계의 임진강 수질

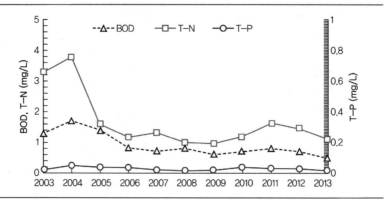

주: BOD: 생화학적 산소요구량, T-N: 총질소, T-P: 총인

〈그림 19-3〉 군남 홍수조절지 댐의 유량 변화

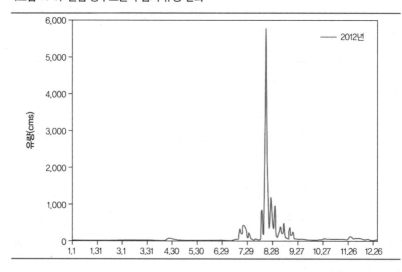

3) 임진강의 활용 잠재력

여기서는 남북 분단의 한계를 극복하고, 남북이 상호 협력해 상생할 수 있는 방법을 찾기 위해 수자원 측면에서 지원할 수 있는 최적의 방법을 도출하는 것을 과제로 정했다. 이를 위해서는 임진강 남쪽과 북쪽의 여건을 분석할 필요가 있다. 임진강 남쪽은 하천 정비나 상하수도 기술력이 선진국 수준에 접근해 있고, 투자할 수 있는 자본도 확보했다. 반면, 신천을 중심으로 한 경기 북부 지역은 심각한 수질오염 때문에 유용한 수자원이 부족해 생활용수와 공업용수를 한강 수계의 물을 끌어올려 사용한다. 이러한 물 공급체계로 한강 수자원 공급체계에 이상이 생길 경우 경기 북부에 수자원을 공급할 대체 수자원이 없으며, 물이용부담금 지불 및 물 값 상승 압력이 지속될 것으로 판단된다. 임진강 북쪽은 팔당호 수질보다 훨씬 좋은 1등급의 수질을 다량 보유하고 있다는 장점이 있다. 임진강 북쪽에는 황강댐과 4개의 4월5일 댐이 설치되어 있는데, 이들의 주된 용도는 발전용이다. 북한의 수자원 관련 기술이나 인력은 낙후된 것으로 판단되며, 치수대책이 미흡해 임진강 유역에서 인명과 재산 피해가 지속적으로 발생한다.

기존의 임진강 유역을 크게 변화시킬 요인은 남북교류의 거점인 개성공단이다. 개성공단의 발전에 따라 임진강 유역인 경기 북부, 황해남도 해주는 한반도에서 중추적인 지역으로 도약할 가능성이 있다. 남한의 기술과 자본, 북한의 자원과 노동력이 결합하면 이들 지역은 경쟁력 있는 지역으로 발전할 수 있다. 지역발전의 토대가 되는 것은 사회 기반시설인데, 그중에서도 수자원의 공급과 관리체계 구축이 선행되어야 규모 있는 발전이 가능하다. 따라서 여기서는 임진강 유역의 통합 수자원 관리체계를 구축하는 방안을 제시해 경제발전의 토대를 조성하는 것을 과제로 정했다.

〈그림 19-4〉 임진강 남쪽의 SWOT 분석

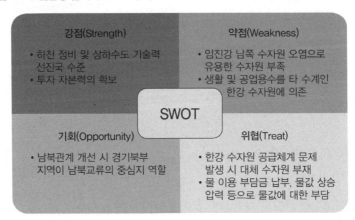

〈그림 19-5〉 임진강 북쪽의 SWOT 분석

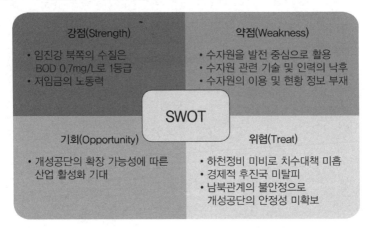

2. 남북관계 변화에 따른 임진강 유역의 전망

향후 남북관계가 좋아져서 정치적 여건이 개선되면 개성공업지구가 대규모의 산업기지가 될 가능성이 크다. 최근 중국으로 진출했던 한국 기업이 다시 돌아오는 사례가 늘어 새로운 돌파구가 필요한데, 개성공단을 중심으로 한 산업기지 건설이 좋은 기회가 될 전망이다.

개성의 인구는 30만 명 정도이며, 황해남도 해주의 인구도 개성과 비슷한 수준으로 파악된다. 하지만 장래 개성공단이 활성화되어 국내외 대기업이 입주한다면 인구가 급속히 증가해 개성공단을 중심으로 100만~200만 명 정도 추가 유입될 가능성도 배제할 수 없다.

기후 변화는 세계적인 이슈로 각국은 장래 물의 관리와 이용에 대한 대응책 마련에 고심하고 있다. 한국도 2013년 100년 만의 가뭄이 발생했으며, 기존의 강우 패턴과 다른 경향이 나타나 극단적인 시나리오에 대처할 수 있도록 물관리체제를 갖출 필요가 있다. 임진강 유역의 경우 남북이 단절되어 있어 상대적으로 열악한 상황이다. 기존의 체제가 유지된다면 임진강 북쪽은 치수 대응과 물 공급체계 미흡으로 인한 어려움에 직면할 것이고, 상류 지역의 영향은 하류인 남쪽에까지 영향을 끼칠 것으로 전망된다. 다만, 임진강 유역 북쪽에 급격한 변화가 없다면 수질은 1등급을 유지할 수 있을 것으로 본다. 임진강 유역 남쪽은 한강에 수자원을 의존하고 있어 생활용수나 공급용수의 안정적인 공급이 가능할 것으로 보인다. 그러나 최근 한강도 조류 발생, 탁수에 따른 수질오염이 문제가 되고 있는 것으로 보아 기후 조건이 바뀌면 수자원이 위협을 받을 수 있다.

임진강 유역 남쪽의 상수도 보급률은 대부분 90% 이상으로 높은 편이며, 하수도 보급률도 대체로 양호하다. 북한은 하천 정비 수준이 낮은 상황에서

〈표 19-3〉 임진강 유역 상·하수도 보급률

(단위: %)

구분	상수도 보급률	하수도 보급률
동두천시	100	96.1
파주시	95.1	70.8
양주시	94.9	90.5
포천시	77.6	57.4
연천군	92.9	77.4
철원군	94.9	48.6

자료: 환경부, 「2011 상수도 통계」(2012); 환경부, 「2011 하수도 통계」(2012).

전력과 용수 공급을 목적으로 댐을 운영해 외부 요인이 없으면 취약한 수자원 관리체제가 지속될 것으로 보인다. 임진강 유역의 물관리체제가 기존과 같이 지속되면 남북 모두 불안정한 물 이용 및 관리체제에서 벗어나기 어려울 것이다. 또한 정치적 상황이 바뀌어 개성공단의 확대가 결정되어도 개발에 필요한 물 공급이 불가능해 개발 제한 요인이 되거나 시간이 지체되는 문제가 발생할 것이다.

남북 간 화해 분위기 조성 및 상생발전을 위해서는 임진강 유역 물 문제에 대한 올바른 해결 과정이 필요하다. 물 안보 수준의 방어적 접근이 아닌 행정구역이나 군사분계선을 넘어선 유역 단위에서 물 문제를 공동으로 해결해야 하며, 수자원 확보 및 이용은 지역경제 발전의 기반이므로 남북의 상호 발전 토대를 구축할 필요가 있다.

현재의 임진강 유역 물 문제와 장래의 급격한 변화에 대응하기 위해서는 임진강 유역에 대한 통합 수자원 관리체제를 구축해야 한다. 통합 수자원 관리체제를 구축하면 북한의 예고 없는 댐 방류, 갈수기의 물 이용 협조와 같은 현안에 신속히 대응할 수 있으며, 개성공단을 중심으로 개발에 필요한 수자원 수요량을 충족시킬 수 있을 것이다.

3. 임진강 통합 수자원 관리의 비전과 전략

1) 비전의 설정

여기서는 임진강의 이용 및 관리와 지역발전 문제를 해결하기 위해 유네스코에서 발표한 「하천 유역 통합 수자원 관리를 위한 가이드라인(IWRM Guidelines at River Basin Level)」을 적용해 남북을 아우르는 임진강 유역 통합 수자원 관리체제를 구축하는 것을 목표로 정했으며, 비전은 '임진강 통합 수자원 관리 실천을 통한 남북한 통합 기여'로 설정했다.

한강 유역이 수도권으로서 제 기능을 할 수 있었던 것은 팔당댐이 건설된 1974년 이후였다. 대규모 물 공급체계와 함께 수도권의 경제성장이 가능해졌고, 그 결과 1970~1980년대를 거치며 한강의 기적을 이루었다. 통일시대에는 한강보다 임진강 유역이 한반도의 중심이 될 것으로 예측된다. 따라서 임진강 유역에 대한 대규모 수자원 공급체계 구축은 임진강의 기적을 이끌어낼 토대가 될 것이다.

| 통합 수자원 관리의 정의 |

통합 수자원 관리란 지속가능한 발전을 위해 생태계의 지속가능성을 저해하지 않으면서 사회·경제적 복지를 극대화할 수 있도록 물과 토지 및 관련 자원의 조화로운 개발과 관리를 촉진하는 과정 또는 물리적인 물 환경 관리를 광범위한 사회·경제 및 정치의 틀 안에서 통합하려는 전체적인 접근 방식을 뜻한다.

2) 임진강 통합 수자원 관리를 위한 전략

임진강 유역의 통합 수자원 관리를 위해서는 단순히 북의 댐 방류로 발생하는 수해를 방지하는 차원이 아니라 임진강 유역 수자원의 공동개발과 이용을 통해 지역발전을 추구하는 방향으로 나아가야 한다.

이를 위해서는 ① 남과 북의 임진강 유역 수자원 이용과 관리 현황 분석, ② 현안인 북한 댐 방류에 따른 수해 방지 대책 수립, ③ 개성공단 인근 부지에 임진강유역관리청(가칭) 설립, ④ 개성공단 확장, 경기 북부 지역 개발 등을 고려한 임진강 유역 수자원종합계획 수립(개성공단 수자원 공급 등)의 네 가지 기본적인 사업을 추진할 필요가 있다. 이러한 일련의 과정을 원활하게 추진하는 수단으로 유네스코의 통합 수자원 관리 과정을 적용할 수 있다.

(1) 통합 수자원 관리 과정 적용

유네스코에서 발표한 「하천 유역 통합 수자원 관리를 위한 가이드라인」에 따르면 진화적이고 적응 가능한 통합 수자원 관리 과정은 나선구조모형에 따라 표현되고 한 주기(turn)의 나선구조 내에서 유역 내 이해 당사자가 절충안에 합의하는 것으로 실행된다. 한 주기는 첫째, 인식 및 문제의 특성 파악, 둘째, 검토 및 사전계획, 셋째, 조정과 상세계획, 넷째, 실시, 모니터링 및 평가의 네 단계로 구성된다.

통합 수자원 관리는 크게 용수 분야, 환경 분야, 치수 분야 등으로 구분된다. 남북으로 갈라진 임진강의 경우 용수, 환경, 치수와 관련된 갈등이 거의 없는 상태이지만 북한의 예고 없는 댐 방류로 임진강 하류 제외지에서 인명 및 재산 피해가 발생해 한국에서는 군남 홍수조절지 댐을 건설해 무단 댐 방류에 대응하고 있다. 통합 수자원 관리 과정을 적용하기 위해서는 분야별

〈그림 19-6〉통합 수자원 관리 과정

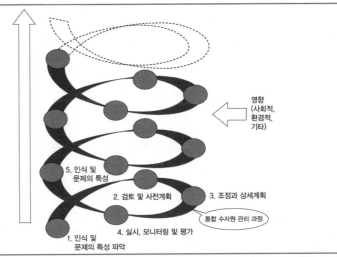

자료: 김승 외, 「하천 유역 통합수자원관리(IWRM)를 위한 가이드라인」(수자원의 지속적 확보기술
개발 사업단, 2010).

〈표 19-4〉임진강 유역의 분야별 분석

구분	분석
용수 분야	· 임진강 남쪽은 한강물 또는 유역 내에서 취수한 물로 용수 문제 해결 · 북한은 물 문제를 스스로 해결하고, 4월5일댐 등으로 수력발전 · 개성공단을 개발 거점으로 인근 지역 발전 시 대규모 수자원 공급 필요
환경 분야	· 북한에서 1등급의 양호한 물이 흐르기 때문에 갈등 요소 없음 · 임진강 남쪽의 수질이 좋지 않아 생활 및 공업 용수로 활용할 수 있는 수자원 부족
치수 분야	· 북한에 대한 정확한 정보가 없으나 하천 정비가 제대로 되지 않아 수해가 자주 발생 · 임진강 남쪽은 2000년대 경기 북부에 대한 치수대책을 수립한 이후 치수 피해가 감소했으며, 임진강 본류에 대한 홍수 피해는 없지만 북한의 예고 없는 댐 방류로 인명 및 재산 피해 발생

로 〈표 19-4〉와 같이 분석할 수 있다.

통합 수자원 관리 과정을 임진강 유역에 적용하는 데에는 정치적 여건이 가장 중요한 변수다. 현재 남북의 정치적 상황은 최악에서 약간 개선되는 단계에 있다고 볼 수 있다. 희망적인 것은 남북이 최악의 관계에서도 개성공단 조업 재개에 합의했으며, 개성공단이 극단적인 남북관계를 푸는 실마리 역할을 할 수 있다는 점이다. 다시 말하면 남북의 정치적 관계에 따라 개성공단이 좌지우지될 수도 있지만 개성공단의 활성화가 남북의 정치적 관계를 개선시키는 촉매로도 작동할 수 있다는 것이다.

임진강 유역 통합 수자원 관리를 완성시키기 위한 전략으로 3주기의 로드맵을 구상해보았다. 1주기는 적대적 협조단계로, 북한의 예고 없는 댐 방류에 따른 문제 발생과 상호 협의 실패, 그리고 이러한 여건에 대응하기 위해 한국에서 군남 홍수조절지 댐을 건설한 시기다. 1주기가 완성되려면 북한에서 댐 물을 대규모 방류할 경우 남한에 통보하는 절차를 공식화해야 한다. 이를 위해서는 남북 간 협의가 필요하다.

2주기는 개성공단 발전기반 조성단계로, 개성공단 확대에 따른 공업용수 공급체제 구축 및 개성을 중심으로 한 인근 지역에 생활용수를 공급하는 것을 목표로 하는 단계다. 이 목표를 달성하기 위해서는 개성공단 인근에 임진강유역관리청을 신설해 용수 공급 및 오염물질 처리 시설 확충, 유역 관리 등의 업무를 수행하도록 해야 한다. 유역관리청은 남북의 수자원 관련 전문가 및 공무원으로 구성하고, 개성공단 발전을 지원하기 위한 물 관련 업무를 수행하도록 한다.

3주기는 통합 수자원 관리 완성단계로, 물 공급 측면에서 하천 및 유역 관리로 확대하는 과정이다. 이 시기에는 유역에서 배출되는 오염물질을 처리해 용수의 질적 가치를 유지하고, 임진강 유역의 하천 정비를 통해 치수기능을 확충함으로써 치수, 이수, 환경 등을 통합하는 임진강 유역 통합 수자원 관리를 완성한다. 이를 위해 임진강유역관리청의 기능을 확대할 필요가 있다.

<그림 19-7> 임진강 유역의 통합 수자원 관리 로드맵

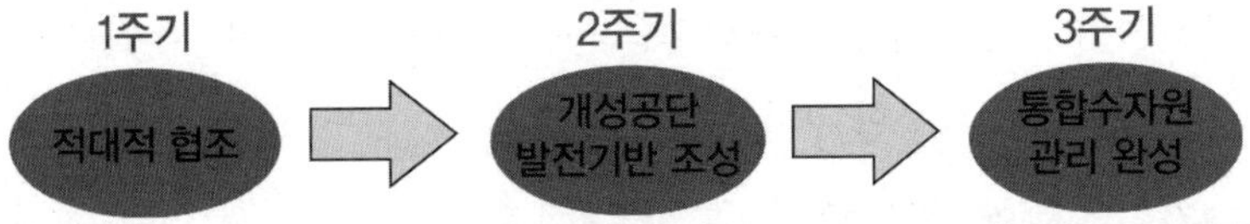

1주기 적대적 협조 → **2주기** 개성공단 발전기반 조성 → **3주기** 통합수자원 관리 완성

구분	과정	세부 내용
1주기 적대적 협조	인식 및 문제의 특성	·북한의 예고 없는 댐 방류로 인한 인명 피해
	검토 및 사전계획	·임진강 수행방지 실무회담(2009년)
	조정과 상세계획	·2009년 이후 회담 중지
	실시, 모니터링 및 평가	·군남 홍수조절지 건설
2주기 개성공단 발전기반 조성	인식 및 문제의 특성	·개성공단 확장 및 인근 지역의 용수 공급 ·임진강 유역관리청 설립
	검토 및 사전계획	·기존의 4월 5일댐이나 댐 신설 방안 검토
	조정과 상세계획	·물공급 시설 설치를 위한 기본계획 수립
	실시, 모니터링 및 평가	·물공급 시설 설치 및 평가
3주기 통합 수자원 관리 완성	인식 및 문제의 특성	·임진강 유역 수자원의 통합적 개발 및 이용
	검토 및 사전계획	·임진강 유역 전체의 물 이용 및 관리체계 조사
	조정과 상세계획	·임진강 유역 물관리 종합계획 수립
	실시, 모니터링 및 평가	·하천 정비 및 오염물질 처리 시설 설치

<그림 19-8> 임진강 유역의 통합 수자원 관리 과정

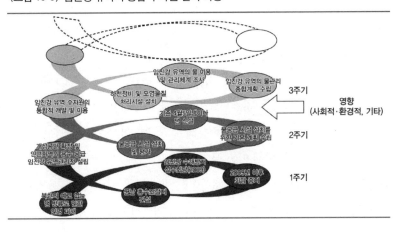

(2) 개성공단과 해주 지역에 대한 수자원 공급 확대

임진강 유역 통합 수자원 관리 2주기에 해당하는 개성공단과 인근 지역 수자원 공급 방안이 통합 수자원 관리의 핵심사항이 될 것이므로 이 연구에서는 개략적인 물 공급 방안을 제시하고자 한다. 세부 계획은 남북이 합의해 현장조사 및 과학적인 검증 과정을 거친 후 확정해야 할 것이다.

개성공단에 대한 기존의 용수 공급계획은 3단계로 계획된 개성공단 확장에 따른 단계별 대책을 수립해놓은 상태다. 현재는 1단계로 4만 5,000㎥/일의 물을 월고저수지에서 공급받고 있는데, 2~3단계에서는 예성강 수계(유역 면적 3,916.3km²)에 위치한 예성강댐에서 18만㎥/일을 공급받는 것으로 계획하고 있다. 그러나 파주 LCD 공장에서 22만㎥/일의 공업용수를 확보하고, 남북관계 완화에 따라 대기업이 다수 들어설 것임을 감안하면 공업용수가 추가적으로 필요할 전망이다. 또한 예성강댐에서 취수하기로 한 물량을 실제로 확보할 수 있는지는 조사를 해봐야 알 수 있다. 개성공단이 확장될 경우 황해남도 해주를 중심으로 인구 및 산업이 발전할 것으로 보이므로 예성강 유역에서도 물 수요가 급증할 수 있기 때문에 물 공급체계를 재고할 필요가 있을 것으로 판단된다.

개성공단이 활성화되면 2030년까지 개성에 200만 명의 인구가 유입되고, 해주 지역 남북 접경지역 경제협력지대에도 약 200만 명이 유입될 것으로 예측되므로 개성·해주 접경지역이 장래 메가 수도권의 핵심 지역이 될 것으로 가정할 수 있으며, 이에 따른 물 수요량을 〈표 19-5〉에 제시했다. 1인당 1일 물 사용량을 300ℓ로 가정해 개성공단에 필요한 공업용수를 약 30만㎥/일로 계산하면 개성지구(개성과 개성공단)에 필요한 물은 약 90만㎥/일이다. 개성공단 2, 3단계의 수원으로 활용할 예성강댐 물 18만㎥/일은 지역발전이 예상되는 해주 지역에 공급하는 것이 유역 내 물 해결 측면에서 바람직

<표 19-5> 개성·해주 접경지역의 인구 변화에 따른 물 수요량

구분	인구(만 명)		인구 증가에 따른 물 수요량(m³)
	2008년	2030년	
개성	31	200	600,000
해주 지역(해주, 연안, 배천)	89	200	600,000

<표 19-6> 임진강 유역 물 공급 가능량 추정

구분	유역 면적(km²)	시설 용량(m³/일)(실제 취수량)
임진강(4월5일댐 부근)	5,400	3,300,000(1,760,000)
한강(잠실수중보)	25,000	15,000,000(8,000,000)

주: 임진강에서의 시설 용량과 실제 취수량은 한강 유역에 대한 유역 면적 비율을 곱하여 추정.

하다. 개성지구에 필요한 수자원(90만m³/일)은 기존의 댐 입지, 수량 및 수질, 개성지구와의 거리 등을 종합적으로 판단한 결과 군남 홍수조절지 댐 상류에 위치한 4월5일댐에서 용수를 공급하는 것이 적절한 것으로 판단된다. 4월5일댐에 대해 댐의 상태를 현장 조사한 후 필요 시 댐의 보강 또는 다른 댐의 신설까지 고려하면 필요한 수량을 확보할 수 있을 것으로 본다.

<표 19-6>에서는 현장조사 불가와 자료 부족으로 물그릇에 해당되는 유역 면적에 기초해 4월5일댐 부근에서의 물 공급 가능량을 한강 유역과 비교해서 개략적으로 살펴보았다. 임진강 4월5일댐 부근의 상류 유역 면적은 한강 취수 지점 유역 면적의 22%에 해당하므로 150만m³/일 정도의 물은 공급할 수 있을 것으로 추정했다. 정확한 물 공급량은 황강댐 물 이용을 비롯한 기존 임진강 유역 북한 수자원의 이용 현황 및 관리 상태, 기초 현황 등을 조사해야 파악할 수 있을 것이다. 이와 함께 수질 분석도 실시해야 하며, 필요 시에는 수질관리대책 또는 개선대책도 수립해야 한다.

개략적인 물 공급 가능량을 파악한 결과 개성지구에 필요한 90만m³/일은 공급할 수 있을 뿐 아니라 약 60만m³/일의 여유량도 확보할 수 있을 것으로

〈그림 19-9〉 임진강 유역 수자원 공급계획

현재의 물 공급체계 및 계획

4월5일댐의 수자원 공급계획

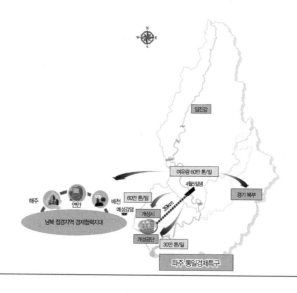

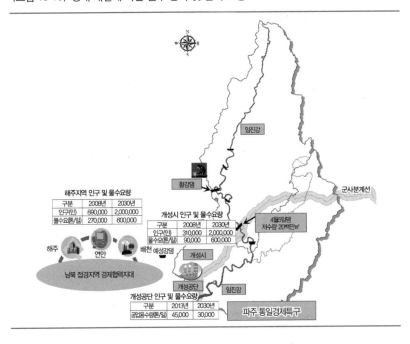

해주지역 인구 및 물수요량

구분	2008년	2030년
인구(인)	890,000	2,000,000
물수요(톤/일)	270,000	600,000

개성시 인구 및 물수요량

구분	2008년	2030년
인구(인)	310,000	2,000,000
물수요(톤/일)	90,000	600,000

개성공단 인구 및 물수요량

구분	2013년	2030년
공업용수량(톤/일)	45,000	30,000

보인다. 여유량은 물값이 비싼 경기 북부 지역에 공급하거나 해주지구에 물
이 부족할 경우 공급해줄 수 있을 것이다.

결론

메가 수도권의 비전 실현을 위한 정책 제안 | 이상대

결론

메가 수도권의 비전 실현을 위한 정책 제안

_ 이상대

지금까지 수도권에 대한 비전과 정책은 수도권 집중을 억제하는 관점, 수도권과 지방을 비교하는 관점이 50여 년간 지배해왔다. 이제는 수도권을 한반도의 중심이라는 관점, 통일 한국의 거점이자 기반이라는 관점에서 접근할 때가 되었다. 기존의 경부고속도로, 중부고속도로, 서해안고속도로, 경춘고속도로, 경부선 철도 및 KTX 등의 교통 인프라와 함께 서해안선 철도, 평창 동계올림픽 개최지를 연결하는 원주~강릉철도 등이 신설될 예정이며, GTX 고양~삼성~수서~동탄선이 신설되고, 한국의 적극적인 대북정책이 북한의 경제개발정책과 결합한다면 그동안 단절되었던 남북한 접경지역인 개성공단과 황해도 해주 지역 등도 수도권으로 편입될 것이다. 이에 따라 기존 서울·인천·경기 대도시권 개념의 수도권은 인근 충청 강원, 개성권까지 포함해 기능적·경제적으로 확대된 거대 경제권으로 자리 잡아가고 있다.

따라서 기존 대도시권을 기능적·경제적으로 확대한 수도권, 즉 거대 도시권의 관점에서 인식과 정책 대응을 재정립해야 할 때다. 이에 따라 수도권을 서울·인천·경기의 3개 시·도, 면적 1만 1,819km²의 범위로 한정짓는 데에서 벗어나 기존 수도권과 인접 지역 중 기능적인 거대 도시권 지역으로 구분해낸 메가 수도권의 관점으로 바꾸어야 한다. 메가 수도권은 인구 3,150만 명, 면적 3만 4,000km²의 지역이다.[1]

이 책은 이러한 관점에서 한반도와 대한민국의 번영과 발전을 선도해야 하는 메가 수도권의 향후 20년을 내다본 비전과 전략 구상을 제안한 것이다.

먼저 서론인 '왜 메가 수도권인가'를 통해 확대된 수도권, 즉 메가 수도권에 대한 문제를 제기하고 메가 수도권의 의의, 유용성 문제를 제시한다. 다음으로 1부 '공간구조의 형성 비전'에서는 메가 경제권과 생활 도시권의 이차원 공간구조 형성(제1장), 중심시가지 활력 증진을 통한 도시 혁신(제2장)을 제안한다. 2부 '신성장 산업과 산업 거점 형성'에서는 과학기술 신성장 산업의 발굴과 육성(제3장), 일자리 창출을 위한 신산업 거점 육성(제4장), 경기만 복합리조트 개발(제5장)을 제시한다. 3부 '문화, 건강, 삶의 질이 보장되는 지역'에서는 특화 창조지구 형성을 통한 문화 육성(제6장), 건강한 삶을 위한 건강도시 네트워크체제 구축(제7장), 고령사회에 대응한 무장애도시 실현(제8장)을 제시한다. 4부 '경쟁력 있는 메가 수도권 인프라'에서는 수도권·충청권·강원권을 포괄하는 메가 수도권 철도망 형성(제9장), 광역 수도권의 3R 고속도로망 시스템 구축(제10장), 초연결사회 실현을 위한 정보통신 인프라 구축(제11장)을 제시한다. 5부 '연안 자원과 에너지 이용체계 혁신'에서는 경기만 연안 자원의 이용과 관리(제12장), 메가 수도권의 에너지 수급체계 혁신(제13장)을 제시한다. 6부 '지역 간 상생과 광역 거버넌스 실현'에서는 평택·아산만 광역도시권 공동 개발(제14장), 수도권-강원권 간 관광 3개 벨트 형

---

[1] 메가 수도권의 공간적 범위 도출 과정과 내용에 대해서는 이 책 서론의 16~20쪽 참조.

456

성(제15장), 광역 거버넌스를 위한 6개 시·도 간 정책 협력체제 구축(제16장)을 제시한다. 7부 '한반도 번영과 남북통합경제권 형성'에서는 한반도 번영을 위한 메가 경제권 발전 비전(제17장), 남북한 접경지역의 경제협력지대 건설(제18장), 임진강 유역 통합 수자원 관리체제 구축(제19장)을 제시한다. 마지막으로 '결론: 메가 수도권의 비전 실현을 위한 정책 제안'에서는 메가 수도권의 비전을 실현하기 위한 정책 제안으로 마무리한다.

주요 내용을 살펴보면 먼저 '왜 메가 수도권인가'에서는 메가 수도권의 변화를 가져올 요인을 크게 수도 기능의 분할과 분산, 인구 피크의 도달과 잠재 성장률 저하, 지식기반 사회화와 지식기반 산업의 성장, KTX와 GTX 등 광역철도망의 구축과 전기자동차 등 고효율자동차의 대중화, 그리고 남북 관계 진전과 남북경제통합의 진전 등으로 요약했다. 이러한 변화 요인을 고려할 때 메가 수도권은 잠재 성장률을 제고하기 위해 메가 경제권의 경쟁력을 강화하고, 수도권을 둘러싼 끊임없는 갈등 문제인 수도권−지방 불균형 문제를 반영해 수도권과 주변 지역(충청, 강원, 황해도)이 상생 협력하는 거점을 조성하며, 장래 통일을 대비해 남북경제통합의 기반을 닦는 데 기여하는 기조 위에서 '활력과 통합의 광역경제·생활권 공동체 형성'을 비전으로 설정할 필요가 있다.

이러한 비전을 달성하기 위한 공간구조 전략은 글로벌 경쟁력의 메가 경제권, 생활 인프라 확보의 생활 도시권으로 이루어진 이차원 공간구조를 형성하는 것이다. 즉, 생활 인프라 개선을 중심으로 하는 생활 도시권과 대도시권의 지역경쟁력을 확보하는 메가 경제권 두 가지를 모두 형성해 효율성과 형평성을 동시에 확보하는 비전이다. 이러한 비전을 달성하기 위해서는 메가 수도권 내 각 지역이 대외개방적이어야 하고, 역내 및 역외 지역과 교류망을 가져야 하며, 주요 전략 거점이 지식과 기술이 발전하고 고부가가치를 생산하는 역할을 담당해야 한다. 또한 기존 수도권과 충청, 강원, 개성 황해권 간의 연계축을 강화하기 위해 충청, 강원, 황해도 지역까지 대중교통 1시간 통행권을 형성해야 한다. 한편, 간과해서는 안 되는 것은 수도권에 대한 지방의 소외의식을 고려해 메가 수도권이라는 초광역 거대 도시권을 형성하면서도 세부적으로는 서울 대도시권, 충청권, 강원영서권, 개성 황해권이 저마다 자립적인 생활 도시권을 형성하고 기능적 전문화를 실현하는 구조로 공간구조 형성 전략을 추진해야 한다는 사실이다. 그리고 지금까지의 교외 신도시 개발 및 택지 개발 시대에서 탈피해 중심시가지의 활력 증진을 통한 도시 혁신을 추진해야 한다. 이를 위해 중심시가지와 구도심에 창조비즈니스·문화특구를 조성하고, 콤팩트시티 개발 전략을 추진함과 동시에 역세권 개발 우선 전략을 추진해야 한다.

메가 수도권의 미래를 위해 신성장 산업과 산업 거점을 형성하는 것이 중요하다. 미래 과학기술을 반영한 향후 10년 미래 유망 산업 발굴, 미래 창조 산업 중심의 지역 산업 구조 개편에 대한 능동적인 대응, 메가 수도권을 동북아시아의 실리콘밸리로 육성하기 위해 IT, BT, ICT 융복합기술의 R&D 및 사업화 선도 지역 조성, 여성 인력 활용과 전통 산업을 통한 일자리 창출, 그린벨트를 활용한 적극적인 산업 입지정책 추진, 테마파크형 복합리조트, MICE형 복합리조트, K-팝 공연형 복합리조트, 레저스포츠형 복합리조트, 의료 및 힐링형 복합리조트 등 테마형 복합리조트 개발을 추진해야 한다.

메가 수도권의 미래가 밝으려면 결국 그곳에 사는 사람이 행복해야 한다. 이를 위해서는 문화, 건강, 삶의 질이 보장되는 지역을 만들어야 한다. 즉, 창조 계급, 창조 산업, 창조 환경 조성을 통한 창조 지역의 실현이 필요한데, 이를 위해 특화 창조지구 지정, 메가 수도권 건강·생태회랑 구축, 치유와 활력을 위한 건강 힐링의 거점 조성, 건강 맞춤형 도시계획 수립, 메가 수도권의 광역 의료와 U-헬스 시스템 도입, 도심 활성화 및 연령혼합정책 추진, 고령자 주택 공급, 고령자를 위한 무장애도시 환경 구축 등을 추진해야 한다.

경쟁력 있는 메가 수도권을 만들기 위해서는 기반이 되는 인프라를 구축해야 한다. 수도권과 세종시를 연계하는 초고속광역전철망 구축, 대전~청주~세종~내포신도시~서산~당진을 연계하는 충청권 전철망 구축 및 수도권 전철망과의 연결, 성남~여주선 철도의 충주, 원주 연결이 필요하다. 그리고 수도권과 강원권을 연계하는 철도로는 평창 동계올림픽 유치와 관련된 원주~강릉 간 철도가 건설 중이기 때문에 자연스럽게 강원권도 메가 수도권에 포함된다. 고속도로망에서 3R 고속도로망 시스템을 구축하기 위해서는 제3외곽순환도로망 건설, 경기만 고속도로 건설, 수도권~충청권 연계 고속도로망 구축이 필요하다. 정보통신 인프라를 보면 상호 접속 및 기기/장치 계층 부분에서 무선 중심의 혁신을 위한 접근성 확대를, 애플리케이션 계층 부분에서 통합 인프라 기반의 복합 서비스 제공 등을 추진해야 한다.

환경과 에너지는 메가 수도권의 인프라이자 주민 복지 영역이다. 세계 5대 갯벌 중 하나인 경기만 갯벌과 연안 자원을 경기도-충청권의 환경 서비스 공급원으로 만드는 것을 목표로 한다. 에너지의 경우 '스마트 그린 중심의 메가 수도권 지역에너지 안정'이라는 비전하에 스마트그리드 거점지구 지정과 시범사업 추진, 셰일가스 도입과 러시아산 PNG망 건설을 추진한다.

메가 수도권의 비전과 전략이 성공하기 위해서는 지역 간 상생과 광역 거버넌스체제를 실현시켜야 한다. 경기도와 충남도 간 상생발전을 위한 시범 전략으로는 평택·아산만 광역도시권 형성전략과 지역 간 연계협력 사업을 추진하고, 수도권과 강원도 간 상생발전을 위한 전략으로는 북한강 라인(경기도 가평과 강원도 춘천 중심으로 확장), 남한강 라인[경기도 여주와 강원도 원주(제1영동, 제2영동) 중심으로 확장], 임진강~DMZ 라인(접경지역 DMZ 라인인 경기도 연천과 강원도 철원) 등 3개 벨트 관광전략을 추진해야 한다. 특히 광역 거버넌스를 위한 6개 시·도 간 협력이 중요한데, 이를 위해서는 메가 수도권 플러스 정책협력위원회를 설치·운영하고 지방정부 간 갈등 관리기구를 설치할 것을 제안한다.

메가 수도권은 수도권과 북한의 개성 및 황해 남부 지역 간에 통합경제권을 형성함으로써 완성될 수 있다. 메가 수도권이 한반도 번영을 지원하고 거점 역할을 담당하기 위해서는 메가 경제권과 연계된 U+3 발전축(북한의 나진·선봉 지역축, 강원 지역축, 충청·대구·부산 지역축) 형성과 함께 메가 경제권 내의 전문화된 공간 시스템 개발이 필요하다. 또 북한 지역의 부흥이 중요한데, 이를 위해서는 북한 접경지역에 경제협력지대를 건설하고 개성공단의 국제화를 실현해야 한다. 특히 시급히 추진해야 할 시범사업은 임진강 유역 통합 수자원 관리체제를 구축하는 것이다. 개성공단이 활성화되면 2030년까지 개성에 200만 명의 인구가 유입되고, 해주 지역의 남북한 접경 경제협력지대에도 약 200만 명이 유입될 것으로 예측되므로, 개성지구(개성과 개성공단)에 필요한 공업용수는 약 90만m^3/일, 해주 지역은 약 90만m^3/일 이며, 임진강 4월5일댐 등을 활용할 경우 약 150만m^3/일의 물을 공급할 수 있을 것으로 예측된다. 이처럼 메가 수도권은 한강유역 통합 수자원 관리체제 외에 임진강 유역 통합 관리체제 등 두 개의 인프라를 갖춰 갈수기 등 비상시 위험도를 분산시킬 수 있다.

이러한 분야별 비전과 전략을 실천한다면 메가 수도권은 3,150만 명 주민이 글로벌하면서도 행복한 삶을 누리는 꿈을 실현할 수 있을 것이다. 그래야만 수도권이 인구 규모로만 세계 3위인 대도시권 지역이 아닌, 지역경제 경쟁력 및 주민 삶의 질과 행복도에서도 세계 1, 2위를 차지하는 원대한 꿈을 실현하는 첫걸음을 내디딜 수 있을 것이다.

참고문헌

_서론

국토해양부·서울특별시·인천시·경기도. 2008. 「수도권 계획적 관리 제도개선 방안」.
　　경기개발연구원 등 4개 기관 공동 수행.

동아일보 미래전략연구소. 2009. 「미래의 경쟁력 메가시티」.

이상대. 2013. 『수도권 메가트렌드 2030』. 한울아카데미.

＿＿＿. 2010. 『광역 수도권의 발전단계에 따른 경기도 계획과제 변화 연구』. 경기개발
　　연구원.

이용우 외. 2009. 『국토 대예측 연구 I』. 국토연구원.

＿＿＿. 2011. 『국토 대예측 연구 III』. 국토연구원.

한국민족문화대백과사전(http://encykorea.aks.ac.kr/ Contents/Index). 한국학중앙연
　　구원.

북한통계청. 2009. "DPR Korea 2008 population census national report".

제1부

∙∙

제1장

경기도. 2004. 『수도권 계획관리 기본계획』. 경기개발연구원.

국토교통부. 2011. 「국가철도망 구축 계획」.

노무라종합연구소. 2009. 「서해안권 발전 종합계획 수립을 위한 컨설팅 보고서」. PPT
　　자료.

모리치 시게루. 2005.『인구감소시대의 국토비전』. 이주일 외 옮김. 서울특별시정개발
연구원.

이상대 외. 2013.『수도권 메가트렌드 2030』. 한울아카데미.

이용우 외. 2009.『국토 대예측 연구 I』. 국토연구원.

_____. 2011.『국토 대예측 연구 III』. 국토연구원.

지역발전위원회. 2009a.『지도로 보는 이명박 정부 지역발전정책』.

_____. 2009b.『지역발전과 광역경제권 전략』. 지역발전위원회.

_____. 2014.「골고루·더불어·균형 있게(국가균형발전특별법의 개념과 법체계)」. ≪지
역과 발전≫, 봄호.

지역발전위원회 외. 2013.「국민에게 행복을, 지역에 희망을: 지역희망(HOPE) 프로젝
트」. 제1차 지역발전위원회 회의 안건자료. 2013. 8. 12.

통계청.「2011년 전국사업체조사」.

제2장

경기도. 2014.「광역 토지 이용관리를 위한 도시계획 관리기준 연구」. 경기개발연구원.

국토교통부 도시재생사업단 홈페이지(http://www.kourc.or.kr/tb/jsp/index.jsp).

_____. 2010.「1-1. 도시쇠퇴 실태자료 구축」.

_____. 2010.「도시쇠퇴 실태 자료구축 및 종합정보시스템 구축」.

이상대. 2010.『광역 수도권의 발전단계에 따른 경기도 계획과제 변화 연구』. 경기개발
연구원.

이상대 외. 2013.『수도권 메가트렌드 2030』. 한울아카데미.

장윤배. 2012.『경기도 용적률 현황과 관리방안』. 경기개발연구원.

제2부

. . . .

제3장

국가과학기술위원회. 2012. 「국가과학기술 중장기 발전전략」.

권오진. 2012. 「KISTI가 바라보는 미래유망기술 탐색」. 한국과학기술정보연구원.

김정미. 2011. 「미래사회 메가트렌드로 본 10대 미래기술 전망」. ≪IT& Future Strategy≫, 제5호. 한국정보화진흥원.

유병규. 2013a. 「창조경제 실현을 위한 과학기술정책 방향」. 제356회 과학기술정책포럼.

_____. 2013b. 「창조 경제와 과학기술 정책 방향: 경제적 관점에서 과제 도출」, STEPI 정책 포럼. 현대경제연구원.

유영성. 2012. 『경기도 유망 미래산업 발굴 및 육성, 정책과제』. 경기개발연구원.

조용수. 2008. 「미래 트렌드와 차세대 유망산업」. LG경제연구원.

정보통신산업진흥원. 2011. 「2012 IT산업 10대 이슈」. ≪IT INSIGHT≫, 2011-06호.

지식경제부. 2010. 「IT융합 확산전략」. Smart Korea 2010 발표자료.

한국산업기술진흥원. 2013. 「2013년 산업기술분야 유망직업 분석 보고서」.

제4장

경기도. 2007. 「외국의 수도권 정책」.

김갑성. 2011. 『수도권 규제와 저발전지역』. 경기개발연구원.

김군수 외. 2012. 『경기도 경제사회지표 개발 및 분석』. 경기개발연구원.

김영규. 2008. 『사천 항공과학산업단지 개발구상을 위한 기초연구』. 경남발전연구원.

김은경. 2008. 『수도권 규제백서』. 경기개발연구원.

_____. 2010. 「자연보전권역 입지규제 개선방안」. ≪CEO 리포트≫. 경기개발연구원.

남기범. 2013. 「메가 수도권 비전과 전략: 산업 클러스터」. 워크숍 자료.

대한국토도시계획학회. 2011. 「미래 지역발전 패러다임 및 정책대응 전략 연구」.

_____. 2012. 「수도권 정책의 방향 재정립 및 계획체계의 합리화 방안 연구」.

_____. 2012. 「싱가포르 복합리조트 개발의 경제적 파급효과」.

수도권 광역경제발전위원회. 2010. 「수도권 광역경제권 장기발전구상 및 추진전략 연구」.

_____. 2012. 「공공기관 지방이전과 수도권 광역경제권 발전에 관한 연구」.

이원희. 2011. 『신한류를 활용한 인바운드 관광정책 방향』. 한국문화관광연구원.

전병목. 2010. 「복지재정 전망과 대응방안」. 《조세재정 브리프》. 조세연구원.

채지영. 2011. 『신한류 발전을 위한 정책방안 연구』. 한국문화관광연구원.

최경은. 2011. 『중국인 개별관광객 유치 활성화 방안』. 한국문화관광연구원.

통계청. 2010. 「장래가구추계」.

_____. 2011. 「장래인구추계: 2010~2060년」.

한국지역개발학회. 2009. 『수도권 동부지역의 여건변화에 따른 사업화 전략 수립연구』.

황상연·김완순·이유일. 2010. 『경기도 R&D 외국인 투자 유치: 현광과 과제』. 경기개
    발연구원.

제5장

관광지식정보시스템(http://www.tour.go.kr).

대한국토도시계획학회. 2012. 「싱가포르 복합리조트 개발의 경제적 파급효과」.

문화체육관광부. 2011. 「제3차 관광개발기본계획(안)」.

_____. 2012. 『관광숙박시설 수급분석 연구』.

_____. 2013. 7. 17. 「관광불편 해소를 위한 제도개선 및 전략 관광산업 육성방안」. 보
    도자료.

_____. 2013. 「2012 외래 관광객 실태조사」.

_____. 2014. 「2013년 카지노 업체 현황」.

싱가포르 마리나베이샌즈 홈페이지(http://www.marinabaysands.com).

싱가포르 관광청 홈페이지(https://app.stb.gov.sg).

이정훈. 2011. 「경기만 서해5도 국제관광특구 구상」. 《이슈&진단》, 25호.

장병권. 2013. 「한국형 복합리조트 조성방안」. 《한국관광정책》, 51호 봄호.

한국문화관광연구원. 2012. 「한국형 복합리조트 제도화방안」.

_____. 2013. 「싱가포르 해외출장 보고서」.

World Economic Forum. 2013. *The Travel & Tourism Competitiveness Report.*

Casino City Press. 2010. *Casino City's global gaming almanac.*

UNWTO. 2013. *Tourism Highlights 2013 Edition.*

제6장

경기개발연구원. 2013. 「창조경제의 플래폼, 창조클러스터」. ≪GRI TIP≫, 8호.

「경기도종합계획 2020」.

랜드리, 찰스(Charles Landry). 2005. 『창조도시』. 임상오 옮김. 해남.

박근혜 대통령 취임사. 2013. 2. 25.

유네스코한국위원회. 2013. 「2012 유네스코 창의도시 네트워크 길잡이」.

유네스코 창의도시 네트워크 홈페이지(http://www.unesco.org/new/en).

제18대 대통령직인수위원회. 2013. 「박근혜 정부 국정비전 및 국정목표」.

차두원·유지연. 2013. 「창조경제 개념과 주요국 정책 분석」. 한국과학기술기획평가원 이슈페이퍼.

한국지방행정연구원. 2011. 『창조적 지역발전 전략』.

≪동아일보≫. 2009. 6.16. "메가시티 미래의 경쟁력".

野村總合研究所. 2012. 3. 『平成23年度知的財産権ワーキング・グループ等侵害対策強化事業報告書, クリエイティブ産業に係る知的財産権等の侵害実態調査及び創作環境等の整備のための調査』.

DCMS(Department for Culture, Media and Sport). 1998. *Creative Industries Mapping Document.* United Kingdom.

Howkins, J. 2001. *The Creative Economy: How People Make Money from Ideas.* Penguin Global.

제3부

······························

제7장

강동구청 홈페이지(http://www.gangdong.go.kr/post/4004051348657478).

경기도·서울특별시·인천시. 2006. 「수도권 가구통행실태조사」.

_____. 2010. 「수도권 가구통행실태조사」.

기획재정부. 2010. 『2004년 한국의 삶의 질』.

김점산·김채만·김대호. 2011. 『수도권 대중교통의 현황과 정책방향』. 경기개발연구원.

김채만·빈미영. 2009. 『경기도 교통지표 산정에 관한 연구』. 경기개발연구원.

김은정 외. 2010. 『건강도시 구현을 위한 공간계획 및 정책방안 연구』. 국토연구원.

_____. 2011. 『녹색성장형 건강도시의 경제적 가치추정 및 활성화방안 연구』. 국토연
    구원.

김지현·윤태호. 2008. 「표준사망비를 활용한 우리나라 소지역별 건강불평등 비교」.
    ≪예방의학회지≫, 41-5.

김태환 외. 2011. 『녹색성장형 지역경쟁력 강화방안 연구: 수도권을 중심으로』. 국토
    연구원.

_____. 2012. 『삶의 질 향상을 위한 지역별 건강장수도시 실태진단 연구』. 국토연구원.

박희성. 2012 9. 20. 「서울특별시 복지건강마을 공동체 사례」. 건강도시 광명 미래전략
    구현을 위한 정책 심포지엄.

보건복지부. 2011. 「제3차 국민건강증진종합계획 2011~2020」.

_____. 2012. 「2011 국민건강통계」.

정최경희·김유미. 2013. 「건강수준에서의 불평등: 우리나라의 현황」. ≪대한의사협회
    지≫, 56-3.

통계청. 2006. 「장래인구추계」.

_____. 2008. 「OECD 국가의 1인당 도시공원 조성 면적」.

Chenoweth, D. 2000. "Economic cost of physical inactivity in New York State." *Journal of American Medical Athletic Association*, 14, 1.

Easterlin, Richard A. 1974. "Does Economic Growth Improve the Human Lot?" in Paul A. David and Melvin W. Reder(eds.). *Nations and Households in Economic Growth: Essays in Honour of Moses Abramovitz*. New York: Academic Press, Inc.

Ewing, R. et al. 2003. "Relationship between Urban Sprawl and Physical Activity, Obesity, and Morbidity." *The Science of Health Promotion*, 18, 1.

Frank, L. D., M. A. Andresen and T. L. Schmid. 2004. "Obesity Relationships with Community Design, Physical Activity, and Time Spent in Cars." *American Journal of Preventive Medicine*, 27, 2.

Frumkin, H. et al. 2011. "An introduction to healthy places." in A. L. Dannenberg, H. Frumkin and R. J. Jackson(eds.). *Making Healthy Places: Designing and Building for Health, Well-being, and Sustainability*. Washington, DC: Island Press.

Hillsdon et al. 2006. *Interventions that Use The Environment to Encourage Physical Activity. National Institute for Health and Clinical Excellence*. London: NICE.

Barton, Hugh and Catherine Tsourou. 2006. *Healthy Urban Planning: A Who Guide to Planning for People*. London; New York: Spon Press.

Katzmarkzyk et al. 2000. "The Economic Burden of Physical Inactivity in Canada." *Canadian Medical Association Journal*, 163, 11.

Lee, K. L. 2013. *Active Design: The Key Roles of Urban & Building Environments in Addressing Health Epidemics, Active Transport and Land Use Planning Symposium*. Sydney, Australia.

McGinn et al. 2007. "Exploring associations between physical activity and perceived and objective measures of the built environment." *Journal of Urban Health*, 84, 2.

Poston, W. S. C. and J. P. Foreyt. 1999. "Obesity is an environmental issue." *Atheroscler*, 146, 2.

Powell, K. E., L. M. Martin and P. P. Chowdhury. 2003. "Places to Walk: Convenience and Regular Physical Activity." *American Journal of Public Health*, 93, 9.

O'Donnel, M. 1988. "Health Promotion: An Emerging Strategy for Health Enhancement and Business Cost Savings in Korea". Unpublished.

OECD. 2011. *How's Life?: Measuring Well-being*. OECD Publishing.

Oldenberg, Ray, 1989. *The Great Good Place: Cafes, Coffee Shops, Bookstores, Bars, Hair Salons, and Other Hangouts at the Heart of a Community.* New York: Marlowe & Company.

Pratt, M., C. A. Macera and G. Wang. 2000. "Higher Direct Medical Costs Associated with Physical Inactivity." *The Physician and Sports Medicine*, 28, 10.

http://www.cdc.gov/healthyplaces/factsheets/healthy_community_checklist.pdf

http://www.gangdong.go.kr/post/4004051348657478

http://www.neins.go.kr:2008/ltr/statistics/index.asp?mode=view&seq=1228

http://www.oecdbetterlifeindex.org

http://www.healthycommunitiesbydesign.org/docManager/1000000135/richmond%20framework_v4-spread%20reduced.pdf

제8장

≪뉴스와이어≫. 2005. 9. 20. "김석준 의원, 전국 시군구별 정보화지수 국내 최초 발표"(http://www.newswire.co.kr/newsRead.php?no=81485&ected=)

대한민국정부. 2010. 「제2차 저출산·고령사회 기본계획」.

보건복지부. 2006. 12. 「고령친화 모델지역 기본 구상(안)」.

_____. 2012. 10. 16. 「선제적 고령사회 대응을 위한 새로마지 플랜 고령사회 보완계획 확정」.

보건사회연구원. 2012. 『2011 노인실태조사』.

안건혁. 2013. 「도시설계의 미래 과제와 도전」. ≪환경논총≫, 9월호. 서울대학교 환경

대학원.

염주희. 2013. 「한국 고령자의 교통 이용 현황」. ≪보건복지 Issue&Focus≫. 한국보건
    사회연구원.

이상대 외. 2011. 『저출산 고령사회 진입에 대응한 도시정책 전환방향 연구』. 경기개발
    연구원.

이외희 외. 2013. 『경기도 인구구조별 사회경제적 특성과 정책과제』. 경기개발연구원.

이윤경 외. 2012. 『100세 시대 대응 고령화 지역 연구』. 한국보건사회연구원.

조아라. 2013. 「일본의 고령자 거주문제와 주거정책: Aging in place를 중심으로」. ≪대
    한지리학회지≫, 제48권 제5호.

차학봉. 2006. 『일본에서 배우는 고령화 시대의 국토−도시정책』. 삼성경제연구소.

_____. 2011. 「장래인구추계: 2010~2060년」. 사회통계국 인구동향과 보도자료.

현대경제연구원. 2013. 「고령화로 인한 지자체 지속가능성 점검」. ≪경제주평≫,
    13-26(2013. 6).

Age-friendly NYC. 2013. "59 Initiative".

UN World Population Prospects.

WHO. 2007. "Global Age-friendly Cities: A Guide".

제4부

. . . .

제9장

경기도. 2013. 「경기도 10개년 도시철도 기본계획」.

국토해양부. 2011. 6. 「제2차 도로정비기본계획(2011~2020)」.

김경석. 2008. 『충남 서북부지역의 공간구조 분석 연구』. 충남발전연구원.

김채만. 2010. 『급행광역철도의 기능 정립 및 효과분석』. 경기개발연구원.

충청남도. 2008. 「제3차 충청남도종합계획 수정계획(2008~2020)」.

_____. 2013. 「충청남도 도로정비기본계획」.

한국철도공사 홈페이지(www.korail.com).

제10장

경기도. 2012. 「제2차 경기도 도로정비기본계획」.

국토해양부. 2011. 「2010 도로현황조서」.

_____. 2011. 6. 「제2차 도로정비기본계획(2011~2020)」.

_____. 2012. 「2011 도로현황조서」.

국토해양부 외. 2010. 「서해안발전종합계획(안)」.

조응래. 2007. 『경기만 고속도로 건설방안』. 경기개발연구원.

충청남도. 2013. 「충청남도 도로정비 기본계획」.

제11장

국토교통부. 2013. 10. 7. 「U-City의 개념 및 추진현황」.

글래스고 시 홈페이지(http://www.glasgow.gov.uk/index.aspx?articleid=9676). 2013
    년 9월 27일 검색.

김상훈. 2011. 1. 3. "암스테르담, 근무 개념을 바꾸다". ≪동아일보≫.

세계경제포럼 홈페이지(http://www.weforum.org/videos/technology-pioneer-2012-
    steven-lewis-living-planit). 2013년 10월 14일 검색.

윤경. 2009. 12. 14. "행정硏, 세종시 행정비용". ≪시대일보≫. http://www.sidaeilbo.
    co.kr/news/News Content.php?news_id=&seq=27843&sc=&keyword=

이진희·신동빈. 2012. 「유시티 도래에 따른 도시민 생활양식 변화가 도시공간에 미치
    는 영향」. ≪한국공간정보학회지≫, 제20권 제5호.

정책TV. 2009. 12. 15. "부처 이전 비효율 20년간 100조원"(http://channel.pandora.
    tv/channel/video.ptv?ch_userid=ktv2008&prgid=36677072&ref=rss)

최고운. 2012. 11. 4. "내년 수도권-세종시 연결 통근버스 운행"(http://w3.sbs.co.kr/news/newsEndPage.do?news_id=N1001466053). SBS뉴스.

한국인터넷진흥원 인터넷통계 정보검색 시스템(http:// isis.kisa.or.kr/sub02/#).

한국인터넷진흥원. 2012. 「2012 인터넷이용실태조사」.

한국지역정보개발원. 2012. 『2012 지역정보화백서』.

행정안전부·한국정보화진흥원. 2012. 「2012 전자정부서비스 이용실태조사」.

_____. 2012. 『2012 정보화통계집』.

Santos, Alexis. 2011. 11. 5. "Los Angeles moves forward with proposal for free citywide broadband." Engadgt.com.

Decastro, Bob . 2013. 11. 6. "Los Angeles Looking to Offer Free WiFi to Residents." worldNow.com.

Osborne, Charlie. 2012. 5. 8. "London tests out Smart City operating system." Smartplanet, http://www.smartplanet.com/blog/smart-takes/london-tests-out-smart-city-operating-system

Rabari, Chirag and Michael Storper. 2013. 1. "The Digital Skin of Cities: Urban Theory and Research in the Age of the Sensored and Metered City, Ubiquitous Computing, and Big Data". *Working Paper Draft* 5.

Lee, Cody. 2012. 9. 19. iDownLoadBlog.com

Evans, Dave. 2011. 4. "The Internet of Things." Cisco IBSG.

Dave Evans. 2013. 6. "Embracing the Internet of Everything To Capture Your Share of $ 14.4 Trillion." Cisco IBSG.

Hatch, David. 2012. 7. 27. "Smart Cities". CQPress. http://photo.pds.org:5012/cqresearcher/document.php?id=cqresrre2012072700#.Ul2F3FDikyQ

e-나라지표(http://www.index.go.kr/egams/stts/jsp/potal/stts/PO_STTS_IdxMain.jsp?idx_cd=1346).

Fredette, John et al. 2012. "The Promise and Peril of Hyperconnectivity for Organizations and Societies." *The Global Information Technology Report 2012.*

Giggs, Phillippa et al. 2012. *Global Information Technology Report.*

Fiber, Google(https://fiber.google.com/about). 2013년 10월 5일 검색.

GSMA & Machina Research. 2012. 2. "The Global Impact of the Connected Life".

IERC. 2012. *The Internet of Things 2012: New Horizon.*

IntechOpen.com

IoT-Butler.eu. 2013년 6월 검색.

iPass.com의 블로그(http://www.ipass.com/).

ITU. "Smart Cities Seoul: A case study". 2013년 2월 검색.

Hu, Jim, Marguerite Reardon. 2005. 4. 7. "Philadelphia reveals Wi-Fi plan". CNet.

Keller, Kevin. iSupply.com. 2010년 6월 28일 검색.

L. Garcia-Navapro. Ketr.org. 2013년 5월 31일 검색.

LA Times. 2011. 11. 8. "Does L.A. need free Wi-Fi?".

Light Reading. 2013. 6. 20. "If These Cars Could Talk".

Living PlanIT. 2012. 세계경제포럼 발표자료.

GSMA & Machina Research. 2012. 2. "The Global Impact of the Connected Life".

Silbey, Mari. 2012. 5. 8. "Seattle ends free Wi-Fi." SmartPlanet.com

Grey, Melissa. 2013. 7. 24. "Google donates $600,000 to bring free WiFi to San Francisco parks." Engadget.com

OECD. 2013. 1. 17. "Building Blocks for Smart Networks".

Perera, Charith et al. 2013. "Sensing as a service model for smart cities supported by Internet of Things, Transactions on Emerging Telecommunications Technologies." doi: 10.1002/ett.2704

RFIDJournal.com

Anthony, Sebastian . 2012. 4. 26. "The internet of things and smart cities: Will an IBM computer be your next mayor?"

Gustin, Sam. 2012. 9. 14. "Google Fiber Issues Public Challenges: Get Up To Speed!, The Time". http://business.time.com/2012/09/14/with-google-fiber-search-giant-issues-public-challenge-get-up-to-speed.

Lawson, Stephen. 2004. 12. 2. "Philadelphia Wi-Fi Plans Move Forward". PCWorld.

The Associated Press. 2007. 8. 31. "EarthLink Abandons San Francisco Wi-Fi Project." *The New York Times*.

The Economist. 2013. 7. 26. "Whatever happened to municipal Wi-Fi?", http://www.economist.com/blogs/babbage/2013/07/wireless-networks

Shin, Youngjun and Shin, Dong-Hee. 2012. "Community Informatics and the New Urbanism: Incorporating Information and Communication Technologies into Planning Integrated Urban Communities." *Journal of Urban Technology*, Vol. 19, No. 1.

https://www.itdashboard.gov

https://www.BGS.ac.uk/research/tomography/alarms.html

제5부
• •

제12장

명수정. 2008. 『북한의 자연재해 취약지 추정 및 남북협력 방안 연구』. 한국환경정책평가연구원.

박창석 외. 2008. 『국토연안생태네트워크 구축과 계획적 관리방안』. 한국환경정책평가연구원.

이외희. 2012. 『경기도 연안지역 관리, 대안은 없나?』. 경기개발연구원.

인천광역시 통계DB(http://stat.kosis.kr/nsikor_h/view/stat10.do)

최용환 외. 2012. 『임진강 수계를 활용한 경기도의 남북협력방안연구』. 경기개발연구원.

해양수산부 갯벌정보시스템(http://tidalflat.ecosea.go.kr)

해양수산부 연안포털(http://www.coast.kr)

http://stat.gg.go.kr(경기 통계)

http://www2.chungnam.net/cms/stats/02/01/index.html(충남 통계)

제13장

권원순. 2012. 5. 25. 「러시아와 천연가스 협력 및 PNG 구축」. 아태연구센터 남북러가 스관 정책세미나.

김태훈. 2013. 3. 25. "전력계통 이대로 괜찮은가". ≪전기신문≫. http://www.electimes.com/home/news/main/viewmain.jsp?news_uid=102291.

삼성경제연구소. 2012. 「셰일가스가 가져올 3대 변화」. ≪SERI 경영노트≫, 제143호.

석광훈. 2012. 「국내에너지공급 관점에서 원자력의 현황과 쟁점」. 전력세미나.

성동원. 2012. 「셰일가스 개발 동향 및 시사점」. 한국수출입은행 해외경제연구소.

에너지경제연구원. 2009. 「경기도 지역에너지 계획」.

이정민·이선미. 2013. 「전력위기의 해법, 스마트그리드」. 『이슈 크런치 스페셜』. KT스마트그린개발단·kt경제경영연구소.

최영수. 2013. 『서울특별시 에너지 정책의 방향: 에너지 수요절감과 신재생에너지 생산 확대를 중심으로』. 경기개발연구원.

KBC. 2011. "Global Energy Perspectives".

OECD. 2013. *Energy Balances of OECD Countries*.

Yang-Hoon Sonn. 2012. *Shale Gas Impacts*.

● ●

제6부

제14장

강현수. 2013. 「수도권과 충청권의 상생발전 비전과 전략」. 메가 수도권의 발전비전과 전략 워크숍 자료집.

김동주 외. 2011. 『글로벌 도시권 육성방안 연구 II』. 국토연구원.

김용웅. 2001. 「제16장 지역 간 연계·협력의 이론적 배경과 발전방향」. 이정식·김용웅 엮음. 『세계화와 지역발전』. 한울아카데미.

노무라연구소. 2009. 「서해안권 발전종합계획 수립을 위한 컨설팅」.

박양호 외. 2003. 『통합국토를 향한 지역 간 공동발전방안 연구』. 국토연구원.

오용준. 2012. 「아산만 도시권의 특성과 연계 발전방향」. 지역발전위원회·충청권광역 경제발전위원회 공동주관 아산만 도시권 연계발전방안 정책 세미나 자료집.

이용우 외. 2011. 『국토 대예측 연구 III』. 국토연구원.

임형빈. 2008. 『충청권 경제모형 구축연구 I』. 충남발전연구원.

제15장

경기개발연구원. 2011 3. 17. 「경기북부 관광활성화 방안」. 경기도관광전략회의.

문화체육관광부. 2011. 「제3차 관광개발기본계획(안)」.

박은진 외. 2012. 「분단·대립 접경지역의 해외사례와 한반도 DMZ의 시사점」. ≪이슈 &진단≫, 44호. 경기개발연구원.

산업연구원. 2008. 「2018년 동계올림픽 개최 타당성조사」.

이수진·황상연·조응래. 2011. 「평창 동계올림픽 유치와 경기도」. 경기개발연구원.

이영주. 2013. 『북한의 관광정책 변화와 시사점』. 강원발전연구원.

조응래·김군수·박은진·이수진·최용환·황금회. 2013. 『DMZ의 미래: DMZ 가치의 세계화와 지속가능발전』. 한울아카데미.

한국은행 지역산업연관표(2005년 기준). 한국은행 전자조사시스템. https://ecos.bok.

or.kr.

현대경제연구원. 2011.『평창 동계올림픽 개최의 경제적 효과』.

제16장

강성철 외. 2006.『지방정부 간 갈등과 협력: 이론과 실제』. 한국행정DB센타.

권경득 외. 2004.「지방정부 간 갈등과 협력에 관한 연구」. 한국연구재단 연구보고서.

권자경. 2010.「거래비용관점에서 지방자치단체 간 파트너십의 결정요인과 성과」.≪한국지방자치학회보≫, 제22권 제4호.

김병준. 2002.「지방자치 시대의 중앙-지방관계: 권한 및 사무배분 문제를 중심으로」.≪사회연구≫, 제3호. 한국사회연구조사회.

김인·강문희·조정현. 2004.「지방정부 간 관할구역 관련 갈등에 관한 연구」.『한국지방정부학회 학술발표논문집』. 한국지방정부학회.

김인철·최진식. 1999.「지방정부 간의 갈등과 협상에 관한 연구: 대구 위천공단조성과 부산 낙동강 수질개선 문제를 중심으로」.≪한국정책학회보≫, 8권 3호.

김형준 외. 2010.「중앙-지방간 창조적 협력관계 정립을 위한 연구」. 행정안전부 연구보고서.

박기묵. 1997.「하천의 상하류지역간 물 분쟁해결모형: 부산시와 대구시의 분쟁을 중심으로」.≪한국행정학보≫, 31권 4호.

박정민. 2008.「정부 간 관계 모형에 관한 고찰」.≪NGO연구≫, 6(1).

안성민. 1998.「지방정부 간 외부성으로 인한 갈등문제에 대한 소고(小考)」.≪지방정부연구≫, 2권 2호. 한국지방정부학회.

이규환. 2000.『한국지방행정론』. 법문사.

이시경. 2000.「공동수자원을 둘러싼 환경갈등의 해소방안」.≪한국지방자치학회보≫, 12권 2호.

이종렬·권해수. 1998.「지역개발과정상 지방자치단체간 갈등분석과 관리전략: 위천공단지정 사례분석」.≪한국정책학회보≫, 7권 3호.

임정빈·장우영. 2004. 「비선호시설을 둘러싼 지방정부 간 갈등연구」. ≪한국정책과학학회보≫, 8(1).

전국시도연구원협의회. 2008. 「광역경제권 형성방안 및 추진전략」.

조승현. 2003. 「지방정부 간 갈등 관리 연구」. ≪한국행정논집≫, 15권 1호.

주재복. 2000. 「지방정부 간 분쟁의 조정과 협력 가능성 탐색」. 『한국행정학회 2000년도 기획세미나 발표논문집』.

최봉기·이시경. 1999. 「위천공단 조성을 둘러싼 정책갈등의 해소방안」. ≪한국지방자치학회보≫, 26권 2호.

한국행정학회 홈페이지(http://www.kapa21.or.kr).

행정안전부. 2010. 『행정안전부백서 2010』.

황재영. 1998. 「지방자치단체 간의 갈등 관리에 관한 연구: 상수원갈등사례를 중심으로」. 경희대학교 박사학위 논문.

Yayler, J. L. 1972. *Planning Urban Growth.*

제7부

∙∙∙

제17장

국토개발연구원. 1996. 『국토 50년』. 서울프레스.

국토연구원. 2011. 『한국형 국토발전을 위한 국토잠재력조사연구』.

_____. 2011. 『한국의 국토정책』.

권용우·박양호·유근배. 2014. 『우리 국토 좋은 국토』(근간). 시사평론.

김교신. 1930. 『조선지리소고(朝鮮地理小考)』.

김의원. 1982. 『한국국토개발사연구』. 대학도서.

박양호. 2006. 「살기 좋은 지역으로의 질적 발전과 세계화」. 국가균형발전위원회. 『살기 좋은 지역 만들기』. 제이플러스애드.

_____. 2006. 「국가균형발전과 글로벌 발전전략」. 국가균형발전위원회 편. 『국가균
형발전정책의 이론과 실천』.

_____. 2010. 「글로벌 국토책략: 수퍼경기만 프로젝트」. ≪월간동아≫ 창간 70주년
기념 별책부록.

_____. 2013. 12. 19. 「국토개발계획과 DMZ 미래」. 강원도민일보 외 주최. DMZ 60년
세미나 발표자료.

성경륭·박양호. 2005. 「개방다극혁신 국토구조와 국력증진」. 성경륭 외. 『동북아시대
의 한반도 공간구상과 균형발전 전략』. 제이플러스애드.

이상대. 2013. 「메가 수도권 발전구상」. 경기개발연구원 워크숍 자료.

이상대 외. 2013. 『수도권 메가트렌드 2030』. 한울아카데미.

≪동아일보≫. 2013. 10. 19. "박근혜 대통령의 유라시아 이니셔티브: 유라시아를 하나
로 연결하는 구상".

≪조선일보≫. 2014. 1. 1. "이제 한반도 전체를 보고 움직여야 한다".

≪중앙일보≫. 2014. 1. 3. "5·24 조치 4년 …… 남북 이젠 대화로".

Foreign Policy. 2009. "The Next Big Thing". May / June.

제18장

손광주 외. 2013. 『개성공단 10년 평가와 새로운 남북경협 모델의 모색』. 경기개발연
구원.

신종호 외. 2013. 『북중 경제협력 심화와 한국의 대응』. 경기개발연구원.

윤병수. 2012. 6. 「최근 북중 경제협력 동향과 전망」. 하나은행. ≪북한정보시리즈≫,
11호.

윤승현. 2012. 「북한의 개혁·개방을 촉진을 위한 중국의 역할」. ≪통일경제≫, 104.

이상준. 2010. 『동북아 협력시대의 한반도 서해안권 종합발전 구상』. 국토연구원.

이상준·김원배·김영봉·이성수. 2004.『동북아 협력시대의 북한 경제특구 활용·전략: 경제특구의 수요와 공급요인 분석을 토대로』. 국토연구원.

이상준·김천규·박세훈·신혜원. 2011.『통일한반도 시대에 대비한 북한 주요 거점의 개발잠재력과 정책과제 I』. 국토연구원.

이석. 2013. 「2012년 북한경제 평가와 2013년 전망」. ≪KDI 북한경제리뷰≫, 15-1.

≪내일신문≫. 2013. 1. 9. "중국, 북한에 개혁개방 비법 전수 중".

≪연합뉴스≫. 2012. 9. 9. "北도 녹색산업 박차… '경제강국 건설에 중요'".

_____. 2013. 12. 8. "북한 13개 경제개발구·신의주 특구".

행정안전부 보도자료. 2009. 12. 1. 「접경초광역권 발전 기본 구상」.

국무원대만사무판공실(http://www.gwytb.gov.cn/index.asp)

해협교류기금회(http://www.sef.org.tw)

행정원대륙위원회(http://www.mac.gov.tw)

≪연합뉴스≫. "북한개경제개발구·신의주특구".

국회-의안정보시스템(http://likms.assembly.go.kr/bill/jsp/main.jsp).

타이완해협교류기금회홈페이지(http://www.sef.org.tw/mp1.html/)

타이완행정원대륙위원회홈페이지(http://www.mac.gov.tw/).

중국국무원대만사무판공실홈페이지(http://www.gwytb.gov.cn/).

제19장

개성공업지구지원재단 홈페이지(http://www.kidmac.com).

김동성·최용환·강상준·신종호. 2012. 「임진강 수계를 활용한 경기도의 남북협력 방안 연구」. 경기개발연구원.

김승 외. 2010.『하천유역 통합 수자원 관리(IWRM)를 위한 가이드라인』. 수자원의 지속적 확보 기술개발 사업단.

백경오 외. 2009.『임진강 수난사고 방지를 위한 대응체계 구축방안』. 경기개발연구원.

최용환 외. 2012.『임진강 수계를 활용한 경기도의 남북협력방안연구』. 경기개발연구원.

최용환. 2009. 『북한사회의 변화전망과 대북정책의 방향』. 경기개발연구원.

한강홍수통제소 홈페이지(http://www.hrfco.go.kr).

환경부. 2012a. 「2011 상수도 통계」.

_____. 2012b. 「2011 하수도 통계」.

지은이 <small>(가나다순)</small>

이상대 | 대표저자

경기개발연구원 미래비전연구실장.

서울대학교 환경대학원 행정학박사(도시·지역계획학 전공).

주요 논저: 『수도권 메가트렌드 2030』(2013), 『일터와 삶터가 함께하는 융복합도시 개발전략』(2012), 『경기도 종합계획(2012~2020)』(2012), 『저출산 고령사회 진입에 대응한 도시정책 전환방안 연구』(2011) 등.

강상준 | 공동저자

경기개발연구원 환경연구실 연구위원.

미국 일리노이 대학교(University of Illinois at Urbana-Champaign) 도시 및 지역계획학 박사.

주요 논저: "Forest cover changes in North Korea since the 1980s"(2014), "Spatial characteristics of storm damage in rice paddy and residential areas in Gyeonggi-do"(2012), 「수해지 분포 특성에 관한 연구」(2012) 등.

김갑성 | 공동저자

연세대학교 공과대학 도시공학과 교수.

미국 펜실베니아 대학교(University of Pennsylvania) 지역경제학 박사.

주요 논저: 「정부의 기반시설비용 부담을 통한 주택재개발 사업성 제고 효과분석」

(2014), "Examining the Spatial Patterns and Dynamics of Age-specific Migration in South Korea"(2013), 「미국 내 한국이민자의 사회경제적 적응 과정」(2012) 등.

김경석 | 공동저자

공주대학교 건설환경공학부 교수.

독일 칼스루에 대학교(University of Karlsruhe) 도시 및 교통공학 박사.

주요 논저: 「활동자료 구축을 통한 주행거리 기반의 온실가스 배출량 산정방법」 (2014), 「내포신도시 건설에 따른 내포지역의 연계발전」(2013), 「충남 서북부지역의 광역교통체계 구축을 위한 공간구조 분석」(2008) 등.

김은정 | 공동저자

국토연구원 책임연구원.

텍사스 A&M 대학교 도시 및 지역계획학 박사.

주요 논저: 「지역주민의 건강도 지표설정과 지역별 패턴분석」(2013), 「지역주민의 건강도 지표설정과 지역별 패턴 분석」(2013), 「건강도시 지표 및 지수개발과 수도권 지역의 적용에 관한 연구」(2012), 「지역환경과 개인특성이 지역주민의 건강수준에 미치는 영향」(2011) 등.

김태환 | 공동저자

국토연구원 국토관리도시연구본부장.

영국 뉴캐슬 대학교(University of Newcastle upon Tyne) 지리학 박사.

주요 논저: 「도시환경의 건강친화도와 지역주민 건강도의 상관성에 관한 연구」 (2014), 「시민참여형 지역계획 수립의 가능성과 과제」(2014), 「웰빙사회를 선도하는 건강도시 조성방안 연구 (1)」(2013), 「삶의 질 향상을 위한 건강장수도시 실

태진단 연구」(2012), 등.

박신영 | 공동저자

전) 경기개발연구원 미래비전연구실 연구원.

서울대학교 환경대학원 도시·지역계획학 박사과정.

주요 논저: 「외국인 노동자 밀집거주에 의한 근린효과: 서울 가리봉동·대림동을 대상으로」(2012) 등.

박양호 | 공동저자

홍익대학교 스마트도시 과학경영대학원 교수, 전) 국토연구원장.

미국 캘리포니아 버클리 대학교(UC, Berkeley) 도시 및 지역계획학 박사.

주요 논저: 『우리 국토 좋은 국토』(공저, 2014), 『지속가능한 국토와 환경』(공저, 2012), 『글로벌 녹색국토』(공저, 2011), 『글로벌시대의 녹색성장과 미래국토전략』(공저, 2009) 등.

신종호 | 공동저자

경기개발연구원 전략연구센터 연구위원.

중국 베이징대학교(Peking University) 국제정치학박사.

주요 논저: 「중국과 미국의 한반도 위기관리 행태 및 영향요인」(2014), 「북중 경제협력 심화와 한국의 대응」(2013), 「글로벌 금융위기 이후 중미관계와 대만문제」(2013), 「경기도 통일교육 기본계획 수립 연구」(2012), 『한중관계 2.0 : 국가를 넘어 지방정부로』(공저, 2012) 등.

오용준 | 공동저자

충남발전연구원 지역도시연구부 연구위원.

충북대학교 도시공학 박사.

주요 논저: 「충청남도와 세종시간 상생발전 연구」(2012), 「서해안권 발전 종합계획 – 충남도지역」(2010), 「국토 및 공간계획: 법규 및 적용」(2008) 등.

유영성 | 공동저자

경기개발연구원 미래비전연구실 연구위원.

영국 뉴캐슬 대학교(University of Newcastle upon Tyne) 응용경제학박사.

주요 논저: 「초연결사회의 도래와 우리의 미래」(2014), 「경기도 유망미래산업 발굴 및 정책연구」(2012), 「경기도 에너지 수급체계 분석 및 정책방향」(2011), 「녹색성장 정책의 진단 및 개선안」(2010) 등.

이기영 | 공동저자

경기개발연구원 환경연구실 선임연구위원.

영국 뉴캐슬 대학교(University of Newcastle upon Tyne) 공학박사(수질 및 수자원 관리 전공).

주요 논저: 「물환경 관련 법정계획의 합리적 개선방안」(2013), 「안성·평택 상생발전방안 연구용역」(2012), 「경기도 비점오염물질 처리 방안에 관한 연구」(2012), 「하수시설 통합 관리 추진에 따른 대응방안 연구」(2011) 등.

이수진 | 공동저자

경기개발연구원 창조경제연구실 연구위원.

미국 텍사스 A&M 대학교 여가관광학 박사.

주요 논저: 「경기도 의료관광 정책방향 설정을 위한 기초연구」(2014), 「경기도 강변레저 활성화 방안」(2012), 「베이비붐 세대 은퇴에 따른 여가소비문화 활성화 방안」(2011), 「신한류 콘텐츠 음식관광 활성화 방안」(2010) 등.

이용환 | 공동저자

경기개발연구원 자치경영연구실 선임연구위원.

미국 미시간주립대학교(Michigan State University) 도시 및 지역계획학 박사.

주요 논저: 「자원봉사 가치 인식조사를 통한 자원봉사 활성화 방안 연구」(2013), 「한국 지방자치의 활성화 방안」(2013), 「경기도 민원제도 발전 기본계획 수립 연구」(2012), 「지방분권개혁의 전략과 과제」(2008) 등.

임정빈 | 공동저자

성결대학교 행정학부 교수.

건국대학교 행정학 박사.

주요 논저: 「정부 간 관계와 국책사업 갈등: 4대강 갈등사례를 중심으로」(2013), 「지방자치단체 분쟁조정제도의 발전방안」(2013), 「국책사업 갈등관리에 관한 연구: 제주해군기지 건설사업 사례를 중심으로」(2012), 「참여거버넌스를 통한 공공시설명 갈등관리에 관한연구: 수도권 광역철도역사명 갈등사례를 중심으로」(2011) 등.

정유선 | 공동저자

경기개발연구원 미래비전연구실 연구원.

서울대학교 환경대학원 도시·지역계획학 석사.

주요 논저: 「노인의 일상 여가장소로서 도심공원 방문 결정요인: 규모와 거리 효

과를 중심으로」(2014) 등.

지우석 ǀ 공동저자

경기개발연구원 미래비전연구실 선임연구위원.

미국 남가주 대학교(University of Southern California) 도시 및 지역계획학 박사.

주요 논저: 「경기도 안전사회 실현을 위한 5대 시책」(2013), 「수도권 지역격차 완화
를 위한 상생협력 방안연구」(2013), 「경기도 10개년 도시철도 기본계획」(2012) 등.

최민석 ǀ 공동저자

한국전자통신연구원 창의미래연구소 선임연구원.

한국과학기술원(KAIST) 경영공학과 박사.

주요 논저: "Are Printed Documents Becoming Irrelevant? The Role of Perceived
Usefulness of Knowledge Repositories in Selecting From Knowledge Sources"(2014),
"User behaviors toward mobile data services: The role of perceived fee and prior
experience"(2009) 등.

경기개발연구원(Gyeonggi Research Institute) 엮음

경기개발연구원은 경기도와 31개 시·군, 그리고 지역기관·단체의 공동출연으로 1995년 설립
되었으며, 경기도의 경쟁력 강화와 삶의 질 향상을 위한 정책개발 연구기관으로서 미래비전,
자치경영, 도시 및 주택, 창조경제, 교통, 환경, 사회경제, 통일 및 동북아, 지방의회 등의 분야
에 대한 종합적이고 전문적인 정책연구를 수행하고 있다.

한울아카데미 1711
지역 상생-남북경제통합시대
메가 수도권의 발전 비전과 전략
ⓒ 경기개발연구원, 2014

지은이 | 이상대 외
엮은이 | 경기개발연구원
펴낸이 | 김종수
펴낸곳 | 도서출판 한울
편집책임 | 염정원
편집 | 신유미

초판 1쇄 인쇄 | 2014년 7월 31일
초판 1쇄 발행 | 2014년 8월 11일

주소 | 413-756 경기도 파주시 광인사길 153 한울시소빌딩 3층
전화 | 031-955-0655
팩스 | 031-955-0656
홈페이지 | www.hanulbooks.co.kr
등록번호 | 제406-2003-000051호

Printed in Korea.
ISBN 978-89-460-5711-1 93350

* 책값은 겉표지에 표시되어 있습니다.